珍藏本·增订本

纪念版

汉译世界学术名著丛书

法理学的范围

〔英〕约翰·奥斯丁 著

刘星 译

JOHN AUSTIN

THE PROVINCE OF JURISPRUDENCE DETERMINED

中译本参照罗伯特·坎贝尔(Robert Campbell)修订编辑的、英国伦敦约翰·默里(John Murray)出版公司1885年出版的《法理学讲演录·第一卷》(第5版)译出

汉译世界学术名著丛书
（120 年纪念版 · 珍藏本）
增订本出版说明

2017 年 10 月，为纪念商务印书馆创立 120 周年，本馆推出“汉译世界学术名著丛书”（120 年纪念版 · 珍藏本），计七百种。近五六年来，仰赖学界同人倾力支持，订正旧译，增补新译，拓展新著，积累日多。为满足读者需要，本馆在七百种的基础上，继续推出“汉译世界学术名著丛书”（120 年纪念版 · 珍藏本 · 增订本）三百种。至此，“汉译世界学术名著丛书”累计出版已达千种。

今后，本馆将继续推进丛书的翻译出版工作，在积累单本名著的基础上陆续分辑刊行，汇印出版。为促进中外文明互鉴、推动我国学术发展，使“汉译世界学术名著丛书”这项对我国学术文化有基本建设意义的重大工程发挥更大作用，诚望海内外学术界、翻译界继续给予支持，帮助我们把这套丛书出得更好。

商务印书馆编辑部

2024 年 2 月

汉译世界学术名著丛书
（120 年纪念版 · 珍藏本）
出 版 说 明

2017 年 2 月 11 日，商务印书馆迎来 120 岁的生日。120 年前，商务印书馆前贤怀揣文化救国的理想，抱持“昌明教育，开启民智”的使命，立足本土，放眼寰宇，以出版为津梁，沟通中西，为中国、为世界提供最富智慧的思想文化成果。无论世事白云苍狗，潮流左右激荡，甚至战火硝烟弥漫，始终践行学术报国之志，无改初心。

迻译世界各国学术名著，即其一端。早在 20 世纪初年便出版《原富》《天演论》等影响至今的代表性著作，1950 年代后更致力于外国哲学和社会科学经典的译介，及至 1980 年代，辑为“汉译世界学术名著丛书”，汇涓为流，蔚为大观。丛书自 1981 年开始出版，历时三十余年，迄今已推出七百种，是我国现代出版史上规模最大、最为重要的学术翻译工程。

丛书所选之书，立场观点不囿于一派，学科领域不限于一门，皆为文明开启以来，各时代、各国家、各民族的思想与文化精粹，代表着人类已经到达过的精神境界。丛书系统译介世界学术经典，引领时代思想，为本土原创学术的发展提供丰富的文化滋养，为推动中国现代学术和现代化进程做出了突出的贡献。

为纪念商务印书馆成立120周年，我们整体推出“汉译世界学术名著丛书”120年纪念版的珍藏本，寄望既利于文化积累，又便于研读查考，同时向长期支持丛书出版的译者、编者和读者致以敬意。

两甲子后的今天，商务印书馆又站在了一个新的历史时间节点上。我们不仅要铭记先辈的身影和足迹，更须让我们的步伐充满新的时代精神。这是商务人代代相传的事业，更是与国家和民族的命运始终紧密相连的事业。我们责无旁贷，必须做好我们这代人的传承与创造，让我们的努力和成果不仅凝聚成民族文化的记忆，还能成为后来人可以接续的事业。唯此，才能不负前贤，无愧来者。

商务印书馆编辑部

2017年10月

译者序
奥斯丁的“法理学范围”

就分析法学(analytical jurisprudence)而言，奥斯丁(John Austin)的理论具有十分重要的地位。他的理论，概括地来说，基本体现在《法理学的范围》之中。这一文本，是纲领性的旗帜性的文献。因为，正是这一文本的出现，导引了影响深远的分析法学的浮出。[①] 即使是在今日，我们也依然需要重新关注、阅读、解释和回应这一文本所提出的观念和问题。[②]

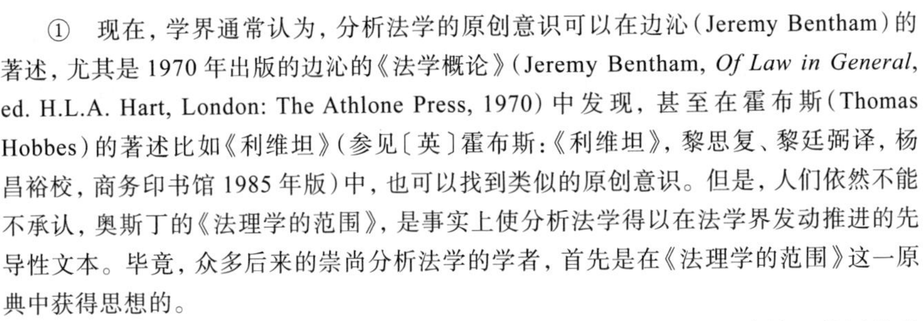

① 现在，学界通常认为，分析法学的原创意识可以在边沁(Jeremy Bentham)的著述，尤其是1970年出版的边沁的《法学概论》(Jeremy Bentham, *Of Law in General*, ed. H.L.A. Hart, London: The Athlone Press, 1970)中发现，甚至在霍布斯(Thomas Hobbes)的著述比如《利维坦》(参见〔英〕霍布斯:《利维坦》，黎思复、黎廷弼译，杨昌裕校，商务印书馆1985年版)中，也可以找到类似的原创意识。但是，人们依然不能不承认，奥斯丁的《法理学的范围》，是事实上使分析法学得以在法学界发动推进的先导性文本。毕竟，众多后来的崇尚分析法学的学者，首先是在《法理学的范围》这一原典中获得思想的。

② 在西方，近来也有学者开始重新研读评价奥斯丁的著述。例如，英国学者W.L.莫里森(W.L. Morison)专门撰写了《约翰·奥斯丁》(W.L. Morison, *John Austin*, London: Edward Arnold, 1982)。在《约翰·奥斯丁》一书中，作者试图反驳其他学者对奥斯丁的批评。英国学者兰博尔(Wilfrid Rumble)重新编辑了《法理学的范围》(John Austin, *The Province of Jurisprudence Determined*, ed. Wilfrid Rumble, Cambridge: Cambridge University Press, 1995)，并撰写了序言，在序言中为奥斯丁的理论进行了辩护。

一

19 世纪，是实证主义（positivism）发展的重要阶段。实证主义的基本理想，在于观察、解释、分析和廓清外在的“实际存在”。在法学中，“较为自然地”观察“一个法律的存在”以及“关于法律的学科的存在”，并且，从中去建立“客观的”学术叙事，在 19 世纪中叶以及下半叶，逐渐成为法学实证主义（legal positivism）的一个基本观念。[①] 在这样的历史语境中，奥斯丁为自己确立了一项任务——阐明“有关实际存在的由人制定的法（positive law）的科学”的范围，而且，经过这样的努力，奥斯丁希望在法学实证主义的思潮中，开启分析法学的学术风格。[②]

作为观察对象的“法律”的呈现，以及相应的“法”一词的使用，有着悠久的历史发展谱系。虽然各类语言对“法”一词（只是我们现在言称“法”罢了）所表示的对象具有不同的称谓，但是，人们相信，这一对象是有自己的固定内在要素的。于是，伴随本质主义的

① 参见：Hubert Rottleuthner, “Legal Theory and Social Science,” in *The Theory of Legal Science*, ed. Aleksander Peczenik, Lars Lindahl, and Bert van Roermund, Dordrecht: D. Reidel Publishing Company, 1984, p.525。另可参见：Dennis Lloyd, *Idea of Law*, New York: Viking Penguin Inc., 1981, pp.105-108。还可参见：Edgar Bodenheimer, *Jurisprudence*, Cambridge: Harvard University Press, 1974, p.93。

② 分析法学的学术观念，大体上包括了两个方面的内容：其一，确定一个可以观察到的由人制定的法，阐述这种法的基本特质；其二，在第一个内容的基础上，对次一级的诸项法律概念进行分析，比如，法律权利、法律义务、法律责任，而且对法律原则和法律规则以及它们的逻辑关系进行分析。参见：David Walker, *The Oxford Companion to Law*, Oxford: Clarendon Press, 1980, p.54。

信念，同时，基于自己的“相信”，“法”一词的使用者们从不同的角度，在论述法律现象的时候都在陈说“法”的性质（nature），以及意义（meaning）。这是他（她）们的定性工作。显然，当深入追踪这些历史发展谱系的内容的时候，在某种意义上，人们似乎只好面对异质众说的多元局面。但是，奥斯丁设想，作为一门科学（science）的学科，尤其是严肃的“政治社会治理科学”的学科，如果容忍“语词的诸侯割据”，那么，这本身就是不能容忍的。因此，清理的任务，必须列入议事日程。为使法学实证主义的分析法学稳健推进，必须实现“语词的帝国统一”。①

被称作“法”的对象，究竟具有怎样的基本特质？这是前现代以及现代法学学科的主要问题。法学学科的起点，在前现代以及“现代性”的学者看来，是一个不能回避的思考对象。在法学的语境中，起点就是阐述“法”的特征，起点就是确定“法”的概念。说明了基本对象的特征和概念，阐述法律科学的范围的任务，其完成便是指日可待的。

奥斯丁提醒我们注意，准确意义的“法”，是一种“命令”（command），② 而且是一种普遍性质的（general）“命令”。③“命令”，是一类“要求”（wish），是一类愿望（desire），④ 其中包含了“义务”和“制裁”这两项基本的要素。⑤ 从另外的角度来看，“命令”“义务”

① 参见：John Austin, *Lectures on Jurisprudence or the Philosophy of Positive Law*, 5th ed., revised and edited by Robert Campbell, London: John Murray, 1885, Vol. I, pp.85-86。

② 同上书，第 79、89、91、330 页。

③ 同上书，第 92—93、96 页。

④ 同上书，第 89 页。

⑤ 同上书，第 91、178 页。

和“制裁”，是一个问题的三个方面。[①] 就法律而言，知道了“命令”，就知道了“义务”，也就知道了“制裁”，反之亦然。[②] 当然，“命令”的出现，其前提是存在着一个制定者，而且存在着一个“接受者”。[③] 在奥斯丁的设想中，这里的制定者基本上是政治意义上的优势者(superior)，[④] 这里的“接受者”是政治意义上的劣势者(inferior)。[⑤] 因为实际力量的对比差异，“接受者”将不得不接受制定者的“制定”。这就是法律上的“强制”(might or enforcement)。[⑥] 正是在这个意义上，人们只能认为，表征了“义务制裁”的“强制”，是法律制度乃至法学学科的关键词。

我们可以理解，知道了学科的关键词，阐述学科的范围应该是件容易的工作。但是，问题的另一方面，要求我们解决另外的一个困惑：为什么存在着其他种类的“法”一词的使用，这些使用，有时没有国家优势者意义的“强制”的含义，而又毫不客气地出现在法学的学科之中，比如“自然法”(natural law)、“万民法”(*jus gentium*)、“国际法”的使用，等等。为什么这些词语不能成为关键词？

面对复杂多样的“法”一词的使用，奥斯丁以为，正是基于我

① John Austin, *Lectures on Jurisprudence or the Philosophy of Positive Law*, pp.91-93.

② 参见上书，第96、97页。

③ 同上书，第89页。

④ 同上书，第178—179页。这里之所以说“基本上”，是因为奥斯丁提过命令的制定者可以是政治上的绝对优势者，也可以政治上的次等优势者，也可以是享有法律权利的个人。参见上书，第178页。

⑤ 同上书，第178—179页。

⑥ 同上书，第96页。

们考察的对象的某些类似(resemblance)，正是基于语词的类比式修辞活动(analogy)，人们从而设想了一种原来不属正宗“法律家族”的对象是一名“法律家族”的成员。[①] 事实上，如果仔细剥离“类似”的谱系，以及类比式修辞活动的谱系，并且，将其中的隐秘予以揭发，那么，真正的“法”与并非准确意义的“法”，其间的界线也就自然凸显了，人们的“误读”，也就会自动消失了。[②] 于是，我们当然可以认为，因“类似”而产生的联想，以及类比修辞的使用，其轻度病症就是某种意义的语词误用，其严重疾患就是没有意义的语词比喻(metaphor)。它们是法理学内容混乱不堪的根源。[③] 这样，说明法理学范围的任务，从侧面来说，便是清理这门学科中语言修辞活动滋养的“病灶”。[④] 在奥斯丁的《法理学的范围》这一文本中，从这个角度来说，我们便发现了“并非准确意义的”(improper)法的清单：自然法、万民法、国际法、礼仪法、尊严法，仅仅具有解释作用的法、没有规定责任的法、宪法……针对清单中的对象，奥斯丁希望使用的动词是“打扫”“剔除”。

奥斯丁的学术策略，是在阐述法学修辞活动的语言问题的同时，提出真正意义的“法”定义，并且，以此作为基础，说明法理学的范围，使这门学科成为纯粹的具有分析品格的“实证科学”(孔德用语)。[⑤] 仿佛，这门学科从未成为过一门合格的学科。

---

① 参见：John Austin, *Lectures on Jurisprudence or the Philosophy of Positive Law*, pp.80, 85-86, 167, 219。奥斯丁用来说明问题的具体例子，可以参见上书，第193页。奥斯丁说明了某些类比式修辞活动产生的缘由，参见上书，第206—208页。

② 参见上书，第86页。

③ 同上书，第211—212页。

④ 同上书，第168—169页。

⑤ 参见上书，第172、332—333页。

“法”一词的使用的多样，其本身已经说明使用者的观念的多样。因此，我们可以发现，奥斯丁在《法理学的范围》这一文本中严厉批判了与己对立的观念。只要是具有“他者特征”的叙事，在奥斯丁看来，就是必须实施征讨的叙事。奥斯丁批判了布莱克斯通的思想、[①]格劳修斯的思想，[②]甚至批判了霍布斯的思想，[③]以及边沁的思想。[④]这意味着，在奥斯丁的意识深处，只要与己观念相异的观念，即使是微乎其微的相异，都当是给予摧毁的观念，否则，人们无法彻底地将法学尤其是法理学，从抽象苍白的迷雾中解放出来。这是法学意识形态的“霸权”行动（这里不含贬义）。

二

休谟提出了一个命题：应该区分事实判断和价值判断。[⑤]在法学的语境中，这样一个命题，经由奥斯丁（当然包括边沁）的发挥，转变为了这样一种陈述：应该区分“实际存在的法”和“应当存在的法”。[⑥]奥斯丁相信，“法”一词的误用，在另外的方面来看，就是将这种观念的“在场”转变为了“缺席”。如果我们记住了“实际

① 参见：John Austin, *Lectures on Jurisprudence or the Philosophy of Positive Law*, pp.210-211, 214-216。

② 参见上书，第 216—217 页。

③ 参见上书中第 297 页的注释。

④ 参见上书，第 90—91、212—213、218—219 页。

⑤ 参见〔英〕休谟：《人性论》（下册），关文运译，郑之骧校，商务印书馆 1983 年版，第 509—510 页。

⑥ 奥斯丁说：“法的存在是一个问题。法的优劣，则是另外一个问题”（John Austin, *Lectures on Jurisprudence or the Philosophy of Positive Law*, p.214.）。

存在的法”和“应当存在的法”的区别，那么，我们就会实证地、客观地、中立地观察社会中的法律现象，就会知道法律科学的特质，以及其与伦理科学之间的分界，“法理学的范围”这一问题，从而部分地迎刃而解。[①]

“应当存在的法”的提出，是一种“标准”的提示。换言之，提出“应当如何”，是在表达一桩事务应该符合一个“标准”的意思。[②]如果我们认为“标准”是不应存在的，那么，我们是在蔑视“标准”，我们是在赞颂“真实存在”，即使“真实存在”本身是为我们所厌恶的，而且，经由这里，我们的思想观念，就会出现严重的“立场”问题。奥斯丁发现了这里的“立场”难题。他清晰地意识到，从一个角度看去，划分“实际如何”与“应当如何”，在逻辑上可能（并不是必然）导致保守消极的政治立场，从而导致法律改革的困难。为了解决难题，奥斯丁认为，我们应该树立“标准”，但是这一标准却应该是功利的原则，亦即实实在在的善乐（happiness or good），而不是所谓的、肤浅的、抽象的、晦涩的、最易引发语词战争的“权利”“公平”“正义”之类的伦理标签，或者粉饰。依据功利的原则，我们可以而且应该进行法律的改革。功利原则，可以诊断社会的疾病，同时，可以诊断我们对社会进行观察而产生的思考疾病。[③]在这里，

① 参见：John Austin, *Lectures on Jurisprudence or the Philosophy of Positive Law*, p.85。

② 奥斯丁也说过：“当我们讨论人法（human law）的好坏，或者，讨论人法值得赞扬或应该谴责的时候，当我们讨论人法应该如何以及不应如何，或者，讨论人法必须如何以及不能如何的时候，我们的意思（除非我们直接表明我们的喜恶），表达了这样一个观念：人法是与某种东西一致的，或者，人法是与某种东西背道而驰的，而这种东西，我们默默地已经将其视为一个标准，或者尺度”（同上书，第173—174页）。

③ 参见上书，第119—120、122页。

人们当然可以认为，奥斯丁的解决方式，在推论上，并不是顺畅的、并不是天衣无缝的，它也不可能是顺畅的、天衣无缝的。像他所反对的他者一样，他也依然是在提示“应当如何”（亦即将功利原则作为标准）。然而，我们应该看出，从常识的感受方面来说，奥斯丁的观念或许是成立的。因为，他在讲述法律实证主义的故事，他在说明作为实证科学的法学，如何才能扎实稳当，是在说明，只有在法学的叙事场景中清除具有误导作用的所谓“应当存在的法”，法律科学的存在才能是有根基的。而且，他还向我们提出了这样的有力反问：为什么只有法律之外的东西，才能成为“公平正义”的标准，而法律本身不能成为？为什么只有另外的他者，才能成为法律所应遵循的标准，才能成为“法律是否公平正义”的标准，而法律却不能成为他者所应遵循的标准，成为“他者是否公平正义”的标准，除了功利的原则？[①] 这是对“法学应然话语（discourse）”的要害的严厉瓦解（即使我认为这同样是对“功利标准理论”的严厉瓦解）。所以，恰恰是在这个意义上，我们必须意识到，进入政治伦理的叙事战场不是奥斯丁建构法理学的目的。他的希望，在于使“法”一词的使用没有杂质，清晰纯净。

在法理学的范围中剔除“应当存在的法”，是法律实证主义的重要命题。这一命题是以这样一个观念作为前提的：如果试图将法理学变成一种科学，也即自然科学意义上的科学，我们只有观察在现实中人们通常是如何使用“法”一词的，[②] 以及观察该词指称的对

① John Austin, *Lectures on Jurisprudence or the Philosophy of Positive Law*, p.218.

② 参见〔奥〕凯尔森：《法与国家的一般理论》，沈宗灵译，中国大百科全书出版社 1996 年版，第 4 页。

象是怎样存在的。这是经久不衰的实证理念。奥斯丁在自己推论中，很大程度上将这一前提自觉地呈现在读者的视野中。奥斯丁试图表明，既然人们可以通过观察、考证、领会语言的使用，可以通过语言的使用知道语词对象的存在，那么，有何理由拒绝实证的法学科学的建立？当我们可以没有“价值判断”这一障碍，轻松地通过语言的日常使用去建立经验性的法律科学的时候，有何理由不做出这样一种建设性的努力？面对这样的问题，我们可以感受到，在19世纪的强而有力的实证话语激动的语境中，反抗奥斯丁的叙事纲领，自然是容易徒劳无益的。[①]

从1920年代至1930年代，一场重要的法学运动——美国现实主义法学运动（Legal Realism Movement）——出现在法学历史的谱系中。[②]这一运动的核心命题，在于“法官是法律的制定者”。[③]这一命题至今是人们难以回应的一个法学“猜想”。我们可以理解，

① 现在，学界通常认为，在法学中运用语言的分析方法，大体始于20世纪英国学者哈特（H.L.A. Hart）。其实，在奥斯丁的《法理学的范围》中，我们可以看到许多有关语言运用的讨论，看到奥斯丁是如何通过这些讨论去分析法理学的问题。在某种意义上，我们可以认为，奥斯丁的论证逻辑起点恰恰在于“语言的正常使用”。通过提示“语言的正常使用”，奥斯丁论证了何种法律思想是正确的，何种法律思想是错误的。因此，哈特实际上是经过20世纪语言分析哲学的武装，推进了奥斯丁的语言分析范式，而不是开创了法学中的语言分析范式。有关哈特的著述，可以参见：H.L.A. Hart, *The Concept of Law*, Oxford: Clarendon Press, 1961, 1994。

② 参见刘星：《法律是什么——20世纪英美法理学批判阅读》，法律出版社2009年版，第41页以下。

③ 参见：John C. Gray, *The Nature and Sources of the Law*, New York: The Macmillan Company, 1921, p.172；Jerome Frank, *Law and Modern Mind*, Garden City: Doubleday & Co., 1963, pp.50-51；Richard Taylor, “Law and Morality”, in 43 *New York University Law Review* (1968), p.627；Karl Llewellyn, *The Bramble Bush*, New York: Oceana Publication, 1981, p.3。

其逻辑出发点是这样的：规则的真实意义，只能在法官的判决中予以领悟，因为，作为现实中的社会成员，我们不能避开法官的最后处置，相反，一般性的规则，亦即人们误称为“法律规则”的规则，是没有这种现实力量的。奥斯丁早已揭露了这里的关键问题。在他的观念中，规则所以具有意义，仅仅在于规则是由政治优势者来强制的，而强制的主体代码，便是法院一类的“受托”执行者。法正是由此获得了真实的意义。广而言之，“如果没有人去建立政府，没有人让政府拥有实际的权力，人类的法律将是乌有之物，是不值得一提的，或者是废纸一堆，是形同虚设的”。[①]从另外的角度来看，如果强调所谓的上帝意志，高举“公平正义”的大旗，人们是无法在“法庭竞技场”中赢得法律争斗的胜利的。“从创世纪开始至今，在一个法院里，没有听说过以上帝法作为辩护理由或请求理由，可以获得成功的。”[②]而上帝意志、公平正义一类的“标准”，就是“应当存在的法”。如果没有“剔除”的意识，它们就会在法律制度的运作中混淆视听，[③]尤其当人们对上帝的意志出现不同的理解，对“公平正义”出现不同的观念的时候，混淆视听就成为了制度崩溃的意识形态根源。[④]法理学的范围，在这个意义上，也就无从谈起，法理学作为一门科学也就是可望而不可即的。

① John Austin, *Lectures on Jurisprudence or the Philosophy of Positive Law*, p.321.

② 同上书，第215页。

③ 同上书，第218页。

④ 同上书，第216页。

三

前面，简略地概述了《法理学的范围》的基本思想。事实上，围绕着基本思想，奥斯丁在这一文本中循序渐进地展开了细致论证。其中涉及许多术语、观点、理论的分析，内容丰富、辩驳缜密。这些分析，值得读者仔细地整理和研讨。例如，奥斯丁在提出“法律是主权者的命令”的同时，细致地分析了“主权者”“独立政治社会”的概念，及它们的特征和种类，并且，举出了具体的实际例子予以说明。[①] 这些术语、观点和理论的分析，其相互之间大体来说都有着密切的逻辑关系。

尽管《法理学的范围》的影响是深远的，但是，后来的大量学者对其提出了各方面的批评。概括来讲，批评主要是围绕如下几个层面展开的。

第一，奥斯丁式的“法”的定义，似乎只能说明部分的法律现象，尤其是义务性的法律现象，而无法说明授权性质的法律现象。在奥斯丁的定义中，法是依赖“制裁”这一概念的，没有“制裁”的存在，法律则是无从谈起的。这对于某些义务性的法律规定而言，是十分准确的。但是，授权性质的法，是授予“权力”或“权利”的。授予意味着“许可”。当不实施权力或权利的时候，人们很难发现，“制裁”可以作为威胁的要素从而出现。这里人们是难以发现“强迫规

① 参见：John Austin, *Lectures on Jurisprudence or the Philosophy of Positive Law*, pp.91, 220ff.。

定”的。[①]

奥斯丁曾经讨论过这个问题。他认为，授权性质的法律，意味着“相对义务”的法律的存在。换言之，每一项权力或权利都对应了一项义务。要使权力和权利得以真实地存在，必须要对相应的义务作出规定，不论这种规定是明确的，还是隐含的。其实，即使没有作出明确的义务规定，授权性质的法律，依然是在提示他者具有不得阻碍权力和侵犯权利的义务。[②] 在这个意义上，奥斯丁是想说明，授权性质的法律依然是以“制裁”作为后盾的，尽管这种“制裁”是以间接方式呈现的。[③]

然而，我们可以看出，奥斯丁的论证是有问题的。如果人们可以认为授权性质的法律，是以间接方式呈现“强制”的，从而依然是以“制裁”作为后盾的，那么，人们同样可以认为义务性质的法律，是以间接方式呈现“非强制性”的，从而不是以“制裁”作为后盾的。这样，当奥斯丁认为，义务性质的法律是以直接方式、授权性质的法律是以间接方式呈现制裁的，那么，人们自然可以认为，授权性质的法律是以直接方式、义务性质的法律是以间接方式，没有呈现制裁的内容。进一步来说，当奥斯丁认为全部法律是强制性的时候，人们可以认为，全部法律是没有强制性的。这里，对立相反的推论都是成立的。[④]

---

① 参见：H.L.A. Hart, *The Concept of Law*, p.27。

② John Austin, *Lectures on Jurisprudence or the Philosophy of Positive Law*, pp.100, 196.

③ 同上书，第196页。

④ 参见：H.L.A. Hart, *The Concept of Law*, pp.35-37。

第二，在一些批评者看来，奥斯丁的理论，似乎不能说明主权者的“要求”和强暴者的“要求”的区别。奥斯丁理论的一个关键，是“命令”的逼迫。“命令”的内在要素之一就是“制裁”的威吓。在这里，我们可以发现，强暴者的威吓，比如抢劫的威吓，也是一种逼迫。虽然，奥斯丁明确地提出，法律式的命令具有普遍的一般性，但是，我们依然可以觉察这样一种“普遍性”是不能起到区分作用的。强暴者的威吓，也是可以针对“许多”人的，并且也是可以以普遍的方式作为表现的。[①] 奥斯丁没有反省这里的理论困难。

第三，提出一个“法”的定义，实际上等于是提出一个划分“法律现象”与“非法律现象”的标准（master rule）。其实，奥斯丁为自己提出的任务之一，就是在“准确意义上的法”和“并非准确意义上的法”之间，划出界线。[②] 作为一个学科知识建构的目的，立出标准、划出界线，是为了提供一个社会接受的“尺子理论”，从而希望人们依据“尺子”剥离人们自己视域中的不同现象。但是，在法律的语境中，人们是否有可能接受一个统一标准性的“尺子”？有的学者已经指出，不论在具体的意义上，还是在普遍的意义上，我们都会对“法律是什么”出现不同的意见，我们会发生“法律争议”。[③]“法律争议”不仅会出现在疑难纠纷中，而且会潜在地隐藏在简易纠纷中。就所谓的简易纠纷而言，这是因为，从一个特定的角度来看，

① 参见〔奥〕凯尔森：《法与国家的一般理论》，沈宗灵译，中国大百科全书出版社 1996 年版，第 33 页。

② 参见：John Austin, *Lectures on Jurisprudence or the Philosophy of Positive Law*, p.80。

③ 参见：Ronald Dworkin, *Law's Empire*, Cambridge: Harvard University Press, 1986, p.5。

随着语境的变化，随着人们观念的变化，随着利益纷争的激化，没有出现过争议的法律问题亦即简易纠纷都有可能成为“争议”的。而当“争议”出现的时候，人们势必会站在不同的立场，提出自己的“法律言说”，主张自己的“法律是什么”的观念。在这一点上，“尺子理论”的设想，是难以成功的，毕竟这是难以为人所普遍接受的。“法律”作为词语观念，在我们的意识中，终究是以潜藏的具有不同甚至对立性质的价值判断、利益需求和知识“前见”作为基础的。[①] 因此，建立奥斯丁式的普遍性的“法律科学”的愿望，只能是个值得同情而不值得赞同的愿望。

自然，批评性的意见，终归是一种意见。随着思考范式的变迁，我们会对奥斯丁的法理学观念产生新的解读和意见。在这个意义上，我以为，《法理学的范围》依然为我们提供了一个优秀的“分析”范本。从中，我们应该体会“分析法学”的方法起点，应该欣赏步步衔接的逻辑推论，应该品味渐次深入的思考开掘。即使我们可以提出许多诘难，我们依然必须承认，这一文本，是使后来法理学得以开辟新视域、得以激发新话语的重要文本。

译者

2001 年撰写，2012 年修订

① 参见：Ronald Dworkin, *Law's Empire*，pp.90, 413。

译者说明(修订本)

原译本于2002年1月出版,已逾10年。为使译本更准确,此次译者重新核对原文再做修订。修订遵循如下原则:

第一,逐一校对订正可能的翻译讹误;

第二,结合晚近学界对本书思想的研究,尽量使译本符合现在学界的通说理解;

第三,文字上保持原译本清晰通达时,务求简洁。

另需说明译本书名问题。原译本出版后,曾有学者指出书名应译为"法理学范围之确定""法理学范围之限定""法理学之域界"等,若干年前亦曾有学者提到书名为《法理学的范围》即可。关于书名的不同意见,主要缘于本书原文名为"*The Province of Jurisprudence Determined*",其中包含"Determined"一词。书名如何翻译,十分重要,应斟酌各种译法,务求准确且贴切中文习惯。原译本所以将其译为《法理学的范围》,主要因为:其一,考虑在不影响书名传达原有意思时,尽量简明;其二,使书名和全书翻译语言风格保持一致;其三,颇重要的,在中文中,作为书名的"范围"和作为一般文句中的"范围",其意思理解略有区别,即是否体现动词意义。"范围"一词,作为书名,显然可包含动词意义的"界定""限定"等意思,看到书名《法理学的范围》,读者会理解作者试图澄清、说明、分析、论证法理学的边界，此即为“作者试图对法理学这一对象作出界定或限定”。而作为一般文句，则未必，如“法理学的范围不易澄清”，其中仅包含名词意义，表达这一文句时，书写者是否试图“界定”“限定”则不明。故译为《法理学的范围》为宜。

原译本出版后，学人凡研究传统法理学的基本问题，多参阅并引用本书。译者希望学界一如既往，不断批评指正其中翻译存在的问题，使其日臻完善，并继续惠及学术。

译者于2012年

译者说明(原译本)

本书作者约翰·奥斯丁(John Austin, 1790—1859),英国法学家。生于一个商人家庭。1807年至1812年服兵役。后研读法律,并于1818年开始从事律师职业。1825年,放弃律师职业。1826年,值英国伦敦大学学院(University College London)建立,即被任命为该大学的首任法理学教授。同年,赴德国研究法学和法律,并撰写课堂讲义。1828年返回英国,开始在伦敦大学学院开设法理学系列讲座。1832年停止在该学院的讲座。1834年辞去法理学教授职位。此后,基本居住国外。其间,1833年,被任命为英国刑事法律委员会(The Criminal Law Commission)成员。1833年至1834年,任英国皇家刑事法律及刑事诉讼法律委员会(The Royal Criminal Law and Procedure Commission)成员。1834年,在英国法学协会会所(the Inner Temple)开设法理学讲座。主要著述见于系列讲座之中。

《法理学的范围》自1832年首次出版后,不断有新的英文版本出现。新版本均由后人编辑而成,并不断附有少量的新内容。这些新内容,主要是由作者手稿和写作便笺的片段内容,以及编者的注释说明构成。读者面前的这本中文译本,译自罗伯特·坎贝尔(Robert Campbell)修订编辑的、英国伦敦约翰·默里(John Murray)出版公司出版的《法理学讲演录·第一卷》(第5版)

（*Lectures on Jurisprudence or the Philosophy of Positive Law*, 5th ed., revised and edited by Robert Campbell, London: John Murray, 1885, Vol. I）。学界通常认为，该英文版本是权威性的原文版本。

大体来讲，本书是作者最为重要的、影响最为深远的著作。

现对少许译事加以说明：

1. 译者依据的原文，其中包括了若干“—”符号。这些符号的意思，大致在于段落以及句子意思之间的增补衔接。故译者在翻译过程中，在行文里将“—”号保留；

2. 本书前面所附的绪论性质的说明，以及后面所附的结论性质的说明，英文原文里均无标题。译者根据内容，以“导论”作为前者说明的标题，以“结论”作为后者说明的标题；

3. 所有书中正文及注释专门提到的页码，均为原文页码，即本书的边码；

4. 在原文中，作者的注释是以英文字母作为顺序编码（后面的图表除外），修订编辑者的注释是以阿拉伯数字作为顺序编码。本书保留了这些顺序编码；

5. 在作者的注释中，缺乏（j）注释，另有四个注释（原书第 211、216、339、341 页）不见注者，译者均未作改动。

译者水平有限，翻译错误难免，望读者指正。另要感谢中国政法大学法理学研究所舒国滢教授，他对重要术语的翻译，提出了很好的意见。自然，译误的责任依然归于译者。

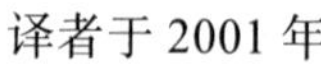

译者于 2001 年

目　　录

导　论[①]

[段落内容提示：第一讲至第六讲的目的或内容，以及对其论述的顺序。] 79

准确意义上的法（laws），具有命令（commands）的性质。如果没有命令的性质，无论何种类型的法，自然不是我们所说的准确意义上的法。从广义的角度来看，法包括了准确意义上的法，以及并非准确意义上的法。我们可以将这些广义而言的法，相应地划分为如下四类：

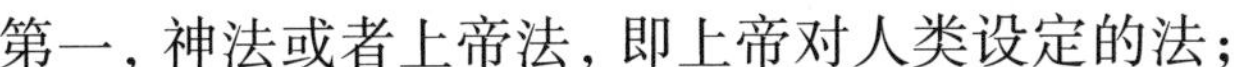

第一，神法或者上帝法，即上帝对人类设定的法；

第二，实际存在的由人制定的法（positive laws）[*]，即我们时常

---

① 这部著作的初版书名是《法理学的范围》（*The Province of Jurisprudence Determined*, London: John Murray, 1832）。在最初一版中，作者写过一个序言。作者的意思，在于说明作者本人亦即奥斯丁（John Austin）先生，在伦敦大学开设了法理学讲座，在这些讲座中，前十讲是直接讨论实际存在的由人制定的法（法理学的研究对象）与其他各种各样的社会现象相互之间的区别，而这些社会现象，或者由于某些类似的关系，或者由于人们的类比式修辞活动，而与实际存在的由人制定的法，产生了相互联系。作者的另外意思，在于说明作者用著作的形式，以“法理学的范围”作为书名，发表这十讲所涉及的内容，而且，这一著作是根据内容主题，而不是根据课时来编排的。作者表示，这十讲已经被压缩成了六讲，六个讲座的内容，是经过一些修改的，只是，修改的内容仅仅限于几页的篇幅。作者提示，形成该著作的六个讲座，主要是作者根据自己的手稿来整理的。下面几讲，就是这六讲的内容。——坎贝尔（Robert Campbell）

* “positive laws”，中文通译为“实在法”。在本书译文中，译者将其有时译为“实

径直而且严格地使用"法"一词所指称的规则，这些规则，构成了一般法理学的真正对象，以及具体法理学（particular jurisprudence）的真正对象；*

第三，实际存在的社会道德（positive morality），也即实际存在的社会道德规则，或实际存在的社会伦理规则；

第四，隐喻意义上的法，或者比喻意义上的法，亦即人们仅仅在隐喻或比喻的意义上使用"法"一词所指称的对象。

毫无疑问，神法以及实际存在的由人制定的法，属于人们所说的准确意义上的法。—在实际存在的社会道德规则中，有些规则，

际存在的由人制定的法"，有时译为"实际存在的法"，有时译为"由人制定的法"。这样翻译，是出于三个缘由。第一，作者在使用这个词组的时候，有时专指可以经验观察的"政治上的主权优势者、次等优势者和享有法律权利的个人所制定的法"（见原文第85—87、171、178、220页）。在这里，作者既强调了"实际存在的"意思（科学中的可供观察的意义），也强调了"由人制定的"意思（社会中的政治关系的意义）；第二，作者有时将其仅仅指称"现实存在的法"，而这种法，不一定是由人制定的。例如作者提到，在某些法学家看来，"positive law"包括了"law natural"（即"自然法"或"自然存在的法"，见原文第82、154页）。在这里，从上下文来看，"positive law"的意思应该是"实际存在的法"（或"现实存在的法"），至少，其意思不同于前面提到的"positive law"。其部分地包含了"非由人制定的"意思；第三，如果全部译为"实在法"，作为中文句子，译文的意思有时将是令人费解的。例如，在原文中，作者有时提到"positive law is divided into law natural and law positive"（见原文第82、154页）。在这里，如果通译为"实在法"，亦即将句子译为"将实在法分为自然法和实在法"，中文的逻辑意思将是难以理解的。

在译文中，译者将根据上下文来确定译法。其目的，在于在努力保持作者原意的基础上，尽力使中文的逻辑意思畅达通顺。——译者

* 在这里，"一般法理学"是指普遍意义的法哲学，"具体法理学"，是指与具体国家的法律制度有关的法律科学。关于这一点，参见：John Austin, *Outline of the Course of Lectures*, in *Lectures on Jurisprudence or the Philosophy of Positive Law*, 5th ed., revised and edited by Robert Campbell, London: John Murray, 1885, Vol. I, pp.31-32。——译者

是人们所说的准确意义上的法，另外一些规则，不是人们所说的准确意义上的法。另外一些规则，我们可以这样加以描述：它们是由舆论（opinion）确立的法或规则，或者，是由舆论设定的法或规则。之所以可以这样描述，是因为这样一些规则，仅仅是一类人们在涉及人类行为时，才具有的舆论和感觉（sentiments），或者，仅仅是一类人们在涉及人类行为时，才感受到的舆论和感觉。这意味着，一项由舆论设定的法，和一项命令意义上的并且我们在准确意义上称谓的法，这两者之间，仅仅是由于人们的类比式修辞活动，而产生
相互联系的，虽然，这种类比是较为贴切的。—隐喻意义上的法， 80
或比喻意义上的法，或者，我们在隐喻或比喻意义上使用“法”一词所指称的对象，不属于准确意义上的法。一项隐喻或比喻意义上的法，与一项命令意义上的并且我们在准确意义上称谓的法，它们之间，同样仅仅是由于人们的类比式修辞活动，而产生相互联系的。当然，我们必须看到，这种类比是十分牵强的。

因此，我们可以认为，实际存在的由人制定的法（法理学的真正对象），与其他一些社会现象，是由于人们较为贴切的或十分牵强的类比式修辞活动，而产生相互联系的。这些社会现象，包括上帝法、实际存在的社会伦理规则（这里既指属于准确意义上的法的那部分实际存在的伦理规则，也指属于依赖舆论而设立的法的那部分实际存在的伦理规则）和隐喻意义上的法。

下面六个讲座的主要目的，或者内容，就是区别实际存在的由人制定的法（法理学的真正对象）和前面提到的那些其他社会现象。这些其他社会现象，由于具有类似特点，或者，由于人们类比式修辞的活动，与实际存在的由人制定的法，彼此之间产生了相互联系。

另一方面，由于“法”这一随处可用的称谓，这些其他社会现象，和这种实际存在的由人制定的法，进一步地彼此相互纠缠。进而言之，正是因为这样两个缘故，人们时常将这些其他社会现象，和实际存在的由人制定的法，相互混淆，或者不加区别地将它们混同对待。鉴于下面六个讲座的主要目的，是区别实际存在的由人制定的法和这些其他社会现象，从整体上来说，我将这六讲的总题目定为“法理学的范围”（the province of jurisprudence determined）。同样，根据这些目的，这六个讲座的基本任务，在于描述法理学对象与邻近对象之间的界线。

为实现这些目的，我采用了一些方法。这些方法，大致来说可以分为两个方面。

其中之一，是对所有我们所说的准确意义上的法的一般本质（essence），或者性质（nature），加以确定。换句话说，这一方面，是对严格称谓的命令意义上的法的本质或性质，加以确定。

另一方面，是对前面提到的被分为四类的法的各自特点，加以确定。或者，换种表述方式来说，这一方面，是对一类法区别于另类法的显著标志，加以确定。

在这里，需要顺便提一下，在考察上述四类法的各自特点的时候，下面的表达顺序，是最为理想的：第一，分析上帝法的特点，或者显著标志；第二，分析实际存在的伦理规则的特点，或者显著标志；
81 志；第三，分析隐喻或比喻意义上的法的特点，或者显著标志；第四，也就是最后，分析实际存在的由人制定的法的特点，或者显著标志，分析我们径直而且严格地使用“法”一词所指称的对象的特点，或者显著标志。

通过精确说明严格指称的命令意义上的法的本质，或者性质，以及精确说明上述四类法的各自特点，我从正面角度，以及侧面角度，来细致阐明法理学的内容。就正面角度而言，我会仔细说明这门科学的内容是什么，并且，将严格指称的命令意义上的法，区别于以各类方式与其相互联系的各种其他社会现象。我们应该注意，这些其他社会现象，人们时常将其与严格指称的命令意义上的法相互混淆，或者不加区别地混同对待。从侧面角度来说，我将表明严格指称的命令意义上的法与各种其他相关社会现象之间的密切联系。这些密切联系，应该尽可能地被描述得简明清晰。因为，就实际存在的由人制定的法的许多基本原理而言，这些密切联系的意义，是举足轻重的。

上面说明了从第一讲到第六讲的主要目的。现在，我说明一下与这一目的具有重要关联的主题内容，并且，说明一下呈现给读者的叙述主题内容的顺序。

在第一讲，我讲述一项法的本质，或一项规则（以其可以被赋予的最精确含义）的本质。换句话说，我要精确说明一种本质或性质，而这种本质或性质，对所有准确意义上的法来说，都是具有一般意义的。

在精确说明这种本质或性质的时候，我从另外角度精确说明“命令”的本质，或者性质，并且将作为诸如法或规则的命令，和作为诸如仅仅是具体个别要求的命令加以区别。在精确说明“命令”的性质时，我会明确地说明“命令”这一术语所涉及的另外一些术语的意思。这些术语，包括“制裁”“强制服从”“义务”“责任”“优势者”和“劣势者”。

在第二讲的开始部分，我将简略地说明使上帝法区别于其他法的特点，或者标志。同时，我会大致地将上帝法和其他神的命令分为两类。第一类，是上帝明示或表达出来的法和命令。第二类，是上帝暗示或含蓄默示的法和命令。

在大致区别神的明示命令与暗示命令之后，我会进一步分析一些“表征”(signs)的性质，或“标记”(index)的性质。这些表征或标记，是神的命令在传达给人类时，所凭借的一种辅助渠道。在这
82 个地方，就神的命令的“标记”的性质而言，我们需要注意三种假设或理论：第一，纯粹的一般功利(general utility)的假设或理论；第二，纯粹的道德感觉(a moral sense)的假设或理论；第三，混合或杂糅“功利”和“道德感觉”的假设或理论。第二讲的大部分内容，以及第三讲和第四讲，全部或主要用来说明和分析这三类假设或理论。

对这三种假设或理论所作的说明，对于我的课程的主题和内容来说，可能是有些离题的。但是，在相互关联的阐述法理学基本原理的系列讲座中，为了讲座内容的完善全面，添加这种说明是必要的。

因为，如果不对这三种假设或理论作出说明，那么，法理学的基本原理，其所涉及的许多主要纲领和具体内容，以及法学家的著作，其所涉及的许多基本原理和特定内容，显然是无法清晰说明的，也显然是无法正确说明的。我们可以举例说明这里的意思。现代法学家，将真实存在的法和真实存在的社会道德，分为自然意义上的(natural)法和实在意义上的(positive)法。前者，是指以神法作为基础的真实存在的法与社会道德。后者，是指纯粹由人建立的

真实存在的法与社会道德。这一分类，大体吻合了潘德克顿学派(Pendects)和法学阶梯学派(Institutes)所主张的分类，吻合了被人们称为“古典学派”(classical)的汇编法学家(compilers)所主张的分类。“古典学派”法学家(以及潘德克顿学派的部分学者)认为，市民法(*jus civile*)不同于万民法(*jus gentium*)，或者举世万民法(*jus omnium gentium*)。因为，他们认为，如果一部实际存在的由人制定的法，仅仅是在一个国家通行的，那么，这部法对这个社会就是特定的。就对这个社会是特定的而言，这种法可以描述为市民法，或者“国家特定法”(*jus proprium ipsius civitatis*)。当然，除了相对而言对民族或国家是特定的这种法以外，还有另外种类的一些法，这些另外种类的法，包括了通行于所有国家的实际存在的由人制定的法规则，以及所有人遵守的实际存在的社会道德规则。而且，由于这些作为法的规则，是通行于所有国家的，这些社会道德规则是被所有人所遵守的，这样，它们可以被描述为举世万民法，或者“举世人类法”(*commune omnium hominumjus*)。在今天，这些普遍性的规则，正因为是普遍的，所以，不能单纯地或简单地视为是由人所创制的，或者是由人所设立的。相反，它们是由人根据上帝法所抄录的，或者，它们是来自智慧理性的自然(Nature)的。而智慧理性的自然，则是宇宙的心灵，以及宇宙对人类的启示。这些普遍性的规则，不是严格意义上的、由人类自己设计和制定的法，正如神法或自然法，仅仅具有人类社会中由人行使的制裁这件外衣 83
一样。但是，对实际具体的国家来说是特定的法的规则，以及社会道德规则，完全可以简单地认为，它们是由人类创制或设立的。正是因为它们是地域的、间断的，而非普遍的、持续的，所以，它们几

乎不是人类作者根据神的模式，或者自然模式而制定的。—现在可以看出，如果没有对前面提到的三个假设或理论作出必要的说明，我所简略勾勒的上述法学学派，其所论及的有关神法与人法、神之道德与人之道德的分类的价值，便无法正确地被认识，便不能正确地被估价。如果仅仅设想一般功利的假设理论，或者，仅仅设想道德感觉的假设理论，这些区分对于我们来说便是荒谬的，没有目的的，而且显得虚无缥缈。但是，如果在设想一个假设理论的同时，去综合设想其他的假设理论，那么，这些区分便是有意义的，而且，还具有相当大的重要价值。

再如，神法是实际存在的由人制定的法的衡量标准，或者尺度，是实际存在的社会道德的衡量标准，或者尺度。换句话说，法与道德，就其应当如何而言，应该是符合上帝法的，而不是与之背道而驰。就这个意义来说，伦理科学[或借用边沁(Bentham)的语言“道义科学”]的一个首要任务，就是明确阐述传达神的默示命令的“标记”的性质，或者，这些命令可以被了解的“标记”或证据的性质。—我使用“伦理科学”(或用“道义科学”)一词，意思是指这样一种科学，它和“法与道德相对而言应该如何”的问题，有着密切关联，它涉及这样的问题：如果符合上帝法的衡量标准或者尺度，法与道德相对而言，必须是什么。与“实际存在的由人制定的法应当是什么”这一问题关系密切的那部分伦理科学，可以被描述为立法科学。但是，与“实际存在的道德应该怎样”这一问题关系密切的那部分伦理科学，迄今为止，还没有完全准确的学科名称，还没有显而易见的学科名称，可以用来对其加以称谓。—在这里，尽管立法科学(或者有关“实际存在的由人制定的法应该如何”的科学)不是法学科学（或者有关“实际存在的由人制定的法实际如何”的科学），但是，两者的关系依然是盘根错节的。因此，传达神的默示命令的“标记”的性质，既是立法科学的首要目标，也是邻近的法学科学的相应而又重要的研究对象。

针对一般功利理论，存在着某些错误观念。这些观念是十分流行的，需要引起我们的注意。一些反对功利理论的意见，便是以这些错误观念作为基础的。人们时常迫不及待地提出这些意见，去反对一般功利理论。当然，对一般功利理论来说，的确存在着一些相当棘手的理论难题。这些理论难题，有的时候使一般功利理论显得 84
力不从心，捉襟见肘。不过，为了回应这些反对意见，解决或弱化这些理论难题，在努力纠正这些错误观念的同时，我可能会用较多的时间，去讨论一般功利理论。我深信功利理论的真理性以及重要性，因此十分迫切地希望别人接受这一理论。因为这个缘故，我可能做些伦理研究。当然，准确地来说，这一研究与我的课程的主题和内容是不相符合的。但是，即使偏离课程的主题和内容可能使我感到不安，可能使我感到内疚，研究伦理问题也终究是引人入胜的，其目的也终究是可以得到读者宽容的。在这个意义上，我有理由不去理会按部就班的叙述逻辑。

在第五讲的开始部分，我将法或规则分为两个层次。第一个层次，包括严格意义上的法，以及诸如与之十分类似的但不属于严格意义上的法。第二个层次，包括那些与严格意义上的法相去甚远的法，这些法自然不是准确意义上的法。应该指出，正是由于相去甚远，我将第二个层次的法或规则，描述为隐喻意义上的或比喻意义上的法，或者规则。—此外，我还准备将第一层次的法进一步分为三个层次：其一，严格意义上的法，我将其描述为上帝法；其二，严格意义上的法，我将其描述为实际存在的由人制定的法；其三，严格意义上的法，以及不精确意义上的法，我将其称为实际存在的社会道德，或者实际存在的伦理规则。—除了细分层次之外，我还将分别阐述如此分类，以及如此命名的理由。

在前面几讲中，我将精确说明神法的特点，或者显著标志。然后，在第五讲，我会精确地阐述实际存在的社会伦理规则的特点，或者显著标志。这些社会伦理规则，是由一些人对另外一些人设立的，然而，是没有法律制裁作为后盾的。也可以这样认为，这些规则，不是严格意义上的法，或者，不是一般法理学或具体法理学的真正对象。—在明确阐述实际存在的社会伦理规则的显著标志之后，我将用对比的方式，详细阐述实际存在的社会伦理规则中的两类规则的特点。其中一类规则，是命令意义上的而且严格意义上的法，另外一类规则，是由舆论建立的法，并且，其本身就是一种舆论。

神法、实际存在的由人制定的法和实际存在的社会伦理规则，是以各种各样的方式相互联系起来的。为了说明它们之间的相互联系，在第五讲，我将讨论它们之间的三种关系状态：第一，它们在各方面都是一致的，而且，在各方面都是没有矛盾冲突的；第二，它们彼此之间是不同的，但是，没有矛盾和冲突；第三，它们彼此之间是不同的，不仅如此，它们之间还有矛盾和冲突。

在同一讲中，我将表明，我对严格意义上的法和诸如与之十分类似的法所作出的分类，在主要方面，与洛克（Locke）在其《人类
85 理解论》（*Essays on Human Understanding*[*]）中偶尔提到的有关法的

* 洛克的原文书名应为："*An Essay Concerning Human Understading*"。——译者

分类，是吻合的。

在同一讲的最后部分，我将精确地说明隐喻意义上的或比喻意义上的法的特点，或者显著标志。我将表明，许多著名学者，将仅仅通过隐喻而被提到的法，混淆或混同于命令意义上的而且严格意义上的法。

在第六讲，也是最后一讲，我将精确说明实际存在的由人制定的法的特点。这类法，是人们径直而且严格地使用“法”一词所指称的规则，其构成了一般法理学的真正对象以及具体法理学的真正对象。

在精确说明实际存在的由人制定的法的特点的同时，我将从特定的角度，去阐述“主权”(sovereignty)一词的含义，以及与“主权”密切相互联系的“独立政治社会”(independent political society)这一概念的含义。因为，一项实际存在的由人制定的法，其基本特点(或使这种法区别于其他所谓的法的特点)，一般来说，是可以以这样的方式加以表述的：所有实际存在的由人制定的法，或者，我们径直而且严格地使用“法”一词所指称的法，是由掌握主权的个人，或者群体，对独立政治社会之中的一名成员或一些成员制定的。掌握主权的个人，或者群体，在独立的政治社会中，是独一无二的，或者是至高无上的。换句话说，所有实际存在的由人制定的法，或者我们径直而且严格地使用“法”一词所指称的法，是由独揽权力的主体，或者地位至高无上的主体，对处于隶属状态的一个人，或者一些人制定的。

为了说明“主权”的性质，以及“主权”一词暗含的“独立政治社会”的性质，我将讨论分析各种重要问题。这些重要问题，我以

如下标题加以安排：首先，最高政治统治的方法，或者形式；其次，对最高政治权力的限制（不论其是真实的，还是人们想象的）；再次，政治统治和社会的起源，或者其产生的缘由。在分析这些问题的时候，我将使读者清晰地理解实际存在的由人制定的法，和实际存在的社会道德之间的界线。我会说明两者相互区别的关键所在。可以认为，两者在这些关键地方，被人们相互混淆了。或者，我们可以这样来说，在这些关键地方，使两者相互区分的界线由于种种人为的因素变得不易辨清了。

实际存在的由人制定的法，其基本特点（或其与另类法相互区别的特点），一般来说可以按我上面所说的加以表述。但是，前面提到的对实际存在的由人制定的法的基本特点所作的一般性说明，是需要某些修正的。我以这些简略的修正，来结束第六讲，也就是
86 最后一讲。

第　一　讲

［段落内容提示：界定法理学范围的目的。］

法理学的对象，是实际存在的由人制定的法，亦即我们径直而且严格地使用“法”一词所指称的规则，或者，是政治优势者对政治劣势者制定的法。但是，这样一种法（或者我们所说的直接严格意义上的法），时常因为人们感觉到的一些“相互类似”的缘故，或者，因为人们的类比修辞活动的关系，而被混同于其他社会对象，混同于被宽泛模糊的“法”一词所同样指称的对象，不论这些对象，是从准确意义的“法”来说的，还是从并非准确意义的“法”来说的。为了消除这种混淆所产生的困难，我用界定法理学范围的方式，或者，用区别法理学对象和其他相关对象的方式，来开始讲述我所计划的课程。换句话说，在我尽力分析我所打算处理的主要问题以及其所涉及的广泛复杂的内容之前，我将界定法理学的基本范围。

［段落内容提示：最易理解并且十分严格的意义上的法是什么。］

“法”这一术语，就其最为普遍的理解方式而言，并且，就其严格含义的语词使用而言，可以认为是一个理性存在为约束（for the guidance of）另外一个理性存在而制定的规则。当然，前者对于后者，是拥有统治权力的。根据这个定义，如果不是用词不当的话，那么，若干种类的现象是可以归入其中的。但是，由于这些种类的现象彼此之间容易产生混淆，或者，没有被人们清晰地加以区分，法理学科学充满了模糊和谬误。这样，对于我们来说，精确地划出使这些种类现象相互区别的界线，是十分必要的。

根据以上说明的、人们可以理解的意思，或者，根据该词所具有的最为广泛的含义（当然排除没有节制的隐喻含义或类比修辞的含义），“法”这一术语，包含了如下对象：—第一，上帝对人类制定的法；第二，人类对自己制定的法。

[段落内容提示：上帝法。]

上帝对人类制定的全部法，或者一部分法，经常被人们描述为“自然法则”（the law of nature），或者描述为“自然法”（natural law）。实际上，如果没有隐喻的意思，如果没有混淆实际存在的由人制定的法这一对象，我们是可以单纯地谈到自然法则的，或者自然法。但是，为了避免另外的“自然规律”（Law of Nature）这一称谓的模糊误导，出于一般性的考虑，我将这些法和规则，称为“神法”或“上帝法”。

[段落内容提示：人类法包括两种类型。]

人类对自己制定的法，包括两种类型。它们都是十分重要的。但是，人们时常不顾其天壤之别，而将其加以混淆。因此，我们对它们应该精确地加以区分，明确地加以对比。

[段落内容提示：人类法的第一种类型：“政治优势者”制定的法。]

87 在人类对自己制定的规则中，有些规则，是由政治优势者制定的，或者，是由最高统治者和次等统治者制定的。这里的意思是，在独立的国家和独立的政治社会中，行使最高统治权力和次等统治权力的人，制定了这种规则。这样制定的全部规则，或者其中的一部分规则，就是一般法理学的真正对象，以及具体法理学的真正对象。简单来说，从严格的意义上来看，"法"这一术语，仅仅适用于这样制定出来的全部规则，或者其中的一部分规则。这些由政治优势者制定的规则，是与自然(natural)法或自然(nature)法则(用前面的表述来说意指上帝法)相对而言的，人们时常将其描述为实际存在的由人制定的法，或者，描述为根据社会地位高低(by position)而产生的法。这些规则，也是与我描述为实际存在的社会道德规则(后面我将很快涉及这类规则)相对而言的，在这个意义上，人们当然可以方便地将其命名为实际存在的社会法律规则(positive laws)。我认为，为了方便简洁清晰地使用名称术语，而且，人们是会同意这一术语的正常使用的，将这些规则，或其中任何一个组成部分，描述为实际存在的由人制定的法，是适宜的，即使那些不是由政治优势者制定的规则，也是实际存在的，或者，也是根据社会地位高低而产生的。自然，就"实际存在的由人制定的法"这一术语的精确含义而言，后者并不属于规则，或者法。

[段落内容提示：人类法的第二种类型：非政治优势者制定的法。]

这里应该注意，而且我们已经提到过，在人类对自己制定的法或规则中，有些法或规则，是由政治优势者制定的，其他另外一些法或规则，不是由政治优势者制定的，或者可以这样来讲，不是由前面所说的那类政治优势者制定的。

[段落内容提示：由于某种的类比式修辞活动而被称作法的对象。其意义并不是精确的。]

一些对象时常被称作法，但是，其意义并不是精确的。这些对象，十分类似上面提到的第二类法。当然，它们依然不属于前面所说的那类政治优势者制定的法。这类对象，是仅仅依赖舆论而建立的规则，是仅仅依赖舆论而实施的规则。换句话说，这类对象，是以不特定的人们针对人类行为而具有或发觉的舆论，或者感觉，作为基础的。这样使用“法”一词的例子，自然是常见的。“尊严法”(The law of honour)，“礼仪法”(The law set by fashion)，以及这类表述构成的许多时常被称为“国际法”的规则，等等，都是这样的例子。

[段落内容提示：前面提到了两种类型的法。现在，我将集中讨论后一种类型法。在讨论后一种类型法的时候，我将继续涉及前一种类型法的性质或意义。我使用一个名称来展开我的讨论：“实际存在的社会道德。”]

上面所提到的两种类型的法，其中之一，是准确意义上的由人制定的法。另外一种类型，是不精确意义上的法。后一类型的法，是由于人们频繁的类比式修辞活动，而被称作法的。现在，我将集中讨论后者。当然，在讨论的时候，我将继续涉及前者的性质和意义，而且，在另一方面，我将使用“实际存在的社会道德规则”这一术语，去展开我的讨论。“社会道德规则”这一术语，是不同于“实际存在的由人制定的法律规则”这一术语的。但是，两者共同使用的形容词，即“实际存在的”，又使它们不同于“上帝法”这一术语。

为了避免混淆的出现，为了使前述两类规则区别于上帝法，使用“实际存在的”这一形容词，是非常必要的，也是非常有用的。因为，至少就“社会道德规则”（或“社会伦理规则”）这一术语而言，如果对 88
其使用不加以任何的限制，或者仅仅单独地使用，那么，人们总会不加区别地赋予如下两类对象以相同的含义：其一，**实际存在的**（as it is）社会道德规则，即其好坏人们完全忽略不计的道德规则；其二，**应该如何的**（as it would be）社会道德规则，即其是否符合上帝法，从而是否值得**令人满意**，人们是不能够视而不见的。

［段落内容提示：在隐喻意义上被称为“法”的对象。］

除了人们严格地使用“法”一词所指称的规则，以及由于较为明显的相似性，从而被人们大致模糊地使用“法”一词所指称的规则之外，还有另外的“法”一词十分模糊地宽泛指称的规则。这些规则，由于十分模糊的类比式修辞活动，仅仅具有隐喻的意义，或者比喻的意义。当我们谈到较为低级的动物所遵循的“法”时，谈到制约植物生长或衰亡的“法”时，谈到决定无机物的运动的“法”时，情形就是这样的。因为，在没有“理性存在”的地方，或者，在过于沉寂（没有生机）而无法谈到理性的地方（这些地方限制了人们的思考范围，因而不能使人们去想象法的目的），我们显然可以发觉，的确没有实际存在的由人制定的法这类规则可以发挥作用的“意志”，的确没有义务可以提醒和说明的“意志”。隐喻的使用，是十分糟糕的，名声颇为不佳。然而，我们应该注意，恰恰由于这些隐喻意义上的“法”的语词误用，法理学的内容，以及伦理学的内容，充满了模糊不清的思辨冥想。

在我这里，界定法理学范围的目的，是区别实际存在的由人制定的法，和各类由于具有类似的外表，而被联系在一起的其他社会现象。前者，是法理学的真正对象。后者，要么由于十分类似的缘故，与实际存在的由人制定的法，有着十分密切的联系，要么，由于某些类似的缘故，与实际存在的由人制定的法，有着淡薄疏远的瓜葛。在明确这一目的[之后]，我将[现在]说明“法”或“规则”（作为能够准确地给予最为丰富含义的术语）的基本特点。

[段落内容提示：我们所说的准确意义上的法，是一种命令。]

所有“法”或“规则”（作为能够准确地给予最为丰富含义的术语），都是“命令”。我们也可以这样认为：人们所说的准确意义上的法或规则，都是一类命令。

在这里，“命令”这一术语包含了“法”这一术语。因此，前者的内涵，相对来说是简单的，但是，其外延则是宽泛的。当然，正是由于“命令”这一术语的内涵太简单了，我们需要对其进行详细的解释与说明。而且，它是理解法理学和伦理学内容的一个关键。就这个意义来说，其所具有的含义，我们应该细致地予以分析。

其实，也正是因为这一点，我将首先竭尽全力分析“命令”的含义。当然，我的确担心，这一分析会使诸位听众失去难能可贵的耐心。但是，如果知道了这项分析工作的困难，以及这项工作所具有的挑战性，诸位听众，也许将会饶有兴趣地与我分享其中同样是难能可贵的愉悦。精确地来说，科学要素的剥离，是这项极为难以
89 说清的分析工作的一部分。应该指出，外延最为宽泛的术语，也是对象谱系最为简单的术语。只是，这类术语，自然没有我们可以用

来简洁对之加以说明的相应表述。因此，当我们努力去界定它们的时候，或者，当我们将它们变成我们假定可以更好地理解的术语的时候，我们必须正视棘手的困难，必须不厌其烦地反复说明。

[段落内容提示："命令"这一术语的含义。]

如果你表达或宣布一个要求（wish），意思是我应该做什么，或者不得做什么，而且，当我没有服从你的要求的时候，你会用对我不利的后果来处罚我，那么，你所表达或宣布的要求，就是一个"命令"。一个命令区别于其他种类的要求的特征，不在于表达要求的方式，而在于命令一方在自己的要求没有被服从的情形下，可以对另外一方施加不利的后果，或者痛苦，并且具有施加的力量以及目的。如果在我没有服从你的要求的情况下，你依然没有能力处罚我，或者不会惩罚我，那么，你所表达的要求，便不是一个命令，即使你是用命令式的言语来宣布你的要求的。反之，如果你有这样的能力并且打算付诸行动，那么，即使你用礼貌恳切的方式来表达你的要求，你的要求依然等同于一个命令。"恳求你们俯首称臣。但是，你们应该知道，任何的反抗行为，都是要受到惩罚的"（*Preces erant, sed quibus contradici non posset.*）。当谈到军人对维西帕先（Vespasian）的副手或国人提出的要求时，塔西佗（Tacitus）使用的描述语言，就是这样的。

因此，一个命令就是一个意愿（desire）的表达。其实，一个命令的表达，正是因为如下的特点，从而区别于其他意愿的表达：如果一方不服从另外一方所提出的意愿，那么，前者可能会遭受后者所施加的不利后果。

[段落内容提示："义务"(duty)这一术语的含义。]

如果我在不服从你表达的一个要求的条件下，可能遭受你所施加的不利后果，那么，我就受到了你的命令的约束，或者限制。也可以这样认为，如果出现这种情形，我便处在了一个服从你所发布的义务命令的位置上。如果我不服从你所表达的要求，不管由此产生的后果是否出现，人们都可以认为我没有服从你的命令，或者可以认为，我没有履行该命令设定的一个义务。

[段落内容提示："命令"和"义务"这两个术语，是相互联系的术语。]

因此，"命令"和"义务"，是相互联系的术语。这意味着，每个术语都包含了另一术语的意思。或者换句话说，当命令出现的时候，义务也就出现了。当命令被表达出来的时候，一个义务也就被设定了。

简单来说，两个相互联系的术语的关系，其意思是这样的：如果一个人，在他的要求没有得到服从的时候，可以对另外一个人施加不利的后果，那么，他所表达的要求，他所宣布的要求，就是一个命令；反之，如果一个人，在不服从另外一个人的要求时，可能遭受不利的后果，那么，他就被一个命令所约束了。

[段落内容提示："制裁"(sanction)这一术语的含义。]

在一个命令没有被服从的条件下，或者(使用一个类似的表述)，在一项义务没有被履行的条件下，如果一个不利后果是可能出现的，那么，一般来说，这个不利后果就可以被称作"制裁"，或者叫作"强制服从"(enforcement of obedience)。也可以这样认为，

命令或者义务，是以制裁作为后盾的，是以不断发生不利后果的可 90
能性作为强制实施条件的。

由于人们是从命令和义务来推论具有强制性的不利后果的，这样，不服从行为所导致的不利后果，时常被人视为一种“惩罚”。但是，我们所说的严格意义上的惩罚，仅仅是一类制裁。就此而言，“惩罚”这个术语是十分狭窄的，不能表达“制裁”的准确含义。

[段落内容提示：就“命令”“义务”和“制裁”的存在而言，紧张而产生的服从动机，并不是必要的。]

我发现，帕雷（Paley）博士在分析“责任”（obligation）这个术语的时候，过多强调了承担责任的动机的心理状态是否紧张（violence）这一问题。帕雷博士的表述，是前后不一致的，而且，也是十分不严谨的。从我可以在其表述中归纳的意思来看，他试图表达的观念，似乎是这样的：除非承担责任的动机是紧张的，或者是焦虑的（intense），否则，另外一个人所表达的和宣布的要求，就不是一个“命令”，而且，面对一个命令的人，也没有处于应该履行义务的状态。

如果他用“紧张动机”一词的意思，是指某种心理状态十分明确的动机，那么，他的说法，显然是错误的。我们可以假定，在命令式要求没有被理睬的条件下，不利后果将是特别严重的。根据这一假定，如果的确发生了命令式要求被拒绝的情形，那么，发生不利后果的可能性，也将是很大的，而且，毫无疑问，“要求”不被理睬的可能性也将很大。但是，我们的确难以想象，服从命令式要求的动机，可以是十分明确的，或者，换一种表述方式来说，我们的确难以想象，动机**必然**会导致服从命令式的要求。就我现在所描述的帕雷的意思而言，如果他是对的，那么，命令和义务显然是不可能的。换句话说，只有将其看法视为荒谬的，漏洞百出的，命令和义务的概念才有可能是存在的，即使命令从来没有被服从，即使义务从来没有被履行。

如果帕雷用“紧张动机”这个术语的意思，是指不利后果所激起的恐惧心理，那么，简单来说，他的意思便是这样的：被命令所束缚的人，已经被预先知道可能发生不利后果的心理所束缚了。因为，没有什么畏惧的心理，也就没有什么不利的后果，也就没有什么不利后果可预测的问题。

然而，事实上，实际不利后果的数量，以及发生不利后果可能性的大小，完全与帕雷所说的没有关系。实际的不利后果越大，以及发生不利后果的可能性越大，命令的实效也就越大，责任的压迫感也就越大。换句话说，如果我们准确地描述一番，那么，命令被服从的可能性越大，义务被违反的可能性也就越小。而且，即使发生最为微小的不利后果的可能性是微不足道的，一个“要求”的表达，也可以等同于一个命令，同时，它还设定了一个义务。如果你愿意，这样一个制裁，尽管是微弱的，或者是十分有限的，你也将看到的确存在着一个制裁、一个义务和一个命令。

[段落内容提示：奖赏(rewards)不是“制裁”。]

某些著名思想家(如洛克、边沁，我想还有帕雷)，将“制裁”或
91 “强制服从”这些术语，像适用于特定的“不利后果”(evil)这一概
念一样，适用于特定的“有利结果”(good)，也即不仅将它们适用

于惩罚，而且将其适用于奖赏。但是，尽管我由衷地对洛克和边沁的名字肃然起敬，然而，我依然认为，将“制裁”或“强制服从”这些术语不加限制地使用，不可避免地将会导致许多混乱，而且，将会使人深感困惑。

奖赏，无可争议地是一类刺激服从他人要求的动因。但是，将奖赏说成是服从命令和履行义务的制裁，或者强制，将奖赏说成是逼迫服从，或者强迫服从，肯定是远远偏离了这一术语的原有意思。

如果你提出一个要求，希望我提供一个服务，而且，如果你提到一个奖赏作为动因，或者吸引因素，那么，很难说你是在命令我提供一个服务。在日常语言中，我也不应说是被迫提供了一个服务。在日常语言中，你是会以我提供服务作为条件而承诺一个奖赏的，但是，我也可能是因为希望得到奖赏，而被刺激或被说服，去提供一个服务的。

再如，如果法律规定一个奖赏，并将其作为某种行为的刺激因素，那么，事实上，对那些依此规定而行为的人来说，这是授予了一项权利，而非设定了一项义务。因为，尽管它的确是法律的一个命令部分，但是，这一命令，是向必须提供奖赏的人提出的，规定他必须这样提供奖赏，而不是对可能领取奖赏的人提出的。

简单来说，我是因为害怕失去利益和害怕不利后果，而决定或打算服从别人的要求的。同时，我决定这样服从，或者打算这样服从，也是因为希望得到利益或者有益结果。但是，仅仅是因为存在着发生不利后果的可能性，我才被迫或者必须去服从别人的要求。而且，仅仅是由于发生不利后果的可能性，义务才具有了制裁性，或者强制性。恰恰是实施实际的不利后果的目的和权力，而不是给予有益结果的目的和权力，才赋予了“要求”的表达以命令的形式。

如果我们将“奖赏”变成“制裁”含义的一个组成部分，那么，我们将不得不与现在日常言语的用法大相径庭，而且，我们还会不知不觉地滑向更为狭窄的、与人们习惯总是南辕北辙的意义方向。

[段落内容提示：简略地说明“命令”这一术语的含义。]

因此，从前面分析铺垫的结果来看，显然，人们理解的“命令”这一术语的概念，或者含义，是这样的：第一，一个理性存在提出的要求或愿望，是另外一个理性存在必须付诸行动和遵守的；第二，在后者没有服从前者的要求的情况下，前者采取的不利后果，会施加于后者；第三，前者提出的要求的表述和宣布，是以文字或其他形式表现出来的。

[段落内容提示：“命令”“义务”和“制裁”，是不可分割的相互联系的术语。]

同样明显的是，从前面分析的结果来看，“命令”“义务”和“制
92 裁”，是不可分割的相互联系的术语。每个术语就像另外两个术语一样，具有同样的意思，尽管，每个术语是以自己独特的叙述顺序方式来展示这些意思的。

每个术语直接地且间接地说明了如下含义：“一个人设想的、对他人表达或宣布出来的要求，在这一要求没有被服从的情形下，其后伴随了可能施加的不利后果，或者，伴随了可能发生的不利后果。”每个术语，都是这一同样复杂的内涵的表述方式。

[段落内容提示：“命令”“义务”和“制裁”三个术语，其相互联系的方式。]

但是，当我直接谈到这个要求的表达或宣布的时候，我是使用“命令”这一术语的。这个要求的表达或宣布，是明显地表达给我的听者的。而发生的不利后果以及这一后果出现的可能性，则隐藏在我所描绘的“我的意志表示”的背景之中（如果我这样表达我自己的要求的话）。

当我直接谈到发生不利后果的可能性的时候，或者，换句话说，当我直接谈到必须面对不利后果或者容易遭受不利后果的时候，我是使用“义务”这一术语的，或者“责任”这一术语。这是讲，如果预先说到必须面对不利后果或容易遭受这种结果，那么，前述“要求性”的复杂含义，是从侧面来表达的。

当我直接谈到不利后果本身的时候，我是在使用“制裁”这一术语，或者如下这一表述：“直接表达出来的可能发生的不利后果”。而容易遭受不利后果，以及要求的表达和宣布，在这里，我们则是以间接的方式，或者含蓄的方式，加以说明的。

对那些熟悉逻辑学家语言（因为简洁、明确和精确而无与伦比的语言）的人来说，我可以顺畅精确地表达我的意思：其一，三个术语中的每一个，都在说明同样的含义；其二，尽管如此，其中每个又都指向了这个含义的不同部分，而且是兼顾其余的。

[段落内容提示：与临时命令或个别命令相互区别的“法”或“规则”。]

命令具有两种类型。其中之一，是“法”或“规则”。另外一种，人们没有给予其以恰当的称谓，语言也没有提供简略精确的表述。因此，我必须尽可能地以“临时命令或个别命令”（*occasional* or *particular* commands）这类模糊不明确的表述，来说明后一种类型。

“法”或“规则”这些术语，时常被人们适用到临时或个别的命令。这样，描述一条界线，这条界线在各个方面都与原有的语言表达方式相互一致，并且，将“法”与“临时命令”彼此分开，这几乎是不可能的。但是我认为，我们是可以用如下方式，来区别法与临时命令的。

对每一个命令而言，命令所指向的主体，因命令的出现而必须要做什么，或者不得做什么。

在这里，如果一个命令具有普遍的行为约束力，而且，对之服从的行为主体也是普遍的，那么，这个命令就是法，或者规则。反之，如果一个命令只是针对个别行为具有约束力，而且，对之服从

93 的主体也是个别的，换句话说，它所规定的内容对行为，以及人们对其表现的服从，都是特殊化的、个人化的，那么，一个命令就是临时的或个别的。我们也可以这样认为，法或规则规定的是一类行为，法或规则，是在一般意义上明令和禁止一类行为的。但是，在命令是临时的、个别的时候，命令所明令或禁止的行为，不论是具体有所指的行为，还是泛指的行为，它们都被其所具有的临时个别的性质所决定了，无一例外。而且，它们都被它们所属的种类性质所决定了。

现在，我用恰当的例子，来努力说明我以抽象方式作出的解释。

如果你指示你的仆人，去做一件特定的差事，或者指令他不要在特定的晚上离开你的房子，或者指令他在这个早晨这个钟点起床，在下一星期或下个月份在另一个钟点起床，那么，你的指令，就是临时的、个别的。因为，明令或禁止的这个行为或一些行为，是你的指令所具体指向的。

但是，如果你经常地要求他在那个钟点起床，或者，指令他总是在那个钟点起床，或者，指令他在那个钟点起床直到进一步的指示出现才能改变，那么，可以准确地说，你规定了一项规则，用一般的规则来指导你仆人的行为。因为，你的指令没有指出特定的行为。相反，你的指令，为他规定了一般行为的一般义务。

如果一个团接到一个命令，这个命令要求进攻或防守一个要塞，或者，要求去平息一个骚乱，或者，要求从目前阵营向前推进，那么，这个命令就是临时个别的命令。但是，如果一个命令要求天天这样行为直到出现新的命令为止，这个命令，就可以叫作一般性的命令，也可以称作一个规则。

如果议会绝对禁止出口谷物，不论是规定特定一段时期，还是规定任何时期，这都是确立了一项法，或者规则，即用命令的形式规定了一类行为。而且，这类行为是一般性地被禁止的。但是，如果议会发布一个指令，目的在于应付即将出现的经济萧条，或者，径直宣布停止从码头船运谷物出口，那么，这一指令就不是一项法，或者规则。单纯就特定的谷物出口方式作出规定的指令，不论是出于无可奈何的目的，还是出于忍耐的原因，都是根据特定问题的临时性质而作出的特别化的临时规定。

我现在设想的命令，只要是最高立法机构发布的，而且具有法律的形式，我们就可以将其称作法。因此，区别法和临时命令的界线的困难，是可以迎刃而解的。 94

我们对这个问题，可以再作一些说明。如果一个行为根据现存的法律不是犯罪行为，但是使主权者感到十分不悦，而且，尽管行为者在法律上没有主观犯意，或者没有违反法律，但主权者作出了指令非要惩罚行为者，那么，由于这是在具体情况中作出的临时命令式的要求，不是对一类行为作出的一般性要求，其虽然是由主权者发布的，却依然不能归入法或规则的定义范畴。

不过，这样一种指令在某些情况下，是可以勉强称作法的。这样一些情况“并不具有实质的意义”。所谓“没有实质的意义”，是针对相当一些普遍情形来说的。如果仅就这些个别情形而言，“没有实质的意义”兴许变得“具有意义”。从“没有实质的意义”的角度来看，这项指令，如果是主权者在召开立法会议时明确作出的，它也姑且可以称作一项法。但是，即使在这里，我们也是需要作出某些限定的。换句话说，这项指令，如果是绝对独裁者没有明确宣布或公开宣布的，那么，即使将其归入“并不具有实质意义”的个别情况，它也依然不能姑且称作立法的，我们只能将其叫作主观任意的临时命令。其实，就实质意义而言，不论我们如何假设这些情形，呈现在我们面前的临时指令的性质都是类似的。它们终究不会是一项法，或者规则，而只会是一个主权个人或机构根据特殊情况而发布的临时命令。

现在，我用一个例子来概括一下我的结论。这个例子，可以很好地说明临时命令和一般法或规则之间的区别，可以最为明显地表明这一区别的重要性。这个例子，就是司法命令（judicial commands）。一般来说，司法命令是临时的、个别的，是被看作用来强制执行立法者所规定的命令的。相反，立法者的命令，通常而言，则是法或规则。

具体来说，如果立法者作出了一项命令，规定盗窃者应处绞刑，而在眼前，正有一个偶发的而且已被查明罪行的盗窃犯，那么，法官作出的对盗窃犯处以绞刑的判决，就是一个临时的命令。这个临时命令，与立法者的一般性命令，是相互对应的。当立法者对一类行为作出规定，一般性地而没有具体指向地禁止一类行为，比如，禁止非法侵入他人领地，并规定违者须受惩罚，那么，在这种情形下，立法者的命令就是一项法，或者一项规则。但是，法官就此作出的命令，则是临时的、个别的。因为，他所作出的惩罚命令是临时的，是根据一个具体犯罪行为而作出的。

根据我在上面所描述的区分，一项法和一个临时命令的不同之处，一在于前者是对一类行为作出普遍的禁止性规定的，而后者，是对临时确定下来的行为作出禁止性处理的。

布莱克斯通（Blackstone）以及其他学者，对法和临时命令作出了另外一种区分。根据他们的看法，两者的区别，一在于前者是一 95
般性地对特定社会成员，或特定种类的人群，作出责成性的规定，而后者，则是对单独的个人，或个别限定的一些人，作出强制性的处理。

其实，法与临时命令的区别，并不是这样的。对他们的看法，我将稍作评论。

首先，对特定社会成员作出的一般性的责成应做什么以及不得做什么的命令，或者，对特定种类的一些人作出的这种命令，并不总是法或规则。

比如，前面我们假设过一种情形，这种情形是讲，最高权力机构作出命令规定，所有实际上以船运方式出口的谷物，应予截留扣押。在这样一种情形中，最高权力机构的命令性规定，是针对全社会而作出的强制性规定。但是，它是针对个别一类行为作出的。因此，这个命令又不是法律。再如，我们可以假设，在出现社会灾难的情况下，最高权力机构发布了一个以刑罚作为后盾的命令，这个命令，要求举行普遍性的哀悼活动。在这里，尽管它是对整个社会发布的，但是，就规则这一术语的通常用法来说，它几乎依然不是一个规则。因为，虽然这个命令是普遍性的，是针对社会所有成员的，然而，它所强制要求的行为，却是临时有所指的，而不是普遍性的，也不是针对日常反复出现的一类行为的。如果最高权力机构作出命令规定，下属机构成员必须身着黑色服装，那么，这个命令就是一项法。但是，如果最高权力机构，只是在特定情况中，命令下属机构成员身穿黑色服装，这个命令，自然仅仅是个临时命令。

其次，尽管一个命令完全是强制性的，并且指向一些临时个别的行为主体，但是，它也可以等同于一项法，或者一项规则。

例如，一名父亲对自己孩子，一名监护人对被监护人，一名主人对其奴隶或仆人，是可以规定一项规则的。而且，某些上帝法对人类祖先也是有约束力的，正如在某一特定时刻，这些法对人类祖先所繁衍的成千上万的人都有约束力一样。

毫无疑问，大多数政治优势者所确立的法律，或者，大多数我们径直而且严格地使用“法”一词所指称的规则，是普遍地强制约束政治社会成员的，或普遍地强制约束一类行为主体的。可以断言，针对社会中的每个具体个人建立一个义务体系，是不可能的。如果可能，这个义务体系，显然也是没有意义的。因此，大多数政治优势者制定的法律，在双重意义上是普遍的：第一，普遍性地要求或禁止一类行为；第二，对全社会成员是有约束力的，或者，至少对其中某些种类的社会成员是有约束力的。96

但是，如果我们假定，英国议会建立并转让了一间办公室，而且，该议会要求受让人提供一类特定的服务，那么，我们也就在假定政治优势者制定了一项法律。不过，这项法律，仅仅对具体特定的个人具有约束力。

用罗马法学家的语言来说，政治优势者制定的仅仅对具体特定的个人具有约束力的法律，可以描述为“特殊法”（*privilegia*）。应该认为，这一词语，的确是个不能明确表达这些法律的称谓。因为，像现实法律制度中大多数基本术语一样，它不是一个人们明确理解的一类对象的称谓。然而，尽管如此，它却依然是个描述一些相互异质的对象的称谓。[a]

［段落内容提示：“法”或“规则”的定义。这里的法或规则，是我们所说的准确意义上的法或规则。］

从上述前提出发，显然，我们所说的准确意义上的法律，是可以用这种方式加以界定的：法律，是强制约束一个人或一些人的

(a) 如果“特殊法”（*privilegium*）仅仅设定了一项义务，那么，它完全是对特定的一个人或一些人，具有强制约束的意义。但是，当“特殊法”授予了一项权利的时候，如果这项权利是针对所有人的，那么，可以认为，该法律从某种角度来看，是特殊的、具体的，从另外的角度来看，则是一般的、普遍的。就授予特定的权利而言，这个法律，仅仅涉及具体的个人，不是普遍的，因而是个“特殊法”。就设定义务而言，与被授予的特定权利相对应，这种法律是普遍地针对整个社会成员的。

在后面的讲座中，我会具体地说明这些问题。届时，我会考虑人们所说的“特殊法”或个别法 (private laws) 的具体性质。

命令。

但是，相对临时个别的命令而言，一项法律是一个强制约束一个人或一些人的命令，它普遍地强制要求为一类行为，或者不为一类行为。

在日常的但是并不清晰精确的语言中，法律是一种强制要求一个人，或者一些人以一定方式去行为的命令。

［段落内容提示："优势者"和"劣势者"是相互联系的术语。它们的含义。］

法律和其他命令，是来自优势者的，是优势者用来约束和强制劣势者的。因此，我将分析那些与之相互联系的术语的含义，尝试驱散笼罩在它们身上的迷雾。其实，由于这一迷雾，简单的含义才变得模糊不清。

优势，时常与优先（precedence）或出类拔萃（excellence）是同一意思的。我们是这样来谈论优势者、财富优势者和品性优势者的：将某些人和其他人加以对比，对比的意思，在于指出前者就财富或品性而言，在档次上优于或者胜过后者。

但是，就我在这里理解的意思来说，"优势"这一术语，表明了"强制力"（might）的意思：用不利后果或痛苦影响他人、强迫他人的力量，通过这种不利后果的恐吓，使他人行为符合一个人的要求。

97 例如，人们强调，上帝是人类的优势者。因为，上帝具有用痛苦的方式影响我们的力量，具有强迫我们服从其意志的力量，而且，其力量是无所不在的、不可抵挡的。

在一定的程度上，主权者个人或群体，是其下属或公民的优势者；主人是奴隶或仆人的优势者；而父亲，则是孩子的优势者。

简单来说，无论是谁，只要可以强迫别人服从其要求，那么，他对别人来说就是一个优势者。因为，他有能力使别人对即将发生的不利后果产生恐惧，从而，使别人成为某种程度上的劣势者。

上帝的力量或优势，是显而易见的，或者说是绝对的。但是，就所有或者大多数人类的"优势"情形来说，无论是从优势者的角度来看，还是从劣势者的角度来看，其中的关系，都是相对而言的。我们也可以这样认为，从某一角度来看是优势者的一方，在另一角度来看，则可能是劣势者。

例如，一般来讲（当然是有限度的），独裁者相对被统治者是有优势的，因为，通常情况下，他的权力足以强迫被统治者服从他的意志。但是，如果被统治者联合起来，人多势众，他们也可以相对独裁者而具有优势。当独裁者由于担心激起公愤、担心引发压抑已久的激烈反抗，从而自我限制权力滥用的时候，情况就是这样的。

最高议会的成员，是法官的优势者。因为，法官受制于来自最高议会的法律的约束。但是，当一名最高议会成员作为一名公民，或者作为一位普通工作者的时候，法官就变成了这名成员的优势者。因为，法官是法律的司掌者，被赋予了强制实施法律的权力。

概括地来说，我们可以看出，"优势"这一术语像"义务""制裁"这些术语一样，是暗含于"命令"这一术语之中的。"优势"，是一种强制服从一个意志的力量。意志的表达或宣布，以及强制实施意志的力量和目的，都是一个命令的内在要素。

也是因为这个缘故，"法律产生于优势者"这一表述，是一个自我包容的命题。因为，它试图传达的意思，已经包含在它的主语之中。

如果我说到一个特定法律的具体来源，或者，说到一个特定级别的法律的具体来源，那么，我可能正在将某种新的东西告诉给听者。但是，普遍性地宣布法律“源自优势者”，宣布法律“是劣势者必须服从的”，对听者来说，则完全是同义反复的，并且，也是没有任何新的意义的。

[段落内容提示：不具有命令性质的法（我们所说的并非准确意义上的法）。]

98 像法理学和伦理学中的大多数基本术语一样，“法律”这一术语，是极为模糊不清的。就我们可以准确地给予这一术语最为广泛的含义而言，它是一种“命令”。但是，人们时常不恰当地将这一术语，适用于各种其他社会现象。这些社会现象，丝毫没有命令的特点，根本不是命令，从而我们完全可以准确地去说，它们根本不是法律。

就这一点来讲，我们必须有限制地对待这一命题：“法律是命令”。换句话说，我们必须区分“法律”这一术语的各种含义，必须将这一命题，限定在特定种类的社会现象上。而只有通过这类社会现象，我们才可以准确地给予“法律”这一术语，以最为完整的含义。

前面，我说明了人们并非在严格意义上使用“法”一词所指称的社会现象。稍后，我将要对这些社会现象，作出更为充分的描述。这些社会现象，不应纳入法理学的研究范围之内。它们，要么是由舆论设定的，从而十分类似我们在准确意义上所说的法，要么，仅仅是由于“法”这一术语的隐喻意义上的使用，而被称为法的。

当然，还有其他一些人们并非在严格意义上使用“法”一词所指称的社会现象（它们不属于命令）。它们，与此相反，从某种意义上来说，是可以适当地纳入法理学的研究范围的。现在，我先对它们努力地作出细致说明。

首先，在某些情况下，立法机构的目的仅仅在于**说明**实际存在的由人制定的法。这样制定出来的条例（Acts），就“实际存在的由人制定的法”这一术语的准确含义来说，一般情况下，是不能称作法的。“说明性”的立法，对被统治者的实际义务没有作出调整，而是仅仅解释他们的义务**是**什么。这类立法形式的条例，准确地来说，是立法权威机构作出的**解释性**条例。或者，借用罗马法学者的一个术语来说，它们是正式的（authentic）解释性条例。但是，尽管如此，它们依然时常被人们称作法，即**说明性的**法（*declaratory* laws），或**说明性的**制定法（statutes）。基于这样一种状况，我们只有将它们视为“法是一类命令”这一命题的一个例外。

有一种情况，的确是经常发生的（正如我将要在适当地方加以表明的）。这种情况，就是解释性的立法，是以具有实际效力的命令的形式出现的。在这种情况中，立法解释就像司法解释一样，时常引起人们的误解，即以貌似解释旧法的方式制定新法。

其次，有些法的目的，在于废止其他的法律，也就是解除现存的法律义务。这些仅仅起到废止作用、解除作用的法，也必须视为“法是一类命令”这一命题的例外情形。就解除现存法律制定的义务而言，它们不是发布命令，而是撤销命令。它们授权或者许可受其影响的当事人，去为某种行为，或者豁免原有法律所命令的行为。在一般情况下，人们出于对**这些**法的临时目的或直接目的的考虑， 99

将其称为授权法，或者更为简洁地将其称为“许可”（permissions）、更为随意地将其称为“许可”。

当然，间接地来说，授权性质的法是时常可以看作属于命令的。因为，被免除义务的当事人，被重新给予了自由，被重新赋予了权利。而对应于这些权利的义务，由于这个缘故而被确立了，由于这个缘故而被重新制定了。但是，这是一个我在后面将要细致考察的问题。届时，我会分析“法律权利”，“主权者或国家的许可”，以及“公民自由或政治自由”之类的表述。

再次，有些法律属于简单要求性质的法（imperfect laws），或者说是“不受法律约束的责任”（imperfect obligation）的法。可以这样认为，这些法，仅仅规定了责任，但是没有规定相应的制裁作为后盾。它们，也必须视为“法是一类命令”这一命题的一个例外。

简单要求性质的法（就罗马法学家使用这一术语的意思而言），是一种没有制裁内容的法，因而，我们可以认为它们是没有约束力的。像宣布某些行为是犯罪，但是却不规定对这类犯罪行为予以制裁的法，对于这种简单要求性质的法来说，就是一个最为简单的例子，也是一个最为明显的例子。

尽管制定简单要求性质的法的主体表达了一个要求，但是，他却没有表明一个强制要求他人服从的意志。应该注意，如果制定主体没有一个强制要求他人服从的意志，那么，其所表达的一个要求，也就不是一个命令。在这个意义上，简单要求性质的法，不是十分准确意义上的法，不是作为奉劝或告诫的法，也不是由优势者向劣势者宣布的法。

罗马法学家，曾经引证过一些简单要求性质的法。但是，在我们自己的国家里，(我相信)公开宣布的带有强制要求性质的法，一般情况下，表明了立法者在表达一个要求或规定一个责任的同时，具有一个强制要求他人服从的意志。如果英国立法机构发布了一个命令，那么，英国司法机构就会合理地假定：该立法机构表达了一个强制他人必须服从的意志。而且，即使一项特定法律，没有包含一个具体制裁的规定，英国法院，也会实施一个特定的制裁。实际上,英国司法机构的实践,与我们所说的“法是一类命令”的情形，是十分一致的。

根据罗马法学家的意思，我现在正在讨论的简单要求性质的法，是一类内容并不完整的法。换句话说，在罗马法学家看来，这类法律尽管展示了政治优势者的要求，但是，其制定者却没有(由于疏忽或者有意)提供必要的强制性制裁。许多研究伦理道德的学者，以及研究所谓自然法的学者，给予“简单要求性质”这一术语以不同的含义。在谈论没有制裁作为后盾的责任的时候，通常来说，他们的意思是指“非法律的义务”。这些非法律的义务，是上帝命令所设定的义务，或者是实际存在的社会道德规则所设定的义务。它们，是相对实际存在的由人制定的法所设定的义务而言的。根据罗马法学家的意思，确切地来说，一个不受法律约束的责任，完全等同于一个不是由法律作出规定的义务。因为，“简单要求性质”这一术语，简单来看，意谓着一类特殊的法律，这种法律本身缺乏 100
了一般法律必须具有的法律制裁。一个不受法律约束的责任，就这一术语的其他含义而言，是一个宗教义务，或者是一个道德义务。当然，“简单要求性质”这一术语，它的意思，不是简单地说明设定具体义务的法律本身缺乏了一般法律必须具有的制裁。相反，它的

意思，准确地来说，是指设定具体义务的法律，不是一个政治优势者确立的法律，是指这种法律缺乏一个必须附着其后的制裁，缺乏一个由主权者或国家规定的、更为确定的而且无可置疑的制裁。

[段落内容提示：也许不具有命令性质的法（我们所说的准确意义上的法）。]

我想，我已经考察了人们在不准确意义上使用“法”一词所指称的所有其他社会现象。我在刚才说明的这些法（依然属于人们在不准确意义上使用“法”一词所指称的其他社会现象），（我认为）是与“命令”没有任何关系的。只是，正如我在前面提到的，我们依然可以适当地将其纳入法理学的研究范围。我在前面刚刚提到的法，以及我在更早时候提到的人们所说的由舆论设定的法，还有人们在隐喻意义上使用“法”一词所指称的对象，事实上与“命令”根本没有任何的联系。

另有一些我们在准确意义上所称谓的法，这些法，在表面上看是没有强制性质的，但是实际上是有强制性质的。对这些法，我们也是需要加以研究的。在下面，我将对这些特点模糊不清的法，作出一些补充说明。

第一，有人也许认为，有些法是仅仅授予权利的。而且，相对于所有设定义务的具有命令性质的法而言，单纯授予权利的法，是没有强制特点的。

不过，正如我在前面已经说明的，而且在后面将要全面阐述的，并不存在仅仅授予权利的法。有些法，的确仅仅规定了义务。这些义务，由于没有与之相关的权利，从而可以描述为绝对的义务。但是，所有事实上授予权利的法，要么明确地、要么暗含地，设定了一个**相对的**义务，或者一个与权利有关的义务。如果一项法律作出规定，当权利受到侵犯的时候，享有权利的一方有权要求侵权一方作出赔偿，那么，这项法律，就是明确地设定了一项相关的义务。另一方面，如果这项法律没有作出这样的规定，那么，这项法律便是暗含地指涉了一个预先存在的法律，并且，表达了旨在用预先存在的法律所规定的赔偿，作为目前法律授予的权利可以要求的对象这样一个意思。因此，所有事实上授予权利的法，都是具有强制性质的。这些法所具有的强制性质，完全可以使人们感觉到，其唯一目的仿佛是在设定一项义务，其不可避免地设定的与权利规定相对应的一项义务，仿佛仅仅是绝对的。

“权利”这一术语的含义，是多种多样、扑朔迷离的。就其真正准确的含义而言，这一术语包含了不计其数而且十分复杂的观念。对这样一个词语的词源追寻和展开分析，当然是必需的。但是，这样的繁复工作，将会要求鸿篇巨制的描述空间。这将远远不是目前这一讲座所能容纳的。简单来说，在这里的讲座中，“权利”概念的详尽分析，并非是必要的。在前面的讲座中，我已经提示了，我
的目的在于界定法理学的范围和对象，在于区别政治优势者制定的 101
法，和其他各类准确意义上的以及并非准确意义上的法。准确意义上的法，时常被人们混同于后面其他各类并非准确意义上的法。我的目的，在没有深入考究“权利”一词的含义的条件下，依然可以顺利地予以实现。

第二，根据一种看法，**习惯法**，是自然应该排除在“法是一类命令”这一命题之外的。这一观点，以及与其相关的主题，虽然在

后面我会直接地加以讨论，但是，在这个地方，我觉得是应该附带提到的。

对于习惯法，许多人是持赞美态度的。在这些人（尤其是德裔的）看来，习惯法在法律上（独立于主权者和国家）具有强制的性质，因为，公民或臣民已经遵守了它们，或者，公民或臣民的行为，已经与其保持一致了。根据这一看法，习惯法不是主权者或国家所创制的，虽然，它们可以由于主权者或国家的主观意志而被废除。此外，根据这一观点，它们也可以被视为实际存在的由人认可的法（或者人们在严格意义上使用“法”一词所指称的法），因为，它们可以是经由法院来强制实施的。但是，这一观点认为，尽管习惯法可以由于主权者或国家的主观意志而被废除，尽管习惯法是可以经由法院来强制实施的，然而，习惯法，作为实际存在的由人制定的法而存在，其基本缘由，则在于众多的被统治者日复一日、年复一年地对其加以广泛的遵守。其基本缘由，不在于政治地位高低的权力配置，有些权力是高高在上的，或者，不在于政治优势者的制定行为。因此，人们即使可以将习惯法视为实际存在的由人制定或认可的法，人们也无法认为，习惯法是属于命令的。也是因为这一点，人们即便可以将习惯法看作实际存在的由人制定或认可的法，人们也无法认为，习惯法是我们所说的准确意义上的法，或者规则。

这里应该注意，就习惯法而言，存在着另外一种相关的观点。这种观点相对来说，要比上述观点来得清晰明确。许多人是支持赞同这一相关观点的。他们极力反对习惯法。他们认为，不仅要反对习惯法，而且要反对所有司法机构认可的或以司法立法（judicial legislation）方式确立的法。根据这样一种观点，所有的判例法

(judge-made laws)，或者地位并非很高但却司掌法律的法官所确立的判例法，纯粹都是法官所创制的。正是以这样一种方式，一种法律才被确立起来了。这种观点相信，将判例法等同于主权者的立法，或者，假定判例法表达了最高立法机构的意志，是一种神话。这一神话，是愚不可及的，而且是自欺欺人的。此外，正是由于这样一个神话，各个时代、各个国家的法学家以及法律家，将最为简单并且最为清楚的事实化为了迷雾重重、阴霾不散的难解对象。

我认为，经过略微认真的反思，我们可以清晰地发现所有这些观点和观念的根基是脆弱的，不堪一击。“习惯法”，就该词的准确含义来说，是具有强制要求性质的。所有的判例法，实际上都是由主权者或国家所创制的。

从起源的角度来看，一个习惯，是经由社会中被统治者日积月累地遵守而形成的行为规则，与人们追求的经由政治优势者制定法律这一活动，没有任何关系。这一习惯，当其被法院所适用的时候，而且，当其被司法判决作为根据，并被国家权力所强制实施的时候，
也就自然转变为了实际存在的由人制定的法的一部分。但是，在法 102
院适用之前，当其还没有法律制裁的外在形式的时候，习惯，仅仅是实际存在的社会道德的一种规则。这一规则，普遍地被公民或臣民所遵守。我们可以认为，习惯具有一种力量，但是这一力量，仅仅来自普遍性的对违反习惯的谴责舆论。

现在，我们可以看出，如果法官将一种习惯变成了一项法律规则(或确立了一项内容不同于习惯的规则)，那么，他们确立的这项法律规则，就是由最高立法机构所确立的。隶属最高权力机构的法官，仅仅是一类权力的司掌者。最高权力机构分配给法官的部分权力，仅仅具有授权的性质。法官具有确立法律的权力，但是，这一权力的效力来自国家的权力授予。国家，可以以明确的方式授予权力。但是，通常来说，它是用默许的方式授予权力的。因为，国家在具有权力撤销法官确立的法律规则的同时，又可以允许法官运用政治社会的力量，去强制实施这些法律规则。这样，国家的主权意志——“法官确立的规则可以作为法律而接受”——便以清晰的行为活动方式表现出来，尽管，国家最高立法机构，没有使用明确的语言表达方式。

习惯法的赞美者，颇为热衷于夸耀他们的习惯法偶像，赋予其神秘而又泰山压顶的气势。但是，有人就有能力分辨实际存在的由人制定的法和实际存在的社会道德，从而说明习惯法的性质。

对这些人来说，习惯法的神秘光环是瞬息即逝的。我们可以将习惯法视为一类实际存在的社会道德规则。从这一角度来看，习惯法，产生于被统治者的普遍顺从，而不是来自于社会政治地位高低的权力配置或者政治主权者的制定。但是，如果我们将习惯法看作是经由道德规则转变而来的实际存在的由人制定的法，那么，习惯法就是由国家确立的。当国家在制定法中，将习惯法明确规定出来的时候，国家是以直接形式确立习惯法的。与此不同，如果习惯是由国家中的司法机构所适用的，那么，国家是以间接方式确立习惯法的。

有些人对判例法是十分反感的。他们具有这样的反感，是因为他们对命令的性质，没有恰当准确的观念。

其实，与其他表达出来的“要求”一样，“命令”既可以是明确的，也可以是含蓄的。如果用语言（书写的或言语的）来表达“要求”，那么，命令就是以明确形式来表现的。如果用行为（或用非语言的要求提示）来表达“要求”，那么，命令就是以含蓄形式来表现的。

现在，我们可以认为，当习惯经由权力地位低于最高权力机构的法官的判决转变为了法律规则的时候，实际上，最高立法机构是以含蓄默认的方式，表达了习惯可以转变为法律规则的命令。国家，是可以废除这些法律规则的，也可以允许司法机构强制实施它们。因此，表达与否，完全在于最高权力机构的主观意愿。其形式，103
是自觉自愿的默许承认——“习惯可以成为被统治者的法律”。

在这里，我的目的仅仅在于证明，被描述为具有习惯性质的实际存在的由人制定的法（和所有实际存在的以司法方式确立的法），是由国家直接确立的，或者，是由其间接确立的。因此，它们具有命令的性质。我没有论证，在以司法方式（或说以并非准确意义上的立法方式）确立的法，与以立法方式制定的法之间，存在着重要区别。在后面的讲座中，我会详尽考察它们的区别所在，以及为什么权力地位低于最高权力机构的法官，我们在准确意义上所称谓的法官，在通常情况下，可以像主权者那样具有等同的确立法律的权力。

[段落内容提示：对不具有命令性质的法加以说明。]

前面，我提出过一个观点。这个观点，是要说明某些法并不具有命令的性质，同时，也在说明这些法依然是法理学的主题。这些法包括：—第一，解释性质的法（其作用在于说明现存的由人制定的法的含义）；第二，废除或撤销现存的由人制定的法的那部分法；第三，没有要求他人必须服从的目的的那部分法，或不具有强制要求性质的义务的那部分法（就罗马法学家使用这一表述的意思而言）。

当然，相对来说，这些含义不准确的法在法律科学中所具有的地位，是有限的，其意义是可以忽略不计的。所以，尽管我会时常考虑它们，就像直接参考它们那样，但是，我仍然会在其他场合中将其悬置高挂。换句话说，我仍然会将“法”一词的讨论分析，限制在具有命令性质的法的范围之内，除非，我以明确的方式，将其扩展至没有命令性质的法。

第 二 讲

[**段落内容提示：第二讲与第一讲的联系。**]

在第一讲中，我阐述了界定法理学范围的目的，以及实现这一目的的方法。这些目的以及使用的方法，在于区别实际存在的由人制定的法，和其他各类社会现象。实际存在的由人制定的法，是法理学的真正对象。其他各类社会现象，由于类似的关系，并且由于人们较为贴切或牵强附会的类比式修辞活动，而与实际存在的由人制定的法，产生了相互联系。

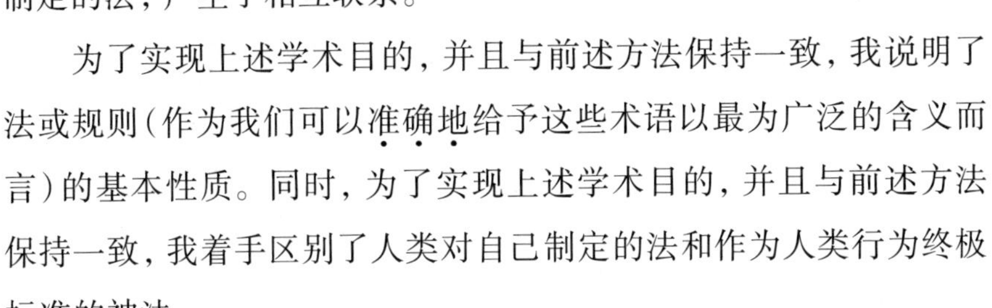

为了实现上述学术目的，并且与前述方法保持一致，我说明了法或规则(作为我们可以准确地给予这些术语以最为广泛的含义而言)的基本性质。同时，为了实现上述学术目的，并且与前述方法保持一致，我着手区别了人类对自己制定的法和作为人类行为终极标准的神法。

[**段落内容提示：神法或上帝法。**]

神法或者上帝法，是上帝对人类制定的法。正如我已经阐明的而且将要继续详细说明的，这些法，是我们所说的准确意义上的法。104

与人定法对人类自己所设定的义务不同，神法所设定的义务，可以称作宗教义务。

与作为人定法设定的义务之后盾的制裁不同，作为神法设定的义务之后盾的制裁，可以称作宗教制裁。它们是由恶果或痛苦构成的。上帝，可以直接根据自己的天意，使我们在某时某刻吞下恶果，或者遭受痛苦。如果违抗了上帝的命令，违抗产生的结果，也可以是在某时某刻吞下恶果，或者遭受痛苦。

[**段落内容提示：在神法或上帝法中，有些法我们是可以明显发觉的，或者心领神会。有些法对我们则是朦胧不见的。**]

在神法或上帝法中，有些法我们是可以明显发觉的，或者心领神会。有些法对我们则是朦胧不见的。对那些朦胧不见的神法，人们时常是用下面的名称，或者下面的词语，加以说明的："自然法则""自然法""通过自然或理性而传达给人们的法"和"自然宗教指令或命令式的法"。

人们明显发觉的上帝法，以及对人们相对来说属于朦胧不见的上帝法，是上帝通过不同方式，以及不同系列的"表征"，而传达给人类的。

[**段落内容提示：人类可以明显发觉的一类上帝法。**]

有些神法，是上帝希望人类可以明显发觉的。就这些法而言，其所表达的方式，是我们十分容易想象的。它们表达了命令，即上帝的一种声音(word)。这些命令是通过人类语言媒介传达给人类的。它们，是由上帝直接宣布的，或者是由上帝派遣的专司宣布一职的天使来发布的。

[段落内容提示:使人类朦胧不见的一类上帝法。]

对于我们来说,上帝对人类设定的某些法,是朦胧不见的。这些法,自然不是通过人类语言媒介来传达的。我们也可以这样认为,它们根本就没有清楚地表达出来。

这些法,仅仅是上帝对一部分被排除在圣经《启示录》(*Revelation*)教化之外的人所设定的。

人类可以明显发觉的那些神法,对我们之中的某些人(即可以通过一种渠道理解《启示录》真理的这些人)来说,是具有约束力的。但是,这些法对我们设定的义务,并非是确定不移的。因为,尽管上帝清晰表达出来的告示,是其意志的最为清楚的证据,然而,我们依然必须努力通过暗示其意愿的"表征"或"标记",去理解许多其已设定的义务。这些"表征"或"标记",人们将其称为自然之光(light of nature)。上帝设定的义务,是否能够全部归入《启示录》所具有的目的范畴,对于我们人类来说是一个疑惑。但是,帕雷和其他神学家已经解决了这个疑惑。根据帕雷和其他神学家的解释,有些义务是可以归入的,有些义务则是应该另当别论的。于是,上帝设定的某些义务,如果没有《启示录》的帮助,我们是无法知道的。人类可以明显发觉的法,虽然已经清楚准确地列出了这些无法知道的义务的清单,但是,没有作出内容上的细致说明。当然,我们应该清楚地意识到,尽管情况是这样的,上帝设定的这些义务,我们仍是有能力知道的,而且,如果我们愿意的话,我们当然可以通过自然或理性去实现这一目的。毕竟,人类可以明显发觉的法,已经假定了,或者提示了,这些我们可以而且有能力知道的义务,即使这种法,对这些义务是沉默不语的,或者简短提示、偶尔提示。

[段落内容提示：通过一种标记渠道，我们可以理解朦胧不见的一类上帝法。这种标记渠道是什么？]

当然，如果上帝为人类设定了一些法，但是，没有明确地对这些法加以阐述，或者，没有将这些法告示天下，那么，我们何以知道它们的存在？这是一个问题。暗示上帝意愿的那些我们称之为自
105 然之光的标记渠道，究竟是什么？根据自然之光这个比喻的说法，与之相对的则是那些上帝意愿的明确宣告。显然，那些标记渠道究竟是什么，同样是个问题。

[段落内容提示：与这种标记渠道的性质有关的假设或理论。]

我认为，我们可以将试图解决这些问题的假设或理论，大致地概括为两类假设或理论。

[段落内容提示：道德感觉、与生俱来的实践原则、实践理性（practical reason）、人之常情之类的假设或者理论。]

第一类假设或理论，其所持有的观点认为，在人类的主观意见中，人的行为可以分为两个部分。一部分是所有人都赞同的行为。一部分是所有人都反对的行为。这些普遍性的感觉，来自于人们对这些行为的理念。这些普遍性的感觉，日复一日，年复一年，从不间断而且是与天同在的。这些感觉，对所有人来说都是共同的，与人们对自己行为的理念也是不可分割的。它们是神之意愿的标记或者“表征”。不仅如此，它们另外证明了造物主究竟允许何种人类的行为，或者禁止何种人类的行为，而人类的行为，反过来又刺激着这些感觉的兴奋程度。

从这些感觉，我们可以不断地作出这样一些推论：人们的行为是正确的，或者是错误的；人们的行为是符合上帝法的，或者不符合上帝法。同时，这些推论，也是绝对不可能产生错误的。毕竟，上帝已经决定了我们的命运。在这个意义上，我们可以认为，我们的幸福只能依赖我们对上帝命令的服从。我们应该正确地理解上帝的智慧和良善，应该肯定地理解上帝的智慧和良善。理解本身，自然就是与上帝的光芒万丈的智慧，以及良善保持一致。就此而言，上帝显然使我们摆脱了我们自己理性的迟钝和荒诞。上帝用它的智慧，赋予了我们明智的感觉。这些感觉，时刻提醒着我们：三思而后行。当我们在履行义务的道路上执迷不悟的时候，这些感觉，立即警钟长鸣、批评责备，从而，可以使我们继续地向前迈进。

这些简明易懂的感觉，人们已经将它们和那些来自肤浅感受的感觉，加以对比了，并且，已经将它们视为一种被称为道德感觉的特殊能力。我承认，这种感觉的确是存在的，而且，它们也的确证明了造物主的意愿。但是，我依然不能发现，这种对比和如此称谓，是没有问题的。这些通过感觉从而有限度地得到的东西，或者呈现，具有一种临时的性质，是没有推论式的理解过程的。然而，根据我在前面简略说明的假设理论，推论式的理解过程总是存在的，总是不可避免的，尽管可能是简短的。当我们想到某些行为的时候，我们心中的感觉，就已经开始出现了。正是从这些感觉出发，我们推论这些行为究竟是为造物主所允许的，还是为造物主所禁止的。

前面，我批评了一类被标为道德感觉的假设理论。这类假设理
论，是可以用另外的方式加以表达的。 106

换句话说，这一假设理论可以认为，这些类似道德感的感觉，

是上帝法的标记渠道。而上帝法，时常被称为与生俱来的实践原则，或者实践理性的公设。人们可以从另外的角度去认为，上帝法是由宇宙中那位无所不能的伟大创世者，以它的手指，用普适的永不褪色的墨迹文字，刻写在我们心灵之中的。

此外，有人不断地对“人之常情”（最为被人接受而且没有争议的表述）一词加以精练。精练的目的，在于使其适合于表达我们前面讨论的那种道德感觉式的假设理论。在这些人看来，从这里出发，我们似乎就可以这样认识问题了：在决定自己行为是否正确的时候，人类所根据的标准，正是人之常情。但是，在前面我已经说明了这种情形中的人之常情。我已经说明了，此时“人之常情”的含义，同样是指各种各样的简明易懂的感觉。

其实，如果我们认为人类心灵是受人之常情所影响的，那么，尤其在人类思索自己的行为的时候，这些感觉，这些感受，或者这些情感，时常可以被我们描述为人的良心。

［段落内容提示：功利的理论假设。］

另外一类相反的假设或理论认为，某些上帝法不是明确阐述出来的，自然，也不是告示天下的。这些上帝法，只能是人类从上帝的良善，以及从人类行为的趋向中，汇集总结而来。换句话说，上帝的仁爱，以及一般性的功利原则，才是我们理解上帝的没有明确阐述出来的法的唯一标记，或者理解渠道。

［段落内容提示：对功利理论的简短概括。］

上帝，为其富有感应心灵的臣民设计了幸福。因此，某些人类的行为，传送了上帝的仁爱目的。或者，我们可以这样认为，这些行为的趋向，是充满爱意的，并且蕴藏着有用的价值。相反，其他人类的行为，则与上帝的仁爱目的相去甚远了。因为这一点，我们显然应该认为，其他人类行为的趋向，是冷淡无情的，并且，对所有人类而言都是有害无益的。正面的人类行为趋向，促进了上帝的目的，上帝应该是满意的。负面的人类行为趋向，与上帝的目的背道而驰，上帝自然应该是予以禁止的。上帝，已经赋予了我们观察的能力，赋予了我们团结友爱和理性思考的能力。如果我们可以相应地运用这些能力，我们当然可以调整我们的行为趋向。如果通过理解我们行为的趋向，我们理解了上帝的仁爱目的，那么，我们也就理解了上帝默默表示的命令。

[段落内容提示：下面是对前面简短概括的说明。] *51*

前面所论述的内容，是对“功利”这一著名理论的一个简单概况。如果我对这一理论作出详尽的说明，而且，将这些说明看作是概括总结的必要过程，那么，我的确担心，这样会没有节制地远离我的主要目的。这一主要目的，是第一讲至第六讲原来就有的基本目的。但是，为了清除一些主要的错误观念（而前面提到的若干理论，对这些错误观念负有不可推卸的责任），我将添加许多不厌其烦的说明，正如我对讲座的基本目的，以及范围作出持续不懈的阐述说明一样。

功利的假设理论认为，一就上帝的良善遍布人间、公平持正而言，上帝当然为其所有富有心灵感应的臣民设计了最大幸福。上帝，决定了人类的所有快乐可以福如东海。与此相反，如果根据人类有限的不完善的本性，这些快乐，则是不免成为十分可怜的。个人行为，对所有人的最大幸福来说，是可能产生影响的，是可能产生效果的。人类行为的趋向，也是可以增加或者减少这一幸福的。从这两点出发，我们就可以推论出上帝为我们设定的法，即使这种法没有明确地表达出来，或者没有明确地揭示出来。

[段落内容提示：人类行为的真正趋向，以及衡量这个趋向的真正尺度。]

在这里，人类行为的趋向(作为人们一般性理解的“趋向”一词)，是指所有人类行为的趋向。就其重要方面而言，或者，就其实质方面而言，它是人类行为可能产生的结果的总量。人类行为的任一结果，可以影响人类的一般幸福，不论这一结果是遥远间接的，还是眼前直接的。

在尝试观察这一趋向的时候，我们肯定不能关注独异个别的人类行为，或与世隔绝的人类行为。相反，我们必须关注行为所属的行为种类。作出独异个别的行为，可能引发一定的结果。克制或摒弃独异个别的行为，也有可能引发一定的结果。但是，这些结果，都是特殊性的结果，从而，不是我们在这里所要讨论的问题。我们试图关注的，以及想要研究的，是这样一个问题：—如果人们普遍地从事一类行为，或普遍地克制或摒弃一类行为，那么，这将对一般性的幸福或善，产生什么样的可能结果？

一个有害的行为，从其本身来看，也许是有益的，或者没有造成有害的结果。同样，一个有益的行为，从其本身来看，也许是有害的，或者没有造成有益的结果。

例如，一个穷人如果从其富豪邻里的堆积如山的财富中，仅仅偷窃了九牛一毛，那么，他的行为，就其本身而言，并没有造成有害的结果，我们甚至可以认为，它是积极促进了善。因为，偷窃的效果，是剩余财富适当地被调剂到了所需者的手中。当然，假如偷窃行为是普遍的（或者应予保护的财产所有权时常遭遇了侵犯），我们可以认为，效果就是相反的，或者说是普遍有害的。

毕竟，如果所有权是不安全的，人们便会失去保护它的动机。没有持续不断的对所有权的保护措施，也就不会存在资本财富的累积过程。没有资本财富的累积过程，自然也就没有工资支付的经济基础，并且，自然也就没有劳动分工以及精致昂贵的机器设备。进而言之，如果没有上述对可以促进生产力的劳动的物质性、经济性和社会性的支撑，社会中的每个人，其各种各样的生活享受，也就会荡然无存。对所有权的持续侵犯，将会导致社会财富的逐渐减少。它不可避免地会成为一个更大的恶。它在另外一个方面，会使穷人的财产状态，同样逐渐趋于恶化。

如果个别的偶有生发的偷窃行为，没有造成有害的结果，并且，
在相当程度上促进了善，那么，由此产生的有益效果，我们依然是 108
可以忽略不计的。毕竟，普遍性的对所有权进行侵犯的偷窃行为，并不是此起彼伏的。而且，这种个别偷窃行为，对财富安全的侵害，已经被财富的总体增量这一情形，遮蔽得无足轻重。社会财富的累积，终究是由于一般性的保护安全而出现的。

再如，如果我逃避一个良好政府规定的纳税义务，那么，对这一行为的时有时无的容忍，并且由此而产生的**特殊**效果，有时是会引出无可争辩的有益结论的。因为，别人对这种国家钱财流失的不当容忍，对我个人来说，终究是有益的。而且，相对于公共税收的整体总量来说，我的逃税行为也是微不足道的，从而，是完全可以弃而不论的。进一步来看，我和社会的其他成员，依然享受着社会所给予的保护安全，因为，大多数人，总是没有逃避纳税的义务。

在上面假设的情形中，我们所讨论的并非良好的行为，有时却可以具有良好的效果。这类行为，我们是将其当作个别的偶有生发的行为来讨论的。当然，与此相反，如果这类行为无处不在，是非常普遍的，那么，结果将是不可接受的，而且具有邪恶的性质。

在另外一些情形中，某些良好的行为是不可接受的，具有邪恶的性质。针对这些情形，我们依然是将其当作个别的偶有生发的行为来考察的。这样，反过来看，如果此类行为具有普遍的性质，那么，其结果也将是可以接受的，而且绝对没有邪恶的性质。例如，一个惩罚，作为一个孤立的事实，是一种恶。因为，施加在犯罪分子身上的痛苦，等于是增加了社会罪恶的持续谬误。但是，如果将惩罚犯罪分子，看作是社会制度的一个组成部分，惩罚就是有用的，甚至是一种慈善的表现。毕竟，正是依赖普遍性的惩罚制度，成千上万的犯罪行为才能得以遏止。换句话说，正是依赖对少数犯罪分子实施严厉的惩罚，我们才能换来大多数人的社会安全，正是运用割除犯罪毒瘤的方式，社会肌体才能健康发展。

因此，一般而言（此处允许例外情形），为了正确判断一个积极行为的趋向，一个行为克制的趋向，或者一个违法事件的趋向，我们的确必须要解决这样一个问题：如果类似的积极行为，类似的行为克制，或者类似的违法事件，是时常发生的，而且具有普遍的性质，那么，对一般性的社会幸福或善，它们将会产生怎样的效果？

如果我们打算检验一个积极行为、一个行为克制或一个违法事件的真实趋向，上面所说的“是否普遍”，则是我们必须经常采用的一个标准。这意味着，根据一个积极行为、一个行为克制或一个违法事件的真实趋向，我们可以估量这一积极行为，这一行为克制，或者这一违法事件，对社会一般幸福或善可能产生的总体效果，可以判断它们是否符合一般性的功利原则。

[段落内容提示：根据功利理论，绝大多数的上帝命令，属于规则。]

当然，如果这是一个检验行为趋向的一般性标准，而且，如果行为趋向是上帝意志的一个“标记”，那么，我们可以得出这样一个结论：上帝的绝大多数命令，是普遍的，或者是无所不在的。上帝从普遍的角度，来准许它所赞同的有用行为，来禁止它所厌恶的有

害行为。上帝所针对的行为，是一般性的行为，而不是个别的偶然 109
发生的行为。在准许或禁止的时候，上帝所使用的也不是具体性的命令，或者，不是仅仅指向偶然生发的个别情形的命令。相反，它所使用的是普遍性的法，或者规则，而这些法或规则，通常情况下又是持平公正的。

例如，某些行为，在个别情形下可能是有用的或者没有有害的结果。但是，作为一类行为，如果反复不断地出现，那么，这些行为可能会与社会的一般性幸福发生根本性的冲突。具体来说，如果我们克制自己的行为，其原因是由于担心受到惩罚，或者，在没有惩罚的情形下，我们的行为将是一如既往的，那么，由此产生的一类行为的动机，或者诱因，便是我们需要警惕的。在这里，如果我们用上帝的智慧，以及上帝的良善，来理解这些“社会行为”（*data*），

我们必定会得出这样一个结论：上帝是禁止这些行为的，而且，是在无一例外地禁止它们。在第10个情形或者第100个情形中，行为也许是有益的。但是，在前面9个情形中，或者前面99个情形中，行为也许就都是有害的了。此外，如果情形的确是这样的，而且，在稀有或异常的情况中，人们许可或容忍了个别的行为，那么，在其他情形中，每个人克制自己行为的动机，就会减弱，或者消失殆尽。在慌乱躁动的情况中，人们对自己的行为或动机，总会难以作出准确的分析与判断。毕竟，牢牢抓住眼前的快乐，随时避开眼下的艰难，是我们每一个人的行为习性。所以，由于我们缺乏有益的判断能力，由于我们意志脆弱得不堪一击，我们总是倾向于充分利用一些例外的情形，而这些情形，是规则所无法全面涵盖的。

正是在这个意义上，当我们将行为作为一个种类来看待的时候，无论行为是有益的，还是有害的，我们都可以作出这样一个结论：上帝是用一个规则，来许可或禁止它们的，而这个规则，应该是无一例外的。

[段落内容提示：功利理论并没有让我们得出这样一个结论：每一个有益的行为，是神要求的行为；每一个有害的行为，是神禁止的行为。]

在我看来，这是我们只能得到的一个结论。如果我们假定，害怕惩罚是刺激行为发生的必要条件，或者，是抑制行为发生的必要条件，那么，这个结论，自然就是不可避免的。

一类行为的趋向，是一个问题。许可或禁止这类行为而产生的功利，是另外一个问题。有些种类的行为是有益的，但是，对其加以许可却是没有益处的。另外一些种类的行为是有害的，但是，对其加以禁止却是同样没有益处的。针对后一种情况来说，制裁也许又是多余的。即使立法者没有敦促我们考虑其意志，我们也会足以赞同有益的行为，我们也会反对有害的行为。动机（除了那些迫于命令或禁令而产生的动机），是自然而然的、是与生俱来的。它使我们不知不觉地在一种情形中，去实施一个行为，又使我们执着不懈地在另外一种情形中，去克制一个行为。用洛克先生的话来说，“有害的冒失或行为，会给我们带来不利的后果。这些后果，是有害的冒失或行为所带来的自然而然的后果或者结果，其是作为一种自然而然的弊端而出现的，从而，与法律是没有任何关系的”。 110

［段落内容提示：有人针对功利理论提出了一个反对意见。这个反对意见，是最为流行的，也是貌似有理的。现在，我介绍说明一下这个反对意见。］

有人针对功利理论提出了一个反对意见，这个反对意见，是最为流行的，也是貌似有理的。在这里，我们可以指出，如果我尽力说明的标准或者尺度，的确是检验人们行为趋向的日常标准或尺度，那么，这个反对意见，便是建立在错漏百出的基础之上的。对这个反对意见，我们必须无情地予以揭露、无情地予以批判。

显然，没有人曾经忘记过功利理论。它是源远流长的一种理论。其观点认为，我们服从上帝为我们设定的法的动机，相对于其他一切动机来说，是首要的。因为，我们的过往云烟的快乐，或者，我们的瞬息即逝的痛苦，对比上帝所给予我们的痛苦来说，实在是微不足道的。这里的过眼云烟的快乐，是指我们因为违反上帝法所设定的义务，而可以暂时获得的快乐。这里的瞬息即逝的痛苦，是指我们因为类似的原因，而可能暂时遭遇的痛苦。而这里所说的上帝所给予我们的痛苦，则是指上帝法在义务的背后，设定确立的一种制裁。

上帝的所有臣民，都是富有心灵感应的。这些臣民可能得到的最大幸福，是我们所说的上帝法的目的以及效果。因为，上帝法所包含的上帝意志，在于尽力推动上帝法所激起的仁爱、在于尽力推广上帝法所设计的智慧。

但是，在理解上帝法的目的的时候，我们应该注意，上帝法是在约束着我们的全部行为。这里的意思是，就我们的行为可以促进或者阻碍这一目的的实现而言，就上帝的命令或禁令对纠正我们的欲望是必要的而言，上帝的法律，约束着我们每一个人的每一个行为。

如果上帝法已经清晰地表达出来，而且，它的存在是无可争议的，那么，我们必须根据其条文的明确含义，来指引我们自己的行为。反之，我们就必须求助于另外一个指南。这个指南，在这里是指我们的行为对社会一般幸福或善所产生的可能效果。我们只能依据这种“可能效果”，来指导我们自己的行为。这里的幸福或善，自然是指造物主这一立法者，在其所有法律和命令中，所试图实现的目的。

在这种情况下，我们的义务的渊源是同一的，尽管，我们理解义务所凭借的证据，是不同的。一般性的功利原则，是许多这些义务的标记。但是，这一功利原则，不是这些义务的出处或渊源。因为，义务或责任，是来自命令和制裁的。而且显而易见的是，命令不是来自一些抽象的东西。相反，它们是来自活生生的具有理性的人类存在。

从这些前提出发，如下结论将是不可避免的：如果《启示录》没有详细阐明我们所应有的行为方式，那么，我们的全部行为，就应该以一般功利原则作为指南。因为，遵守一项与法律相一致的原则或者公理，自然就等同于遵守这部法律了。

功利理论，就是我在上面所说的这种理论。我以各种方式重复阐述了这一理论。我的目的，在于使没有接触过这一理论的读者，可以清晰明确地对其加以理解。虽然，我的确担心，这可能是有点冗词赘句的。

我所批评的针对功利理论而不断出现的反对意见，可以这样加 111
以表述：

快乐和痛苦（或善或恶），是不可分割地相互联系在一起的。每一个实际的行为，每一个克制或冒失，对我们自己或对我们的同伴，或者以遥远间接的方式，或者以眼前直接的方式，都与快乐或痛苦相互连接着。

基于这样一种认识，如果我们想使自己的行为，相应地与一般功利原则保持一致，我们在做与不做之间所作的每一个选择，都将遵循如下一些步骤。首先，我们将设想我们如此行为的后果，以及我们克制行为的后果。因为，这些后果，是我们根据功利指导原则必须作出估算的竞争性因素。其次，我们将对比行为与不为的后果，决定这些后果的排列顺序。这一顺序，具有平衡优先次序的意义。换句话说，这一顺序，可以表明何种后果可以产生更大的善，或者（采用一个不同的表述，尽管确切地说这一表述具有同样效果），可以表明何种后果可以避免更大的恶。

现在，我们可以假定，在作出决定之前我们实际上已经尝试了这一过程。然后，依据我们的设想，我们可以指出，不可避免地出现的荒谬的结果以及有害的结果，是什么。

但是，一般而言，允许思考的时间是有限的。超出时间限定的思考，实际上等同于行为克制或者舍弃不为。换句话说，如果我们全面细致地完成这一思考过程，那么，我们时常会与思考过程本身的目的相互矛盾，我们就会彻底地采取不为的态度，尽管功利本身要求我们应该从事一定的行为。另一方面，对于我们来说，属于有用的行为机会，可能会从我们的手指缝中不经意地悄然消失。虽然，我们天衣无缝地权衡了行为与不为的利弊。

当我们发觉及时解决问题是必要的时候，我们自然不会全面细致地完成这一思考过程。我们自然会猜测，或者会迅速地设想，行为与不为的效果，同样会迅速地对比它们的相对效果。我们的前提，可以是错误的，或者乏善足陈。我们的结论，也可以是经由糟糕的推论而作出的。这是因为，如果我们真是反复地思考、反复地调整我们的行为，以使自己的行为与一般功利原则相互一致起来，那么，我们只会不可避免地使自己的行为错漏百出，适得其反。

同时，即使我们简单迅速地追求真实与有用，遵循一般功利原则的结果，也会是这样的，也不会有另外的情形表现出来。不仅如此，正如在一般情况下，我们针对我们同胞而言更为喜欢自己的利益，我们喜欢自己的眼前利益更胜于喜欢自己的将来利益一样，我们显然还会扭曲功利原则，以达到自私的目的，甚至险恶的目的。

112 上帝法的初始原因，或者，上帝法的最终目的，是一般的幸福或善。但是，仔细思考我们的行为对一般幸福或善的效果，并不是我们理解一般幸福或善的有效方式。用了解上帝法，以及遵守上帝法的方式，我们当然可以促进我们自己的幸福和同胞的幸福。但是，如果我们使一般幸福成为我们的目的，或者目标，那么，我们也就没有必要了解上帝法，也就没有必要遵守上帝法。相反，我们倒是应该阻挠上帝法的仁爱推广。毕竟，我们是凡夫俗子。概括来说，在基本方面上，我们应该切实地摆脱一般功利原则的束缚。也可以这样认为，偶尔将其视为我们行为的一个指南，已经足够了。这已经是太抬举一般的功利原则了。

［段落内容提示：对前面简略介绍的反对意见所作出的两个适当回应。］

我相信，—如果那些反对功利理论的异见分子，的确想表达一个意思，那么，—他们的意思，正是如此的。他们的确认为，“功利理论是一个危险的行为原则”。

一般来说，反对功利理论的异见分子，并不习惯于清晰地、明确地表达自己所思考的内容。所以，我不能特别肯定地讲，我已经确切地阐明了他们的反对意见。但是，我已经努力地用最为诚实的方式，去理解他们的意思。我已经尽我最大的努力，去表述他们的意思，或者，以最为能够使他人理解的方式，来表述他们的言语可能传达的意思。

在回应这些异见分子的反对意见的时候，我已经说过，这一反对意见在术语问题上，涉及了一个悖谬的矛盾。“危险”一词，是“可能危害”一词的另一指称。为了避免我们行为的可能危害，我们的确最好是应该预先设想以及估算可能出现的结果。这样来看，说“功利原则是一个危险的行为原则”，等于是说“计算功利与功利本身是相互矛盾的”。

在这里，应该认为，我的回应是十分简洁的。自然，我的确由衷地希望，我的回应因其简洁而具有结论的性质。但是，我必须承认，我的回应，几乎没有触及这一反对意见的关键要害。这一回应，似乎给人们带来了一些模糊的印象。毕竟，反对意见显然假定，我们不能遇见和估算我们自己行为的可能效果。换句话说，如果我们试图计算行为的善结果，或者恶结果，我们基于计算而作出的设想就会导致错误和恶果。反对意见的意思是，从权衡功利出发而采取的事前设想，是一个不会成功的行动设想。所以，我们应该将功利的问题，扔到九霄云外。针对反对意见的这层意思，我们自然可以认为，反对意见的命题并非是清楚准确的。而一个命题，如果不能准确地予以表述，那么，就如同包含了一个悖谬矛盾一样，是不可理喻的。

当然，这不是驳斥。真正的反驳，我放在了下面的论述中。

[段落内容提示：对前面说明的反对意见所作出的第一个回应。]

首先，如果承认功利原则是我们理解造物主的默示命令所凭借的唯一标记或者渠道，那么，死死揪住功利原则的不完善之处，是愚蠢的。我们必须要做的工作，是使这一原则逐渐地完善起来。

如果我们是富有道德感的，或者是富有人之常情的，抑或是富
113 有实践理性的，那么，我们就的确不应该依赖一般功利原则，去解释上帝的命令。如果我们的心灵聚集了与生俱来的实践原则，那么，我们就的确不应该在人类行为的趋向中，去解读上帝的命令。因为在一种假设理论看来，人类已经被赋予了特别的生理器官，可

以获得自己义务的理解结论。造物主设定的义务，已经是良心的直接体验对象。运用观察和归纳的方法，当然是多此一举的。试图替代纯洁的良心，将功利原则提升抬高，显然是不可能的，而且也是荒谬绝伦的。尝试着去品味，尝试着去听闻，再凭借逻辑演绎推理的力量得出进一步的结论，已经是充满希望的，而且也不缺乏谨慎稳健的做派。

但是，我们应该理解，如果我们没有被赋予特别的生理器官，我们便只能依赖以及遵循一般性的功利原则，并且，尽力使这样一种原则永远发扬光大。我们只有尽可能地从人类行为的趋向中，去总结我们应该履行的崇高义务。不然的话，我们只会在忽视义务的同时，又在吞食苦果、咎由自取。同时，我们只能借助神灵的微弱之光，去剔除我们自己的陈俗陋习。而不这样努力的话，我们只能在冥冥黑夜之中，苦难彷徨。

[段落内容提示：对前面简略介绍的反对意见的第二个回应。]

道德感觉的假设理论，是否持之有故，是否言之有理，是一个重要的问题。在这一讲中，我不打算对其深入地加以讨论。在下一讲中，我将作出细致分析。在这里，我们对另外的问题进行讨论，可能是更为适宜的。我们可以讨论，坚持反对意见的异议分子，是如何错误地理解他们所攻击的功利理论的。

他们的反对意见，是建立在一个假定基础之上的。一这个假定基础认定，如果我们是根据一般功利原则来调整我们自己行为的，那么，我们在行为与不为之间作出的所有选择，都将是以精确计算作为出发点的，而且，依赖这个前提，我们又在试图设想并比较行为与克制可能产生的相对效果。

或者，也可以这样认为，—这个假定基础认定，如果我们是根据一般功利原则来调整我们自己行为的，那么，我们的行为，势必总会取决于我们对功利原则的临时参照和直接参照。

然而，就算是可以这样假定，就算是可以这样推论，就算是功利原则属于一个蹩脚十足的指导原则，属于一个目光短浅的指导原则，他们的反对意见，依然是没有根基的。尽管他们想象，他们正在努力摧毁他们所憎恶的功利理论，但是，他们所攻击的对象，恰恰是他们自己的错误观念（而且，实在是愚不可及）。

我之所以这样来讲，是因为根据功利理论，我们的行为会与一
114 些规则保持一致的。这些规则，是从我们行为趋向中推论出来的。但是，尽管我们的行为会与一些规则保持一致，而且，这些规则，是从人类行为的趋向中推论出来的，我们的行为，却依然不是基于直接求助于一般功利原则本身而作出的。功利，仅仅是在最终的意义上，成为了我们行为的尺度。在日常个别活动的意义上，功利并不是我们行为的尺度。功利，是我们行为所须遵守的规则的直接标准。但是，它却不是我们具体个人行为的直接标准。我们的规则，的确是以功利为圭臬的。我们的行动，则是以规则作为准则的。

我们可以回忆一下，我们前面已经讨论过的检验行为趋向的真正尺度是什么。其实，凭借简易的演绎推论，你就可以发现，他们的假定基础实在是不堪一击的。

[段落内容提示：如果我们的确将我们自己的行为和一般功利原理保持一致，那么，我们的绝大多数行为，就会和规则保持一致。这里的规则，我们是指由神所制定的规则。人类行为的趋向，是这类规则的指引或“标记”。]

如果我们打算检验具体个人行为的“趋向”，自然，我们就不能仅仅盯住这种行为的个别化，仿佛它们是孤立的，仿佛它们是与世隔绝的。相反，我们必须关注这一行为所隶属的行为种类。我们必须设想，这样一些行为种类，在人类的积极活动中以及消极活动中，是具有普遍性质的。我们必须考虑这样一个问题：对于一般的幸福或善来说，它们的可能效果是什么？

如果行为具有普遍的性质，我们也就必须猜测，这些行为的后果是什么。如果这些行为具有普遍的不良性质，我们同时还必须猜测它们的不利结果是什么。这意味着，我们必须比较这些后果的积极意义以及消极意义，并且，在权衡两者孰轻孰重的基础上，再作出我们的决定。

如果行为趋向具有积极的意义，那么，它们就是善的。或者，我们可以采用一个较为宽泛的然而又是十分恰当的相似表述来说，一般幸福，其本身要求我们的行为都要具有积极的意义。如果行为趋向具有消极的意义，那么，它们就是恶的。或者，我们同样可以采用一个较为宽泛的然而又是十分恰当的相似表述来说，一般幸福，其本身要求我们克制具有消极意义的所有种类的行为。

简单来说，如果我们真正想要检验具体个人行为的趋向，我们就必须检验这一行为所隶属的行为种类。在检验行为种类的基础上，我们针对具体个别行为而得出的具体结论，也就暗含了指涉所有类似行为的一般性结论。但是，在作出一类行为是有益的或者有害的结论的时候，我们不得不依赖一个进一步的推论。这个进一步的推论，我们可以这样地加以表述：我们人类，已经理解了造物主的部分仁爱以及部分智慧，当我们谈到这些仁爱和智慧的时候，我们可以推出造物主用普遍有效而且持平公正的规则，去许可或禁止一类行为的结论。

假定行为的确是这样的，有如我们在前面所说的，从而，要求立法者的立法应该出现，那么，我们所达到的这一不可避免的推论，也就正是这样的。

如果我们的行为，的确可以被调整到与功利保持一致，我们的行为，就会及时地与我们这样推论所得到的规则，保持着一致，并且，我们就会将这样的规则，铭刻在自己的心中。考虑具体个别行
115 为的个别结果，对最终性的功利原则来说，是没有任何价值的，对我们所提到的规则，也是没有任何价值的。在这个意义上，针对一类行为而得出的一般性结论，或者更为精确地讲，从这些一般性结论进而推论出来的规则，应该指导我们的行为。

必须指出，反对意见针对功利原则所假定的内容，是具有想象性质的。反对意见假定，功利原则强调了驻足思考的必要性，强调了精确计算的必要性。但是，在我看来，任何人都会知道，在准备一个行为或不为一个行为之前，设想和比较行为的结果，显然是多余的，甚至是有害而无利的。就设想和比较的结果已经体现在已知的规则之中来说，设想和比较，显然是多余的。就真正的结果已经由已知的规则表达出来而言，设想和比较，显然是无益的。不论这一过程是否导致了错误，是否浪费了我们的宝贵时光。

［**段落内容提示：理论和实践是不可分开的。**］

一般来说，人类的行为，包括上帝命令约束的人类行为，不可避免地是由规则所指引的，或者是由原则或公理所指引的。

我们可以将我们对具体的事物，或者对具体的行为的经验和观察加以普遍化。如果没有作出这样的普遍化，这种经验和观察，在实践中几乎不可能是有用的。全神贯注地审查各个具体事物，或者行为，并且从中得出仅仅适用于具体对象的一个结论，这样一种过程，实在是步履蹒跚、事倍功半，完全不可能满足我们生活的迫切需要。我们人类是明白这一点的。所以，经由经验和观察的重复而浮现在我们头脑中的推论，自然就会融入一些原则之中，或者并入一些公理之中。这些原则或公理，我们是会融会贯通的，是会在实践中准备运用的，是会及时并且毫不犹豫将其适用于具体的事物以及具体的情形。这意味着，我们不会反复或者重复地回到我们获得行动指引的观察过程之中，我们不会在头脑中，再回忆甚至再排列过去的思考，而这些思考，终究是数量众多、错综复杂的，而且是依赖手工式操作来展开的。

这一点，亦即将具体的行为经验和观察予以普遍化，即使不是功利理论的唯一益处，也是其主要的意义价值。目不识丁和生活拮据的人们，在这里面，获得了一种针对实践活动的顺畅的习惯方式。这种习惯方式，对实践活动来说是基本的。失掉这样一种方式，人们将只能依赖具体的经验以及具体的观察，去指导自己的实践活动。

“在理论中是正确的，在实践中未必正确。”这是一句谚语。它的意思，应该是指傻瓜蠢人（Noodle）。必须指出，针对功利理论提出这一谚语，貌似深奥，实际上是颇为可笑的。

不论怎样，我们终究毕恭毕敬地赞赏这个可敬持重的“傻瓜蠢人”。所以，在我们看来，在理论中是正确的，在实践中也必定是正确的。

如果我们可以发现，一个正确理论，是诸多具体真理的一个概括，那么，将其在具体情形中加以运用，也必然是正确无误的。理论的术语，具有一般的性质，是抽象的。但是，我们可以这样认为，
116 一般抽象的理论所暗含的具体真理，并非是被略写的，或者是被浓缩的。除非一般抽象理论和具体真理是相互一致的，从而，在实践中是正确的，否则，这一理论绝对没有真理的意义。真理总是具体的，尽管，语言通常来说是一般的。如果一个理论的术语不能融入具体的真理，这个理论将是莫名其妙的，并且没有任何的意义。它会成为一个让人无法理解的抽象缠绕，从而使有知识、有理解能力的人，时常感到困惑不解。不仅如此，就连那些愚钝无知者的仅存智慧，也会更为因此在其中如遇迷雾、彻底遗失。尤其当这些愚钝无知者落入权威的圈套，从而自我陶醉，并且毫无审慎思量的时候，便更是如此。

有些人，诋毁理论，仿佛理论与实践是势不两立的，或者，坚持认为“在理论中是正确的东西，在实践中必定错误”。他们的意思（如果他们的确在表达一个意思），在于说明功利理论是错误的，说明人们没有善待以及正确地对待功利理论涉及的具体真理。他们的意思在于表明，如果功利理论被用于实践之中，功利理论只会

起到误导别人的作用。他们认为，理论的真理，不是实践中的真理。他们的意思是想说明，一个错误的理论不是一个正确的理论，这个理论是会导致我们实践活动的失误，直至彻底失败的。

[段落内容提示：如果我们的行为，的确和一般功利原理保持了一致，那么，我们的绝大多数行为，正是由与规则相互联系的道德感觉所指引的。这些规则，是由神所制定的。人类行为的趋向，是这些规则的指引或“标记”。]

然而，不论他们怎样认为，一般而言，人类行为不可避免地是受规则指引的、不可避免地是受原则或公理指引的。

受制于上帝命令的人类行为，不仅是由规则所指引的，而且是由和这些规则相互联系的道德感觉所指引的。

如果我相信（不管因为什么缘故），一类行为，或者一些行为，是造物主所许可的或者所禁止的，那么，在我心里，一个道德感觉或感受（赞赏憎恶的感觉或感受），便和我所具有的如此行为的观念，以及思想不可分割地相互联系在一起了。而且，基于这个事实，我会迫切地希望实施一些行为，或者克制一类行为，即使我没有赞同我的信念所根据的理由，没有回想起我从该理由中推论出来的上帝规则。

在这里，如果我的信念所根据的理由，是判断一类行为趋向是否有益的出发点，那么，我的行为，便的确与一般功利原则相互一致了。但是，我的行为，却不是直接求助于这一原则来决定的。直接决定我如何行为的，是与行为种类有关的感觉，是与一种规则有关的感觉，而这种规则，是我从行为趋向中推论出来的。

如果我的行为的确是与一般功利原则保持一致的，我的行为，便是间接地由精确估算行为后果的思考所指引的。但是，在行动的时候，我的行为是直接由感觉所决定的。假定我绝对不能为我自己的行为提供一个理由，我是受制于反复无常的感受，受制于茫然无措的感受的，而这些感受被描述为了道德感，那么，可以认为，感觉对我行为的支配是颇为直接的，具有不可抗拒之势，正如感觉理所当然支配我的行为一样。

例如，一些十分令人满意然而有点思绪繁复的理由，使我确
117 信财产制度对一般善而言是绝对必要的。正是因为有了这样一种确信，所以，我坚信偷窃行为是有害的。而坚信偷窃行为是有害的，使我推论造物主规定了一般性的持平公正的规则，去禁止偷窃行为。

在这里，我得出这一规则所凭借的循序渐进的归纳以及推理，的确有些冗长繁琐。但是，在我可以确定无疑地理解我不应该窃取你的钱包的时候，我自然没有必要去重复这一过程。通过我以往的思考习惯，根据我所受到过的思想教诲，一个厌恶感觉已经在我头脑中，和我自己对偷窃的观念看法，彼此相互联系在一起了。一些理由，可以使我确信偷窃行为是有害的，而且，从偷窃行为的有害趋向中，我的确可以推论一个规则的存在。但是，在这里，我并没有注意偷窃行为是否有害，并没有在这一行为趋向中推论规则的存在。相反，我的行为，是由一种自然而然的缩回手指不去偷钱的情绪所决定的。

认为功利理论的意思，在于将精确估算行为后果的行动方针去替代前面所说的日常感觉，是荒谬绝伦的，是不值得一驳的。这种

观点的错误是十分明显的，显示了这种认识思考方式的鲁莽草率。将精确估算行为后果的行动方式和日常感觉对立起来，等于是将船舵和风帆对立起来，将船舵和吹拂风帆的微风对立起来。精确估算行动结果的方针，是一种行动的指引。这种方针，与日常感觉并非是势不两立的。我们显然可以认为，没有精确估算结果的感觉，是盲目的，是反复无常的，而且极为任性。反之，没有感觉的精确估算，是缺乏生命力的，是迂腐陈旧的，或者是未老先衰的。

贬低道德感觉，绝对不是真正的功利理论的目的或者意图。真正的功利理论，希望在道德感觉中设定正确的或者仁爱的方向，使我们摆脱毫无根基的喜好欲望，摆脱怪异憎恶的钳制，使我们的爱建立在有益的基础上，使我们的恨飘然淡去，仿佛爬行在松软的沙滩上。

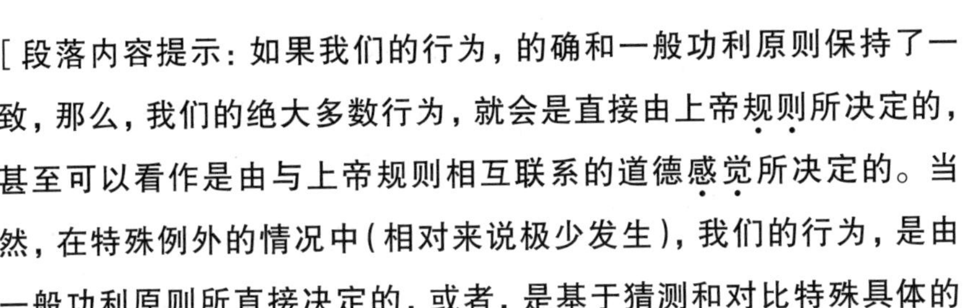

[段落内容提示：如果我们的行为，的确和一般功利原则保持了一致，那么，我们的绝大多数行为，就会是直接由上帝规则所决定的，甚至可以看作是由与上帝规则相互联系的道德感觉所决定的。当然，在特殊例外的情况中（相对来说极少发生），我们的行为，是由一般功利原则所直接决定的，或者，是基于猜测和对比特殊具体的结果而作出的。]

我们可以进而认为，如果功利原则是我们行为的主导原则，那么，我们的行为，将是直接由上帝规则所决定的，甚至可以看作是由与上帝规则相互联系的道德感觉所决定的。在这个意义上，将功利原则适用于具体个别的行为，并非像我们前面提到的反对意见所认为的那样，既裹挟了错误的迷失，又伴随了荒谬的结果。

当然，必须认为，上面所说的这些结论（像大多数结论一样），是有其限度的。

在某些情况（相对来说较少发生）中，我们应该将具体考虑与一般考虑加以平衡或者加以权衡。这些情况［用培根（Bacon）的话来说］，属于“问题复杂”的情况。其中，具体个别的因素是错综缠
118 绕的，不一而足，如果我们对其加以绝对的抽象，那将是十分危险的，如果我们只顾主导性地以功利原则作为基础的规则，那将是一叶障目、以偏概全。固然，偏离与任何这些情况有关的规则，是会导致荒谬结果的，因为，所有偏离都会引发权威的弱化，甚至崩溃。但是，我们也应该看到，我们适用规则解决问题，其所带来的结果的具体性，同样是十分重要的。正是在这个意义上，遵守规则所导致的不利后果，极为可能超过了违反规则。如果思考一下我们推论规则所依据的理由，我们就会发现，认为规则是一成不变的，其本身就是荒谬的。因此，在这些情况中，我们自然应该避开规则，直接求助于规则所依据的功利原则，娴熟地运用我们的知识以及能力，去精确估算具体的结果。

例如，如果我们将功利原则看作我们理解上帝命令的一个标记渠道，那么，我们就只能推出这样一个结论：一般而言，造物主是赞许我们服从现实政府的。因为，不服从政府权力，也就没有什么安全或者快乐可言。然而，这个推论的根据，应该是政府行为所展现的功利效果。如果政府提供保护的成本过高，或者，其所规定的没有必要的限制，使我们困惑烦恼，其所强加的赋税，使我们深感过于沉重，那么，要求我们服从一般义务的功利原则，便会从相反方向提醒我们进行抵制，而且，这一功利原则还会证明抵制行为是

正当的。当这个政府一向以来都是良好的时候，拒绝服从一个现实的政府权力，我们就要将其视为一种邪恶。因为，无政府状态所带来的不利后果，自然大于糟糕政府所带来的不利后果。当然，良好政府和糟糕政府，其之间存在着天壤之别。所以，**如果抵制行动可以导致良好政府的建立**，拒绝服从糟糕政府的行动，其本身就会是有益的。当无政府状态的转变过程不断展开，其所带来的不利后果逐渐消失，我们自然就会发现，有益的结果也会随之扩展，也会生生不息，也会持续不断。如果将具体的有益结果和一般性的不利后果相互权衡，那么，这种具体的有益结果，就会使孤立怪异中的具体情形逆转耀眼、美妙无穷，就会使我们深感其中的价值是难能可贵的，而且，这种具体有益的结果，还会远远不止于补偿混乱所必然带来的不利后果。

我们应该看到，无论抵制政府是有益的，还是无益的，与神的意愿是否应该保持一致，依然是个**困难的**问题。我们必须使用这样一种方式，也就是直接求助于终极性的，或者主导性的功利**原则**的方式，去判断这一问题。我们不应该依赖功利原则已经清楚阐述的神的**规则**，去判断这一问题。在这里，祈求规则的指引，是荒谬的。因为，规则是普遍的，需要适用于一般的日常情形，它规定了要服从政府。

从这里，我们可以发现，政治社会中的每一个成员，在解决这个极为重要的问题的时候，必须将规则搁置一旁，必须精确估算具
体的结果以及效果。他们必须观测，现实政府所带来的不利后果是 119
什么，估测使用抵制方式所能带来的较好结果具有怎样的可能性。这些成员，必须考虑伴随抵制行动而来的不利后果，不论这种抵制

行动是成功的，还是失败的。他们必须思索，当抵制行动获得辉煌成功的时候，紧随其来的有利结果是什么。而且，通过综合这些道德考虑的多重因素，并且将它们加以对比，政治社会中的每一个成员，必须娴熟地运用自己的知识以及能力，去解决摆在他们面前的这个困难问题。

前面，我们曾经提到，流行的反对意见针对功利理论提出了许多困难。这些困难，在这里，也就是在这种特殊但又十分重要的情形中，或许是功利原则的适用可能遭遇到的困难。估测服从与抵制的不利后果，对它们进行比较，从而决定何者可以给予优先的考虑位置，这一过程，可能是艰难的，没有肯定的结论。为数众多的思量、相互竞争的考虑，是这一必须解决的问题所不能回避的。此外，这些思量考虑，也许会使人们深深地感到困惑，从而，使他们的智慧思路、善意追求和勇气方向，分道扬镳。弥尔顿（Milton），或者汉普登（Hampden），也许鼓励他们的国民采取抵制行动。另一方面，霍布斯（Hobbes），或者福克兰（Falkland），也许建议国民服从政府，以确保天下是太平的。

但是，即使功利原则不会提供明确肯定的解决办法，如果社会成员的意见和感觉是以功利原则作为基础的，这些社会成员，仍然将是福星高照的。当根据一个清晰明了的标准，去检验相互对立的各自意见的时候，他们之间的开诚布公、求同存异，至少是可能出现的。支持现实政府的一方，也许认为支持行动是比较有益的。但是，他们的真正爱好，可能是更为喜欢采取反对的行动，他们的真正爱好，可能使他们并不在乎暴力反抗的不利后果。反对行动，或者，不在乎暴力反抗的不利后果，可以看作是以“理由”作为基础的。

而支持行动，可以看作是以“名称”和“语词”的表面意义作为基础的。换句话说，如果是以“名称”以及“语词”作为基础，他们也许就会摒弃反对的行动了。这样一些人，也许偶尔才去思考，支持现实秩序的荒谬之处在哪里，甚至对自己原有的支持行动十分固执，而这种固执，在无政府状态中，必定是荡然无存的。赞同改革的一方，如果根据**功利原则**作出自己的理解判断，那么，可能就会采取迁就妥协的姿态，可能就会舍弃自己的想法和要求，而不是坚持通过战争的不利后果以及危害，去追求更大可能的有利结果。简单来说，如果各方的目的，都是用功利标准来检验的，那么，任何一方都会用自己的目的的有益价值，去对比使用暴力手段追求目的而带来的损失。这就是一种求同存异。

当然，如果各方都是听凭自己的耳朵，而不是以功利原则作为指引，或者，他们都在求助于没有意义的抽象之物，或人类无法感觉的虚构之物，或者，他们挂在嘴边的只是“人的权利”“主权者的神圣权利(rights)”“不可剥夺的自由”“永恒不变的正义”“原始契约或协议”和“不可侵犯的宪政原则”之类的口号，那么，任何一方，都没有用自己的目的的有益价值，去对比使用暴力手段追求目 120
的而带来的损失。他们，也就不会使用求同存异的方式去消除彼此之间的意见分歧。一个所谓的神圣权利，一个所谓的不可剥夺的权利，显然是**没有什么价值可言的**。因为，其中没有任何真实的意义，而且，我们无法检验其中的具体内容。在这种情况下，也就是在各方固执己见的情况下，各方都会将空洞的口号，作为自己主张的基础。在这样一种状态中，他们注定不可避免地故弄玄虚、夸大其词，以张扬自己的所谓目的，即使这些目的，对比功利原则来说，已经

是渺小可怜的、微不足道的。在摆弄浮夸语词而且“捶胸顿足”之后，他们必定拿起武器，走向战场，为自己的主张，也因为彼此之间的矛盾见解，你争我夺、相互厮杀。

清楚地进行思考，而且言之有物，对于我们人类来说，的确是颇为重要的(尽管我感到这样宣称是颇为多余的)。

在大多数破坏文明社会的国内骚乱中，我们可以发现，四处蔓延的议论，对破坏结果起着决定作用，或者，对这一结果产生了至关重要的影响。换句话说，在语词战争中凸显出来的观念或者用语，其对骚乱的决定作用和结果影响，是不能忽视的。这些观念或者用语，不仅仅是借口、不仅仅是托辞、不仅仅是遮掩，而且，也不仅仅是外表粉饰，同时，又不仅仅是对立双方在帽子上所镶嵌的明艳花标。

例如，如果有些英国人，追随柏克先生(Mr. Burke)的思考方式，仿效他的推论手段，被他的雄辩所感染、被他的雄辩所吸引，那么，英国与其北美殖民地的战争，就会胎死腹中。那些陷入这场邪恶战争的愚蠢癫狂的大多数人，就不会除了自己祖国的“主权”之外，而别无所知，就不会除了知道自己所谓的对殖民地臣民拥有的征税权利(right)之外，而别无所闻。这场战争，终究是无谓的，甚至是灾难性的。

其实，即便知道自己祖国确实对殖民地拥有主权，或者，知道自己拥有主权这一事实已经是铁的实践所证明的了，同时，知道自己对殖民地臣民拥有所谓的征税权利，一个清醒智慧的民族，仍然是不会被这些观念所左右的。

固守自己的主权权力，对英国来说是否有益？不经殖民地居

民的同意，就去实施自己的权力，是不是英国的利益所在？对北美
殖民地臣民减免微不足道的税收，使这些臣民从一种压迫性质的沉
重赋税中解脱出来，这样一种机会，对英国来说，难道会促使忍无
可忍的殖民地臣民去宣布庄严的独立？难道会让英国自己的孩子
陷入邪恶的战争，会让英国在平息北美起义的过程中浪费自己的财
富，并且牺牲自己的战士？难道会使税收必须从其而来的这片土地 121
荒野苍凉？—如果英国人的主导舆论或者感受是以功利原则作为
根据的，那么，这些思考以及类似的思考，就会使他们作出另外的
明智选择。

显然，当这些考虑和类似的考虑潜入了英国公众的观念，他们就会谴责税收的方案，就会谴责镇压殖民地的政策，而且，英国政府自己也会抛弃这些方案政策。毕竟，只有当人民是无知的，从而没有明智的判断能力以及建议能力，政府或国家的领导者才会误入歧途。

如果这些考虑和类似的考虑，在英国公众的头脑中，已经导致了清醒的另外结论，战争所带来的昂贵代价、战争所带来的悲凉凄惨，就是可以避免的。英国与北美的关系也就不会因此一刀两断。当它们为彼此的共同利益所吸引，从而，可以冷静地解决彼此之间的冲突纠纷的时候，主权者与臣民的关系、父母与孩子的关系，就会是平等的，具有同盟的性质，就会是亲密无间的，可以绵延持续。毕竟，两个民族的利益是完全一致的，并且，使它们深感困扰的相互敌意，不论是公开的还是隐蔽的，不过是最初争吵所产生的无谓憎恨的一个简单后果而已。

但是，从功利原则出发所得出的各种结论，并不能够符合多数

民众的想法以及意愿。他们既是无知的，又是愚钝的。躁动的反对者，不论其人数是多数的，还是少数的，除了自己所谓的**权利**之外，是不会听取任何意见声音的。“我们有**权**对殖民地的臣民征税，税金是我们应得的。税金就是我们的！这是不可争辩的！”这就好像**权利**完全值得自我凸显，是一个自恋物、自我珍惜、自我主张，可以独立于自己所带来的有利后果一样。

柏克先生，本来是可以把他们调教得明白事理的，可以使他们头脑清醒，可以使用具有疗效的功利原则，“在他们的心灵中调节体温”。他询问过他们，如果强制性的战争方案获得了成功，那么，他们到底想要得到什么，敦促过他们要仔细权衡危险以及损失，思考一下危险与损失所带来的好处究竟在哪里。但是，冥顽不灵的街头公众就是死死抱住“权利”不放。不仅如此，他们居然肆无忌惮地对着柏克先生晃动脑袋、颐指气使，仿佛自己才是逻辑缜密、理论恢弘的思想家。

如果我们英国和加拿大之间，或者，我们英国和爱尔兰之间，将要出现严重的分歧，我相信，依然将会有人像柏克先生一样，苦口婆心，陈说利弊。但是，意志的要求，就是大步向前的，其中理性的因素总是微乎其微的。所以，我是希望，我们应该承继我们祖先的优秀品质，凡事都要三思而后行，在行动之前，不要只想一蹴而就。英国是否应该保持现状？英国是否应该以战争为代价，来保持现状？这些问题，是有可能摆在我们面前的。—我认为，在我目前
122 表达的希望中，是不存在任何浪漫情调的。毕竟，几年以前，人们似乎已经普遍地接受了巴林先生（Mr. Baring）所发表的精彩陈词，似乎已经普遍地接受了他所提出的一个忠告，亦即，我们应该放弃

加拿大。[①]

[段落内容提示：对前面简略概述的反对意见的第二个回应。]

我们现在可以看出，有些情形的确是反常的、特殊的。针对这些情形，以功利考虑为依据的人们，是会直接地、临时地运用终极功利原则的。在这些情形中，推行与这个原则有关的理论，自然会遭遇一些所谓的困难。这些所谓的困难，是我们在前面提到的流行的反对意见，时常强加于功利原则身上的。

但是，即使在这些情形中，功利原则，也会预支一个易于理解的标准，一个适当解决办法的可能性。这种可能性，使我们有机会发现，一般良善所要求的行为是什么，以及由此而来的充满智慧和仁爱的造物主，其命令所要求的行为是什么。

当然，特殊反常的情形，相对来说总是稀有的。在大多数情形中，一般幸福的原则，要求规则应该得到遵守，要求与规则相互联系的道德感觉应该及时得到服从。如果我们的行为，真正和一般功利原则保持了一致，那么，我们的行为，就不会以临时直接求助于这一原则的方式，由这一原则所决定。

① 与“权利”有关的所谓“基本理论”（rationale），在第六讲中有细致的讨论。在讨论之后，有关主权政府权利（rights）的问题，也会有所涉及。——坎贝尔

第　三　讲

[段落内容提示：为什么要介绍功利原则。]

处理立法科学的问题，不是这些课程讲座的目的。拓展深化法律观念中所涉及的原理以及独特意义，才是这些课程讲座的目的。但是，介绍功利原则，依然没有偏离我所设定的讲座主题。我时常有可能在讲座中涉及功利原则。因为，这一原则，一方面应该指导我们的行为，另一方面，在一般情况下，实际上也在指导着立法者。功利原则，不论是正确理解的，还是错误理解的，一般总是立法所要考虑的内容。正是由于这一点，如果不将功利原则直接摆在你们的面前，我就时常无法清晰、准确地说明法律的内容以及要义。我这样做，并非佯装要以各种方式深化这一原则。毕竟，这一原则，可以是许多课程讲座的丰富内容。我的目的，在于使你们对这一原则，获得一个一般性的理解，在于驳斥对该原则所提出的最为具体
123 的反对意见。

[段落内容提示：第三讲和第二讲的关系。]

在第二讲中，我考察了流行的针对功利理论所提出的具体反对意见。

对反对意见的大致勾勒，你们应该是记得的。而且，你们可能

记得我用来驳斥反对意见的依据。

因此，我将仅仅使用我所提出的两个回应之中的第二个来重申一下我努力推导的一般性结论。

这个结论，我们可以以如下方式加以概括：首先，如果我们的行为的确和一般功利原则是相互一致的，那么，就多数情况而言，我们的行为也会和法或规则是相互一致的；其次，法或规则是由造物主确立的，而作为种类的行为趋向，正是我们理解这些法或规则的提示（guide）或者标记。

［段落内容提示：对功利理论的第二个反对意见。说明一下。］

当然，在这里会出现一个困难，这一困难肯定是令人困惑的。它几乎不能得到一个彻底使造物主满意的解决办法。

如果神法只能从行为趋向中概括出来，那么，必须遵守神法的世俗人类，何以能够全面地、正确地理解这些趋向？

与神法具有关联的行为种类，已经是浩如烟海。单独的个人，自然无法把握全部的行为种类、自然无法全面地考察彼此相异的行为趋向。如果所有单独的个人必须理解所有行为的特定趋向，并且依此推论上帝为人类确立的规则，那么，所有个人设计的道德行动规范都将只能包括其中的部分规则，而且，在许多或者绝大多数要求单独个人去为或者不为的情景中，单独个人，将不得不依赖精确估算具体后果的过程方式，而这种过程方式，是具有危险性的。

此外，像其他理智一样，道德理智表现出来的方式，有时是突然的、闪现的。毕竟，许多人不可能探索伦理学的细致内容，不可能用理解行为趋向的方式去理解多如牛毛的义务责任。所有个人都在忙于安身立命。

如果神法只能从人类行为趋向中概括出来，我们也就只能得到这样一个结论：—上帝为我们确立了法，但是没人可以完全知道法，对大多数人而言，甚至时隐时现的理解上帝法的渠道都是不存在的。

我们自然可以发现，这个结论完全是荒谬的、完全是令人啼笑皆非的。

我在这里需要指出，后面提出的思考，可以解决或者弱化我现
124 在提到的令人困惑的困难。

[段落内容提示：对前面介绍的第二个反对意见的一个回应。]

就法和道德应当如何而言（或者就法和道德符合自身的终极标准而言，就法和道德符合上帝命令而言），法律规则以及道德规则，一直是以功利原则作为基础的，或者，一直是通过观察人类行为趋向并从中进行归纳而确立的。但是，尽管如此，所有受其约束的人类主体，并非必须知道获得这些规则的过程或者要求这一过程。如果所有受其约束的主体，遵守这些规则，与这些规则的要求保持一致，这些规则的存在目的便足以实现了。即使遵守这些规则的大多数人，没有能力理解其目的，并不了解其所确立的理由根据，或者，并不了解其被推论出来的证据，它们存在的目的，也依然是可以完全实现的。

根据功利理论，伦理科学或道义科学（或作为应该如何的法律科学和道德科学），是一门以观察和归纳为基础的科学。这门科学，随着漫长岁月的时间推移，经由许多独立的观察者所作出的独立贡献，已经逐步确立起来。尽管无数的研究者分别说明了这门科学的细致内容，但是，没有一个人可以单独地说明这门科学的全部内容。

如果实际存在的由人制定的法，以及实际存在的社会道德，的确与其应该如何是一致的（或者如果实际存在的由人制定的法，以及实际存在的社会道德，的确是以功利为依据的），那么，事实上，其中任何一个都已被赋予了充分理由，而且，其中任何一个，都是以这些理由作为根据的。但是，单独的个人，无法发现这些规则的全部内容。单独的个人，无法把握这些规则被推论出来的全部证据。所有证据，都是应该知道的，然而，所有彼此不同的个人，只能知道其中的若干部分。每个单独的个人，只能掌握其中一部分证据。这部分证据，与单独个人给予伦理科学的关注多少，是等量的，与单独个人投入研究的思考智慧以及精神，是等量的。没有一个单独的个人，可以掌握更多的证据。许多实际上被遵守、被尊重的行为规则，是由最有知识、最有修养的人，在权威、示范（testimony）或信仰的基础上加以推行的。

简单来说，如果法和道德的制度的确是以功利作为依据的，那么，所有人或者绝大多数人，是可以知道其中所有规则内容的。但
是，无数的法、无数的道德，其规范制度所依据的理由，任何人是 125
不可能全部把握的。因为，大多数人只能将自己的研究限制在一些理由上，或者，当自己没有考察理由的动机的时候，只能从他人的教育和示范中，获得规则的全部内容。

自然，这种不便之处，并非仅仅限于法律科学以及道德科学。这种不便之处，同样渗入到了其他所有科学、所有的技艺。

许多数学真理，可能就是深思熟虑的数学家，凭借信念或者信仰而获得的。[①] 而且，尽管成千上万的人，将数学应用到了日常生

① 在密尔（John S. Mill）的注释中，我发现了这样一个段落：—“毫无疑问，许多

活和工作，但是，只有不到百分之一的人，才知道数学规则所依据的理由，或者推测过这种理由。数百万人耕作过土地，使用过工艺，而且一般来说是卓有成效的，但是，其中几乎无人熟悉这些劳作的内在然而重要的技术根据。

单独个人的力量，是有限的、是微弱的，尽管这些力量聚积在一起，是无限的、是强大的。没有什么个人知识，是凭借独立研究而获得的。个人知识，是由他人研究获得的成果所构成的。个人接受他人知识的基础，在于权威所展示的力量。

在许多科学学科中，我们可以顺利地依赖权威，虽然，我们以这种方式获得的知识，并非是令人满意的，并非是有用的，远远不如我们通过直接的证据考察而赢得的知识。

数学真理被最伟大的数学家所信奉，是因为权威和示范的缘故。”

对于作者来说，“数学真理”一词的意思，不可能是指这样一些假设性质的理论：它们属于有时被称为纯数学的分支科学。这些理论，是依赖推理的。没有对推理的具体步骤的了解，就不能正确理解这些理论的意义以及这些理论的内容。就这些意义和内容而言，对于一个数学家来说，依赖“信念”来对待它们，依赖“示范”来看待它们，是十分愚蠢的。

然而，不容置疑的是，就所有与实际现象有关的科学理论来讲，就所有与观察和经验有关的科学理论来讲，作者的评论，是恰当的。我举一个科学定律的证明，作为一个例子，来说明这里的问题。这个科学定律，是人所共知的，而且，也是为人们所普遍接受的。这个定律就是（人们所说的）引力定律。这个定律的最终证明（或者，十分接近的证明，亦即一个对制约重力物体运动的物理条件的精确表述所作出的证明），依赖知识的整合。这些知识，是从无数的观察中，以及各种各样的数学计算中，推导出来的。数学计算，提示了接近真理的结论。以这种提示作为基础，人们再进一步作出新的更为接近真理的计算。所有这些计算，暗含和提示了引力定律。而且，这个定律的证据的可靠性，依赖全部计算的精确，依赖全部计算和观察结论的相互一致的关系。在这里，每一个人，只能独立地证明一部分证据。或者，用一个相关的更为合适的表述来讲，每一个人，只能独立地考察一部分证据。年度航海天文历的独立的精确说明，是以这种证据作为基础的。但是，天文学家像航海学家一样，自然依赖公开发表的知识资料。——坎贝尔

在数学和自然科学中，而且，在以其为基础的其他技艺中，通
常来说，我们是会相信以权威作为基础的结论的。因为，这些科学 126
和技艺的行家里手，对其获得的研究结果，具有一致的看法，并且，他们不会虚构观念，去哄骗无知的一般群众，使他们误入歧途。例如，虽然我并不知道“地球围绕太阳旋转”这一推论所依据的证据，但是，我依然确信它是真实的。尽管这种确信，是以权威作为基础的，但是，这种确信，依然是完全理性的。因为，尽管相对我的观察经验而言，我可以认为在未经证实的事实中，没有任何东西是存在的，然而，仔细考察过有关证据的另外一些人，尤其是权威专家们，是一致肯定这一事实的。而且，我们都会自然而然地希望坚持以及传播这一真理。我们实在难以想象，我们可以具有何种动机去反对和拒绝这一结论。

［**段落内容提示：对前面回应的一个反对意见。**］

不幸的是，这一情形与重要的伦理科学大相径庭，而且与一诸如立法学、政治学、政治经济学等—其他与伦理科学关系密切的科学相去甚远。研究过伦理科学的人，或者，热衷于这一科学的人，几乎无法客观地看待事物。正是因为这样一个原因，他们对各自的研究结果，总会提出不同的意见。自私的利益以及由此产生的偏见，在绝大多数情况下，左右着他们的看法。而这些看法，正是他们要求别人必须接受的。他们之中的大多数人，一直是在倡导一种看法，而不是研究一个问题。大多数人，不是考察证据，不是真诚地思考客观结论，而是先入为主地搜寻论证方式，以为既定的结论大唱赞歌。他们，对相反的推论以及得出相反推论的无拘无束的异

样思考，视而不见，或者干脆别有用心地予以反对压制。

在这里，社会中其他没有机会进行研究的绝大多数人，如何对比这些不同的甚至相互敌视的看法？如何思考这些看法的优劣？如何发现其中与功利和真理相互一致的意见？在这里，权威所展示的力量，是极其脆弱的，权威本身是没有获得信仰的。而且，对为数众多、充满偏见的研究结论，并不存在着共同的看法或者一致的意见，而最为缩手缩脚的直线性理解，则是明显地而且有意地依附于其中的一个研究结论。就伦理科学而言，就其他所有与之关系密切的科学而言，固执己见的怀疑、盲目崇拜的信仰，似乎是各种各样的外行平常人的命定之数。忙于安身立命，为五斗米折腰，使那些平常人不可能有机会去仔细考察伦理观念的证据。相反，所有所谓的权威，亦即所有平常人将自己信仰所托付的所谓权威，倒是需要一种荣誉。这种荣誉，是想表明信仰自己的权威是有价值的，是想证明依赖自己的权威是正当的。

127 因此，伦理科学以及与其邻近相关的其他科学，已经远远落后于另外的科学。真诚的研究者，几乎不会将自己的注意力转向伦理科学以及邻近的相关科学。对于大多数平常人来说，理解自己劳作的意义，也是十分困难的。所以，这些科学相对而言，本身就是发展缓慢的。显而易见的真理，本身可以使这些科学偶尔丰富起来，但是，这些真理，要么被许多人视为没有意义或者矛盾百出的，从而惨遭拒绝，要么，通过长期艰苦地与顽固不化且不易驱赶的错误进行斗争，才为自己的辛劳传播，勉强赢得一席之地。

大多数文明社会确立的许多法律规则以及道德规则，是以日常的习惯作为根基的。一般来说，它们并不依赖理性思考。它们没有经过仔细的考察，便从前人那里延续下来。它们充满了放荡不羁的野蛮气息。在人类早期阶段，在人类记忆的原初一刻，它们在某些方面来自奇异的疯狂想象（几乎是不折不扣的野蛮人的疯狂想象），在某些方面，来自对一般功利的并不全面的理解，而一般功利，在这里不过是狭隘经验的一个结果而已。在那个阶段，伦理真理的传播，遇到了数不胜数的巨大障碍。后来，这些粗俗的或者桀骜不驯的，而且充满孩提笨拙气息的精神产品，亦即所谓的法律规则以及道德规则，为人们所珍惜，从而青史留名。也是由于这个缘故，通过经验的不断传递，它们延续到了相对来说比较文明的时期。这个时期，正是我们幸福生活的时期。

[段落内容提示：针对前面的进一步的反对意见，作出进一步的回应。]

否定平常人所遇到的困难，本身就是幼稚的。伦理真理的传播以及推进，注定会遭遇到无数的具体障碍，从而历尽磨难，甚至受阻停顿。

但是，我确信，这些障碍是会逐渐消失的。经过下面提到的两个缓慢然而又是持续的发展过程，我们可以清晰地发现一个治疗邪恶疾病的方案，至少，可以发现一个减轻邪恶疾病的方法。—第一，在每一个较为发达的文明社会里，伦理科学的基本原理，以及其他与之邻近相关的科学的基本原理，伴随着另外一些知识，正逐渐在人民大众之中找到自己的出路。第二，那些从事细致研究工作的人、那些勤劳推广这些科学的人，其数量正在与日俱增，其工作热情和积极性，同样是日渐高涨的。其实，上述两个方面正在相互结合。在这种相互结合之中，我们当然可以期待一个更为迅速的发展过程，去发现道德真理，去传播道德真理。

这些高深的伦理科学等知识，正如另外的科学知识一样，将会
128 总是限于相对而言为数极少的、长期勤奋研究这些知识的人手中。但是，一般民众，完全有能力去想象其中的基本原理，将那些基本原理适用于日常的具体生活。而且，如果一般民众，受到了这些基本原理的熏陶，不断将运用这些原理的技艺加以实践，他们终究会倾听理性的声音、终究会逐步地理智起来，抛弃诡辩、抛弃谬误。我们应该注意，对原理的无知和对具象（particulars or details）的无知，这两者之间是存在着巨大而又重要的区别的。一个人如果对原理一无所知，没有从事过正确推理的实践，那么就是愚蠢的，也是不可理喻的。一个人即便不知道具体的事物或者事物的细节，也依然可以从对他的理解具有暗示作用的前提出发，进行正确的推理，依然可以准确地评估别人从这些前提出发所得出的具体结论。如果许多人，被灌输了知识，被激起了勇气，只要这些知识和勇气与他们的立场没有产生根本性的矛盾，那么，他们就会作出清醒的判断，他们就会理解具有知识修养且明智审慎的朋友所提出的主张，理解这些朋友所作出的推论，他们就会识别那些使用主张、使用推论，以达到自身险恶目的的人所编造的谎言，识别这些人所实施的蒙骗，并且，他们就会认清同样是有害的、毫无意义的且是自己所具有的善良愿望，而这些愿望产生的缘由，则在于他们自己的意志脆弱以及愚昧无知。在思考细致的研究者的帮助下、在说理透彻的研究者的协助下，他们可以掌握具有指导意义的原理、可以正确地进行推论，并且，可以获得必要的推论前提，与此同时，他们可以

思索他们必须去解决的问题，即使在某些情况下，他们从日常工作中抽出的闲暇时间是十分有限的，因而，只好继续仅仅从另外的**权威**那里，获得对无数次要问题的思考见解。

政治经济科学（science of political economy）是不可估量的。它对上述最为鼓舞人心的事实，作出了极为简洁明了的解释说明。政治经济科学，与各种伦理学、政治学、立法学的思考，有着错综复杂、千丝万缕的联系。因此，不去持续考察这门科学，我们便不可能处理后面若干学科之中的任何一门学科。

我们可以在短期的时间之内，用一般的注意力，去掌握政治经济科学的主要原理或者基本原理。这些原理是十分简单的。但是，即使这些原理是十分简单的，我们依然不得不去接受它们。运用这些原理，我们才可以轻松地解决一些重要问题。而且，如果一般民众（就他们可以而且愿意而言）希望理解这些原理、希望掌握这些原理，那么，许多有害的偏见，将有可能从他们的头脑中被剔除出去，深邃有益的真理，将会在他们的头脑中生根发芽。

例如，在许多国家，也可以认为是所有国家，劳动阶层流行的
见解以及感受，肯定是与全面保护财产权利的制度所依赖的原则不 129
相一致的。对**头脑简单**的贫穷阶层来说，伴随财产保护制度而出现的、无法避免的不平等，必然是令人厌恶的。贫穷阶层的人们，日夜劳动、日夜生产，生活却是依然艰苦难捱。那些所谓的“游手好闲”者，则是可以足不出户、坐享其成，而且可以歌舞升平。这样一种情形，在贫穷无知、心胸狭窄的人的眼睛中，是荒谬的、是畸形的，毫无疑问地属于一种邪恶的状态。于是在他们的观念中，保护财产权利，成为了一种少数人以多数人的利益为**代价**的制度安排，直接

背离了上天的仁慈目的。

从这样一种狭隘的偏见中，可以流露出许多对所谓的邪恶的控诉。对这些控诉，我们当然是可以大书特书或者成卷编纂的。但是，它们毕竟十分清晰地展现了社会上流行的无知以及荒谬，十分清楚地表明了公众教育的必要性。正是因为这个缘故，我将简略地讨论其中的一些问题。尽管这一讨论是一种冒险，也就是有可能使你们失去必要的听课耐心。

首先，这个偏见，使某些人对自己的生活遭遇的原因视而不见，使某些人对社会采取的补救措施以及缓解措施视而不见。

需求与劳作，本身就是源于自然资源有限的缘故。这样一种情形，与财产制度所带来的不平等是没有关系的。这些也许不应该存在的社会现象，亦即所谓的不平等，与生活在地球上的人类的生存条件有着密切关系。令人不太满意的财产制度是有用的。因为，它的作用，实际上是使这些不平等的社会现象日趋减少，而不是使这些不平等的社会现象日趋增加。没有资本、没有以资本作为依赖条件的技艺，劳作的回报，远远要比今天所能得到的回报更为匮乏。资本以及以其作为依赖条件的技艺，是由财产制度所创制的。这个制度，对于大多数人来说是有益的，对少数人来说，也未必是无益的。贫穷阶层并没有被这一制度剥夺劳动资格。此外，这一制度，给予贫穷阶层部分的福利享受，而这种福利享受，是这一制度本身就要求其存在的。事实上，尽管法律没有作出规定，但是，贫穷劳动者与雇用其劳动的资本家的关系，依然是财产共有人的关系。大致而言，贫穷劳动者从自己的劳作中获得的回报，是来自资本的。在防止自己财物免受他人侵犯这一点上，贫穷劳动者所获得的保护，自然是并不少于法律规定的资本所有权人所获得的保护。

毫无疑问，人人都在希望，贫穷劳动者可以获得更多的回报，他们可以从他们所抱怨的持续劳苦中解脱出来。但是，贫穷劳动者的生存条件（无论其工资高低，无论其劳动能力强弱），取决于他们自己的意愿，并非取决于富有阶层的意志。根据马尔萨斯先生（Mr. Malthus）所清醒觉察的实际人口增长原理，贫穷劳动者必须寻找自己贫困和剩余劳动的原因以及相应的补救条件。在这里，他们当然可以发现一些方法，这些方法，一方面使自己相对地富裕起来；另 130
一方面，使自己获得一定程度的休闲时光，去提高自己的知识水平，从而，从最终意义上，提高自己的政治影响和个人尊严，摆脱低三下四、奴颜婢膝，摆脱另外一些人的任意统治。

这些显而易见的真理，可以用简洁清晰的推论方式，从十分明确的原理中推导出来。在这里，显然无需从事大量细致的研究工作，同时，无需展开持续的深入思考。如果贫穷阶层的人们，清楚地理解了一些不可辩驳的观念，能够正确地展开简易的推理过程，那么，使其一叶障目的偏见，就会在他们的头脑中荡然无存，他们就会理解“实际人口增长原理”所表明的补救方式，并且充分地利用这个补救方式。他们针对富有阶层财富而产生的牢骚怨气，也会缓和平息。他们针对财富不均而产生的不满情绪，也会销声匿迹。他们就不会打碎机器、烧毁库房或者点燃谷物，用这些方式去实现提高工资的目的，去实现增加教堂赈济的目的。他们就会理解，侵犯所有权，对他们自己也是有害的。这样一种侵犯，挫伤了累积财富的意愿动机，因而减少了使贫穷阶层生存得以持续下去的经济来源。他们就会理解，他们是深深地得益于财产保护制度的。他们就会理解，如果勤劳工作，就可以不断地和雇主们共同分享财产制度所带来的幸事福音。

前面提到的对财产制度的偏见，可以引发另外一种邪恶现象。这种邪恶现象，就是犯罪的猖獗。

在20个犯罪行为中，19个犯罪行为是针对财产制度而来的。大部分针对财产的犯罪行为，可以归咎于我们所提到的狭隘偏见。通常来说，这些犯罪实施者，是来自较为贫穷的阶层的。从基本方面来看，贫穷是他们犯罪的刺激因素。前面所说的偏见，则使大多数人对贫困的原因以及补救方式，视而不见，从而，使他们始终处于贫困之中。

这一偏见，一方面，使一般犯罪的刺激因素持续不断地存在，另一方面，也使抑制犯罪的行动力不从心。

我们可以发现，由于存在着这一偏见，许多人担心抑制财产犯罪，会遭到社会公众的反对，担心由此而来的不计其数的不利后果。这些担心，使犯罪动机更有可能失去自我监控、自我抑制，使犯罪分子不再害怕法律的惩罚。我们希望人们形成有益的道德性格，希望人们可以在心灵中将即时自我抑制犯罪的观念扎根下来。但是，这些担心所产生的相反作用，则使这些希望不断地落空，甚至使其化为乌有。

如果在大多数人的见解中，清除了我们所提到的偏见，而且，
131 在这个基础上，大多数人开始强烈谴责针对财产所实施的犯罪，那么，我们几乎不会要求死刑执行者给予帮助，不会要求监狱看守者给予帮助。如果在公众观念中彻底清除了这一偏见，清新的公众观念，就会对一般民众的道德操守产生有益的影响，从而，大大减弱

犯罪的诱惑力量。清新的公众观念，其所产生的抗拒这些诱惑的行为动机，也会比法律规定所催发的行为动机更为有效。清新的公众观念就会调动浩浩荡荡的充满激情的志愿者，为刑事审判尽心尽力，从而提高法律的威慑力量，加强法律的控制能力。如果人民充分了解了侵犯财产的犯罪的有害趋向，充分理解了惩罚犯罪的有益趋向以及依据，从而积极将罪犯绳之以法，那么，禁止这些犯罪的法律，就会巍然屹立、持续有效。一个文明的民族，就会是法官更好的助手，而根本不会成为警察的持枪尖兵。

相反，如果我们提到的偏见没有被清除，穷困潦倒的阶层人士，便不会担忧社会的反对意见，便不会停止对富有阶层的财产进行侵权犯罪。因为任何人类的“群体”（public）是在其自身阶层中形成的，是在那些与其相互联系的人群中形成的。这个“群体”，而且是在这样一些人群中形成的：他们具有的赞同意见，使其中的个人幸运，他们具有的反对意见，使其中的个人痛苦。穷人的“群体”，是由穷人构成的。仅仅针对富有阶层的犯罪，显然不会引起贫穷无知的劳动阶层的关注，更不用说，这些阶层对富有阶层，原来就是极富敌意的。这些贫穷阶层中的人士，并不理解如此犯罪对所有阶层来说都是有害的。他们只是考虑，在财产之中，他们并未占有一席之地，只是考虑财产的享受是以他们的辛劳作为代价的。出于这样的缘故，这些阶层的人们，倾向于认为这样的犯罪，是对掠夺者的掠夺，是对敌人的报复。他们同情地看待罪犯，绝对没有任何的敌视心理。他们极为容易赞同罪犯的逃匿，至少容易对其充耳不闻、视而不见，而不会竭尽全力，去将其绳之以法。

一般来说，深入研究犯罪原因的学者，以及深入研究减少犯罪

的方法的学者，都在期待着改进刑罚制度，并且，希望这样可以带来显著的预防成果。而且，我也认为，运用明智的减轻刑罚的方式是可以有所作为的。我也认为，犯罪分子的逃匿，是源自刑罚本身的严厉苛刻，所以，用消除犯罪分子的内在忧虑的方式，同样是可以有所作为的。此外，用改善监狱规训（prison-discipline）的方式，
132 用为已经遭受刑罚的罪犯提供另外救济的方式，我们同样可以实现我们的某些目的。毕竟，法律惩罚所造成的污点，终究是不能抹掉的。而且，这个污点，由于人们阻止已是不幸的罪犯去获得重新诚实的生活方式，终究会迫使他们重新走向犯罪的道路。

但是，不论怎样，除了在一般民众之中传播知识，没有什么可以消除罪恶的根源。除了作出这种努力之外，没有什么可以消除或减轻总在诱导犯罪发生的贫穷。除了作出这种努力之外，没有什么可以清除他们的偏见，矫正他们的道德感知可以使他们处于一种文明见解所提出的约束之中。这种约束，在地位较高、修养较好的阶层中，则是潜移默化的，并且十分自然。

现在提到的罪恶，以及许多我没有提到的罪恶，来自奴役一般民众头脑的众多偏见之中的一个偏见。只要将一般民众，从这一偏见中解放出来，我们在前面已经指出的有益价值，以及许多我们隐而不谈的有益价值，自然就会不期而至。

这一偏见以及其他偏见，是可以从他们的头脑中驱散的。如果一般民众掌握了政治经济科学的基本原则，这一偏见以及其他偏见，同样可以从他们的感情中扫除干净。由此出现的结果，可以使一般民众最为容易地在实际生活中运用这些十分朴素的真理。虽然，这些真理，本来就是我们不得不遵从的。

一般民众，可能从来没有清晰地了解过这门科学提出的纸币功能、税收范围，以及其他更为精致的重要机制。他们对这些机制的看法（如果他们曾经的确想到过它们），总是来自**权威**的，而且，“来自权威”这样一种情形，是最为可能的一种情形。但是，如果将这些更为精致的重要机制和要求财产制度的真正理由加以对比，将这些机制和以劳动价值为基础的人口增长原理的实际效果加以对比，这些机制的意义，就会大打折扣。因为，如果许多人清晰地理解了财产制度的真正理由，理解了以劳动价值为基础的人口增长原理的实际效果（它们并**不**难以理解），那么，贫穷阶层的地位，才会真正有所提升，贫穷阶层的人们，才会真正从贫困走向富裕，从无可奈何的劳苦耕作，走向充分闲暇的精神享受，从野蛮幼稚，走向文明成熟，从不幸悲惨的奴役，走向**要求**尊重的独立。

如果允许我在这个问题上再说两句，我想，我完全可以用另外的更为富于想象的例子，来阐明一般民众有能力去清晰地理解伦理科学的**主要原理**，理解与伦理科学邻近相关的其他各类科学的**主要原理**。我可以表明，当他们牢牢地掌握了这些原理，他们就有能力清晰、正确地展开推理论说，而且，所有更为重要的派生出来的实 133
践真理，就会自动地在一般民众的头脑中生根发芽，就会彻底荡涤与之对立的谬误以及荒诞。

此外，如果政府诚实地而且充满热情地履行了上帝为其设定的最为重要的义务之一，亦即传播相应的知识，一般民众（在文明社会中）将会很快地理解这些原理，将会很快地获得清晰正确推论的能力。毕竟，如果我们必须依赖一般功利原则去解释上帝为政府所设定的义务，那么，传播相应的知识，对政府来说，就是义不容辞的。这就有如使用正当的司法程序来保护公民的个人权益，使用军事力量来保护本国公民的安全或者抵御外来敌人的侵略，对政府来说，是义不容辞的一样。在无谓战争中浪费掉的点点滴滴，可以为劳动阶层提供一个完整的说明，可以将这个时代的一部分知识，给予这个重要阶层。而这部分知识，与他们的欲望性质，是相互一致的，与他们为生存而奔波的辛劳，是并行不悖的。

因此，我认为，一般民众的无知问题，显然是可以解决的。尽管作为上帝的标记，作为实际存在的由人制定的法的直接标准，以及实际存在的社会道德的直接标准，一般功利原则，其本身并不是容易掌握的。

如果伦理科学的建立，必须依赖对功利原则的参考，必须依赖对行为趋向的观察以及归纳，如果伦理科学的建立是一个关于已经获得的知识的事务，而与直接的良知没有关系，那么，（我承认）对一般民众来说，伦理科学中的更多内容，的确也只能是隐而不见的。这些内容，只好通过权威、示范或信念，而被一般民众所信奉。毕竟，考察人类行为的趋向，涉及十分广阔的领域范围，而这一难度，导致了只有相对而言数量极少的、坚持不懈的研究人员，才有能力将功利原则和人们接受的实际规则联系起来，才有能力判断这些规则与功利的建议或要求其相互之间的距离是遥远的，还是接近的。

然而，一般民众可以清晰地理解伦理科学的基本要素，理解其中的基本内涵，并且，可以清晰地理解更为重要的派生出来的实践真理。在这个意义上，他们也是可以摆脱所谓的权威束缚的，可以不再盲目地坚持陈规陋习，可以不再为寻求临时的指导原则而随风飘荡。

在广大民众中传播伦理科学的内容，其所带来的有益结果，还不仅仅在于这一点。如果伦理科学的内容广为传播，这门科学，就会相应地迅速向前发展。 134

如果许多人的头脑充满了知识，他们的思维开始活跃起来，他们粗俗顽固的意愿，以及关于知识的愚蠢异议，就会被完美的愉悦和自由的联想所替代。我们这里所说的“许多人”，是指来自中产阶级较低层次的人士，以及来自劳动阶级较高层次的人员。我们可以发现，如果这样一种状态能够不断发展，读书和思考的公众的数量就会日渐增长。善于读书和思考的公众，本身就是用书写、科学和哲学，来充实自己的闲暇时光的。他们的见解，决定了伦理著作的成功或者失败。而伦理著作的作者们，自然也会相应地关注他们的旨趣以及喜好。

相反，当善于读书和思考的公众的数量依然有限的时候，当更多的中产阶级和劳动阶层的人们，还未加入到读书和思考的行列中的时候，伦理科学，以及所有其他与之邻近相关的科学，只能是缓慢地向前发展。

在这些科学的主题和内容中，并不存在特别明显的令人难以理解的问题。妨碍这些科学向前发展的所谓巨大异常的困难，其本身就是无关宏旨的。这正是洛克先生的意见。而且，我本人也是十分赞同这一意见的。这一意见，与萎靡不振的观念、轻视民众的观念，以及此类观念所引发的偏见，是针锋相对的。在这个意义上，我们可以认为，如果追求真理或者希望追求真理的人，在追求的过程中固执己见、排斥异己，那么，他们只会抱残守缺、目光短浅。

现在，只要大多数决定自己劳动命运的一般公众，不断地提高自己的文化水平，使自己的生活逐步地富裕起来，而且，不断地使自己的职业或者工作具有意义、充满“自由”，那么，他们自己就不会在追求真理的过程中固执己见，或者存有偏见。

在伦理科学中，以及与之邻近相关的其他科学中，你唯一确定的方针指南，就是一般功利。如果思考者和写作者，对一般功利原则坚持真诚的精神、坚持锲而不舍的执着精神，他们就会时常运用新的真理去丰富伦理科学，就会在伦理科学中，清除没有意义的导致谬误的内容。但是，少数阶层以及具体个人的特殊利益，与大多数人的利益，终究是背道而驰的，所以，我们很难期待自身名誉依赖少数阶层的写作者可以毫无顾及地踏上社会的普遍幸福这一原则所指明的道路，并且为普遍的幸福去尽心尽力。在追求真理过程中出现的固执己见，是洛克先生所迫切希望纠正的。然而，那些自身名誉依赖少数阶层的写作者是不可能不固执己见的。他们知道，社会之中的一个微小部分，便可使其名誉如日中天，或者，使其名
135 誉一落千丈。所以，无论是有意的，还是无意的，他们都在使自己的结论适合于狭隘阶层的偏见口味。或者，借用最伟大、最优秀的哲学家的至理名言来说：“他们以所谓极富想象力的时髦见解作为起步，然后，寻找论证手段，以表明其是美妙的，或者，粉饰和掩盖其中的丑陋以及缺陷。”

帕雷博士撰写的有关道德哲学与政治哲学（Moral and Political Philosophy）的文章，就是一个例子。它说明了偏狭而又盛气凌人的兴趣，其自然而然的倾向是什么，说明了这一兴趣是如何扭曲了原本目的是正当的研究过程。

正如一些人一样，这位作者是著名的、是有影响力的。他是一

个明智的人，而且富有善良之心。就其先天的能力来说，甚至就其后天的智慧和认知水平来说，在相当程度上，他适合于寻求道德真理的工作，可以向他人成功地传播道德真理。他有清晰的、准确的理解能力，从心底里厌恶悖谬矛盾，厌恶那种真诚然而无用的反复思考。这位作者从不过分蔑视劳动阶层，相反，倒是对劳动阶层的喜怒哀乐充满了同情之心，热情关怀。他知道，生活其中的人们，从来都是社会之中的大多数人。他感觉到，从清澈如水的理性的角度以及持正普适的仁爱的角度去观察，这些人才是更为重要的。

但是，这位作者身处的不幸位置，给他带来了有害的影响。这种影响终究使他一叶障目、不见泰山，使他拥有的正确的理解能力则是迷途不返。

坚持不懈地研究一般功利原则所阐明的结果，对于学术上的进步而言，并非是最为明显的有效方法。这样一种研究，甚至不能成为一个提高声誉的有效捷径。因为，以社会基层为主体的一般公众，并非是公允的。他们不会以赞同的方式，去奖励、去鼓励一个对真理的执着追求。

如果社会公众接受了教育，而且，这种教育与他们所处的地位并不是水火不容的，那么，帕雷博士就可以赢得大批来自中产阶层的读者，就可以赢得大批来自劳动阶层的读者。而那些即使是来自劳动阶层的大批读者，他们的收入，也是不菲的，他们的休闲时光，也是充裕的，他们的精神能力，也会因其职业、职位的固有特性，而得到持续不断的提高和锻炼。对中产阶层的读者以及所有劳动阶层中的较高层次的读者来说，一篇文笔顺畅、见解中肯的有关道德哲学和政治哲学的文章，以帕雷博士清晰、生动和深入浅出的英

语风格，在抽象科学的著作中，是最为具有吸引力的，也是最为具
136 有教益和有用的。

但是，在一般情况下，前面提到的那些阶层的人们，是特别粗俗的，是极为无知的。他们并不关注这样一类著作。大多数喜好钻研帕雷博士撰写的著作的读者属于有闲阶层。这些有闲阶层的读者，地位不低，生活富裕。他们的具体职业、职位，都是以“自由”名义为标志的。只是，帕雷博士撰写的著作，实际上背离了这些“有闲”读者所处的阶层地位。在每一章，甚至在每一页，这名作者，几乎都在担心冒犯低下阶层普遍所热衷的偏见。这种担心，压抑了作者清晰生动的论证，压抑了作者可以提出的建议，使作者不能挣脱束缚，从而更好地施展这样一种才能——将低下阶层引向普遍幸福理论的思考感受。

显然，即使是在伟大的思想家的行列中，即使是在优秀的思想家的行列中，帕雷博士都是出类拔萃的。伟大的思想家、优秀的思想家，从来都是以其思辨的天赋、宽阔的胸襟，带给英国圣公会不朽的荣誉，消除或弱化许多拒绝圣公会教义的人所具有的敌意。帕雷博士完全可以和贝克莱（Berkeley）、巴特勒（Butler）这样一类杰出人物不分伯仲，也完全可以和博奈特（Burnet）、梯劳特森（Tillotsons）、侯德里（Hoadly）这样一些圣者人物站在同列。

但是，尽管如此，尽管我对他的记忆能力具有崇高的敬意，我依然需要面对我所面临的真实情形。这样一种真实情形，迫使我只能说出这样一句话：他的著作，对人类实在是没有任何价值的。因为，其中对为数极少的个人的卑躬屈膝，不胜枚举。其中，包含了大量的为谩骂进行辩护或掩饰的拙劣诡辩。而那些粗俗的谩骂，只

有为数极少的个人才会乐此不疲。

如果读书的公众越来越多，他们是非明辨，**没有偏见**，伦理科学以及所有其他与之邻近相关的科学，就会史无前例地向前推进。

公众的一致赞同，自然会使伦理科学获益匪浅。获得公众的一致赞同，绝对不是没有希望的。正是凭借这一希望，思想家们才会倾向于耐心地研究、深刻地反思。而这样一种耐心研究以及深刻反思，对改善伦理科学是十分必要的。其意义绝不亚于推进数学科学进步所需要的耐心研究以及深刻反思。

渺小可怜的思想、前后矛盾的思想，是会由于人们普遍的轻蔑而被拒绝的。即使外表充满了耀眼的比喻、夹带了时髦的润色，这种思想依然不能逃脱这样的悲惨命运。伦理学是会被读者们所思考的，从而也会被思想家们视为**科学**的对象或者学科。大多数读者以及绝大多数思想家，实际上都会进行不懈的研究，进行精确的研究，而不会将伦理学视为孩提欢笑的游戏，或者稚嫩牙语的修辞。

这样一种对真理的普遍要求（尽管真理不免具有家长里短的意味），这样一种对矛盾荒谬的普遍拒绝（尽管矛盾荒谬披上了典雅修辞的外衣），当然可以改善研究伦理学以及研究其他邻近相关科学 137
的方法和风格。思想家们是会关注霍布斯和洛克的建议的，是会模仿几何学家十分成功运用的方法的，即使他们研究涉及的前提，是十分多样的，即使他们所使用的术语，是十分复杂模糊的，致使他们时常无法精确一致地表达自己的观念，从而使自己难以和几何学家相提并论。其实，在我看来，即使他们时常缺乏几何学家的精确和一致，他们依然总是可以接近，并且有时也的确获得了这样一种精确以及一致。他们可以掌握界定他们学科中主要术语的技艺，养

成精确说明这些术语的良好习惯，保持这些术语含义的前后一致，细致考察自己学科的前提，清晰陈述自己学科的前提，运用逻辑去准确地演绎自己学科前提所蕴涵的结论。他们不必拒绝偶尔可以使用的润色修饰，但是，必须追求风格的卓尔不群。这种风格，就是准确、清晰和简洁。虽然运用其他风格，也是可以使读者清楚地理解他们所说的意思，也是可以使读者不费神劳的，但是准确、清晰和简洁，绝对是他们成功从事研究的首要条件。

此外，同样重要的是，公众对勤奋虔诚的思想家所提供的保护，可以鼓励思想家在对伦理科学和其他邻近相关科学进行研究的时候，保持冷静思索的精神品格。在追求真理的过程中，“中立”或者公平，正如持续深入的探索以及树立虔诚简朴的目的一样，是发现真理的必要条件。在许多具有能力的公众的清晰辨别和公正对待的基础上，并且当这些可以抵御恶毒的攻击、抵御顽固的恶语的时候，当这些可以对那些冷嘲热讽不屑一顾的时候，思想家们就会毫无顾忌地、冷静地思考现存的制度以及人们普遍接受的见解，思想家们就会享有一般功利原则所迫切要求的自由，没有因为担心迫害而产生的厌世情绪。而且，思想家们还会具有面对科学迅速发展而发思古之幽情的自由。

这种在研究中的寂寞忍耐，这种在方法上的清晰准确，这种在追求意义和真实中所享有的自由以及“中立”，可以彻底驱散伦理

138 科学头顶上所笼罩的迷雾，可以清除其中所包含的绝大部分的含糊其词。洛克先生的愿望、希望和预言，随着时间的推移，也是可以得以真正实现的——“伦理科学，可以进入**具有证明能力**的科学之列”。伦理科学中的研究者可以和数学科学中的专家一样，在自己

的研究领域之中达成共识。随着他们就结论而产生的争议消逝远去，一般公众可以信赖的整体原理、可以信赖的权威，就会从现存的喧闹中慢慢浮现。一般公众对现实的直接考察，就可以仅仅集中在枝节性质的实践真理的要素上。这些要素，其意义当然是十分重要的，只是现在更为容易驾驭了。一般公众就不会盲目地跟随自己的意见，而且，他们自己的意见，也会摆脱浅薄的根基，摆脱随波逐流。尽管他们的大多数见解或者许多见解，依然来自权威，但是，他们所信赖的权威，依然满足了绝大多数的推论理由的要求。如果他们广泛地赞同了无数的公正研究，他们就会发现，无论遇到了什么样的障碍，无论这种障碍怎样使自己没有机会去详细考察自己见解的证据，信赖权威，依然是值得的，而且信赖本身，就证明了依赖权威是正当的。

[段落内容提示：对功利理论的第二个反对意见，以及前面对这个简略复述的反对意见的进一步回应。]

在这个意义上，我们可以这样描述我在前面尝试解决或者减轻的令人困惑的困难：

如果功利是实际存在的由人制定的法的直接标准，是实际存在的社会道德的直接标准，那么，简单来说，在这种法和道德之中不存在缺陷和谬误，则是不可能的。或者，采用一个不同的表述（尽管确切地说是等同的）来说，如果一般功利原则，是引导我们走向神之命令的一个指南，那么，人类中实际出现的行为规则，就不可能天衣无缝地符合造物主为人类设定的法。造物主的意志的标记，也将是不完善的，从而缺乏了确定性。造物主用来约束人类的法律，对人类而言，同样将是含糊不清的，不可避免地容易遭遇不经意的错误解释。

因为，首先，通过对人类行为趋向进行观察和推导，或者，通过这样两种方式，在人类一般习惯行为中，对一般幸福或善的效果进行分析，我们才能获得以一般功利原则作为基础的实际存在的由人制定的法，以及以一般功利原则作为基础的实际存在的社会道德。就这一点来说，如果我们不能将这些行为的特征准确地描述出来，将它们准确细致地进行分类，实际存在的由人制定的法，或者实际存在的社会道德，或多或少就是注定不完善的，或多或少就是必然有错误的。人类的行为无限多样，其所产生的效果也是纷然杂

139 陈的，将它们准确地细致分类，将它们全部地收集起来，已经非人类有限度的能力所及。自然，随着经验的发展，随着眼界的开阔，随着眼光的日益准确，以及随着推论的更为严谨和精确，我们的确可以逐步弥补人类的法律规则以及道德规则的缺陷，可以逐渐在这些规则中清除我们前辈所遗留的错误并堵塞疏漏。但是，即使如此，我们依然永远不能获得一个完美无缺的伦理体系。完美无缺的伦理体系，是和一般功利的指导丝丝入扣的，也和上帝的仁慈期待丝丝入扣。

其次，如果功利应该是实际存在的由人制定的法的直接标准，或者，应该是实际存在的社会道德的直接标准，那么，流行或俗民的伦理学，其所存在的缺陷，几乎就是不太可能被消除的，其所存在的错误，几乎就是不太可能被修正的。毕竟，假如伦理真理是一个科学的问题，而不是一个临时感受的问题，那么，绝大部分的约束平民大众感觉的伦理原则肯定是没有经过考察的，而且，肯定是

直接来自人的权威的。而且，我们可以提出这样一些问题：人类可以安全依赖的所谓人的权威，究竟在何处？具有值得信赖特征的所谓人的权威，究竟在哪里？为什么无知的大众可以对其信赖，从而无忧无虑？通过考察世界上各个时期的各个民族，通过考察人类的各类见解，我们可以发现，相互冲突的伦理原则获得了同等的推崇和传授。我们可以发现，并不健康的利益兴趣，以及从这些利益兴趣派生出来的其他东西，左右了一般民众的行动指南。我们可以发现，他们的行动思考是低级趣味的，因为他们的生活方式不过是刀耕火种，他们的日常论说不过是玩弄诡辩、口若悬河和肆意诽谤，甚至他们所主张的神学教义以及伦理学的教义，对卑躬屈膝的门徒来说，都是淫威性的。

令人困惑的困难，其意思就是这样的。在前面的讨论中，我已经将克服这一困难的唯一方法，引入你们的视线。现在，我再简略地重新阐述一遍。

第一，伦理科学在平民大众中的传播，是可以逐渐扫除妨碍或延迟伦理科学发展的障碍的。人类的行为，的确是扑朔迷离、纷然杂陈的。对其全面地把握和进行分析，对于人的能力而言，的确是不可能的。但是，若在平民大众中广为传播知识，将民众的思考积极性调动起来，使之方向明确，那么，在现存法律和道德中存在的许多缺陷，则是可以弥补的，在现存法律和道德中存在的许多错误，则是可以纠正的。 140

第二，尽管许多人只能以信赖权威的方式，求得一些派生性的真理，但是，他们具有能力去考察伦理科学中起基础作用的理论要素、推导较为重要的派生实践结果。

第三，随着伦理科学的发展，随着人们在这门科学中，清除模糊与不肯定的地方，那些没有机会广泛考察伦理科学的一般民众，在普遍一致的寻求中，在不带偏见的探寻中，将会发现一个他们可以合理信赖的思想权威。[①]

① 可以看出，作者殷切期待着大众教育的普及展开。但是，从开始写作这一讲的时间算起，30 年的光景已经过去了。30 年的经验，似乎没有证明作者的殷切期待是可以实现的。自然，我们又必须看到，由于没有人尝试作出这样的努力，大众教育的现状依然如故，也就不是一件奇怪的事情了。——奥斯婷（Sarah Austin）

前面的注释，是奥斯婷女士作出的。作出这个注释，正是几年前的事情。然而，即使时间是短暂的，我们也依然能够看到，一个更为有希望的观念正在出现。如果完善的伦理学观念以及完善的政治经济学观念，在我们自己的国家，要比几年前较为深入人心，那么，我相信，在那些于民众中传播这种知识的学者的著作中，至少可以看到奥斯丁先生的某些影响。这种影响，对于那些熟悉奥斯丁先生全部著作的人来说，当然是不小的。但是，对于仅仅熟悉奥斯丁先生部分著作的人来说，这种影响，是不大的。——坎贝尔

第　四　讲

[**段落内容提示：第四讲与第三讲的关系。**]

在前面一讲中，我努力回应了竭力攻击功利理论的反对意见。为了使目前这一讲与前一讲有机地联系在一起，我现在以简略的形式重新概括一下反对意见以及我在讲义中所作出的回应。

大致来说，反对意见是可以用如下方式加以表述的：

如果功利是实际存在的由人制定的法的直接标准，是实际存在的社会道德的直接标准，那么，**人类中实际出现的**行为规则，就不可能天衣无缝地符合**造物主为人类设定的**法。造物主的意志的标记，也将是不完善的，从而缺乏了确定性。造物主用来约束人类的法律，对人类而言，也将是含糊不清的，不可避免地容易遭遇不经意的错误解释。

因为，**首先**，通过对人类行为趋向进行观察和推导，我们才能获得以一般功利原则作为基础的实际存在的由人制定的法，以及以一般功利原则作为基础的实际存在的社会道德。因此，如果我们不能将这些行为的特征准确地描述出来，将其准确细致地进行分类，
这些实际存在的由人制定的法以及实际存在的社会道德，或多或少 141
就是注定不完善的，或多或少就是必然有错误的。人类的行为无限多样，其所产生的效果也是纷然杂陈的，将其准确地细致分类，将

其全部地收集起来，已经超出了人类有限度的能力所及。

其次，如果功利应该是实际存在的由人制定的法的直接标准，应该是实际存在的社会道德的直接标准，那么，流行或俗民的伦理学，其所存在的缺陷，几乎就是不太可能被消除的，其所存在的错误，几乎就是不太可能被修正的。因为，如果伦理真理是一个科学的问题，而不是一个临时感受的问题，那么，绝大部分的约束平民大众感觉的伦理原则，肯定是没有经过考察的，而且，肯定是直接来自人的权威的。

这就是反对意见。一在前面一讲中，我作出了一些评论。其中包含了对这一反对意见的回应。在前面一讲的结尾中，我重述了回应。在这里，我再次重新简略地将回应复述一遍。

第一，伦理科学在平民大众中的传播，将逐渐扫除妨碍或延迟伦理科学发展的障碍。人类的行为，的确是扑朔迷离、纷然杂陈的，对其全面地把握和进行分析，对于人的能力而言，是不可能的。但是，若在平民大众中广为传播知识，将民众的思考积极性调动起来，使之方向明确，那么，在现存法律和道德中存在的许多缺陷，是可以修补的，在现存法律和道德中存在的许多错误，是可以纠正的。

第二，尽管许多人只能以信赖权威的方式，求得一些派生性的真理，但是，他们具有能力去考察伦理科学中起基础作用的理论要素，推导较为重要的派生性实践结果。

第三，随着伦理科学的发展，随着人们从伦理科学中清除模糊与不肯定的地方，那些没有机会广泛考察伦理科学的一般民众，在普遍一致的寻求中，在不带偏见的探寻中，将会发现一个他们可以合理信赖的思想权威。

[段落内容提示：对功利理论的第二个反对意见。简要复述。]

这个回应，是反对意见不得不正视的。但是，尽管如此，这个回应也依然仅仅是个简单回应。这个回应只是表明，以功利原则作为基础的法律以及道德，是可以继续不断地靠近绝对完善的。这个回应，理所当然地承认，以功利原则作为基础的法律以及道德，不可避免地存在着缺陷，不可避免地包含着谬误。换句话说，如果造物主为人类设定的法，只能依赖功利原则作出解释，那么，人类智慧可以想象的最为完善的伦理学体系，便是神之原物或类型的部分仿制、不精确的仿制。 142

我们可以认为，这里所提到的“缺陷”“谬误”，以及“部分仿制”“不精确的仿制”，的确诘难了使功利原则成为上帝意愿的标记的理论。毕竟，如果上帝没有完整地说明自己的命令，没有清楚地表达自己的命令，而这一命令，对人类来说又是具有约束力的，那么，这显然与造物主的智慧和仁慈是不一致的。上帝的智慧和仁慈终究是人所共知的。

[段落内容提示：对前面提到的第二个反对意见的进一步回应。]

然而，即使承认了功利原则存在着不完善之处，我们依然不能得出这样一个结论：这一功利原则，不是上帝意愿的标记。

人类的理解能力是有限的。由于这个缘故，造物主所做的任何一个对人类的观察都是开放的工作，相对我们人类而言，也就难免掺杂着不完善的因素。严格地讲，造物主没有清晰地、完善地表达它的命令。这是一种现象，是相对我们人类的理解能力而言的。这样一种现象，与造物主的高深莫测的其他表达方式是十分类似的。

我们所提到的反对意见根本就是不能成立的。你可以作出这样一个推论：因为功利原则是上帝法的不完善的标记，所以，功利原则不是上帝法的标记。但是，当你作出这样一个推论的时候，你等于是在另外地作出推论：因为“不完善”或者“存有问题”是与造物主的智慧不一致的，是与造物主的良善不一致的，所以，造物主所做的一切，事实上都是有问题的。另外的推论，自然是错误的。前一推论，隐含着后一推论。后一推论的错误从而也就隐含了前一推论的错误。或者可以这样指出，前一推论仅仅是众多情形中一种状态的错误概括。

因此，如果我们提到的反对意见对功利理论来说是荒唐的，那么，类似的反对意见，对所有假定我们的义务来自造物主的设定或要求的伦理学理论来说，也将是荒唐的。

我们所提到的反对意见，是建立在这样一个假定前提基础上的：不完善的事物是与造物主的完美无缺的智慧和良善不一致的。然而，我们可以发现，“有所缺陷”或者“不完善”，其涵义或者意思，是在“法律”“义务”和“制裁”这些概念中才呈现出意义的。因为，我们可以看到，每一个法律规定了一个限制，而“限制性的规定”意味着每一个法律本身，就是一个存有缺陷的事物。而且，除了恶意的法律作品之外，除了以不折不扣的愚蠢作为出发点的法律作品之外，所有的法律作品也都假定了一个人们试图防止、试图矫正的缺陷的存在。法律，像药物一样，是用以防止和矫正人世间的缺陷的。此外，如果世上没有不完善的事物，那么，也就没有人会知道法律的含义，也就没有人会知道法律的名字。

“如果功利是上帝法的标记，那么，上帝的法律，便是模糊地表达出来的。”这句话，与其说包含了别的意思，不如说是一个赞同使功利原则成为我们的指南的预设前提。类比式的修辞活动，亦即将上帝法和人类法相互类比的活动，也许导致我们设想上帝法可能是模糊地表达出来的。毕竟，人类的法律或者命令，假定了它们意在消除人世间的不完善，假定了它们自身的不完善。或者，依照可能的原有意思来说，法律或命令是以不完善的方式来矫正那些不完善的事物的。法律或命令，其意在消除的不完善，以及其本身所掺杂的不完善，也许就是自然而然地以我们在前面所说的方式来呈现自身的。 143

我对反对意见的回应，是以巴特勒先生的推论作为榜样的。在令人尊敬的《论类比》(*Analogy*)一书中，巴特勒先生凭借从容不迫的方法、凭借风度不凡的气质，捍卫了基督教的尊严。他说明了反对意见的要害所在。他证明了不恰当的类比活动是错误的。

基督教作为指导人类行为的规则是有缺陷的。人类理性试图将基督教的传播方式和上帝的智慧与良善保持一致，自然是徒劳的，自然是没有希望的。但是，如果**因为**这一宗教是有缺陷的，没有完善地展示在人类的面前，从而，主张基督教不是上帝的教义，那么，这就是荒谬的。反对意见是建立在这样一个基础上的：不完善的事物是和上帝的智慧不一致的，是与上帝的良善不一致的。而且，反对意见相信，在我们的观察视野中，由于不完善的事物是无所不在的，反对意见所揭示的困难，将会出现在**所有的**宗教面前，而所有的宗教，都认为宇宙的存在是由于上帝的伟大的创造行动的缘故。反对意见相信，无论是谁，只要相信宇宙是智慧的作品、是仁慈的作品，他都可以依照自己所拥有的信念，从其他信念中，或者从理论体系中，寻找一个相反意见，对相反意见作出一个结论，或者**提出一个反论**。

对错误的类比式修辞活动的分析，（正如巴特勒已经表明的）可以提醒我们正确认识前面反对意见所依据的所谓“不完善”。某些不完善的事物，尽管是穿行于宇宙之中的，但是，经由伟大创世者的揭发，是可以被人们所发现的。

在这里，我提出的解决困难的办法，应该是有限度的。因为，一个天衣无缝的解决办法，显然是不可能的。调和人世间的不完善和上帝的智慧与仁慈，是一件艰难的工作，超越了我们人类的狭隘微弱的理解能力。这项工作是深不可测的。我们的理性十分有限，所以，是不可能深入这项工作之中的。从现有的在世界秩序中可观察的无可置疑的“良善”之中，而且，从世界秩序展示出来的多重智慧的特征之中，我们可以得出令人欣慰的推论：创世者是良善的，创世者充满了智慧。至于“为什么它创造的世界并非是十全十美的”；“为什么仁慈的造物主会容忍邪恶的存在”；“在它的仁慈道路中障碍究竟是什么（如果我可以这样表达我自己）”……这些问题，明确地说，是不可能解决的。即使人们赋予了它们以解决办法，游说它们照样是愚蠢的。对于我们人类来说，知道造物主是万分良善的，知道造物主由于万分良善，从而是会为人类带来幸福的，已经足够了。**造物主拥有善良的胸襟，造物主可以带来幸福**，是一个最为**超越时空**的真理。实际上，在很大程度上，我们应该将对造物主的感情投入，变成我们道德感情的投入。

144

［**段落内容提示：道德感觉的假设。对其加以简略介绍。**］

就我前面论述的内容来说，我承认，假如我们必须从人类行为的趋向中去汇集上帝的命令，那么，上帝的命令，对人类来说，就是没有完善表达出来的。但是，我却否认，这样一种完善缺失，对于使功利原则成为我们理解上帝意志的指南或标记的理论来说，是一个决定性的反对意见。无论是谁，只要他反驳这个理论，他就必须提供一个论证，这一论证是更为可靠、更为令人满意的。

在这里，如果我们反对将功利原则作为上帝命令的标记，我们就必须赞同一种理论或者前提，这一理论或前提假定道德感觉是存在的。我们可以认为，如果我们不反对功利原则作为上帝命令的标记，那么，我们能够提出的理论或者前提肯定是有现实根据的。因为，上帝已经留下了一些东西，让我们从人类行为趋向中去猜测它的命令。也可以这样认为，上帝已经给了我们一种具体感觉，使我们可以感觉到，它的命令是存在的。

[段落内容提示："道德感觉""共同感受""道德直觉""反省原则或良心原则""与生俱来的实践原则""先天的实践原则"，等等，是同一个假设的各种表述。]

所有与上述标记有关的，而且将功利原则弃置一旁的假设，都是建立在一个具体的、确定的感觉假定之上的。这些假设的语言，不同于其他假设的语言。但是，其重要性却与后者是殊途同归的。

根据我的理解，"道德感觉"一词，是用来分辨造物主喜欢的人类行为和禁止的人类行为的。而且，由于你和其他人(包括我)都被提供了相同的感官，显然，我的感觉就是"人类的共同感受"。就造物主已经赋予我"道德感觉"而言，"道德直觉"一词，意味着我竭力倾向于某些行为，竭力告诫自己不为其他行为。"一个反省原则或良心原则”，是巴特勒先生确保我所拥有的。这些原则，告知我公正或者邪恶。也可以这样来说，洛克早已预先发问的“与生俱来的实践原则”，以无可置疑的清晰方式，明确地界定了上帝为我设定的义务。

就一个同样的假设而言，这些词语表述和其他词语表述是不同的。但是，它们的意义是接近的。我们可以发现，在这些不同词语表述之间所存在的唯一区别是这样的：有些人认为，道德感觉是人类行为激发的，其他人则认为，这些感觉是上帝命令的标记。

［段落内容提示：这里提到的假设涉及两个前提。］

道德感觉的假设，或者，由这些不同但是意义接近的词语表述来说明的假设，涉及两个前提。

［段落内容提示：两个前提之中的第一个前提。我用一般表述方式来说明这个前提。］

145 其中一个前提，是可以用一般陈述方式来这样说明的：某些赞同的感受或者憎恶的感受，伴随着我们对某些人类行为的观念；这些感受既不是对激发其产生的人类行为趋向进行反思的效果，也不是教育的效果；对任何这些行为的一个观念，总是伴随着某些道德感觉，尽管我们也许没有注意行为的善恶趋向，或者，并不知道其他人对某类行为的见解。

概括地来说，我现在正在说明的这个前提，纯粹是消极性质的。道德感觉，对于我们来说，是一种馈赠，它是终极性的或可理解的事实。道德感觉，既不是对人类行为趋向进行反思的结果，也不是我们从同胞那里接受教育的结果，同时，又不是前辈所作所为的结果或者效果，也不是我们认知事物的结果回报。我们对某些行为的观念，总是伴随着某些道德感觉。而且，我们的认知，瞄向了一个道德目标。

如果我们希望简洁地来概括一下，那么，我们可以这样认为，这些道德感觉“具有直觉的性质”，或者，我们可以将其称为“道德直觉”。

“具有直觉的性质”这一表述，以及“直觉”这一术语，仅仅是消极性的表达。它们仅仅意味着我们自己的“并未理解”(ignorance)。它们意味着，我们谈论的不经意的现象，不是我们人类有能力感知的一个结果，这就有如飞鸟筑巢一样。一般认为，飞鸟筑巢是凭借“直觉”的。飞鸟在筑巢过程中表现出来的技艺，通常被描述为“具有直觉的性质”。这里的意思是，飞鸟自己本身不是依赖经验来筑巢的，鸟巢这一作品，是没有经过另外的动物传授和示范而被飞鸟模仿制做的。筑巢，也不是飞鸟祖先的遗传结果或效果，也不是因果关系作用的结果，而这些结果或效果，我们是可以观察到的。

其实，我现在对“具有直觉的性质”这一表述、对“直觉”这一术语所做的说明，是没有必要提出来的。因为，它们的真正含义是极为简单、清晰透明的。只是，它们十分容易由于错误的、带有蒙蔽诱导的、神奇绚丽的意义，而使我们目不暇接、眼花缭乱（除非我们死死盯住它们不放）。

[段落内容提示：用想象的具体情形来解释我在前面所作出的说明。]

为了可以清晰地理解前面提到的“道德直觉”的性质，现在，我从一般性的描述转向一个想象的具体情形的描述。

当然，我不会去想象帕雷博士所着迷的一个具体情形。因为，我认为，它不适宜清晰地引出“道德直觉”的含义。我将仅仅举出一种活动作为一个说明的例子。这个活动十分类似孤独野人的自
146 由自在的活动。这个例子是说，一个孩子出生之后，很快就被抛弃在荒野之外，长到成人年龄的时候，这个孩子依然是与世隔绝的。

我已经确定了我的主题。现在，我开始用我自己的方式来处理这个例子。

我们可以这样想象，这个野人，当他四处游荡、寻觅猎物的时候，平生第一次遇到了一个男人。这个男人是个猎人，肩扛一只自己杀死的鹿。野人扑了上去，而猎人立刻紧紧抓住鹿不放。为了扫除障碍以满足自己饥饿难忍的食欲，野人抓起了一块石头，往猎人的头上砸去。

现在，根据我们提到的假设理论，这个野人当想到自己正在抢鹿的时候，是会感受到良心责备的。他的感受，超过了另外一方遭受的痛苦对其所激起的怜悯。这一怜悯，就其本身而言，并不等同于道德感觉。他感受到了更为复杂的自我谴责的心绪，或者良心责备的心绪，感受到了自己正在犯罪。他具有一种感觉：无论在什么时候，只要人类违反了依据功利含义而制定的规则，违反了就习惯尊崇而言从他人那里习得而来的规则，犯罪的巢穴，以及虐待行为本身，便没有使人类文明起来，便没有使人类进化向前。他所感受到的，也正是你所感受到的，只要你自己已经实施了杀害行为，只要你自己在试图抢夺他人财物的时候，杀害了另外一个人。或者，也可以这样认为，他所感受到的与你感受到的并无不同，只要你在任何情况下杀害了另外一个人，而且，就你自己的功利含义而言，

情况本身使杀害行为成为有害的，或者，依据你从他人那里默默接受而来的道德印象而言，情况本身使杀害行为成为一项犯罪，被名之为**伤害**。

再如，稍后不久，这个野人遇到了第二个猎人，并且，依旧是抓起了石头向第二个猎人的头部砸去。当然，我们可以假定，在现在这个情形中，他不是攻击者。相反，他受到了攻击、殴打和伤害，而且，自己没有采取任何方式去刺激别人实施这样的行为。为了使自己的头部免遭致命的一击，他用石头杀死了粗暴无理的真正攻击者。—在这里，根据我们提到的假设理论，这个野人并**没有**感受到良心的责备。正在死去的人所遭受的痛苦可能也没有打动他，也没有使他**产生怜悯之心**。换句话说，他的**良心**（正如该词原意所表达的）是平静如水的。在正当防卫之后，在你为保护自己生命财产免受侵害而向强盗开枪之后，你所感受到的和他所感受到的，并没有什么不同的地方。或者，也可以这样认为，他所感受到的与你并无不同，只要当你在**任何**情形下杀死了另外一个人的时候，就你自己的功利含义而言，情形本身使杀害行为成为无害的，或者，依据你所处的时代和国家的现存道德，情形本身使杀害行为成为正当的行为或者合法的行为。 147

这里涉及了两种情形。第一种情形，是如果你以抢劫为目的，而实施了杀害行为，那么，你应该感到良心谴责。第二种情形，是如果你遇到了一个杀气腾腾的抢劫者，从而奋起正当防卫，那么，你不应该感到自己受到了良心谴责。这两种情形之间，是有所不同的。我可以轻松地对这两种情形加以说明，并且，无需“预先感受”这样一个假定前提。许多国家的法律区别了这样两种情况，许多国家现存的道德也与这些法律是相互一致的。

为了说明问题，我们可以这样假定，你们从来没有注意到两者相互区别的理由，而且，在你们的情感中，这个区别是十分容易求助于教育来说明的。在这里，教育一词，其含义是指权威和示范对见解、感觉和习性的影响。

我们也可以这样假定，你们曾经注意到两者相互区别的理由，而且，你们已经自然而然地被这两种情形之中所包含的功利内容所影响了。

一般来说，有意杀死另外一个人，是一个有害的行为趋向。如果此类行为不断地出现，社会安全以及一般安全的感觉就会丧失殆尽，而社会安全以及一般安全的感觉都是政治社会和法律的主要目的。但是，对这一点来说，是存在例外情形的，例如，试图杀死一个意在危害你的生命财产的谋杀者、抢劫者。这种例外情形，与法律的那些主要目的，并非是背道而驰的，相反，它恰恰促进了那些主要目的。它回答了为什么法律将刑罚施加于杀人犯这一问题。它也实现了一个目的，亦即及时制止惩罚一种侵害犯罪。这一目的，如果是由刑罚本身来实现，那么，为时已经晚矣。降临在侵犯者身上的死亡，正如对其进行惩罚一样，完全有可能阻止肆意杀人的犯罪产生。这种死亡，也可以防止特殊情形或者具体情形中的犯罪意图的产生。而刑罚本身，在这个地方，则会是力不从心的。—假如你注意到了这些理由，注意到了与这些理由相互类似的理由，并且，求助于功利的感知，你就可以发现在你们感受之中存在的区别，你就可以十分容易地解释说明这种区别。当你看到一类行为趋向随着行为具体情景的变化而变化，你就会发现，你对这类行为的感受，

也会随之变化，从一种到另外一种，从一些到另外一些。

但是，假设理论所假定的不同感觉，亦即在**野人**自己的感受之中所存在的不同感觉，是无法通过**教育**而获得的。因为，野人终究是离群索居的。

我们也不能求助于**功利的感知**，去获得这样的不同感觉。一野人用石头砸向一个人的头部，他可以获得猎物，并且饱食一顿。野人用石头砸向另外一个人，他又可以躲避伤害、躲避死亡。在这里，仅仅针对野人本身来说，尽管这些行为是不同的，但是，这些行为都是具有善（good）的意义的。相反，针对被野人杀死的两个人而 148
言，尽管这些行为是不同的，然而，这些行为都是具有残酷的意义的。如果用功利标准来尝试说明，而且，**从这个野人所具有的眼光去看**，我们自然可以发现，两种行为的道德性质，精确地来说，是不存在区别的。如果我们假定，野人有可能注意到功利问题，而且，他的感觉针对这些行为而言，有可能经由功利的考虑而作出决定，那么，我们必须得出这样一个推论：他是出于同样的感受而记住行为善恶的，而且，对自己的行为，出于类似的满足感受，对受害者的痛苦，出于类似的后悔感受，而记住行为善恶的。

对于一个生活在社会中的人来说，假如我们还是尝试用功利标准来说明，那么，这样两种行为之间的区别，将是十分明显的。——一般幸福（general happiness）或一般的善，要求财产制度的存在。这意味着，法律授予所有权者具有排他的占有、使用和收益的权利，这样一种权利，是绝对不能受到其他任何未经法律许可的个人破坏的。任何人都不能从他人那里获取劳动成果或者生活用品，除非得到所有权者的预先许可，除非主权者为了社会福祉，而采取了这样的获取行动。需求，无论怎样强烈，都是不能成为侵犯他人所有权的理由的。无论什么时候，这样一种情形是不能出现的：处于饥饿状态的个人可以从他人那里掠夺食物而不受到惩罚，可以为财杀死所有权者而不受到处置。否则，对社会有益的财产制度将会崩溃瓦解，政府管理的目的以及法律存在的目的将会倍受挫折。—另一方面，功利的原理需要财产制度的配置，要求对财产本身的侵犯立即予以扼制。如果即将出现的邪恶不能得到抑制，受害者就会身处危难，而侵犯者，也将会路死他乡。

但是，这些考虑，其本身是不会呈现在孤独野人面前的。它们涉及一些孤独野人不曾想到过的一些含义。它们涉及"政治社会"的含义，而且，涉及"拥有最高权力的政府""实际存在的由人制定的法""法律权利""法律义务"和"侵权伤害"的含义。两种行为的有利和有害，就其影响在场的当事人而言，便是这个野人所能设想的全部内容。

在这个意义上，我们提到的假设理论所假定的区别意识，亦即在野人感受之中存在的对自己行为的区别意识，只能被描述为一种道德感觉，或者，一种与生俱来的实践原则。用较为浅显然而更为清楚的语言来说，这个野人，是用不同的感受来对待两种行为的，但是，我们不知道其中的原因是什么。

[**段落内容提示：我们在这里提到的假设理论，涉及两个前提。继续讨论两个前提之中的第一个前提。我用一般表述方式来说明这个前提。**]

因此，我们提到的假设理论，其所涉及的两个假定前提之一是这样的：—某些不可传授的有关赞同的感受或者不赞同的感受，伴

随着我们对某些行为的观念。人类获得这种感受不是基于对自己行 149
为倾向的反思。这些感受注入我们的心灵也不是基于人类同胞之间的相互交流。它们仅仅是我们自然本性中的简单要素。它们是终极性的事实。它们不是因果关系的结果，或者，也可以这样认为，它们不是人类前辈的遗传结果，而这些结果可供我们观察、描述。

到目前为止，我们所提到的假设理论，已经为怀疑论者以及宗教信徒所信奉。例如，休谟（Hume）在其《道德原则研究》（*Essay on the Principles of Morals*）一书中提出，我们的某些道德感觉，来自功利的感受。但是，尽管如此，他似乎也在想象，其他道德感觉，同样是未经过人们分析而获得的，这些道德感觉，毫无疑问地属于一种嗜好（taste）。在我看来，他的意思似乎就是这样的。在他的著作中，正如在他的所有作品中一样，他的思考，本来是尖锐的，展现了这位学者具有精彩的分析能力，这种能力远远不止于解释说明的前后一致，以及解释说明的广泛深入。他极为出色地处理了彼此不同的主题。但是，在把握一般性的问题的时候，这位学者，则是显得力不从心。当他谈到道德感觉属于嗜好的范畴的时候，他也许注意到了仁爱的产生，或者，注意到了我们对他人的同甘共苦的感觉的产生，然而，他终究没有注意到，仁爱以及这种感觉，从根本上来说，像饥饿的欲望或渴望一样，极为不同于伴随我们对人类行为判断而产生的赞同感觉或者反对感觉。

［段落内容提示：我们提到的假设理论涉及两个假定前提。现在，简略说明第二个前提。］

我们所提到的假设理论，其所涉及的两个假定前提的第二个是这样的：这些不可传授的感觉是上帝意志的标记，或者，是上帝许可或禁止我们如此行为的证据。

用尊敬的巴特勒先生（他是这种假设理论的最为出色的提倡者）的话来说，这些感觉是由人类行为所激起的，而人类行为本身是这些感觉的直接对象或者相应对象。这就有如可以看到的事物是视觉的直接对象或者相应对象。

如果使用较为浅显，然而又是更为清晰的语言来表达这里的意思，我可以这样加以表述：正如上帝给予我们眼睛，使我们可以看见事物、观察事物一样，上帝又赠与或者赋予我们前面提到的感受或者感觉，使我们可以用感受或感觉的方式，去直接区别它所赞同或允许的行为，以及它所厌恶或禁止的行为。

或者，如果你觉得更为合适的话，我可以这样来表述这个意思：这些不可传授的感觉，是上帝意志的标记，是我们的一个推论，这
150 个推论，是我们依赖对最终因果关系的考虑，而必然演绎出的一个推论。就像我们自己的其他爱好或者其他厌恶一样，这些感觉是使我们存在的伟大造物主的设计作品，其目的是瞄向相应的目标或者对象。而且，唯一适当的我们可以提到的目标或者对象，是我已经指向的最终因果。

[段落内容提示：作为一个我们理解上帝命令的标记渠道，道德感觉，对比一般功利原理而言，是较少容易出现错误的。]

现在，假定造物主赋予了我们一个道德感觉或者一个道德直觉，而且，如果我们必须用一般功利原则去解释上帝法，那么，我们顺从这些感觉或直觉是没有困难的。根据所提到的假设理论，被描述为道德感觉的不可传授的感受，直接而且不可避免地来自我们对相应事物的思考。我们不可能错误地理解上帝为人类制定的法律，尽管，我们也许时常自我陶醉，仿佛我们十分清楚地知道我们自己的义务所在。理解，从来是不可能发生错误的，尽管意志本身可能是脆弱的。

[段落内容提示：但是，是否存在着证据支持我们提到的假设理论？我们知觉的消极状态反驳了这个假设理论。]

但是，在这里，我们可以发现一个小问题：一是否存在着证据可以证明我们被赋予了这类感受？

这个问题是存在的。我们可以严肃地将其提出来，并且对其加以思考。其实，提问和思考本身就是一个充分的证据，表明我们没有被赋予这样的感受。一根据我们提到的关于道德感觉的假设理论，我们可以意识到一种感受，这种感受表明上帝命令是存在的以及其内容是怎样的，正如我们可以意识到饥渴的存在一样。换句话说，感受到上帝命令是存在的，感受到其内容是什么，是不可置疑的事实。然而，在我看来，由于这些感受或感觉是不可置疑的事实，它们也必然是不可争论的，它们也必定是不同于我们自然本性中的其他因素。如果我的确被赋予了这类感受或感觉，那么，我就不可能更为严肃地提出我是否有这类感受或感觉的问题，就不可能将它们和我自己的其他种类的感受或者感觉融合起来，正如我不能严肃地提出自己经历的饥渴是否存在的问题，或者，正如当我饥饿的时候，我不可能错误地理解饥饿的感受，当我饥渴的时候，我不可能错误地理解饥渴的感受一样。

我们自然本性中的每一部分都是不可置疑的，都是不可分析的。它们十分确定、清晰纯粹，而且亦为不可传授。我们知道它们、觉察它们，没有任何的飘忽不定，也没有任何的模糊不定。

[段落内容提示：就我们提到的假设理论而言，存在着两个支持性的推论。我们现在简略地说明一下它们。]

就我们提到的假设理论而言，存在着两个支持性的推论。这两个推论，是以如下方式提出来的。第一，我们对人类行为的公正或邪恶的内在判断是即时的，也是油然而生的。换句话说，我们所作出的道德感觉或感受与我们对人类行为所持有的观念，其相互之间具有直接的连接关系，而且，这一关系具有必然的性质。第二，精
151 确地说，每一个人的道德感觉都是相同的。

[段落内容提示：考察支持假设理论的两个推论中的第一个。]

在这里，我们可以断言，上述两个推论没有一个不是盲目的、武断的。第一个推论，普遍地来说，完全是失实的。在无数的情形中，我们对人类行为所作出的有关公正或邪恶的内在判断，并非是即时的，并非是油然而生的。相反，时常发生的情况，是我们不能作出一个结论，或者，我们显然发觉自己难以断定是否应该作出赞扬或者指责。

而且，即使我们的道德感觉总是即时的，具有必然的性质，这也依然不能证明我们的道德感觉是与生俱来的。感觉具有人为的品格，是以相互联系的方式而展开的，它和直觉的或者不可传授的感受一样，并非那么瞬息呈现，并非那么油然而生。例如，我们开

始出现对金钱的热衷，是由于金钱购物可以为我们带来喜悦的缘故。而且，一旦这一喜悦无影无踪了，我们对金钱的兴趣也是会荡然无存的。但是，在某些情形下，我们由喜悦产生的金钱热衷也会扩展到金钱本身，或者，这一热衷，会不可避免地与我们对金钱购物喜悦所产生的思考过程产生相互联系。金钱的观念，激起了对金钱的欲望，即使我们没有想到我们使用金钱的有益之处。再如，我们开始出现对知识的热衷，也是由于知识可以成为实现目的的工具。但是，在某些条件下，对目的的热衷却是不可避免地联系着对工具本身的思考或者观念。每一个不寻常的事物都是可以引起我们好奇的，即使不寻常的事物所带来的解决方式并未回应我们的目的，或者，即使我们没有注意到，不寻常的事物所带来的解决方式也许有助于实现我们的目的。

我们对行为作出判断的果断程度，对我们提到的问题来说，并非是个有着关联的问题。因为，我们的道德判断是即时的，具有必然的性质，尽管，它们源自功利的感觉，或者它们是由我们同胞中的权威印入我们头脑之中的。我们可以假定，道德感觉的确是源自功利的感觉，或者的确是由权威印入我们头脑之中的。如果真是这样，那么，道德感觉直到反复出现之后，才会自发地再次反复出现。除非我们回想起导致我们自己见解产生的理由，除非我们感受到决定我们见解产生的权威，否则，在初始阶段，与行为同时产生的思考，几乎不会激起任何的道德感觉。但是，有的时候，道德感觉可以和伴随行为同时产生的思考并行不悖。即使我们没有回想起我们道德上的赞同或者厌恶，我们的道德感觉，也依然可以直接地、必然地伴随着我们对具体对象的观念而反复出现。

［段落内容提示：考察支持假设理论的两个推论中的第二个。］

152 然而，为了证明道德感觉具有直觉的性质，或者具有可以传授的性质，我们所提到的假设理论的赞同者，有针对性地宣称，每一个人的道德感觉，精确地说是相同的。

这样一个赞同假设理论的大胆宣称，我们可以简略地以如下方式加以表述。—任何见解或者感觉都不是经由人类观察和归纳而得出的。观察和归纳，即使是用在同样的对象上，对不同的人来说，也会导致不同的结论。但是，我们人类对行为的公正或邪恶的内在判断，或者，我们行为激起的道德感觉或感受，准确地来说，对所有人都是一样的。基于这一点来看，我们的道德感觉或者感受，并不是经由我们对行为趋向的归纳而得出的。我们的道德感觉或者感受，也不是经由他人的归纳而获得的，从而，不是经由人类的权威以及示范而印入我们头脑之中的。也是由于这个缘故，我们的道德感觉，具有直觉的性质，是不可置疑的或不可传授的终极事实。

在这里，即使这一宣称看上去是有道理的，以其作为基础的推论，却依然不得不遭遇严厉的拷问以及批评。尽管准确地来说，每一个人的道德感觉是类似的，但是，我们依然不能得出这样一个结论：道德感觉具有直觉的性质。

努力反驳这个推论，对于我们而言，是浪费精力的。因为作为这个推论基础的“宣称”是没有任何根基的。在不同时期的不同国家，以及在相同时期的相同国家，不同人群的相对而言的道德感觉，自然是迥然相异的。我们作出的这个判断，其正确性是显而易见的，对每一个具有学问的人来说，其都是颠扑不破的真理。所以，如果我打算用事实证据来建立这一判断，来建立这一命题，我就会使你们听众在理解问题的时候颇费周折。其实，正是因为这个原因，我用假定的方式来表述它，而不寄希望于运用事实证据去证明它。我仅仅使用这一判断、这一命题，来和我现在正在考虑的“宣称”作出对比，来和以此“宣称”作为基础的推论作出对比。

不过，在反驳我所考虑的“宣称”之前，我将简单地讨论一个困难。这一困难是呈现在没有根基的“宣称”所提示的假设理论面前的。—现在假定，道德感觉具有直觉的性质，而且是不可传授的，它们要么是因人而异，要么是对所有人来说都是相同的。主张“它们对所有人来说都是相同的”，仅仅是一种冒险断言而已，其夸大其词，与显而易见的事实相去甚远。如果道德感觉是因人而异的，
那么，我们可以得出这样一个结论：上帝没有为人类设立一个普遍 153
规则。如果道德感觉是因人而异的，那么，便不存在有关人类行为的共同标准，便不存在一个人可以据以衡量其他人行为的标准。而且，坐在我的位置上对你作出判断，也将是愚蠢的，没有任何道理。你所感受到的道德感觉，可以恰巧与我所意识到的道德感觉，如出一辙，是美好的，是真实的。然而，我的直觉可以指向一个地方，你的直觉可以指向另外一个地方。并不存在着一个太阳，这个太阳，可以绝对地普照万里、指明方向。在这个意义上，每个单独的个人，只能是手执自己心中的烛光，漫步向前。

[段落内容提示：简略说明一下第二个推论所依据的事实。这个推论支持我们提到的假设理论。确切地来说，这个事实与功利理论的假设是一致的。]

现在，我们转向讨论赞同我在前面提到的假设理论的第二个

推论。我们可以提出这样一个问题：这一推论，其所依赖的事实是什么？明确而又毫不含糊的事实是这样的：—就某些种类的行为而言，即使不是所有人的道德感觉，也是大多数人的道德感觉，一直是相似的。但是，就其他种类的行为而言，人们的道德感觉，分道扬镳了，穿过每一个不同的角落或者层面，从微弱的彼此相异，到强烈的巨大反差。

假定一般功利原则是我们理解造物主的默示命令的唯一指南或者标记，那么，这就是一件可以期待的事情。确切地说，这个事实，符合我们所提到的假设理论。因为，首先，所有人所处的位置和立场，在不同的时期、不同的国家，就许多方面来说，是南辕北辙的。根据这一点，我们不可避免地可以推出这样一个结论：此时此地较为有用的东西，在彼时彼地则是没有益处的，甚至是有害的。其次，由于人类的嗜好复杂多样，由于人们的推论易犯错误，我们的道德感觉注定是多种多样的，即使在人们所处的位置和立场颇为类似的条件下，情况也是如此。当然，就一些行为种类而言，出于功利考虑而引发的对行为的制约，在所有时代，以及所有地方，则是相同的，而且，这些制约十分清晰可见，从而，几乎不能容许任何的误解或者任何的怀疑。从这里，一个结论就会自然而然地随之而来，亦即我们所观察的，正是这样一个事实：在真实世界中存在的法律制度以及道德体系，其普遍的一致性包容了无限的变化性。

[段落内容提示：简略说明一个中庸的假设理论。这个理论是由功利假设理论和道德感觉假设理论融合而成的。]

根据我现在描述考察的假设理论，道德感觉是我们理解造物主默示命令的**唯一**标记。另外一个中庸的假设理论，融合了功利的假设理论和道德感觉的假设理论。这个中庸理论认为，道德感觉是我们理解造物主的**某些**默示命令的标记，而一般功利原则则是我们理解造物主的**其他**默示命令的标记。

巴特勒主教，发布了许多值得钦佩的说教。从这些说教中，我可以概括他的思想见解。巴特勒主教似乎是赞同中庸式的假设理论的。当然，对这点，我并不能够十分肯定。因为，从这些说教的许多段落中，我们似乎可以推论出这样一个结论：他也认为道德感觉，是我们理解上帝命令的标记或者指南。 154

这里提到的中庸式的假设理论，自然是源自我已提到过的这个事实：一就一些行为种类而言，绝大多数人的道德感觉，总是一致的，尽管，就所有人而言，情况可能并非是这样的；就其他行为种类而言，绝大多数人的道德感觉，则是分道扬镳了，穿过每一个不同的角落或者层面，从微弱的彼此相异，到强烈的巨大反差。一就前者行为种类而言，绝大多数人的道德感觉，表现出了一致性，从而，我们可以提出某些理由推测一个道德感觉是怎样的。就后者种类行为而言，绝大多数人的道德感觉分道扬镳了，推测一个道德感觉似乎是不太可能的。

但是，我们提到的这个被修正的或说混杂的假设理论，与纯粹的道德感觉或道德直觉的假设理论一样，依然是捉襟见肘的。因为，就一些行为种类而言，即使**绝大多数人**的道德感觉的发生具有共同性或者一致性，然而，就**所有人**想到的内容以及感觉到的内容具有类似性而言，我们依然不太可能说明特定种类行为是怎样的。不仅如此，我们针对简略或纯粹的假设理论所提出的所有批评意见稍微作出一些调整，就可以直接地对中庸假设理论加以提出，并且是十分奏效的。

[段落内容提示：实际存在的法，可以分为自然存在的法(law natural)和由人制定的法(law positive)。实际存在的由人制定的法(*jus civile*)，也可以分为万民法(*jus gentium*)和市民法(*jus civile*)。这些分类，假定涉及中庸的假设理论，而这一理论，由功利理论的假设和道德感觉的假设相互融合而成。]

对于研究法理学的现代学者而言，实际存在的法(或者，人们径直而又严格称谓的法)，可以分为自然存在的法和由人制定的法。而在早期的罗马法学家看来，实际存在的法(*jus civile*，或说positive law)，是分为万民法和市民法的。这些称谓是从古希腊哲学家那里借用而来的。确切地来说，这样两种分法是等同的。

对于研究法理学的现代学者而言，而且，在早期的罗马法学家那里，实际存在的道德，同样分为自然存在的道德和由人制定的道德。由于时常混淆实际存在的法和实际存在的道德的缘故(稍后我将讨论这一问题)，研究法理学的现代学者将这些道德视为自然存在的法(law natural)，而早期的罗马法学家则将其等同为万民法。

此外，因为将实际存在的法分为自然存在的法和由人制定的法，现代法学学者将犯罪分为自然犯(mala *in se*)和社会犯(mala *quia prohibita*)。也由于将实际存在的法分为万民法和市民法，早期的罗马法学家将犯罪分为违反万民法的犯罪和违反市民法的犯罪。确切地来说，这样一种犯罪分类像实际存在的法的分类一样，是相互对应的。

在这里，如果对功利的假设理论没有一个清楚的理解，对纯粹 155
的道德感觉的假设理论，以及掺杂其他假设理论的具有中庸味道的假设理论，没有一个清晰的认识，将实际存在的法分为自然存在的法和由人制定的法，以及其他以其为根据的派生分类，显然是不可理解的。如果以功利的假设理论作为先决条件，或者，以纯粹的道德感觉假设理论作为先决条件，那么，将实际存在的法分为自然存在的法和由人制定的法是没有意义的。反之，以混合其他假设理论的具有中庸意义的假设理论作为先决条件，实际存在的法以及实际存在的道德可以顺理成章地分为自然存在的法和由人制定的法。用另外一种方式来说，如果中庸型的混合其他内容的假设理论是以事实为根据的，那么，人类社会中的实际存在的规则就可以分为两个部分：一其一，所有人类获得的实际存在的人类规则，这些规则和上帝的命令是一致的，而且已经被道德感觉所阐明了；其二，部分人类获得的实际存在的人类规则，这些规则尽管与上帝的命令是一致的，但是，并未被切实可靠的指南所阐明。

后面，我将参考渊源（sources）的问题，来处理实际存在的法的问题。届时，我将从各个方面来表明中庸式的假设理论是如何与上述实际存在的法的分类相互交织在一起的。眼前的课程主题是重要的。我讨论这一主题的目的在于表明我阐述功利的假设理论、纯粹的道德感觉假设理论和中庸式的假设理论，在论述法理学基本原理的过程中是必要的步骤。正如我在我所计划的课程中所展开的那样，我们的确可以发现，没有对这些似乎是无关的假设理论的预先说明，我们便无法以全面的、令人满意的方式，去阐明法理学的若干独特问题。就这个意义来说，在眼前的课程中，我所讨论的主题已经最为直接地表明了我在这里展开的学术演讲是适当的。

[段落内容提示：关于功利的假设理论存在着两个流行的然而低劣的错误观念。现在，我将努力廓清功利的假设理论，批评这两个错误观念，从而结束这里有关上帝命令的标记渠道的学术演讲。]

前面，阐述了功利假设理论、纯粹的道德感觉假设理论以及中庸式的假设理论。关于功利的假设理论，存在着两个流行的然而低劣的错误观念。现在，我将努力廓清功利的假设理论，批评这两个错误观念，从而结束这里有关上帝命令的标记渠道的学术演讲。

一些学者，竭力攻击功利理论。其中，四分之三的学者陷入了
156 如下谬误之一：一要么，混淆了“应然”意义上的决定我们行为的动机和我们行为应该符合的在“应然”意义上作为检验工具的直接标准；一要么，混淆了一般功利理论和关于仁爱产生的假设理论。而关于仁爱产生的假设理论被无知虚伪的反对者用具有误导性质的令人反感的“自私体系”（selfish system）这一名义，加以玷污了。

在这里，这些错误是十分明显的。所以，我也许应该直截了当地作出结论。你们听众也许应该自己去提出纠正的方法。但是，由于从来没有人彻底地对其予以揭露，这些错误，已经误导了一些具有质疑能力的深刻思考者，从而，也许误导了所有不会停顿下来对其进行考察的其他一般人。因此，我将竭尽我的能力去批判粗俗流行的错误观念，从而廓清功利理论。

我将首先考察一个错误。这个错误，混淆了行为动机和我们行为应该符合的并且可以用作衡量工具的标准，或者尺度。在考察这个错误之后，我将考察另外一个错误。第二个错误，混淆了功利理论和关于仁爱产生的假设理论，而关于仁爱产生的假设理论，正如前面提到的，被描述为了“自私体系”。

[**段落内容提示：考察第一个错误观念**]

根据功利理论，人类行为的标准或尺度是上帝为人类制定的法律。在这里，上帝的某些命令是清楚表达出来的，另外一些命令，则不是清楚表达出来的。或者，换种表述方式来讲，上帝的某些命令是明示的，另外一些命令则是默示的。就上帝明确表达出来的命令而言，我们可以从这些命令借以颁布的术语中去理解它们的内容。就上帝没有明确表达出来的命令而言，我们必须运用功利原则去作解释，必须依赖我们行为就一般的善或幸福而言所产生的效果去作解释。而一般的善或幸福，是仁爱智慧的立法者在其所有法律和命令中所要实现的最终目的，也是其立法的最终原因。

133

在这个意义上，严格地说，功利既不是我们行为应该与之相符合的标准，也不是我们行为应予被检验的尺度。功利本身也不是我们至高无上的义务的渊源或者起点。相反，它是引导我们摸向最高义务的渊源的一项指南。它仅仅是理解标准的一个标记渠道，理解尺度的一个标记渠道。当然，由于我们是凭借遵循标记的方式，来使自己行为与标准保持一致的，所以在一定的意义上，我可以信心十足地去说，尽管并非十分恰当，功利原则是我们行为的当下标准或者直接尺度。也是在这个意义上，我将上帝的命令描绘为最终的标准或尺度，而将功利原则或者一般幸福以及一般的善，描绘为我们行为应该与之相一致的当下标准，描绘为我们行为应该据以检验的当下尺度。

在这里，我们应该注意，尽管一般的善是当下标准，尽管一般的善是当下尺度，但是，在人类行为的所有情形中，甚至在其中大多数的情形中，一般的善，并不是决定我们行为应当如何的动机或精神驱力。如果一般的善总是作为动机或者精神驱力来决定我们应当如何去行为的，那么，我们的行为时常就会与一般的善背道而驰，而一般的善，在这个时候，已经被我们视为了行为准则或者标准。如果我们将一般的善作为行为动机或者精神驱力，而且，我们的行为总是由其所决定的，那么，我们的行为早已是时常误入歧途了，乏善可陈。而以其作为检测尺度的时候，情况就是更加如此了。

尽管这些论述听起来像是自我矛盾的，但是，它们是绝对不可怀疑的。如果我讨论所有的使之得以成立的而且消除其矛盾的证据，那么，对这里问题的深入探讨，应该占用我课程的更多时间。然而，对那些可能没有反思过这一问题的听众，我是不会提供线索的，即使这些线索足以暗示那些证据。

当我提到公共的善或一般的善的时候，我的意思是指从所有单独个人那里汇集起来的具有公共性质、普遍性质的快乐享受。这个问题，是我的直接兴趣所在。人类的善，是构成人类种族的每个个人所分别享受的快乐的总和。英国的善是每个单独英国人所享有的快乐的总和。在我所属的郡县的公共的善是郡县居民分别享受的快乐的总和。

“人类”“国家”和“社会”，是表达一些单独个人就集体或整体而言，具有何种意义的简洁术语。如果为了集体性质的善或整体性质的善，而牺牲每个单独个人的善，那么，一般的善，也就将被这一牺牲所摧毁。仅仅强调一般的善，并以此为名义，显然是会牺牲构成这种一般善的具体个别的快乐享受的总和的。

这一真理，当严谨直白地对其加以表述的时候，是十分清晰的，不可遮蔽，因而，对其加以说明几乎是可笑的。但是，经验足以表明，清晰以及无法遮蔽的真理是容易被人淡忘的，对清晰以及无法遮蔽的真理的疏忽是世人屡犯错误的一个渊源。例如，在古代共和 158
城邦中十分流行的公共善(public good)的观念不知不觉地将我提请你们注意的这个自明之理加以忽略了。为了这一观念本身，城邦个人的幸福毫无怜悯地被牺牲了，其目的是使共同的福祉得以细水长流、有增无减。由于这个缘故，极为具有实质意义的利益成为了贫乏苍白的抽象观念的牺牲品，而这一抽象观念，似乎掷地有声，但是，终究是空洞的。

在这里，一般而言，每个单独的个人是其自己利益的最佳裁判者。而且，对何为最大快乐以及何为最大痛苦等问题，每个单独个人也是最佳且最为适当的判断者。他对自己的利益具有切身的体会。相形之下，他对其他人的利益则是处于猜测的状态，并不是十分清楚的。

在这个意义上，一般功利原则不可避免地要求每个个人都要注意自己的利益，而非他人的利益，不可避免地要求每个个人习惯性地关注自己精确了解的利益，从而，能够习惯性地追求自己明确知道的目标。

这是一种安排。这一安排是为一般功利原则所明确要求的。它也是人类的造物主明确期待的一种安排。因为，我们自私自利的感觉超越而且胜过了自己关心社会的感觉。我们渴望追求我们自己的具体善乐的动机的持续性以及原动力，远远是我们渴望追求我们同伴的善乐的动机所不能相比的。

如果每个个人忽略了他自己的目的，将注意力转向了追求和促进他人利益这一目标，那么，每个个人，就会忽略自己最为熟悉的对象，转而关注自己相对不了解的间接对象。这样，每个个人都将无法灵活自如地处理自身的利益。而且，由于一般的善是个人快乐享受的汇集，在这种情况下，一般的善或公共的善的追求反过来就会趋向减少构成这些普遍善的具体个人的善乐。

一般功利原则，并未要求我们总是或者习惯性地注意一般的善。但是，这一原则的确要求我们永远不要凭借与这一至高无上的一般善并不协调的手段，去追求自己的具体善乐。

例如，一个从事钻挖工作的人，其钻挖的目的在于增加自己的财富。他并没有想到或者试图促进普遍性的社会福利。但是，通过
159 钻挖这一工作，他的确增加了社会财富的总量，从而，促进了普遍性的社会福利，尽管，这一福利不是而且也不应该是他的实践目的。普遍性的社会功利不是他的行动动机。但是，他的所作所为符合作为行为准则的功利。当我们用功利作为检验行为的标准的时候，他的行为是应该受到赞扬的。

再如，在所有肉体快乐或精神快乐之中，互相爱慕而产生的快乐是由相互尊重而构成的。这样一类快乐最为持久，也是繁复多样的。其实，也正是因为如此，这类快乐在基本方面有助于增进社会福利的总量。或者，我们也可以这样认为，它们就人类幸福而言，形成了一个重要组成部分。而且，由于这个缘故，追求一般善的人以及奉行功利原则的人必定会恰如其分地考虑它们，并且使自己和他人心满意足。但是，尽管“爱慕”符合个人本身的功利原则，从而使个人本身朝思暮想，这种“爱慕”的行为，在次要方面依然会远离普遍性质的善，即使我们认为这种善本身是应该成为情人的动机的。一名完美正统的功利主义者从来不会主张情人应该在亲吻自己女友的同时，放眼于公共幸福，也不会以此自吹自擂。

通过后面这个例子，我自然应该作出我的进一步说明。

甚至在功利要求仁爱应该是行为动机的地方，一般而言，功利也仅仅是在要求我们的行为应该受到具体仁爱的指引，而不是受到普遍仁爱的指引。具体来说，我们应该注意范围较为狭窄的由家庭或夫妻关系而形成的爱恋，而不应该注意范围较大的由朋友或熟人关系而形成的同情。或者，在只有第二项选择，而没有第一项选择的条件下，我们应该注意由朋友或熟人关系而形成的同情，而不应该成为一名爱国主义者。如果再退而求其次，那么，我们应该成为一名爱国主义者，而不应该成为拥抱世界的博爱者。

简单来说，功利原则要求我们的行动具有即时的效果，或者，要求我们的行为应该产生即时的善乐。而且，一般来讲，如果我们的行为动机或者动力是最为急迫、最为强烈的，如果我们行动的氛围是极其有限的，而且是最为我们所熟悉的，如果我们直接追求的目的，是至为确定不移的，而且是十分清晰的，那么，我们的行为总是导向即时的效果，或者，在我们这样行为的时候，我们的目的总是在于产生即时的善乐。

对前面的一般性陈述，我们的确必须作出许多限定。它们不是放之四海而皆准的。功利原则时常允许我所指出的顺序可以颠倒
过来。换句话说，功利原则允许自我关注的感觉可以让位于家庭之 160
爱，允许家庭之爱可以让位于朋友或熟人之情，允许朋友或熟人之

情可以让位于爱国主义，允许爱国主义可以让位于人类博爱。功利原则允许一直作为我们行为尺度的一般幸福或一般的善，可以成为决定我们行为的动机，或者，可以成为我们行为指向的实践目的。

[段落内容提示：好的动机和坏的动机。]

为了进一步消除前面提到的导致错误观念的思想混乱，在这里，我将利用一点时间，分析一下“好的动机和坏的动机”这一表述，表明在何种意义上，这一表述提示了一个十分准确的区分。

在任何特定的条件下，我们时常会这样提到一个人：他的动机是好的，或者他的动机是坏的。在一定意义上，我们的确可以认为，某些动机相对而言是好的，某些动机比起其他动机来说，更为可能导致仁爱的行为。

但是，从另外的更为宽泛的意义上来说，不存在动机是好的或者是坏的问题。因为，就可能性而言，没有什么动机不可能在偶然情形下，既导致仁爱的行为，又导致错误的行为。

从这个角度来看，在我已经提到并且作为一个说明例子的情形中，即一个人不停地为自己财富的增加而钻挖这一情形中，动机既具有自我关注的性质，同时，其所导致的行为又是仁爱的。但是，同样的动机，财富的欲望，又是可以导致邪恶行为的，比如，偷窃行为。[喜好名誉，尽管是个具有自私性质的动机，但是，一般而言，它也是个产生仁爱行为的动机。对于有些人来说，为了公共的善而去行动，是一个强而有力的动机所在。喜好名誉本身是要求虚荣心的。然而，在另一方面，喜好名誉实际上又暗含了其拥有者的目的是建立在没有意义的对象之上的。一般来说，这就导致了邪恶。因为它导致了能力浪费，而能力如果运用适当的话，则是可以趋向有益的目标的。当然，如果喜好名誉本身作为一个动机是个人采取一个行动的原初动力，而且，其存在仅仅是作为自我满足的潜在感受而呈现的，这一感受又是来自无知的、过于感性化的感觉，那么，它可能就是无害的，甚至可以增进行动能力，从而显得有益、显得有用。]从另一方面来看，仁爱甚至宗教，尽管不折不扣地具有无私的性质，而且一般来说被认为是良好动机的源泉，但是，当局限于狭隘的目的的时候，也有可能引发最为有害的行为动机。例如，爱护儿童，从而希望将他们推向世界，使其不断成长和发展，对于许多人来说，更为容易导致目的在于公共善的行为出现，而不是导致纯粹的自私动机。而且，在公众的眼睛中，掩饰罪过被假定为一种动机的善，其形成是为了避免有害行为引发的不良后果。正是这种掩饰，鼓励人们为了儿童的利益，采取某种行动。这种行为，其本身如果是为了成人自己的直接目的，人们是会感到羞耻的。甚至拥 161
抱世界的博爱仁慈也可以导致极端有害的行为，除非十全十美的判断指导着博爱仁慈。例如，就一般的善来说，几乎无人会怀疑，桑德（Sand）和德国的那些宗教狂热者以某种方式表现出来的所作所为是贻害无穷的。在某些情况下，他们认为暗杀一些人是正确的，而这些被暗杀的人，他们认定为属于独裁者之列。对于他们的动机的纯洁性，我是丝毫没有疑问的。这里的意思是，我的确相信，他们的所作所为是出于最为博爱仁慈的心理目的。但是，我又的确有点怀疑这种博爱仁慈可以总是引导他们作出显然与一般的善完全一致的行为，而一般的善的确是他们的目的所在。

所有的动机，在偶然的情形下，都有可能在导致善的结果的同

时导致恶的结果。然而，就一般情况来说，某些动机自然是仅仅导致善的结果，例如，以仁爱、喜好荣誉和宗教作为出发点的动机；某些动机显然会导致恶的结果，或者几乎不会导致善的结果，例如，反抗社会的动机，—或说憎恶社会的动机，—无论这种动机是针对具体对象的，还是针对一般对象的。此外，还有一些动机，可以像导致恶的结果一样导致善的结果，例如，自私自利。自私自利，是工业社会中绝大多数事业发展的动力，然而，也是绝大多数犯罪的动力。

因此，就其特定的意义来说，动机可以分为好的动机、坏的动机，以及既非好又非坏的动机。

如果一个行为是好的，亦即与一般性的功利保持了一致，那么，这个动机就是可称赞的。反之，这个动机就应该是予以贬抑的。但是，动机的性质仅仅是影响行为的性质的次要因素。

[我也承认，动机的性质的确影响了行为的性质。因为，行为从来不是孤立的。可是，行为的道德秉性，最终是由它们是否符合法律来决定的，而这里的法律是以功利作为自我理解的标记的。正是因为如此，道德的秉性直接是由行动方针的性质和趋向所决定的，而行为是作为行动的实例来呈现的。在这里，个人的行动（一般来说），在一方面是由**动机**决定的，动机此时是其所作所为的一种动力；而在另一方面，个人的行动（一般来说），是由**意图**决定的，或者，是由个人对自己的即时行为的理解状态所决定的，这种理解状态，是关乎个人行为的效果，或者趋向的。无论是动机，还是意图，它们都是**意志决心**的先决条件。依靠动机和意图，行为的效果和趋向立即展现在行为之中。简单来说，人类的行为是由起敦促作

用的动机决定的，同时，也是由起指导作用的意图决定的。意图，是行为的目的；动机，则是行为的源泉。] 162

因此，坚持认为行为的秉性完全依赖于动机的秉性是错误的。同样，坚持认为动机性质在某种程度上并不决定行为的秉性也是错误的。

我们可以这样认为，在有限的意义上，行为的道德秉性是由动机决定的。如果意图是良好的，是由社会目的所引导的，那么，行为本身就是较好的。如果行为本身是坏的，但以社会目的为圭臬，则行为本身亦是不属十分糟糕的。

重要的是，良好的气质秉性，应该受到承认和鼓励。只是，行为的良好是以其符合功利作为基础的[即使我们从个人的狭隘观点作出判断，而且，个人行为本身依赖有关行为效果的理解状态，个人行为本身就像依赖动机一样依赖意图，其情形也是这样的][1]。

调整相对而言的自私主张和社会动机，调整相对而言的个别同情和一般仁慈是伦理学的一项细节工作，而不是这门科学的原则性的概括劳动。这项工作，我几乎无法以清晰的方式，用令人满意的方法去完成它，除非我将全部的课程讲演，投入到伦理学之中，而且，漫无边际地游离开我的课程的主要目的。我在这里所论述的内

① 这里需要说明一下，从第160页(边码)第1自然段开始的若干段落，在这些讲座的前几版中是不存在的。但是，其大概的意思部分地包含在密尔对最初讲座的注释中，而且，部分地包含在作者手稿的零星讨论中，后来出现在上一版的注释中。鉴于从作者手稿的零星讨论中可以推论作者已经将这些段落的实质含义融进了作者已作调整的内容更为丰富的版本中，我尝试性地从这些零星讨论中组织了这些段落。此外，我尝试性地增加了某些零星讨论，并且，努力使这些零星讨论与这些讲座的其他部分的基本意思保持一致。增加的部分，我用“[ ]”这种括号将其括起来。——坎贝尔

容、所建议的内容，已经足以使我作出如下结论：第一，一般功利，如果我们将其作为行为的标准或者尺度来考虑，那么，它们是不同于我们将其作为动机或者行为动力来考虑的一般功利；第二，如果我们的确将行为调整到与功利原则保持一致，那么，我们的行动就会符合以功利原则作为基础的规则，或者，我们的行动就会受到与这些规则相互联系的感觉的指引。但是，尽管如此，一般功利或者一般的善或幸福，不会在所有的情形中，甚至在大多数情形中，成为我们作为或不为的动机。

[段落内容提示：考察第二个错误观念。]

我们已经一般性地简略接触了两个错误观念之中的第一个。现在，我将注意力集中于它们之中的第二个。当然，这种考察，同
142 163 样是一般性的，同样是简略的。

那些陷入第二个错误观念的人，犯有两个错误。第一个错误，在于错误地理解，甚至歪曲了，与仁慈起源有关的假设理论。这个与仁慈起源有关的假设理论，因为这个缘故，被描述为了“自私体系”。第二个错误，正如错误理解和错误歪曲一样，在于设想这一假设理论，是**功利理论**的基本组成部分，或者必不可少的组成部分。[b]

(b) “第一个错误，是由葛德文（Godwin）造成的（《政治正义论》，葛德文著，1793 年 2 月版，卷四，第 viii 章。我在设想，奥斯丁是将葛德文列入功利理论赞同者之列的。显然，奥斯丁希望，在**正义原则**的名义下，功利理论的较为晚近的主张者可以提出一些十分有效的另外论证，以将功利理论发扬光大。——坎贝尔）。第二个错误，是由帕雷造成的。”

“从伊壁鸠鲁（Epicurus）和卢克莱修（Lucretius）时代到葛德文和帕雷时代，边沁先生，是唯一一位清晰精确说明这一主题的学者。当然，边沁先生不是功利理论的原创

我将按照前面提到的先后顺序，来考察前述两个错误。

第一，根据哈特雷(Hartley)和其他各种各样的学者所提出的假设理论，仁慈或同情不是一个不可置疑的终极事实，不是一个可以毫无疑问地加以分析和解决的问题，或者，不是一个简单的、不容置疑的人之存在或自然的因素。根据他们的假设，仁慈或同情，来自自爱，或者来自自私自利的感觉，而且伴随着被描述为“观念联想”的常见过程。在前面的一些讨论中，我涉及过“观念联想”的问题。

现在，从前面简洁的介绍中，我们显然可以得到这样一个结论：这些学者，并没有争论无私的仁慈或无私的同情是否存在，而且，当他们没有假定无私的仁慈或无私的同情是存在的时候，他们努力将仁慈的感受，或者同情的感受，通过其公认的产生，追溯至更为简单的、更为明显的他们相信是绵延不断的以往存在的感受。

但是，正如这个结论是十分明显的一样，许多功利理论的反对者，甚至一些赞同者(这是更为值得注意的)，设想这些学者是在争论无私的仁慈或无私的同情是否存在。

根据我们提到的假设理论，当然是作为被错误理解和歪曲的假设理论，我们每个人，对其他人的快乐和痛苦，并不存在准确意义

者(因为功利理论自古以来就已经存在了)。但是，在哲学家中，他是从各个方面来考察这一理论的第一人，也是使这一理论适合于实践需要的第一人。”

“许多学者，表面上拒绝功利理论，但是，实际上却是赞同这一理论的[例如西塞罗(Cicero)、塞涅卡(Seneca)、约翰森(Johnson)，等等]。这些学者，都是幸福论者。诚实(*honestum*)，是普遍有益的，虚伪(*utile*)，是普遍有害的。不过，它们都是对自私无益的目的的回应。”——手稿片段

上的同情。被描述为同情的东西，被描述为仁慈的东西，早已预先
164 和自我联系在一起了。人对人所做的每一件善事，来自以自我为对象的精确计算。我们发觉，我们更多是因为自己追求幸福的缘故，而去关心他人的。当我们出现这种感觉的时候，我们对其他人投之以桃，而其他人，也许正好对我们报之以李。人对人所做出的似乎是无私的服务，是我们自己动机的自然流露，它受制于这样一个原则的制约：使交易产生，使交易持续稳定。(c)

(c) 这个所谓的"自私体系"，就其严格的意义而言，与显而易见的事实是相去甚远的，因此，我们几乎无法给予严肃的驳斥。每一天，甚至每一个小时，我们都在意识到无私的仁慈或同情，我们都在意识到助人为乐的感觉的存在。在目前人类社会的悲惨条件下，大多数人所处的外在环境是十分令人失望的。大多数人在其年轻的时候所获得的教育以及训练是十分糟糕的。正是因为如此，大多数人对仁慈的需要也变得更为强烈，变得持续不断。其实，这种仁慈需要的强烈以及持续不断，对他们自己的幸福和同伴的幸福是必要的。对于大多数人来说，仁慈或同情，与其说是苍白的情绪，不如说是强而有力的动力。仁慈或同情，能使人们感到朝气蓬勃，能使人们感到愉悦温馨。人们的某些感受或者某些感觉，时常是足以促进仁慈产生的，时常是足以促进同情产生的。当然，一般来说，仁慈或同情在开始出现的时候，便受到了另外一些相反的感受或感觉的阻碍。然而，即使如此，像罗赤夫考德（Rochefoucauld）或曼迪威莱（Mandeville）那样否定仁慈的存在，否定同情的存在，依然是不可理喻的、自我矛盾的，依然是有害的、荒唐的。否定它们的存在，不是一个哲学家在细致考察行为产生时所应该具有的立场。

在这里，我可以简略地这样作出评论："自私"这一表述，如果牵涉动机问题，那么，便是具有广义和狭义之分的。就其广义而言，所有的动机都是自私的。因为，每一个动机都是一个欲望。而每一个欲望都是影响人们自我的痛苦，它驱使着人们用获得所欲对象的方式去追求宽慰。就其狭义而言，自私的动机自然不同于仁慈的动机，自然不同于为自己的具体善乐而产生的欲望以及为同伴的善乐而产生的欲望，自然不同于追求自己好处或利益的愿望以及督促我们追求他人好处或利益的愿望。

为了澄清这里的模糊以及驱散相关的拙劣狡辩，边沁先生明智地抛弃了"自私"这一可疑的术语。他将督促我们追求他人好处或益处的动机描述为社会动机。反之，对驱使我们追求我们自己好处或益处的动机，边沁将其描述为自私自利。

当然，除了社会动机，以及自私自利的动机之外，还有其他麻木不仁的（disinterested）动机或者麻木不仁的愿望。正是这些麻木不仁的动机或者愿望，迫使我

第二，在错误理解和歪曲了所谓的“自私体系”之后，许多功利理论的反对者以及某些功利的赞同者，正如这种错误理解和歪曲一样，想象所谓的“自私体系”是功利理论的一个必要组成部分。从这里，人们自然会得出这样一个结论：功利理论的赞同者，被这一理论的反对者，描述为“自私、贪婪和冷血的算计者”。 165

在这里，我描述为功利理论的伦理学理论，与任何动机理论是没有必然联系的。它与关于仁慈或同情产生的假设理论，或者，与关于仁慈或同情的性质的假设理论同样是没有必然联系的。功利理论是会坚守“一般善”的概念的，无论仁慈或同情是否的确是我们人类本性的组成部分，也不论仁慈或同情是否什么都不属于，而仅仅是竭力自我关注的一个别名而已。功利理论是会坚守“一般善”的概念的，无论仁慈或同情是否为简单的或不可置疑的事实，也不论仁慈或同情是否因自私自利感觉的联想原理而产生。

根据功利理论，一般功利原则是理解上帝命令的标记，从而是

们、驱使我们，以邪恶方式对待其他人。这些麻木不仁的但又幸灾乐祸的动机或者愿望，边沁将其描绘为反社会的动机或愿望。当我将一类动机描述为无私的（disinterested）动机的时候，我所使用的“无私的”这个定语，其意思是指仁慈的动机。其实，精确地来说，动机在这两种情形下都不是无私的。因为，在这两种情形中，人们都是希望获得宽解的，而不是有沉重包袱。当然，除了欲望必然包含的宽解自我的愿望之外，在这两种情形中，欲望纯粹是无私的。它督促人们走向的目的或者目标，是其他人的利益，而不是自己的利益。由于将人类本性认定为麻木不仁、幸灾乐祸，边沁先生遭到了某些批评者的责备，但是，就将人类本性认作麻木不仁、幸灾乐祸而言，边沁先生，远远不是始作俑者。亚里士多德和巴特勒，早就承认这个事实，而且，将其作为认识问题的一个前提。所有其他细致考察行为产生的学者、考察行为动机的学者也都是这样看待问题的。麻木不仁这一事实、幸灾乐祸这一事实，根据所有人都接受的被描述为“观念联想”的原则，是容易解释清楚的。麻木不仁、幸灾乐祸和冷漠无情，像无私的仁慈一样，像无私的同情一样，是人们在自私自利的基础上，经由这个“观念联想”的原则而表现出来的。

所有人类行为的直接标准。上帝的命令，包含了可怕的惩罚。这种惩罚，对我们是有约束力的，迫使我们调整自己的行为，使之符合以直接标准作为基础的规则。即使仁慈不过是精明的自我关注的代名词，当我们想到那些可怕惩罚的时候，我们依然会因为自我关注的缘故，去追求一般来说是有益的东西，去避免一般来说是有害的东西。就这一点来说，可以认为，这种功利理论，是帕雷博士提出的功利理论的翻版。帕雷博士假定，**一般**功利是人类行为的直接**尺度**。但是，他也假定，我们行为的所有**动机**，都是由纯粹的"自私自利"所决定的。尽管这里存在着某些不协调之处，但这一翻版的**功利理论**，还是前后大体一致的。我认为，帕雷博士的**动机理论**，是残缺的、偏颇的、浅薄的。我还认为，仅仅关注自我，几乎不会产生真正的仁慈或者同情，即使这种关注一贯可以是十分精明的。因

146 为，如果真正的仁慈或者同情，不是我们本性的一个组成部分，那么，我们便只能具有一个动因去考虑一般的善。这个动因就是精明地关注我们自己的快乐或者幸福。反之，如果真正的仁慈或者同情是我们本性的一个组成部分，那么，我们便具有了两个动因去考虑一般的善。其中第一个动因在于精明地关注我们自己的快乐或者幸福。其中第二个动因在于无私地关注他人的快乐或者幸福。如果真正的仁慈或同情，不是我们本性的一个组成部分，我们考虑一

166 般的善的动机将会是较为残缺不全的。[d]

(d) **同情与道德感觉的混淆**

同情，其意思是指当别人享受快乐的时候，我们也有快乐的感受，或者，当别人遭遇痛苦的时候，我们也有痛苦的感受。在日常语言中，同情是指同伴得到的类似感受。同情，完全不同于道德上的赞同或者拒绝。而且，它并非总是与道德感觉相互一致的（纵

在这里，当我们假定仁慈或者同情的确是我们本性的一个组成部分的时候，功利理论与任何其他假设理论是没有关系的，与涉及动机产生的理论也是没有联系的。仁慈或同情无论是简单的、不可置疑的事实存在，还是经由自私自利感觉的联想原理而产生的，都是决定我们行为的动机之一。而且，针对相互冲突的假设理论的任何一方来说，功利原则，而非仁慈或同情，才是人类行为的标准或尺度。即使动机是自私自利的，行为也可以是普遍有益的。即使动机纯粹是仁慈的，行为也可以是普遍有害的。在这个意义上，在

然同情的出现也许是道德感觉的缘故）。同情，时常是与道德感觉背道而驰的。例如，对每一个有知觉的存在而产生的泛泛同情，对每个人所产生的泛泛同情使我们产生了这样一种倾向，亦即同情罪犯所遭受的惩罚痛苦，尽管，对其实施惩罚，我们是赞同的。就像我们自己身上的快乐或痛苦一样，因同情而产生的快乐或痛苦，不是一种道德感觉，而是一种可以引导我们作出正确行为或错误行为的感受或者动机。当然，我们之所以作出正确的行为或者错误的行为，是由于我们道德上的对错感觉的缘故。

这种同情就像我们的欲望一样，可以是一种原初直觉，它也可以是因为联想、喜好钱财等缘故而产生或者浮现出来，就像病态的好奇心一样（巴特勒主教就是这样认为的）。

但是，这些假设理论没有一个是从功利的角度去推导我们的道德感觉的。

功利理论假定了同情的存在。但是，功利理论坚持认为，我们对行为的判断，应该是从我们对一般行为结果的感知上推导出来的，而且，在相当大的程度上，也的确是从这些结果的感知中推导出来的。这些结果，当然不是具体性的结果，而是一般性的结果，假如这些结果是不受道德和法律管束的。这些结果，不仅对我们自身产生着影响，而且，对我们的亲人、朋友、国家和同胞产生着影响。根据我所理解的功利理论，我们对亲人、朋友、国家和同胞背负着同情的感受。这种同情尽管由于我们仅仅关注我们自己，从而不是十分强烈、十分持久的，但是，对于我们自己的幸福而言却是必需的。同情以及纯粹的自爱不是一个道德感觉，而是一个行为动机的根据。同情以及纯粹的自爱都会滋扰我们的道德判断。在某些人看来，狭隘的同情像爬行在地球上的大多数人的狭隘以至相互矛盾的自爱一样，的确是专横的。母爱、耗尽于情爱之中的性欲激情、宗教党派的精神、狭隘的爱国主义，等等，像自私自利的感觉一样，可能误导我们的判断以及道德感觉。这些心理内容，在另一方面，尽管时常产生了误导，但在很大程度上却是善的原因，刺激着人们开始长期不懈地在黑暗中摸索的努力。——手稿片段

说明自己功利理论的时候，边沁先生假设或者假定了无私同情的存
167 在，几乎没有谈论到与感觉产生有关的假设理论。[(e)]

(e) 但是，在这里，我可以这样作出简要的评论：尽管哈特雷(Hartley)的假设理论在一般的功利理论中并不是一个必要的组成部分，然而，它是所有完善的教育思想和训练思想的一个必要组成部分(如果它不是没有根基的)。由于我们自己幸福的缘故，由于我们同伴幸福的缘故，仁慈的感受或者同情的感受应该是尽可能地强烈和持久。即使这种感受像我们的行为动机一样，可能引导我们作出有害的行为，情况依然可能是这样的：在大多数条件下，我们是会步入正途的。在这里，如果仁慈或同情，是基于联想原理而产生的，那么，仁慈或同情的感受是可以通过教育或训练而产生、发展的。因此，这一假设理论所揭示的真理或者所表现出来的错误，连同仁慈或同情的感受的产生过程都是重要的研究内容，值得细致详尽地予以考察。

第　五　讲

[段落内容提示：准确意义上的法，或者我们所说的准确意义上的法，以及并非准确意义上的法，或者我们提到的并非准确意义上的法。]

“法”这一术语，或者“法律”这一术语，是用于如下这些对象的：—准确意义上的法，或者我们所说的准确意义上的法；并非准确意义上的法，或者我们提到的并非准确意义上的法。这些术语，也用于具有强制法律或规则的所有基本要素的那些对象，而且，也用于人们希望具有这些基本要素的那些对象。但是，由于人们类比式修辞活动的缘故，或者，由于人们使用隐喻方式的缘故，这些术语又被不适当地扩展到了其他一些对象。

严格地说，在所有并非准确意义上的法和准确意义上的法之间，的确存在着类似的地方。“法”这一术语，因其适用到任何一个并非准确意义上的法，故而，是一个隐喻的表达，或者，是一个比喻的表达。因为，每一个隐喻或比喻，均来自一个类比修辞活动，并且，一个术语的所有延伸使用，都是一个言语的隐喻的结果或者比喻的结果。

术语，是由自己相应指称的对象延伸至其他种类的对象的，延伸至前者并不属于的类别的对象的，尽管，后面这些对象，由于较远稀疏的相似，而与前者有着联系，尽管，“相似”是可以被我们描述为“某些方面的类似”（analogy）的。不过，即使如此，在采用这些习俗和惯例已建立的表述时，我们在一个术语的类比使用和一个术语的隐喻使用之间，依然可以发现一个区别。

［段落内容提示：人们通常所说的类似以及比喻。对它们作出一个界定。］

“某些方面的类似”，属于一种“类似”。在这里，“类似”这一词语，是以其最为广泛的意义而使用的。就其最为广泛的意义而言，所有具有共同特点的对象都可说成是类似的。根据这种较为宽泛的人们语言的使用，“类似”是个类概念，而且，“某些方面类似”也是依存其中的。但是，除了这种较为宽泛的语言使用，还存在着另外一个较为狭义的“类似”，这一“类似”与“某些方面类似”是相互对立的。在这种狭义的“类似”中，当两个相似的对象都属于某种确定的类概念，或者，都属于被清晰或含蓄指涉的种类，而且，都具有其他所有同类对象所具有的共同特点的时候，这样两个相似对象，便被说成是类似的。与此相反，当其中之一属于某类清晰或含蓄表达的种类，而另外一个并不属于的时候，而且，当其中之一具有其他所有同类对象所具有的所有特征，而另外一个，仅仅具有一部分特征的时候，两个相似的对象，便被认为是不同的，或者叫作“并不类似”。出于具体方便的考虑，我选择所有具有脚的动物作为例子，将其列为一个种类来说明这里的问题。你们可以清楚地发现，当我提到这样一个动物种类的时候，狮子的脚，对比人的脚，既可以从狭义的角度来说是类似的，也可以从广义的角度来说是类似的。但是，一个桌子的脚，尽管从较为广义的角度来说，类似狮

子的脚以及人的脚，然而，在从狭义的角度来说，并不与其类似。我们只能认为，桌子的脚、狮子的脚以及人的脚，它们之间具有类似的意思。因为，狮子的脚和人的脚具有其所属于的种类的全部特
性，而桌子的脚，仅仅具有这一种类的某些特性。如果我没有正在 168
含蓄地指涉一个类概念，那么，我可以这样认为，这样三个存在物是类似的。但是，如果我指涉了一个类概念，则狮子的脚和人的脚是类似的，而桌子的脚则与之具有类似的某些方面。

因此，“类似”是一个模糊的术语。当两个事物在狭义上是类似的时候，亦即当两者都具有一个种类的所有特性的时候，这个名称（诸如上面例子提到的脚），用在它们身上，既是严格的，也是恰当的。当它们具有某些方面的类似的时候，换句话说，在它们之中的一个具有一个种类的全部特性，而另外一个仅仅具有部分的特性的情况下，我们可以认为，这一名称对其中一个是恰当的，对另外一个，则是不恰当的，或者，这一名称对后者，仅仅是个类比修辞而已。

澄清这里的混乱，使我们的观念清晰起来，是极为重要的。因为，语词的类似以及类比，在法理学的科学中总是反复出现的，而且，人们在使用语词的时候，粗心大意，随心所欲，而自己依然对此无所知晓。未成文法的性质以及解释或说明这些法的原则，在法理学的所有现存问题之中是最为混乱的，没有人细致准确地阐述过。正如通常情形一样，这些问题的混乱，起源于没有意义的、莫名其妙的诸种论说。在这些问题上，诸种论说的莫名其妙来自人们没有节制地说到类比、某些方面的类似，等等，来自人们没有觉察这些术语的精确含义，或者，根本不愿意使用它们的精确含义。据

我所知，德国柏林的蒂保(Thibaut)教授，在其论述罗马法解释的问题的时候，是唯一一位看到这一混乱情形的学者。但是，尽管我十分崇敬这位博学敏锐的法学家，尽管他已经指出了一条道路，通过这条道路，我们可以获得解决困难的办法，但我似乎依然感觉到，他还是没有从根本上解决这一困难。

隐喻表现了术语的转移。这是说，隐喻所呈现的是一个术语从其原初所指移动到了另外所指。类比，不论是真正的，还是假想的，总是这种转移的实际根基。因此，每一个隐喻都是一个术语的类比使用，反之，每一个术语的类比使用都是一个隐喻。但是，在通常情况下，每个隐喻或比喻的使用，与“类比使用”不是同义的。当我们谈到隐喻使用，或者比喻使用的时候，我们通常的意思是指

169 一种类比淡淡地依存其中的东西，一种在原初所指和派生所指之间、在原初所指和模糊所指之间的关联。当类比是清晰的、强烈的而且十分贴切的时候，当一个术语移向的若干对象，已经归入这一术语的外延的时候，而且，当这些对象具有术语内涵所标明的共通特性的时候，我们几乎不能说这个名称是在比喻或隐喻意义上被使用的。

在逻辑的语言中，内涵构成了种类的本质。所有特性是构成种类本质的内涵的必然结果。具有共通内涵的对象以及具有所有共通特性的对象是**类似的**。如果一个对象并不具有一个种类的所有本质，仅仅具有一个种类的若干本质，或者，仅仅具有必然源自本质的许多特性，那么，将特定名称使用到这一对象，可以被认为是类比的。但是，这样的使用并不是隐喻。因此，在隐喻和类比之间的区别是一个程度上的区别。在其之间严格地划分界限不能精确

地解决问题。[①]

[段落内容提示：并非准确意义上的法，分为两类。其一，与准确意义上的法十分类似的法。其二，隐喻或比喻意义上的法。]

现在，一个大致的区别，出现在我们并非在准确意义上称谓的几类法之间。某些种类的法，十分类似准确意义上的法。某些种类的法，有些类似准确意义上的法。“法”这一术语，延伸至某些并非准确意义上的法，是由于理性理解的缘故。当它延伸至另外一些并非准确意义上的法的时候，这种延伸却是由于反复无常、颠三倒四的想象的缘故。

为了简洁而又顺利地澄清这一区别，我将利用一下在类似和比喻所表达的意义之间所存在的区别。类似和比喻之间的意义区别，是我们语言习惯或惯例所造就的。在我看来，因“类似”而呈现在我们面前的法律，属于与准确意义上的法十分类似的一种法律。—它们被称作法律，是因为“法”一词的类比式修辞延伸活动的缘故。与此不同，因“比喻”而呈现在我们面前的法律，属于隐喻或比喻意义上的法。—它们被称作法律，是因为语言的隐喻的缘故或者比

① 在《法理学讲演录》(*Lectures on Jurisprudence*)的第二卷里，我们可以发现一篇独立的文章。这篇文章，详尽地研究了这种“类比”的问题。《法理学讲演录》的第二卷，是在作者去世后出版的。其中汇集的文章是从已故的奥斯丁先生的手稿中编辑的。从1861年版本的一个注释里，我们可以看出，作者有某种意图，想将这一文章插入他所调整过的内容更为丰富的作品之中。但是，将这篇文章放入目前这些讲座之中是不适宜的。不过，为了在某种程度上实现这个注释所表现的意图，我尝试增补前面的一些段落(论隐喻和类比，从第167页开始)。这些段落，取自密尔先生对奥斯丁先生的课堂讲座的注释说明。对比前一版来说，这些段落，是有所收缩的。——坎贝尔

喻的缘故。

[段落内容提示：准确意义上的法的分类。并非准确意义上的法的分类。在这里，有些并非准确意义上的法，是十分类似准确意义上的法的。]

在这里，准确意义上的法，和诸如因十分类似而呈现在我们面前的法，是可以分辨清晰的。

在我们所说的准确意义上的法中，某些法，是上帝为人类设定的法，而其他一些法，则是人类对自己制定的法。

在准确意义上的人类对自己制定的法中，某些法，是由政治上的优势者制定的，或者是由个人依照法律授予的权利而制定的。另外一些法，可以以如下一些否定方式加以描述：它们既不是由政治
170 优势者制定的，也不是由个人依照法律授予的权利而制定的。

某些并非准确意义上的法，与准确意义上的法，其相互之间具有十分类似的关系。这些并非准确意义上的法，仅仅是由人们的舆论或感觉所确立的，或者，可以说是人们的舆论或感觉这一本身。这些舆论或感觉，是人们针对人类行为而产生的，是人们针对人类行为而感受的。正如我稍后将要表明的，这些舆论或感觉，之所以被称作法，是因为人们经过类比式修辞活动，将其和准确意义上的法相互联系在一起，是因为，它们与我们所说的准确意义上的法，在某些特性方面，在某些效果、结果方面，是颇为相似的。

[段落内容提示：将准确意义上的法，以及因类比式修辞活动而与准确意义上的法相互联系在一起的法，分为三种基本类型。第一，

上帝设定的一项具体法，或者上帝设定的所有法。第二，实际存在的由人制定的一项具体法，或者实际存在的由人制定的所有法。第三，实际存在的由人制定的社会道德，或者实际存在的由人制定的道德规则，或者实际存在的由人制定的社会伦理规则。］

因此，我将准确意义上的法，以及因类比式修辞活动而与这种准确意义上的法相互联系在一起的法，分为三种基本类型。

第一种类型，是我们所说的准确意义上的上帝对人类设定的法。

第二种类型，是我们所说的准确意义上的人类对自己制定的法，这些法，包括政治优势者制定的法，以及拥有法律权利的个人制定的法。

第三种类型，可以细分为两种：其一，人对人制定的（我们所说的准确意义上的）法，它们既不是由政治优势者制定的，也不是由拥有法律权利的个人制定的；其二，因人们类比式修辞活动而与准确意义上的法相互联系在一起的法，这些法，仅仅是人们的一种舆论，或者感觉，而这种舆论或感觉，是人们针对人类自己行为而具有的，或者针对人类自己行为而感受到的。—我将这样两个种类的法，归入一个共同的类型。我将用一个共同的名称来标注它们。基于下面提到的缘故，我将立即讨论这个共同的名称。这两类法，其中没有一个属于最高统治者发布的直接命令或者间接命令，而这一统治者是具有政治优势者的特征的。换句话说，在这两种法中，没有一个是最高统治者对其他个人或群体所制定的直接命令或者间接命令，而这些个人或群体处于相对隶属的地位。从这一点来看，这两种法可以和前面所说的第二种基本类型的法形成对比。第二

种基本类型的法是最高统治者发布的直接命令或者间接命令，而最高统治者具有政治上的优势。这里的意思是说，这种直接命令或者间接命令，是由最高统治者对其他个人或群体发布的直接命令或者间接命令，而这些个人或群体处于一种相对的隶属地位。

我用下面的名称来标注这样三种基本类型的法。

第一种类型的法，可以叫作上帝设定的某项具体法或者所有法，也可以叫作神的具体法或者所有法。

第二种类型的法，可以叫作实际存在的由人制定的具体法或者所有法。之所以这样称呼，是基于各种各样的理由。在后面，我将

171 很快地说明这些理由。

基于同样的原因，我将第三种类型的法，叫作实际存在的由人制定的道德、实际存在的道德规则，或者实际存在的社会伦理规则。

［段落内容提示：另外讨论一下“实际存在的由人制定的法”以及“实际存在的社会道德”这些术语。这也许有些离题。］

我是基于如下理由，来使用“实际存在的由人制定的法”，以及“实际存在的由人制定的道德”这些术语的。

首先，存在着两种基本种类的法。其一，由人类中政治优势者制定的法（我们所说的准确意义上的法），或者由拥有法律权利的个人制定的法。其二，我在前一页提到的另外两种形态的法（准确意义上的法或并非准确意义上的法）。

由于与第二种类的法显然是有区别的，第一种类的法，可以简单地称作“法”。由于与第一种类的法显然是有区别的，第二种类的法，可以简单地称作“道德”。但是，我们必须将两者区别于上帝

法。而且,为了这一区别目的,我们必须限定"法"与"道德"的称谓。就这个意义来说,我将第一种类的法,称为"实际存在的由人制定的法",将第二种类的法,称为"实际存在的由人制定的道德"。使用"实际存在的由人制定的"作为修饰定语,意思是指,这两种类型的法,都是基于人类自己制定的缘故而产生的。使用明确的"法"与"道德"的名称,意思是指,两者的产生来源,相对而言是存在着区别的。

严格地说,所有我们所说的准确意义上的法,都是实际存在的由人制定的法。因为,它们是由个人或群体的立法者推出的,或者是由他们制定的。也可以这样认为,它们的存在是由于其制定者个人或群体所处的位置的缘故,或者是由于现有的制度的缘故。

当然,与自然法(the law of nature)(意指上帝法)相对,第一种类的人类法,已经被法理学的学者叫作"实际存在的由人制定的法"。"实际存在的由人制定的法",这一表述的使用,其目的显然在于消除一类混淆:将第一种类的人类法,混淆于作为人类法标准或尺度的神法。

而且,为了清除类似的混淆,针对第二种类的法,我使用了"实际存在的由人制定的道德"这一表述。因为,"道德"这一称谓,当不加限定或单独使用的时候,既可以暗示上帝设定的法,也可以暗示第二种类的由人制定的法。如果你说,"一个行为或举动违反了道德",那么,这一说法是模糊的。毕竟,你的意思既可以指这一行为或举动违反了我描述为"实际存在的由人制定的道德"的法,也可以指它们违反了上帝法,而上帝法是这种人定法的标准或尺度。

其次，我使用“实际存在的由人制定的道德”这一表述去描述

172 人类法或规则，还有另外的补充理由。

我说过，“道德”这一称谓，当不加限定或单独使用的时候，可以指称实际存在的由人制定的法，或者可以暗示上帝法。但是，“道德”这一称谓，当不加限定或单独使用的时候，由于更为常见的模糊不清，从而，是会使人感到困惑不解的。它可以随意地包含如下两个方面意思之中的任何一个。—第一，“道德”这一称谓，当不加限定或单独使用的时候，可以指称“实际存在”的由人制定的道德，这种道德是好的，从而值得赞同，或者可以指称“应该如此”的由人制定的道德，假定这一道德应该是好的，从而值得人们作出赞同意见。换句话说，“道德”这一称谓，当不加限定或单独使用的时候，可以指称与其标准或尺度相一致的“实际存在”的由人制定的道德，或者可以指称“应该存在”的由人制定的道德，假定这一道德，应该与其标准或尺度是一致的。第二，“道德”这一称谓，当不加限定或单独使用的时候，可以指称人类的法。这种法，我将其描述为实际存在的由人制定的道德，而不考虑其是善的或者是恶的。例如，特定时期的具体种类的法，或者特定民族的具体种类的法，我们将其描述为特定时期或特定民族的道德，而不论我们是否认为，它们是好的或者是坏的。当然，如果我们意在表明我们赞同或者反对它们，那么，在我们谈论它们的时候，我们是在用“好的”修饰定语或者“坏的”修饰定语来限定“道德”这一称谓。

在这里，应该注意，我使用“实际存在的由人制定的道德”这一称谓，意思是指这一表述所指向的人类法，而不考虑其是好的或者是坏的。无论人类法是否值得赞扬，无论它们是否符合其标准或

者尺度，它们都是“实际存在的由人制定的道德规则”。如果这些人类法的确属于我在第 170 页所提到的两种法之中的任何一个，那么，这就是我给予这一术语的意思所在。我的论述试图消除这里存在的模糊之处。显然，仅仅是由于这里存在的模糊的缘故，人们几乎不能使用不加限定的“道德”这一称谓去令人信服地表达人们的意思。

[段落内容提示：说明如下一些表述：法理学科学、实在道德科学、伦理或道义科学、立法科学和道德科学。]

现在，我从“实际存在的由人制定的法”这一表述，以及“实际存在的由人制定的道德”这一表述的讨论，转向与之密切相关的其他一些表述的讨论。

法理学科学（或者简略地说“法理学”），与实际存在的由人制定的法有关，或者与我们所说的严格意义上的法有关，而不管这些法是好的或者是坏的。

实际存在的由人制定的道德，不论其好坏，可以成为与法理学十分类似的一门科学的对象。我说“可以”，是因为，仅仅在这门 173
科学之中，学者们已经用科学的或系统的方式处理了实际存在的社会道德。他们没有讨论这种道德是好的还是坏的。—对研究实际存在的不论好坏的道德这一科学而言，现有的语言或者人们已经习惯的语言，几乎不能为我们提供一个名称。“道德”这一称谓，或者“道德科学”这一称谓，可以大致地表达其意思。“道德”这一称谓，“道德科学”这一称谓，人们通常将其用于（正如我稍后将要表明的）伦理学或道义学之中的一部分内容。但是，由于法理学科学，时常被描述为“实在(positive)法科学”，我们所提到的这门科学，可以类似地被称为“实在(positive)道德科学”。这门科学的一部分是与国际法相关的，而且，事实上已经被近期著名学者冯·马滕斯(Von Martens)描述为“实际存在的或实践中的国际法”(*positives* oder *practisches* Völkerrecht)，即“实际存在的国际法”(*positive* international law)，或者“实践中的国际法”(*practical* international law)。如果他将这门科学的这一部分，叫作“实际存在的国际道德”，那么，这一名称所转达的内容，是十分细致准确的。

伦理学科学(或用边沁的语言来说，道义科学)，是可以用如下方式加以界定的。—它的目的是精细说明什么可以作为实际存在的由人制定的法的尺度，或者精细说明这种实在法所依赖的若干基本原则，从而表明这种实在法是值得赞同的。换句话说，这一科学的目的是阐明实际存在的由人制定的法应该是怎样的，阐明实际存在的由人制定的法必须是怎样的。或者我们也可以这样表述，如果认定了什么是良好的，什么是值得赞同的，那么，这一科学，便需要阐明实际存在的由人制定的法最好是如何的。而且，如果这种法符合了被假定的标准，那么，这一科学应该细致阐明这种法只能是怎样的。

伦理科学(或者简捷地说，伦理学)是由两部分组成的。一部分，主要与实际存在的由人制定的法相互关联。另一部分，主要与实际存在的由人制定的道德相互关联。与实际存在的由人制定的法相互关联的那一部分内容，通常来说，被人们称作立法科学(the science of legislation)，或者简称“立法学”(legislation)。后一部分，在一般情况下，被称作道德科学(the science of morals)，或者简称“道德学”（morals）。

[段落内容提示：用于人类自己制定的法的一些修饰定语，如“好的”“坏的”，其含义是什么。]

前面，我试图对伦理科学作出界定。这样界定的目的，最终在于我在下面所作出的进一步说明。

当我们讨论人法（human law）的好坏，或者讨论人法值得赞扬或应该谴责的时候，当我们讨论人法应该如何以及不应如何，或者讨论人法必须如何以及不能如何的时候，我们的意思（除非我们直接表明我们的喜恶）表达了这样一个观念：人法是与某种东西一致 174
的，或者人法是与某种东西背道而驰的，而这种东西我们默默地已经将其视为一个标准或者尺度。

例如，在前面一讲中，我提到了两个假设理论。根据其中任何一个假设理论，人法的好坏，取决于人法是否与上帝法保持了一致。这里的意思是，人法应该和功利原则说明的上帝法相互一致，或者应该和道德感觉表明的上帝法相互一致。对于功利理论的支持者来说，一部人类自己制定的法，如果一般而言是有用的，则是好的，如果一般而言是有害的，则是坏的。因为，在支持者的眼睛中，人法是否符合一般功利原则，决定了人法是否符合上帝法。对于道德感觉假设理论的支持者来说，一部人类制定的法，如果被他所喜欢，即使他不知道何以会如此，他也会认为这部法是好的。反之，如果他憎恶这部法，那么，他会认为这部法是坏的。因为在他看来，他自己感觉到的无法说明的喜恶感受，已经表明了人法要么顺从了造物主，要么冒犯了造物主。

在无神论者那里，如果人类自己制定的法，一般而言是有用的，那么它就是好的。如果这种法一般而言是有害的，那么它就是坏的。因为一般功利原则是可以用作一个标准或者尺度的，即使它不是我们心里的标准或尺度的标记。但是，如果他认为一部人法是好的，然而不相信它是有用的，或者，如果他认为一部人法是坏的，然而不相信它是有害的，那么，他就会直截了当地表明自己的喜恶。因为不论功利原则是否可以被视为造物主制定的法的一个标记、无法说明的赞同感受或者反对感受，在他那里都可以被看作一个标准或者尺度。而且，这个时候，在无神论者的眼睛中，并不存在他自己无法说明的感受所指向的上帝法。

在有神论者那里，人类自己制定的法的好坏，取决于它是否符合《启示录》所表达的术语。

简单来说，"人类自己制定的法的好坏"，是一个表达方式，其内容是相对的，时常会有所变化。一部人法对一个人而言是好的，对另外一个人而言则是坏的，如果两个人不知不觉地参照了不同的尺度，或者相反的尺度。

[段落内容提示：用于上帝法的"好的"这一修饰词的意思。]

175 神法，可以被描述为"好的"。"好的"，在无神论者那里，也许被用来当作修饰定语，描述人类自己制定的法。我们可以将人类自己制定的法都视为"好的"，或者值得赞同，如果它们符合了作为最终尺度的功利原则。而且，这是我们可以对上帝法使用这一修饰定语的唯一含义。除非我们参照功利原则，并且将功利原则作为最终的尺度，否则，我们便没有检验人类自己制定的法的尺度。当我们认为，这些神法是好的，因为它们是由造物主设定的，我们等于是在认为，它们是因为可以自我检测或者检验，从而是好的。但是，必须注意，这样认为是荒谬的。因为，每个被检验的对象，每个被带到标准尺度面前的对象，相对另外一对象而非自身，才是有意义的。—如果造物主设定的法一般来说是无益的，或者这些法没有促进人类的普遍幸福，抑或是如果伟大的造物主并非明智和仁爱，那么，造物主的法，便不是好的，便不值得赞同，相反，只是令人厌恶，必须加以诅咒和谴责。

在我结束略显离题的讨论，并且作出相应结论之前，我必须作出进一步的说明，其目的是提请读者关注这里的问题。

［段落内容提示：自然法则与自然法具有完全不同的意思。它们指称上帝法，或者实际存在的由人制定的法或道德的一部分。］

在上面略显离题的讨论中，我已经表明了“自然法则”（law of nature），或者“自然法”（natural law）这类术语的意思。它们，时常指称上帝法。

这里所说的自然法，和在第四讲中提到的自然法，是完全不同的表述。在第四讲中提到的自然法，是实际存在的由人制定的法的一部分，或者，是实际存在的由人制定的道德的一部分。它是由人类规则所构成的，不论这种规则是法律的，还是道德的。而这些法律规则或者道德规则是指在所有时代、所有地方出现的人类自己制定的规则。

根据我在第四讲中提到的混合式中庸假设理论，这些人类规则，不论是法律的还是道德的，已经是以上帝法作为基础了，而上帝法，我们的道德感觉已经将其觉察表明出来了。或者，采用古罗马法学家的语言来说，这些人类规则，已经是以神法作为基础了，而神的法，我们已经凭借自然理性(natural reason)加以理解了。

但是，除了上述在所有时代、所有地方出现的人类规则之外，还有局限于特定时代、特定地方的人定规则。这里所指的人类规则，当然也包含了法律的规则或者道德的规则。

在这里，根据我在第四讲中提到的混合中庸的假设理论，局限于特定时代、特定地方的人类规则，同样已经是以上帝法作为基础了。这种上帝法，根据功利原则，是可以猜测的。

在所有时代、所有地方出现的人类规则，都是以上帝法作为基础的。在这里，上帝法是以一贯正确的指引方式而呈现的。这种普遍性质的人类规则，人们已经将它们称为自然法。因为，它们并非简单地、纯粹地处于人类社会之中。相反，它们本身就是上帝法，就是自然的法则，只是附加了人类自我实施的制裁。作为无所不在的规则，它们被古代的法学家称作万民法，或者“举世万民法”。

但是，特定时代、特定地方的人类规则，有时被人们描述为实际存在的由人制定的规则。因为，它们不是以上帝法作为基础的，或者不是以另外一种上帝法作为基础的，而后一种上帝法，仅仅是
176 依赖功利原则来猜测的。它们，肯定地说，完全具有人类自己制定的性质。至少，这是极为可能的。它们不是上帝法，而上帝法，包含了人类自我设定的制裁。它们也不是自然法，而自然法，依然包含了这种人类自我设定的制裁。

正如我在第四讲中所提到的，而且，正如我将要在后面详细说明的，以自然性质为表现的规则，与实际存在的由人制定的规则，

其两者之间的区别，涉及我提到过的混合中庸式的假设理论。[①]

[段落内容提示：这一讲与第一讲、第二讲、第三讲、第四讲和第六讲的关系。]

实际存在的由人制定的法是法理学的真正对象。它们由于类似的缘故，或者，由于人们较为贴切的类比式修辞活动或十分牵强的类比式修辞活动，而与如下对象产生了相互联系。—第一个对象，是上帝法。与上帝法的联系，是出于类似的缘故。第二个对象，是实际存在的社会道德规则。这些规则被人们称作法，而且被称作我们所说的准确意义上的法。与这些规则的联系，同样是出于类似的缘故。第三个对象，是另外一类实际存在的社会道德规则。这部分道德规则，仅仅属于人们的舆论或者感受，这种舆论或感受，是人们针对人类自己行为而持有的或者针对人类自己行为而感觉到的。与这部分道德规则的联系，是由于人们较为贴切的类比式修辞活动的缘故。第四个对象，是单纯比喻意义上的法，或者单纯隐喻意义上的法。与这些法的联系，是由于人们十分牵强的类比式修辞活动的缘故。

在这里，我试图区别实际存在的由人制定的法和前面提到的其

① 上述枝节性的论述，在前两版中都出现过。它们是以注释的方式出现在作者所作的学术讲座中的。在初版印刷之后，作者似乎是已经写下了这些论述。我将注释中的大部分内容插入文本之中。当然，我对内容进行了修改。修改的目的，在于使这些论述与文本中的其他内容能够相互协调。这部分论述内容，其较为细致的分类要点包含在第一讲中。我已努力再现作者的最终意图。其实，作者已经说明，在唐突的地方，他已用“枝节性”的字眼加以标注，并且在段落的开始部分用“黑体字体提示”的方式，予以表现出来（第 171 页之前）。——坎贝尔

他对象。区别的目的在于精确界定法理学的范围。

为了实现这一目的，在第一讲，我描述了一项**法律**的基本要素或者一项**规则**的基本要素（这里所指的法律或规则，是指**我们所说的准确意义上的**法律或者规则）。

在第二讲、第三讲和第四讲，我描述了上帝法不同于其他法的特殊之处。而且，在描述这些特殊之处的时候，我说明了“标记”的性质，通过这个“标记”，我们可以了解上帝没有明确表示的法的内容。同时，我还描述并考察了与这一“标记”性质相关的假设理论。我作出的某些说明也许并非是恰当的，但是，我的确相信说明是必要的。因为这些上帝法以及我们可以借以用作了解上帝法的标记，是所有其他法应该符合的准则或者标准。而且，我们应该通过这些准则性的标准或者尺度去检验所有的其他法。

但是，在可以顺利实现这一目的——界定法理学的范围——之前，我还必须考察甚至深入讨论几个基本论题（当然，我还会讨
177 论其他次要的论题）：第一，实际存在的由人制定的法，其区别于其他法的显著特征；第二，实际存在的社会道德规则的显著特征，这些社会道德规则，是我们所说的准确意义上的法；第三，实际存在的社会道德规则，这部分道德规则，之所以被描述为法或者规则，是由于“法”或“规则”这些术语的类比延伸使用；第四，仅仅是隐喻意义上的法，或仅仅是比喻意义上的法，其所具有的显著特征。

为了说明实际存在的由人制定的法的显著特征，我必须分析“**主权者**”这一表述，分析与之相关的“**服从**”（subjection）的概念，而且，还必须分析“**独立政治社会**”这一表述。“**独立政治社会**”这一表述与前面两个术语有着不可分割的相互联系。我之所以分析这些表述或者术语，是因为实际存在的由人制定的法，其基本的独特之处（或者可以这样说，使其区别于其他法的独特之处），我们是可以这样加以描述的：这些法，或者每个我们径直而且严格地加以称谓的法，都是由主权者个人或主权者群体，向独立政治社会中的个人或群体制定的。主权者个人或群体在这一社会中享有最高的统治权力。或者，我们也可以这样认为，这些法是由最高统治者向处于“服从”地位的个人或群体制定的。

当然，我对这些表述作出的分析占据着我的讲座的大部分时间。由于这个缘故，如果我在这一讲中安排这些分析，那么这一讲将是不堪重负的。因此，为了实现前面提到的目的，我只好以如下顺序来安排内容。

在目前的论述中删掉对这些表述所作的分析。反之，我将以相应的其他方式达到我界定法理学范围的目的。在这里的论述中，我将集中考察或讨论如下基本论题：其一，实际存在的社会道德规则的显著特征，这些规则是我们所说的准确意义上的法；其二，实际存在的社会道德规则的显著特征，这类规则，由于人们宽泛的类比式修辞活动，而被描述为法，或者规则；其三，隐喻意义上的法的显著特征。

在第六讲中，我将说明实际存在的由人制定的法，或者我们所说的准确意义上的法所具有的显著特征，从而实现上述所说的目的。这个说明，涉及“主权者”这一重要表述，与之相关的“服从”概念，与之不可分割的“独立政治社会”这一表述。

我已经说明了这一讲和其他讲的相互关系。现在，我开始考

178 察，开始讨论这一讲的主要论题。

［段落内容提示：我们所说的准确意义上的法的基本要素，以及这些基本要素所包含的某些结论。］

在第一讲中，我努力说明了“法”（这里的“法”，是指我们所说的准确意义上的法）的概念，而且，说明了其中必不可少的要素或基本的要素。

在我看来，一个准确意义上的法的基本要素以及这些基本要素所包含的某些内容，可以简略地以如下方式加以表述。—第一，我们所说的准确意义上的法，是一种命令。自然，作为一个命令，每一个我们所说的准确意义上的法，来自于一个具体实在的（determinate）渊源，或者产生于具体实在的制定者（author）。换句话说，这里所提到的制定者，是一个具体实在的具有理性的个人，或者，一个具体实在的具有理性的群体。因为，不论在什么地方，只要一个命令被表达出来了或者被标明了，发出命令的一方等于是表达了一个要求：对方应该做什么或者不得做什么。而且，如果这个要求被忽视了，被要求的一方便有可能遭受发出命令的一方试图给予的不利后果。当然，单独个人以及作为整体或具体特定实体的群体，其作出的要求表达，已经预设了这些个人或群体是特定的，是具体实在的。而且，单独个人以及作为整体或特定实体的群体，都是具有意图的或者都是具有目的的。这些意图或者目的，隐含了同样的预设。第二，我们所说的准确意义上的制裁，是一个依附于命令的实际的不利后果。而且，每一个实际的不利后果，可以作为一个行为动机的刺激因素而发挥作用。但是，除非这个行为是被命

令所要求的，这个不利后果是依附于命令的，而且，命令的目的在于强制服从，否则，这个不利后果，就不是一个我们准确地接受“制裁”一词含义所指的“制裁”。第三，我们所说的准确意义上的义务，假定了一个使其存在的命令。因为，每一个我们所说的准确意义上的制裁，都是一个实际的不利后果，而这个不利后果，又是依附于一个命令的。我们所说的准确意义上的义务和此类的不利后果有着某种密切联系。

[段落内容提示：上帝法以及实际存在的由人制定的法，是我们所说的准确意义上的法。]

现在，从这些前提，我们可以得出这样一个结论：上帝法以及实际存在的由人制定的法，是准确意义上的法，或者是我们所说的准确意义上的法。

上帝法是准确意义上的法。因为，它们要么是明确表达出来的命令，要么是默示的命令，从而，可以认为是来自于一个特定的渊源。

实际存在的由人制定的法，或者我们在严格意义上所说的法，是由三类制定者直接或间接制定的。—其一，最高统治者或者主权者实体，它们是作为最高政治优势者而出现的。其二，处于隶属状态的一些人，这些人是作为次等政治优势者而出现的。其三，臣民，他们是作为享有法律权利的个人而出现的。但是，每一个实际存在的由人制定的法，或者我们在严格意义上所说的法，主要是指一个具有政治优势者角色特征的最高统治者或主权者主体所作的直接命令或者间接命令。这里的意思是说，这种法，是最高统治者或主权者主体向处于服从地位的个人或群体作出的直接命令或者间

179 接命令。此外，只有作为一个命令（从而来自于一个具体实在的渊源），每一个实际存在的由人制定的法，才是准确意义上的法，或者一个我们所说的准确意义上的法。

[段落内容提示：实际存在的社会道德规则的一般特征。]

有些人定法（human laws），我将其描述为“实际存在的由人制定的法”。除了这些人定法之外，还存在着另外一类人定法。后一类人定法，我将其描述为“实际存在的社会道德”，或者“实在存在的道德规则”，或者“实际存在的伦理规则”。

后一类人定法的一般性特征，可以简略地用如下否定方式加以表述：一如果属于这一类别，那么，一个法就不是一个具有政治优势者角色特征的最高统治者或主权者实体所作出的直接命令或者间接命令。用另外一种方式来说，如果属于这一类法，一个法就不是最高统治者或主权者实体向处于服从地位的一个人或一些人作出的直接命令或者间接命令。

[段落内容提示：在实际存在的社会道德规则中，某些规则是准确意义上的法。但是，另外一些规则，不是准确意义上的法。实际存在的社会道德规则，属于我们所说的准确意义上的法，因而是“命令”。]

但是，在实际存在的社会道德规则中，某些规则是准确意义上的法，或者是我们所说的准确意义上的法。另外一些规则，不是准确意义上的法，或者不是我们所说的准确意义上的法。某些规则具有强制性的（imperative）法或规则所具有的全部基本特征。另外一些规则，仅仅具有这些法或规则所具有的部分特征，而且，它们所以被描述为法，或者规则，是由于“法”或“规则”这些术语的广泛类比式修辞活动的缘故。

某些实际存在的社会道德规则，是我们所说的准确意义上的法。它们，由于两个显著特征，而使自己不同于其他种类的法。——第一，它们是具有强制性的法或者规则，而且，是由一类人对另外一类人制定的。第二，它们既不是政治优势者制定的，也不是享有法律权利的个人制定的。

就第二个显著特征来说，这些社会道德规则不是最高统治者所颁布的命令。而这里所谓的最高统治者具有政治优势者的特征。因为这个缘故，它们不是实际存在的由人制定的法。它们没有包含法律性质的制裁。同时，在法律意义上，它们也不具备强制他人应该如何行为的特征。但是，作为命令（作为由明确的个人或群体颁布的命令），它们的确是我们所说的准确意义上的法。而且，就“制裁”和“义务”这些术语被人们准确接受的意思而言，它们也拥有制裁的内容，也向人们设定了义务。

下面，我要谈到一些“区别”或“特征”。在这些“区别”或“特征”中，我们可以看到这样一个结论：社会道德规则作为我们所说的准确意义上的法，是可以归纳为三种类型的。

一些实际存在的社会道德规则，尽管是我们所说的准确意义上的法，但其中有些规则，不是由处于臣民地位的人制定的，或者可以这样认为，制定者没有处于服从的状态。我使用“臣民”和“处于服从状态的人”这些表述，其意思在于指出，这些人处于一种服从最高统治者或者主权者实体的状态。——在并非由处于臣民地位

的人所制定的规则中，有些规则是由生活于消极状态（the negative
180 state）的人制定的。所谓“消极状态”，是指自然状态（the state of nature），或者无政府状态（the state of anarchy）。这里的意思是说，制定者*没有*处于管理或统治的状态，或者在任何政治社会中，制定者既*不是*最高统治者，也*不是*臣民。—此外，在我们所说的并非由臣民所制定的社会道德规则之中，某些规则是由处于最高统治地位的个人或者实体制定的，只是，这些个人或实体并不具有政治优势者的特征。或者，可以这样来说，这些实际存在的社会道德规则是由君主或主权者实体设定的，但是，它们并不是针对处于服从地位的人而制定的。

在我们所说的准确意义上的法中，有些法是由臣民制定的。这里的“臣民”，有时是指“臣”。他们相对而言处于一种次要的统治地位。但是，“臣民”有时是指“民”。这些“民”，仅仅是没有任何权力的个人。我这里所说的“没有任何权力的个人”，意思是指不属于次要政治优势地位的个人，同时，也指不属于类似次要政治优势地位的个人。—处于次要政治优势地位的人，其所制定的法，当然属于实际存在的由人制定的法。这些处于次要政治优势地位的人所制定的法，包含了法律性质的制裁，而且，设定了法律性质的义务。这些法，在最终意义上，是由具有政治优势者特征的主权者或者国家所确立的，尽管确立的方式有直接形式的，也有间接形式的。其实，不论实际存在的由人制定的法是由没有任何权力的个人制定的，还是由处于次要政治优势地位的人制定的，这些法的制定者，其所依赖的权利或权力，都是由主权者或国家授予的。前面两类人，和主权者或国家的关系，仅仅是“受托人”和“授权人”的关

系。—在没有任何权力的个人所制定的法中，有些法并不具有主权
权威或者最高权威。而且，它们属于实际存在的社会道德规则。它 181
们，没有法律制裁的外在形式，也没有设定法律性质的义务。但是，在没有任何权力的个人所制定的法中，另有一些法，是由享有法律权利的个人制定的。这些个人，属于“民”一类的制定者(subject authors)。这些由享有法律权利的个人制定的法，自然属于实际存在的由人制定的法，或者属于我们所说的严格意义上的法。我们必须注意，属于“民”一类的制定者，其所享有的权利，是由具有政治优势者特征的主权者授予的。或者说，我们在这里所看到的，是一种授权。这些“民”一类的制定者，其所制定的法，向另外一方当事人设定了法律性质的义务，从而具有法律制裁的外在形式。它们依然属于主权者的命令。这里的主权者当然具有政治优势者的地位。尽管这些法是由主权者以迂回方式或者间接方式加以制定的。(f)

(f) ［**段落内容提示：作为个人的主体，依照法律权利制定的法。**］

有些法，属于“臣民”个人制定的法。这些法的制定者，是享有法律权利的。但是，尽管如此，这种法依然要么属于纯粹的实际存在的由人制定的法，要么，属于实际存在的由人制定的法和实际存在的社会道德规则这两者的混合物。我们也可以这样认为，这种法，要么是一类纯粹的实际存在的由人制定的法，要么是一类从一种角度来看是实际存在的由人制定的法，而从另外一种角度来看是实际存在的社会道德规则。

享有法律权利的个人，在制定法的时候，要么在法律上必须制定法，要么并非如此。当他必须制定的时候，其所制定的法是纯粹的实际存在的由人制定的法。当他并非如此的时候，其所制定的法，混合了实际存在的由人制定的法和实际存在的社会道德规则这两者各自的因素。

例如，一名监护人对其被监护人所享有的权利或对监护所享有的权利，在法律上是必须实施的，而且，要以特定具体的方式加以实施。这项权利的目的在于保护被监护人的利益以及使监护得以有效地展开。换句话说，一名监护人可以接受委托，从而披上“权利的外衣”，对其监护人或监护行为以特定具体的方式实施自己的权利，而且，其目的是为了监护人的利益以及监护的展开。在这里，如果监护人享有法律性质的权利，如果

从前面的区别中，我们可以得出这样一个结论：实际存在的社会道德规则作为我们所说的准确意义上的法，其具有三种类别。—

这项权利和他的义务或监护职责是一致的，而且，监护人对被监护人设立了一项法或规则，那么，这项法就是纯粹的实际存在的由人制定的法，并且，这种法的特性是简单的。准确地来说，它是一个国家通过其管理和引导监护人的方式，对监护行为所设立的法。这种法，不是根据监护人自己的决定而制定出来的，也不是根据国家设定的监护义务而制定出来的。监护人的角色地位与次等政治优势者的地位颇为类似。次等政治优势者作为主权授权人的受托人，享有直接的委托立法权或者司法立法权。

再如，主人针对自己的奴隶，是拥有法律上的权利的。这种权利是国家为主人的利益而授予主人的。而且，由于这种权利是为了主人自己的利益而授予主人的，从法律上来说，主人并不必须要实施或使用这种权利。在这个例子中，如果主人根据自己所享有的权利，向其奴隶制定了一项法，那么，这项法就是实际存在的由人制定的法和实际存在的社会道德规则这两者的混合物。此外，我们可以认为，这项法是根据主权权威制定的，具有主权者所拥有的制裁外衣，因此，它是一个准确意义上的实际存在的由人制定的法。当然，鉴于这项法不是基于主人的自己决定而出现的，或者，不是主人根据自己的法律义务而制定的，这样，这项法也是准确意义上的实际存在的社会道德规则。尽管这项法是由主权者间接设立的，然而，它是主权者为了次等优势地位的主体的利益而设立的。在这里，主人不是主权者或国家的工具。相反，主权者或国家是主人的工具。

在结束这里的注释说明之前，我必须作出两个解释。

第一，在一般个人（private persons）制定的法中，某些法，时常被人们直接描述为"自治法"（laws *autonomic*）。或者，我们可以这样来说，它们时常被描述为这样一种法，亦即通过一名处于"臣民"地位的自主者（avtovouia）加以制定的规则。在这里，自治法，或者自主（autonomical）法，是由作为一般性的个人，是由享有法律权利的"臣民"主体加以制定的。这里的意思是说，他们可以运用或不运用法律上的权利，他们可以享有不承担义务的权利。这样一类法，之所以被描述为自治的，是因为其出现是基于制定者的自主决定，而不是基于国家所设定的义务。

然而，"自治"这一术语，显然不是只能适用于我们提到的这类法。这一术语，可以适用到任何一个不是由负有法律义务的人所制定的法。例如，它可以适用于君主或主权实体直接或即时制定的所有法律。君主或主权实体，其本身就是不负有法律义务的。

第二，有些法，从一个角度来看，属于实际存在的由人制定的法，从另一角度来看，属于实际存在的社会道德规则。我将其归入我所提到过的几种基本类型的法的第一种。如果试图十分精确地表达我的想法，将其归入所属的类型，那么，我几乎不得不借助复杂繁琐的令人厌倦的表述去说明几种类型的法之间相互区别的界线。

第一，由生活在自然状态中的人们所制定的规则。第二，由统治者制定的规则，但是，这里的统治者，不是指政治优势意义上的统治者。第三，由作为“臣民”的一般个人制定的规则，这些“臣民”不享有法律权利。

针对第一类规则，我们可以轻而易举地找出一个例子。生活在自然状态中的一个人，是可以向另外一个人，设定一个强制性法律的。由于生活在自然状态中，这个设定者是不能以主权者的身份设定一个法律的，而且不能根据法律权利来设定一个法律。但是，具有强制性的法律（来自于一个特定的程式），终究是我们所说的准确 182
意义上的法，即使这种法律并非来自主权者的直接意愿，从而，不是实际存在的由人制定的法，而是实际存在的社会道德规则。

一个由主权者向另一主权者制定的具有强制性质的法，或者，一个由最高统治者向另一最高统治者制定的具有强制性质的法，是第二类规则的例子。由于两个主权者或者两个最高统治者，其彼此之间没有隶属关系，这样一种强制性质的法，不具有政治优势者制定的法的特征。另一方面，它们也不具有享有法律权利的一般个人制定的法的特征。毕竟，所有法律权利都是由最高统治者授予的，是由最高统治者向处于隶属状态的个人或群体授予的。因此，由一个主权者向另一主权者制定的法不属于实际存在的由人制定的法。但是，由于具有强制的性质（从而可以说是来自一个确定的渊源），它也可以等同于我们所说的准确意义上的法，虽然它在纯粹意义上或者直接意义上是一个实际存在的社会道德规则。

如果是由作为一般个人的臣民设立的，而且，这样一些个人并不享有法律意义上的权利，那么，这类法律就是第三类规则的例子。

这类规则依然具有强制的性质。它们是由父母对孩子制定的，或者是由主人对奴隶制定的，或者是由债权人向债务人制定的，或者是由赞助人向受助人制定的。这些规则由于具有强制的性质，可以归入我们所说的准确意义上的法，虽然，因为它们是由作为一般个人的臣民设立的，而且，这些臣民并不具有法律权利，从而它们不是实际存在的由人制定的法，而是实际存在的社会道德规则。

再如，我们可以假定，一个俱乐部或者一个社团组织，其成员用投票的方式表明了集体的愿望，而且据此通过或制定了一项法律，但是，没有参加投票会议的成员却要遵守这项法律。在这种情况中，遵守这项法律，对没有参加投票会议的人来说，是一件痛苦的事情。同时，他们还会有被排斥的感觉。在这里，如果这项由俱乐部成员投票通过的法律，是由作为一般个人的“臣民”制定的，这些臣民没有法律意义上的权利，那么它就是一个进一步说明第三类规则的例子。如果它是由作为一般个人的“臣民”制定的，而且，这些臣民没有法律意义上的权利，那么它就不是一个实际存在的由人制定的法，或者不是一个我们所说的严格意义上的法。但是，由于具有强制的性质（而且制定这项法律的实体是确定的），这项法律可以描述为一个法或者一个规则，而且这种描述，是十分准确的，是无可指摘的，虽然在纯粹的直接的意义上，它依然是一个实际存在的社会道德规则。

［段落内容提示：有些实际存在的社会道德规则，不是我们所说的准确意义上的法。这些规则，是由一般舆论设定或强制实施的法。］

有些实际存在的社会道德规则，不是我们所说的准确意义上的法。这些规则，是由一般舆论设定或强制实施的法。这里的意思是，它们是由一定阶层的一般舆论，或一定社群的一般舆论确立的。 183
例如，由职业成员或专业成员的一般舆论确立的规则，由城镇居民或省内居民的一般舆论确立的规则，由一个国家或者一个独立政治社会的一般舆论确立的规则，由一个各种各样的国家民族参与其中的国际组织所具有的一般舆论来确立的规则，等等，都是这种规则。

在由一般舆论确立的法中，某些规则已经被赋予了相应的称谓。—例如，由在绅士阶层中流行的舆论确立的若干规则就是这样的。这些规则，对绅士是具有强制性质的。这些法或者规则，通常被描述为尊严规则（the rules of honor）、尊严法则（the laws of honor）和尊严法（law of honor）。—再如，由在社交界流行的舆论确立的若干规则也是这样的。这些规则对社交界中的人来说，也是具有强制性质的。这些法或者规则，通常被人们描述为礼仪法（the law set by fashion）。再如，关于各个独立政治社会之间的关系以及行为的若干规则，或者，可以这样说，关于各个主权政府之间的关系以及行为的若干规则也是这样的。这些法或者规则，是由流行在国家之间的舆论所确立的。它们，通常被描述为万国公法（the law of nations），或者国际法。

[段落内容提示：一般舆论确立或强制实施的法，仅仅是一类舆论，或者感觉。这些舆论或者感觉，是不特定的社会群体针对人们行为而产生的。]

在这里，一个由一般舆论确立或强制实施的法，不是一个我们所说的准确意义上的法。这样一个法，之所以被描述为法或者规则，是因为人们将“法”或“规则”这些术语，进行宽泛类比的缘故。当我们谈论“由一般舆论确立的法”的时候，我们使用了这种宽泛类比，而且，我们的意思是指这样一个事实：一某些不特定的(intermediate)群体或者一些不特定的(uncertain)人群，对一类行为具有反感或赞赏的感觉。或者，换一种表述方式来讲，某些不特定的群体，赞同或者反对一类行为。由于这种感觉，或者由于这种舆论，这些不特定的群体整体或者其中的一部分人，便有可能表现出认为一类行为是“应为”或“不应为”的心态。而且，因为这种心态的存在，某些人(这是不特定的)便有可能给予行为者一些不利的后果。

这些不特定的群体并没有采取明确命令的方式，或者采取默示命令的方式去要求特定的一类行为“应为”或者“不应为”。因为，精确地来说，这些群体就其本身而言是不特定的，作为一个实体，这一群体不可能表达或表明一个意愿。作为一个实体，它不可能用口头方式或书面方式，表示一个意愿，或者用积极的态度或消极的态度表示一个意愿。我们这里所说的法或规则，其所依赖的舆论，被人们认为是强制实施的。但是，这种法或规则，仅仅是我们针对一类行为而感受到的感觉，或者是一种我们针对一类行为所持有的
184 舆论。

这样一种群体中的一名成员和这一群体的其他成员具有相同的意见或感觉。毫无疑问，一名成员可以根据群体的舆论或感觉，而不得不发布一个命令：某类行为应为或不应为。但是，这名特定的成员所表达的或表明的命令不是一个由一般舆论设定的法或者规则。相反，它是我们所说的准确意义上的法，是由一名特定的制

定者制定的。例如，我们时常提到的万国公法（law of nations）是由通常在各国之间流行的舆论或者感觉所构成的。万国公法，不是一个我们所说的准确意义上的法。但是，一个主权政府，显然可以**命令**另一主权政府不为一种万国公法所谴责的行为。而且，尽管这种命令不是以我们所说的准确意义上的法作为基础的，但是，这种命令依然可以属于法的范畴，依然可以是“法”这一术语所指称的对象。当然，精确地来说，这种命令属于实际存在的社会道德规则，是由一个具体的制定者设立的社会道德规则。其实，正如享有最高统治权力的政府不可能处于隶属他者的状态一样，这里所说的主权政府，在发出命令的时候并没有处于政治优势者的角色地位。如果得到命令的主权政府处于隶属另一主权政府的状态，那么，这种命令即使以万国公法为基础，也依然属于实际存在的由人制定的法。

前面对由一般舆论设立的法的描述，包含了这样一个结论：一强制实施这种法的一方，如果面对的违反者是一个“未来的”违反者，那么，强制实施这种法的一方，永远是不特定的，而且是不可分辨清晰的；反之，如果面对的违反者是一个“实际的”违反者，那么，强制实施这种法的一方必然是特定的，而且是真实可见的。换句话说，如果“实际的”违反者当违反这种法的时候遭受了惩罚，或者由于违反这种法刺激了别人的不悦产生，从而受到了“实际的”惩罚，那么，违反者正是面对着身份角色必然确定的强制实施这种法的一方。但是，这里所说的“确定的”一方，不是命令的执行者（这里所说的命令，是指发自不特定的实体的命令）。毕竟，这一方并未经过不特定的实体的授权去实施这种我们所说的法，而且，这种法的确立是依赖一般性舆论的。这一方，并没有处于一种由主权者或者国家授权的司法者的地位去执行主权者或国家发布的命令。这一方，仅仅是在惩罚实际出现的违反我们所说的法的违反者，或者，用类比的语言来说，它仅仅适用于包含在这种法之中的制裁。在这个意义上，我们可以认为，尽管“当下”强制实施这种法的一方，必然是特定的，但是，“未来”强制实施这种法的一方，针对“未来”可能出现的违反者，则永远是不特定的，则永远是不可分辨清晰的。

[段落内容提示：简略说明准确意义上的法和由一般舆论设立或强制确立的法之间的对比。]

从前面说明的理由中，我们可以得出这样一个结论：一个我们所说的由一般舆论确立的法，不是“法”这一术语恰当指称的对象。
185 从同样的理由中，我们还能得出另外一个结论：这种法就人们所接受的准确语言表述而言，不是以制裁作为后盾的，它也没有强加一个义务。因为，我们所说的准确意义上的制裁，是包含在命令之中的一个不利后果。而且，任何我们所说的准确意义上的义务是这种不利后果的基本前提。

但是，我们所说的由一般舆论设立的法，十分类似“法”这一术语相应指称的对象。而且，也是由于这个缘故，作为前者后盾的我们所说的制裁，作为前者强加的我们所说的义务，十分类似“制裁”和“义务”这些表述准确指称的对象。

我们可以用如下方式简略地说明“法”这一术语相应指称的对象和由一般舆论设立的法之间的类似。—第一，就我们所说的准确意义上的法而言，制定这种法的具体个人或实体表达了一个要求：一类行为是被允许的，另外一类行为是被禁止的。就由一般舆论设定的法而言，一类行为被允许或被禁止的要求是被不特定的群体所感受到的，而这种群体将自己的舆论作为了法的基础。第二，如果准确意义上的法设定了一项义务，并且，被规定履行义务的一方没有使自己的行为符合具体个人或实体的要求，那么，义务一方就有可能因为没有履行义务而遭受到不利的后果或者不妙的后果，这种不利后果或不妙后果，是作为制裁包含在准确意义上的法之中的。如果招惹他人愤怒的一方违反了不特定群体的意愿，他便可能由于自己的违反行为而遭受某一方或另一方实施的某种不利后果或者不妙后果。第三，准确意义上的法包含了制裁，由于这个缘故被要求履行一定义务的一方，不得不为一定行为或者不为一定行为，从而去遵守这种法的要求或禁令。不特定群体的愤怒可以导致不利后果的出现，基于这个缘故被要求的一方也会倾向于为一定的行为或者不为一定的行为，从而去附和不特定群体的感觉或舆论。但是，这种感觉或舆论，毕竟是被人们以类比的方式描述为“法”的。第四，就我们所说的准确意义上的法而言，被要求履行义务的一方所实施的行为具有稳定性、持续性或一致性，而这种稳定性、持续性或一致性，如果没有我们所说的准确意义上的法，便可能是不存在的。就被人们以类比方式描述为法的不特定群体的感觉或者舆论而言，被责成的一方所实施的行为，同样具有稳定性、持续性或一致性，而这种稳定性、持续性或一致性，如果没有这里所说的不特定群体的感觉或者舆论的压力，便几乎是不存在的。因为，准确意义上的法，规定了一方要履行义务，这一方感受到了作为这种法的后盾的制裁的存在，从而，通常来说，他们会实施这种法所允许 186
的行为，不为这种法所禁止的行为。而不特定群体的感觉或舆论责

成了人们为一定的行为，如果人们违反了这种感觉或者舆论，不利后果就可能会出现，所以通常来说，被责成的一方会实施不特定群体赞同的行为，不为不特定群体反对的行为。—许多“法”这一术语的适用，仅仅具有隐喻的意义或者比喻的意义。基于准确意义上的法而产生的行为的一致性可能暗示了这样一种适用，从而导致了（正如我稍后将要表明的）这样一种适用。

[段落内容提示：特定的个人或群体，与不特定的个人或群体，其两者之间的相互区别。]

在前面，我们分析了依赖一般舆论而设立的法。在分析中，“不特定的群体”这一表述的含义虽然被提出来了，但是，我们没有对其加以说明。为了完成我对依赖一般舆论而设立的法所作的分析（而且为了省略我在第六讲中对“主权者”的分析），在这里，我将插入一段简短的说明，澄清下面两者之间不甚清楚的区别：特定的个人或群体，与不特定的个人或群体。—如果我对这一区别所作的说明显得有些模糊、晦涩，那么，听众（我希望）应该注意到：这一区别，几乎是不能用清晰流畅的表述加以说明的。

我将首先用一般的术语或者抽象的术语来描述这一区别。然后，我将举例说明一般或抽象的描述。

如果一个群体是特定的，那么，所有组成群体的个人都是特定的，可以被明确地指出来，或者，可以这样说，每个属于这一群体的个人是特定的，可以被清晰地指出来。

但是特定的群体包含两类。

其中一类，其特点是这样的：—第一，群体是由具体特定的或分别特定的个人所组成的，或者，这些个人是根据相对来说适合于他们自己的特性或特征被人们来确定的。第二，尽管每个个别成员必然符合许多一般性的特征，但是，每个个别成员并不是由于这个缘故，而是由于他具有特别或相应的特性而成为这一特定群体的一名成员。

第二类群体的特点是这样的：—第一，在这个群体中，所有个人属于一个阶层，具有相同的一般性特征，或者，这些个人分别来说，属于两个或更多的阶层，具有相同的两个一般性特征或者更多的一般性特征。换句话说，每一个符合一个特定的一般性特征，或者符合两个或更多特定的一般性特征的个人，又是这个特定群体的一名成员。第二，尽管每个个别成员必然是由具体的特性或者相应的特性所决定的，但是，每个个别成员并不是由于这个缘故，而是由于符合特定的一般性特征，而成为这一特定群体的一名成员的。 187

如果一个群体是不特定的，那么，所有组成这一群体的个人，都是不特定的，不可具体指明，或者，换一种表述方式来说，每个属于这一群体的个人，都是不特定的，从而，也是不可具体指明的。—因为，一个不特定的群体，是由某些属于另外和更大的群体的个人所组成的。自然，我们并不完全确切地知道，也不可能完全确切地知道，其中有多少人才是这一不特定群体的成员，或者，其中具体哪个人，才是这一不特定群体的成员。

例如，甲乙丙组成的贸易公司，或者他们相互之间的合伙，就是一种上面所描述的第一类群体实体。其中的每个成员，分别来说，都是特定的，或者基于具有自己的特性或特征而成为特定的。而且，其中的每个成员并不是由于符合任何一个一般性的特征的缘故，而是由于具有自己的具体或适当的特性，从而属于这一特定的群体。正是作为一个个别的个人，他们才成为了这一合伙的一个组成部分。

目前的英国议会，是一类上面描述过的第二类群体实体。它包含了现在符合国王一般性特征的个人。它包含了一些属于贵族阶层的人，而这些人，目前有资格在上议院投票。它还包含了一些属于平民阶层的人，他们目前在议会中代表平民百姓。而且，尽管英国议会中的每个成员，必须根据其具体适当的特性加以确定，但是，他们并不是因为这个缘故，而是因为符合特定的一般性特征，从而成为议会议员的。乔治（George）成为英国的国王以及爱尔兰的国王，成为最高主权机构的特定的实体的一名成员，不是因为他是具体的乔治，而是因为他是一个符合国王一般性特征的个人。格雷（Grey）成为上议院的一名议员，或者，皮尔（Peel）成为下议院的一名议员，不是因为格雷是一个具体的个人，皮尔是一个具体的个人。格雷是作为贵族阶层的一名成员，从而成为上议院议员的，并且有资格在上议院投票。皮尔是符合这样一个一般性特征，即“议会中的平民代表”，从而成为下议院议员的。—在这里，我们仅仅是一般性地描述了这些构成英国议会的个人的一般特征，因此，描
188 述本身并非是精确的。细致精确地描述这些一般特征，将是一项全面描述错综复杂的被称为英国宪法（British Constitution）制度的工作。—关于这一宪法的一句格言，可以说明目前这一段落的主题。这句格言是：“国王永生”（the king never dies）。我相信，其含义是可以这样来解释的：尽管实际王位上的端坐者是具体的个人，终有一日离开人间，其生命是短暂的，但是，王位本身的持续，是不可

能中断的。英国的宪政，已经说明了这一问题。实际上，当一名真实的国王去世的时候，王位可以立即传给符合国王一般特征要求的具体个人，这一个人，有资格戴上皇冠。根据《王位继承条例》(*the Act of Settlement*)所描述的国王一般特征要求，这名具体的个人是皇冠的继承者。

为了举例说明前面描述过的不特定实体问题，我将再次分析由一般舆论而设立的法的性质。当我们所提到的法，是由一般舆论设立的时候，属于一个特定的群体或阶层的大多数个人，就一类行为而言，被人们认为是相似的，或者，被人们感觉是相似的。但是，这个“大多数”的数字，或者，组成这个“大多数”的具体个人，并不能够全面精确地确定下来或者分辨清晰。例如，一个国家的一般舆论，其设立或强制实施的一个法，或者一个立法会议的一般舆论、一个职业集团的一般舆论、一个俱乐部的一般舆论，其所设立或强制实施的法，是与一类行为有关的意见(opinion)或者感觉。这种意见或感觉是由属于这些特定群体的大多数人所持有的、所感觉的。但是，我们并不完全准确地知道，也不可能完全准确地知道，群体之中究竟有多少人，或者具体哪个人持有或感觉到具体的意见或者感觉。因此，这一特定群体中的大多数人构成了一个不特定的群体。或者，换一种表述方式来说，由大多数人构成的群体是一个特定群体或集合体中的不特定部分。—这样，一般来说，一个不特定的群体是一个特定或特定群体之中的不特定部分。但是，个人组成的群体或阶层也是可以不特定的。因为群体或阶层之中的个人，同样可能具有模糊的一般性特征。例如，绅士群体或者绅士阶层是由具体个人组成的，我们自然无法精确地描述其中每个人的绅士特

征。一个具体的个人是否属于真正的绅士，是一个不同的人可以用不同方式加以回答的问题。—因此，一个不特定的群体可以以两种方式表现出不特定的特性。它可以由不特定的群体或者阶层的不特定部分构成。例如，由绅士的一般舆论设立或强制实施的法，是一种通常来说具有绅士风度的大多数人的意见或者感觉。但是，这
189 个阶层中持有这种舆论的这部分人，或者，这个阶层中感受这种感觉的这部分人，相对绅士的一般特性而言，同样是不特定的。这样，我们所说的法所赖以确立的舆论，其持有者是一个不特定群体中的不特定部分，或者是一个不特定集合体中的不特定部分。—在这里，我可以简略地再次说明一下：一个特定群体中的特定部分，其本身是一个特定的群体。例如，符合“议会下议院议员”这一一般特征的个人，是符合“英国下议院议员”一般特征的个人中的一个特定部分。议员群体中的立法机构特别委员会(a select committee)，或者恰巧组成下议院的群体中的任何一部分人是议会下议院议员中的特定部分。而且，在这些情形中或者类似的情形中，这种特定群体中的特定部分，其本身就是一个具有特定性的群体。

个人组成的一个特定性群体是可以相互协作共事的，或者作为一个群体，可以成为一个积极的(positive)机构或消极的(negative)机构。不论这一群体是由特别属性决定的个人所组成的，还是由一个一般特性或数个一般特性决定的个人所组成的，其中的每一个人都是特定的，而且可以清晰地加以指明。在第一种情形中，每一个属于这一群体的个人，都可以根据其特别属性加以清晰指明。在第二种情形中，每一个属于这一群体的个人，也是可以为人所指明的。因为每个符合特定的一般特征的个人，或者每个符合特定

一般特征之中任何一个特征的个人，都是这一群体中的一个成员。从这一点出发，我们可以认为，一个整体意义上的群体，或者，其中任何一部分个人作为一个群体，可以成为一个积极的机构或消极的机构。例如，其可以在特定时间地点举行会议，明确地或含蓄地发布一项法律或者其他命令，选择而且授权议员表达其意图或设想，从其他机构那里取得管辖权力或者从自己成员的手中取得管辖权力。

但是一个不特定的群体是无法相互协作共事的。作为一个群体其也无法成为一个积极的机构或消极的机构。就其中的若干个人无法被准确清楚地指明或知道而言，一个不特定的群体是无法相互协作共事的。其成员中的一部分人，可以步调一致地为一定行为或不为一定行为。由于这样一种步调一致，其成员中的这一特定部分是一个特定的或明确的群体。我们举例说明这里的意思。这个例子，是与英国出庭律师的一般舆论确立或强制实施的法谴责坑蒙拐骗的律师的卑鄙活动这一问题有关的。在这个例子中，由于部分出庭律师的一般舆论或者感觉，确立了我们所提到的这些“谴责法”，此外，这部分出庭律师是一个不特定的组成部分，这样，他们 190
形成了一个不特定的群体，并且无法相互协作共事。但是，由于这一不特定群体的一名成员或部分成员，集中开会而且通过了一个方案，监察坑蒙拐骗的活动，这样，这名成员或者这部分成员正是在行为的基础上成为了一个特定的群体或者集合体。这个群体或集合体形成了一个由集中开会并通过了一个方案的具体个人所组成的特定群体。一由一般舆论设定的法可以是我们在准确意义上接受的“法”这一术语所指称的法的前提。换句话说，我们所说的准确

意义上的法是一般舆论设定的法的结果或者后果。但是，这种准确意义上的法，显然不同于我们所说的本身就是前提或起因的法。其中一个是不特定个人群体的舆论或者感觉，尤其是无法一起共事或相互协作共事的群体的舆论或者感觉。另外一个，则是由具体个人或集合体之中的积极或消极的机构设定的，或者是由其确立的。

为了尽可能简略地说明我在这里想要表达的意思，我们现在假定，若干个人组成的群体形成了一个特定群体。它们，要么是由具体特性决定的个人所组成的，要么是由一个一般特征或若干一般特征决定的个人所组成的。—但是，若干个人组成的群体，当其形成一个特定群体的时候，可以是由具体特性或相应特性决定的个人所组成的，也可以是由一个一般特性或若干一般特性决定的个人所组成的。例如，我们可以假定，奥利弗·克伦威尔（Oliver Cromwell）个人是英国主权者或者是最高统治者。同时，我们可以假定，克伦威尔个人，以及艾尔顿（Ireton）和弗利特伍德（Fleetwood）两个个人，构成了一个英国最高统治者的三人同盟。此外，我们还可以假定，克伦威尔，或者这个三人同盟，召集了一个以古老方式选举的下议院，而且克伦威尔或者三人同盟，将一部分最高统治权力让与了这个议员群体。现在，由克伦威尔和下议院组成的主权者或最高统治者，或者，由三人同盟和下议院组成的主权者或最高统治者，其成员就是具有具体特性的一个个人或若干个人，或者，就是一个由一般特性或特征所决定的若干个人。下议院的成员，由于符合“议会下议院议员”这个一般特征，从而一直成为了主权者群体的成员。但是，克伦威尔、艾尔顿和弗利特伍德这三个人成为主权者或最高统治者的一部分恰恰是因为克伦威尔是一个个人，恰恰是因

为克伦威尔、艾尔顿和弗利特伍德是三人同盟中的个人。他们不是因为符合了一个特定的一般特征，或者因为一个特定的一般模式，从而拥有了一部分主权，才和代表平民的下议院其他群体成员分享
了最高统治权力。—若干个人组成的群体当构成了一个特定群体的 191
时候，也可以由具体特定的个人所组成，此外，也可以由一个一般特性或若干一般特性决定的个人所组成。代表一个民族或国家的立法机构特别委员会，可以由具体指定别人或者具体任命别人进入该委员会的个人所组成。但是，这些具体的个人本身是不能成为该委员会成员的，除非他们符合了“民族或国家代表”这个一般特征。

从上面简略的说明中，我们可以得出这样一个结论：在独立的政治社会中，握有最高统治权力的一个主体或若干主体，是一个特定的个人，或者一个特定的个人群体。基于这一点，我们可以进一步认为，不特定的或者不明确的主体是不可能成为握有最高统治权力的主体的，是不可能明确地发布命令的或者含蓄地发布命令，并且是不可能将权力授予该社会中的臣民成员的。—前面的解说已经充分地表明了这一原理。在第六讲中，我将参照这一解说展开我的进一步论述，参照这一为人所熟知的原理去阐明我的观点。可以认为，前面的解说，将使第六讲中复杂而又困难的分析变得较为顺畅，不会步履蹒跚。

下面的讨论是关于“最高统治”这一问题的。这个讨论，与前面解说所表达的主题有着密切联系。正是因为有着密切联系，这一讨论可以相应地放在这里，可以相应地加以展开。—为使“最高统治”可以拥有更多的稳定性，为使“最高统治”所管理的社会可以享有更多的平静，以先后承继方式掌握最高权力的个人必须根据一

个特定的转换模式，或者若干特定的转换模式掌握或获得最高权力。换一种表述方式来说，这些个人必须是由于符合一个特定的一般特征，或者是由于相对而言符合若干特定的一般特征，而拥有权力的。—例如(这是一个否定性的例子)，罗马皇帝或王子(实际上是君主或独裁者)不是由于一个特定的一般资格、一个特定的预先规定的获得模式、一个特定的一般特征，从而不断地承继罗马帝国的主权的。任何一个承继的皇帝，或者任何一个承继的王子，获得罗马帝国的实际主权，既不是由于作为尤利乌斯·恺撒(Julius Caesar)或奥古斯都(Augustus)的世袭后代，也不是由于前一个王位拥有者立遗嘱或采取其他处置方式。他们获得实际的主权不是由于罗马平民大会或元老院的任命或指定，不是由于军事阶层构成
192 的特定群体挑选，而且，也不是由于任何一般性的预先规定的获得模式。每一个获得王位的皇帝，其获取方式纯粹是随机的，没有规律可循，不是由任何法则或习惯预先决定的，也不是由任何实际存在的由人制定的法或实际存在的社会道德所预先决定的。在这个时期，军事阶层的群体仅仅是服从每一个在位的帝国王权者以及在位王权者的尊严(无论王权者获得王位是采用怎样的方式)。当然，软弱无力的元老院、战栗发抖的元老院，也是承认他们的。这些曾经在位的王权者也获得了居住在罗马城市省份的平民大众的服从。这些平民大众是死气沉沉的，是没有能力提供帮助的。由于实际主权的承继是如此地没有任何规律，皇位的转让，通常来说，伴随着一个较长或较短的普遍最高统治的中断。没有任何一个人可以根据一个特定的一般资格，或者，由于在当时符合一个特定的一般特征，从而，可以要求继承皇位。也是因此，在实际影响较大的军事

长官之间几乎不可避免地出现关于脆弱的主权权力由谁承继的争议。而且，直到一个掌握军事力量的候选人战胜而且摧毁了自己的对手，并且使用铁腕扫清了通往空缺王位的道路之后，罗马帝国一般居民或者大多数居民才有可能服从其中的优胜者。此外，同样是由于帝国王位承继是没有规律的，对一个实际王权者的普遍服从以及习惯服从，总是极其不确定的。我们可以看出，掌握王权的最高统治者不是根据特定的一般资格，或是由于自己已经符合了一个特定的一般特征而占据王位的。在这个意义上，任何可以驱逐王权者的反对一方，其资格和在位王权者是一样的，缺乏合法性、缺乏合宪性。或者，用较为精确的表述来说，并不存在获得王位的固定模式，这种模式可以被描述为合法的，或者被描述为合宪的，这种模式是符合一般性特征的，而且，预先是由实际存在的由人制定的法所确定的，或者，预先是由实际存在的社会道德所确定的。换句话说，在古罗马的世界中，并不存在这样一个具体特定的个人：根据实际存在的由人制定的法，或者实际存在的社会道德，他才是唯一的人们应该普遍服从、习惯服从的相应对象。—我们针对独裁者情形所展开的讨论，在讨论中所得到的结论，无需作出怎样的改变就可以同样适用于寡头统治的情形。除非最高统治实体中的成员是依据一般的和固定不变的资格来掌握令人仰慕的地位的，否则，这一最高统治是十分不稳定的，这一最高统治所控制的社会也必然会
由于主权分享的争议，从而经常陷入四分五裂的境地。 193

［段落内容提示：一般舆论设定的法，或者不特定群体的舆论或感觉设定的法，仅仅是得到“法”这一名称的舆论或感觉。但是，一

个个人持有或感受的舆论或感觉，或者一个特定集合体的所有成员持有或感受的舆论或感觉，可以像一个不特定群体的舆论或感觉一样，十分类似准确意义上的法。]

我们所说的并非准确意义上的法，十分类似“法”这一术语相应地指称的对象。在结束分析我们所说的并非准确意义上的法以前，我必须提到日常语言或习惯语言的一个怪异用法。

由一般舆论设定或强制实施的法是一种与一类行为有关的舆论或者感觉。这种舆论或感觉，是由不特定的群体所持有的或者所感受的。这个群体既可以是一个特定的集合体之中的一个不特定组成部分，也可以是不特定的集合体之中的一个不特定组成部分。

在这里，一个个人持有或感受到的相似舆论或感觉，或者，一个特定群体中的成员普遍持有或感受的相似舆论或感觉，可以像我们所说的由一般舆论设定的法一样，十分类似准确意义上的法。这些相似的舆论或者感觉，可以类似“法”这一术语所指称的对象，可以十分类似或者几乎类似，由一个不特定群体的舆论或感觉所设定的准确意义上的法。例如，一名赞助者的舆论，针对一类行为而言，可以是受助人的法，可以是受助人的规则，正如一个不特定群体的相似舆论对所有可能由于引起群体不悦而遭受不利后果的人来说是法或规则一样。换种表述方式来讲，一个相似的舆论或者感觉，无论是被不特定集合体所持有的，还是被一个确切来说是特定的群体中所有成员所持有的，同样都是可以十分类似或者几乎类似准确意义上的法。

但是，当我们谈到舆论设定或强制实施的法的时候，我们的意思，通常来讲，在于说明（我更倾向于相信）一种由一般舆论设定或强制实施的法。这里的意思是讲，一个舆论或者感觉，就一类行为而言，是由不特定的群体或阶层所持有的。“法”这一术语，或者“由舆论设定的法”这一表述，从来没有或者几乎没有，被适用于确切特定的党派所持有的相似舆论或感觉。这种相似的舆论或感觉是一个个人所持有的或感受的，或者是一个特定集合体的成员普遍持有的或感受的。

这种日常语言或习惯语言中的怪异用法，可能是基于下面的原因而产生的。

一个与行为有关的舆论，如果是由一个个人所持有的，或者是由一个**小型**特定群体所持有的，那么，在一般情况下，其结果相对而言是微不足道的。这种舆论所影响的人员范围，这个舆论所影响或决定的个人要求或行为几乎是十分有限的。基于这样一种缘故，这种舆论与准确意义上的法的类似之处也就几乎没有引起人们的注意，从而，也就没有被人冠以“法”的名称。—当然，一个庞大的特定群体普遍持有的舆论，就社会的基本方面来说，是有影响的，或者，194
要比同样特定的集合体中的不特定若干个人的舆论更有影响。但是，庞大的特定群体，其人数终究是众多的。由于这个缘故，其**所有**成员所持有的舆论，几乎不能和其中**大多数**成员所持有的舆论有多大区别。在这个意义上，特定群体的成员**普遍**持有的舆论，实际上等同于这一群体的**一般**舆论，从而属于**一般**舆论设定的法。

我尊重这种日常语言或习惯语言中的怪异用法。与此同时，我已经不将具体特定的群体的感觉列入我们所说的并非准确意义上的法，虽然，这种并非准确意义上的法，也是十分类似准确意义上的法的。与行为有关的不特定群体或阶层的感觉，其所具有的特征，我已经作出了细致的描述。就这一点而言，我在前面对这类并非准确意义上的法的分析或者说明，是对一般舆论所确立的法的一个分析或者说明。

不过，即使我所描述的不特定群体或阶层的感觉的特征，并不（我认为肯定应该）是具体特定群体的舆论所具有的，我在前面对并非准确意义上的法的分析以及说明，亦即对一般舆论确立的法的分析以及说明，就实质而言依然是正确的。经过一些微小但是明显的改变，这样一种分析、这样一种说明，可以视为是对任何舆论确立的法的分析说明。在这里，任何舆论确立的法，是指不特定的群体的舆论所确立的法以及一个具体特定的党派的舆论所确立的法。

舆论确立的法的特性或者独特之处，在于这种法不是一种明确发布或含蓄发出的命令。它仅仅是舆论或者感觉，与人们的行为有关。它是由一个不特定群体所持有或感受的，或者是由一个具体特定的党派所持有或感受的。这个不特定的群体或者这个具体特定的党派，并没有明确地或含蓄地表达一个要求：一个行为应为或者不得为。这一群体或党派，当其他人偏离特定的舆论或感觉的时候，也没有意图去施加不利的后果。这种舆论或感觉，仅仅是舆论或感觉，即使它使违犯者可能遭遇不利的后果，即使它可以导致一个与行为有关的命令。

在不特定群体的舆论或感觉和具体特定党派的舆论或感觉之间，仅仅存在着这样一个区别：具体特定的党派，可以发出一个旨在推行舆论或感觉的命令，而不特定的群体没有这样的能力。因
195 为，大体来说，后者不能共同行动或者不能相互协作。作为一个群体，后者不能表达一个要求或者愿望，不能具有一个目的或者意图。

[段落内容提示：简略概述前面所作的准确意义上的法和并非准确意义上的法之间的区别。后者与前者具有贴近的类似关系。]

从前面的说明中，我们可以看出，我们所说的准确意义上的法，以及与其十分类似的并非准确意义上的法，具有三种基本类型：其一，上帝法，或者上帝法律（laws）；其二，实际存在的由人制定的法，或者实际存在的由人制定的法律（laws）；其三，实际存在的社会道德，或者，实际存在的社会道德规则，或者，实际存在的社会伦理规则。

同样，从前面的说明中，我们也可以看出，实际存在的社会道德具有两种类型：其一，清楚表达命令的，或含蓄表达命令的道德规则，它们，是"法"这一术语准确指称的对象；其二，由一般舆论或具体舆论确立的我们所说的并非准确意义上的法（不过十分类似"法"这一术语所指称的对象），它们是由不确定群体的舆论所确立的，或者是由具体确定的党派舆论所确立的。

[段落内容提示：第一，准确意义上的制裁，以及并非准确意义上的制裁。有些法依赖前者得以强制实施，有些法依赖后者得以强制实施；第二，准确意义上的义务，以及并非准确意义上的义务。有些法设定了前者，有些法设定了后者；第三，准确意义上的权利，以及并非准确意义上的权利。有些法授予了前者，有些法授予了后者。]

包含在上帝法中的制裁，可以被描述为宗教制裁。包含在实际存在的由人制定的法中的制裁，可以明确地被描述为法律（legal）制裁，因为，这些实际存在的由人制定的法，显然直接被人描述为"法"，或者"法律"。我们也可以这样认为，由于每个实际存在的由人制定的法，假定了一个“主权者”（*póliç*）或“国家”（*civitas*），或者假定了一个独立的政治社会，“政治的”这一形容词，可以适用于这种法得以强制实施的制裁。—在强制人们必须遵守实际存在的社会道德规则的制裁中，有些制裁是我们所说的准确意义上的制裁，有些制裁则是由于“制裁”这一术语的类比式延伸使用，而被描述为制裁的。这里的意思是说，其中某些制裁包含在一些规则之中，这些规则是强制意义上的法或准确意义上的法。另有一些制裁，其作用是强制实施由舆论确立的法的规则。这里提到的两类规则，可以被描述为实际存在的社会道德规则。因为这个缘故，强制人们遵守这两类规则的制裁，可以被描述为道德制裁。或者，换一种说法来讲，我们可以这样来谈论这两类规则：它们在道德上具有制裁性，在道德上具有强制性。[g]

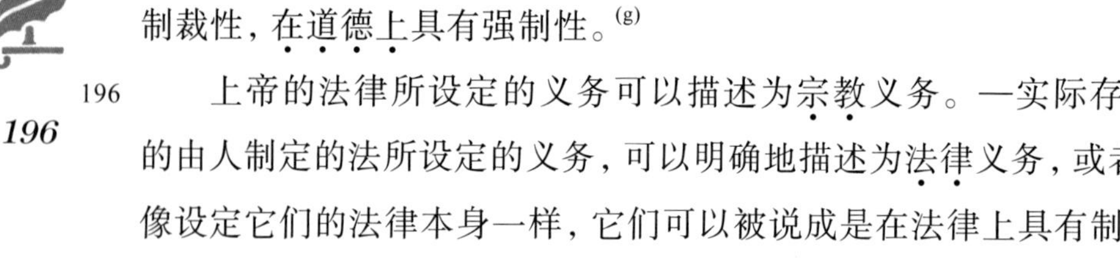

196 196 上帝的法律所设定的义务可以描述为宗教义务。—实际存在的由人制定的法所设定的义务，可以明确地描述为法律义务，或者，像设定它们的法律本身一样，它们可以被说成是在法律上具有制裁性。—在实际存在的社会道德规则所设定的义务中，某些义务是我

(g) “道德”“道德的”或“在道德上”这些术语，时常含蓄地对应于“不道德”“不道德的”或“不以道德论”，而且包含了这样的意思：它们所适用或指向的对象，是说话者或写作者所满意的对象。但是，“道德”这一术语，在我这里，仅仅意指我描述为“实际存在的社会道德规则”的人类规则。而“道德制裁”“在道德上予以制裁的规则”“道德的义务或权利”和“在道德上予以制裁的义务或权利”这些术语，在我这里，意思仅仅是这样的：包含制裁的规则、设定义务和授予权利的规则，它们是实际存在的社会道德规则，这些规则具有我在上面解释和说明的一般特性。如果我的意思在于赞扬或谴责一个实际存在的由人制定的规则，或者该规则设定的义务或授予的权利，那么，我是在将其描述为与上帝法一致的或与上帝法背道而驰的。或者（实际上意思相同），我是在将其描述为一般有用的或一般有害的。

们所说的准确意义上的义务，另外一些义务则是由于“义务”一词被宽泛类比使用而被描述为义务的。这是说，某些义务是强制性的准确意义上的法律规则所规定的。而另外一些义务则是由舆论确立的法律规则所规定的。像准确意义上的制裁，以及并非准确意义上的在另外一种意义上强制实施的制裁一样，这些准确意义上的义务，以及并非准确意义上的义务，可以被描述为道德义务。或者，我们可以像谈到设定义务的规则一样，这样谈论这些义务：它们在道德上具有制裁性，在道德上具有强制性。

一方享有的权利，假定了另外一方以及其他各方应该承担的义务。在这里，义务的承担者，自然不包括有资格豁免义务的一方。通过设定相应的义务，权利才被授予了。由于相应义务的持续性，权利得以持续存在下去。如果相应的义务是由强制性法律所规定的，那么，由此出现的权利便是我们所说的准确意义上的权利。如果相应的义务是由并非准确意义上的法所规定的，那么，由此出现的权利是因为“权利”一词的类比式延伸使用，而被称作权利的。——因此，通过上帝法设定的义务而存在的权利，或者，通过实际存在的由人制定的法制定的义务而存在的权利，便是我们所说的准确意义上的权利。当义务是实际存在的社会道德规则所规定的时候，相应权利的性质依赖这种社会道德规则的性质。如果设定义务的社会道德规则具有强制的性质，而且是准确意义上的法，那么，权利就是准确意义上的权利。如果设定义务的社会道德规则，是由舆论确立的法，那么，权利就是通过“权利”一词的类似延伸使用，而被描述为权利的。——上帝法授予的权利，或者，通过上帝法设定的义务而存在的权利，显然可以描述为神授(divine)权利。——实际存在

的由人制定的法授予的权利，或者，通过这种实际存在的由人制定的法所设定的义务而存在的权利，显然可以被描述为法律权利。我们也可以这样谈论这种实际存在的由人制定的法所授予的权利：它们在法律上具有强制性，或者受法律的保护。—由实际存在的社会道德所授予的准确意义上的权利，以及由此产生的并非准确意义上的权利，可以被描述为道德（moral）权利。或者，我们可以这样谈论实际存在的社会道德授予的权利：它们在道德上具有强制保护
197 性，或受道德舆论的保护。[h]

［段落内容提示：上帝法、实际存在的由人制定的法和实际存在的社会道德，有时是相互一致的，有时是彼此不一样的，有时则是相互冲突的。］

可以被描述为上帝法的法律，可以被描述为实际存在的由人制
198 定的法的法律，以及可以被描述为实际存在的社会道德的法律，其

(h) 在这里，我需要简略地说明，为了全面地、精确地阐述法理学的范围，说明“权利”一词的重要性质是必要的。因为正如我已经说明的，无数的实际存在的由人制定的法是直接以权利作为出发点的，而权利是由最高政治优势者授予的。而且，因为各种各样的在第六讲中所说明的其他理由，除非将“权利”一词的说明视为法理学范围的精确说明的一部分，否则我们就无法完整地确定这一范围。但是，为了说明抽象意义的权利（或为了说明所有权利的一般性质），我必须预先对比“权利”一词所暗含的各种涵义，预先说明基本权利的特性。并且，只有当我们将实际存在的由人制定的法和与其相互关联的其他对象区别开来，我们才能有效地作出预先说明。从这里，我们可以得出一个结论：为了精确说明法理学的范围，我们不能不期待对“权利”这一表述作出预先的说明。

一个法理学困难类似我现在努力说明的困难。法学家研究法理学要经历漫长艰难的道路。在这个道路上，他们难免遇到这一困难。由于这门科学的每一部分内容与这门科学其他部分的内容有着密切联系，任何孤立的对单独个别部分所作的说明，不可避免地是一个或多或少不完善的片段说明。

相互之间，有时是彼此一致的，有时是彼此不一样的，有时则是彼此冲突的。

当其中一个法律与另一个法律彼此一致的时候，前者所允许或禁止的行为，也是后者所允许或禁止的行为。—例如，被描述为“谋杀”的杀害行为，是被所有政治社会的实际存在的由人制定的法所禁止的。与此同时，它亦为社会一般舆论确立或设定的我们所说的法，亦即实际存在的社会道德所禁止。而且，它也被上帝法所禁止，而这一上帝法，我们是通过一般功利原则来理解的。谋杀犯的行为是一个犯罪行为，或者，可以这样认为，谋杀犯的行为违反了实际存在的由人制定的法。同时，谋杀犯的行为违反了社会规约道德，或者违反了一般舆论已经确立的我们所说的法。也可以这样认为，谋杀犯有罪过，或者，他冒犯了上帝法。他应该受到主权权威实施的惩罚或者其他不利后果。他应该受到社会上的所有人或者大多数人的唾弃和鄙夷。而且，在这之后，这个谋杀犯还应该遭受造物主给予的不利后果或者痛苦。

当这些法律之中的一个法律与另一个法律彼此不一样的时候，前者所允许或禁止的行为，并不被后者所允许或禁止。例如，尽管走私是为实际存在的由人制定的法所禁止的，而且，一般来说，其害处与盗窃的害处是一样的，但是，它并不为无知者和粗俗者的舆论或感觉所谴责。当关税或一般征税，其本身具有有害的倾向的时候，走私几乎不为社会上任何一些人的舆论或者感觉所谴责。而且，也正是因为如此，有些人在从事走私活动的时候毫无羞耻之感，或者丝毫不害怕招致社会的一般谴责。当关税或一般征税是针对外国商品制定的时候，而且，其目的不是为了有效地提高国家税收，

而是为了荒谬地、无益地保护一个国内生产商，我们所看到情形，
198 就是这样的。—违反体育规则的行为也是一个恰当的例子。因为，尽管这种行为违反了实际存在的由人制定的规则，但是，这种行为没有违反实际存在的社会道德。一名绅士即使没有开枪执照就开枪射击了，他也不会由于这个原因就不受别人的尊重，或者就被其他绅士所鄙夷了。一名用铁丝网捕获兔子的农民，即使被负责执法的乡绅送进了监狱，或者被命令去踩踏惩罚式的踏车，他也可以逃避其他农民的普遍谴责。

当这些法律之中的一个法律和另一个法律彼此冲突的时候，前者所允许的行为是会被后者所禁止的，前者所禁止的行为是会被后者所允许的。—例如，在大多数现代欧洲国家，决斗习惯(practice)是被实际存在的由人制定的法所禁止的。这样一种习惯，也违反了造物主以明确方式加以确立的法。后面所说的造物主的法，在绝大多数这样的国家中，是普遍为人们所接受的。但是，尽管实际存在的由人制定的法作出了这样的规定，绅士阶层中的任何一名成员的本身宗教信念也是这样的，然而，一名绅士，仍然可能基于“尊严规则”的压力，而向实际存在的由人制定的法以及宗教信念提出挑战。因为，如果他不提出挑战，或者拒绝挑战，他有可能激起绅士阶层或上流社会的一般性不满，就有可能遭遇一般性的轻蔑和唾弃，这种轻蔑和唾弃足以使其生存变得日益艰辛。否定性的(negative)法律义务，对他肯定是有约束力的。否定性的宗教义务，这名绅士本身也是相信自己应该遵守的。但是，在这个地方，实际存在的由人制定的道德义务，依然胜过了这两种义务。而这种道德义务，来自

我们所说的这名绅士所属阶层的舆论所确立的法。

立法者时常忽略了我现在提到的这些简洁清晰的思考。如果他们不假思索地消极对待一个没有益处的习惯，或者在并不知道这个习惯得以存在的内在缘由的情况下去憎恶这个习惯，那么，他们就不会展开进一步的思考，他们就会草率地运用实际存在的由人制定的法去禁止这一习惯。他们就会忘记实际存在的由人制定的法也许是多余的或者是软弱的，而且，这种法可能仅仅导致纯粹的荒唐烦恼。他们就会忘记，社群的道德感觉或者宗教感觉，可能已经完全尽显其能地压抑了这个习惯。或者，他们就会忘记，如果这一习惯，被那些道德感觉或宗教感觉所认可，那么，法律痛苦可能激起的最为强烈的恐惧，也许是受其他较轻恐惧所左右的，也许是受与其冲突的制裁所左右的。(i)

(i) ［**段落内容提示：有些行为和不为，根据功利理论，是上帝法的规定对象。而且，有些行为和不为，根据同样的功利理论，相对来说是实际存在的社会道德的规定对象，或者实际存在的由人制定的法的规定对象。**］

某些种类的行为是有益的，但是，允许实施这些行为则是无益的。某些种类的行为是有害的，然而，禁止实施这些行为却是无益的。因为，如果没有宗教制裁的刺激和威慑，或者，没有法律制裁或道德制裁的刺激和威慑，我们总是不由自主地倾向于趋利避害。而且，假定一般功利原理是我们理解上帝命令的标记，那么，我们显然可以推出这样的结论：这些种类的行为不是被上帝法所允许的，或者被其所禁止。此外，我们还可以推出另外一个结论：上帝会像允许一般有益的行为一样，允许某些种类的行为，会像禁止一般有害的行为一样，禁止某些种类的行为。

也有一些行为，一般来说是有益的或有害的，需要宗教惩罚的刺激和威慑，或者需要法律制裁或道德制裁的刺激和威慑。没有宗教制裁的刺激和威慑，没有法律制裁和道德制裁的刺激和威慑，我们极为可能并不实施十分有益的行为，避免十分有害的行为。而且，假定一般功利是我们理解上帝命令的标记，所有这些有益的行为以及所有这些有害的行为，分别来说，是被上帝法所允许的或被上帝法所禁止的。

所有这些有益的行为以及这些有害的行为是被造物主所允许的或者是被其所禁止

实际存在的由人制定的法与实际存在的社会道德时常是彼此一致的。实际存在的由人制定的法与上帝法时常也是彼此一致的。因此，这种由人制定的法的真正性质以及渊源时常被法理学的学者所误解。当实际存在的由人制定的法是以实际存在的社会道德作为基础的时候，当这种由人制定的法是以上帝法作为基础的时候，这些学者忘记了，这样一种情形实际上是主权者造成的。他们将这种情形归因于社会道德的创制者以及上帝法的创制者。

例如，习惯法作为实际存在的由人制定的法，其基础是这样的：法院参考了预先存在的习惯，然后进行司法立法。在这里，当习惯没有成为司法判决根据的时候，而且，当习惯没有以主权者个人或群体所设定的法律制裁作为后盾的时候，习惯也不过仅仅是被统治者舆论所确立的规则，这种规则的制裁性或者强制性，仅仅具有道

的。因此，实际存在的社会道德也应该对其作出允许的规定或者禁止的规定，而这里所说的社会道德，是指由舆论或感觉构成的社会道德。但是，即使如此，实际存在的由人制定的法不应该对这些行为之中的某些行为作出允许规定或者禁止规定。实际存在的由强制性规则构成的社会道德不应该对这些行为之中的某些行为作出允许规定或者禁止规定。

每一个应该成为实际存在的由人制定的法的规定对象的行为或者不为也应该成为实际存在的社会道德的规定对象，而这种社会道德是由舆论或感觉所构成的。同样，每一个应该成为后者规定对象的行为或者不为是上帝法的规定对象，而这种上帝法是可以根据功利原理作出解释的。但是，上帝法作出规定的范围以及实际存在的社会道德所拥有的更大的规定范围，都超过了实际存在的由人制定的法所涉及的范围。就上述范围具有一个共同中心而言，实际存在的由人制定的法，其所具有的内容，也是前两者所具有的。但是，前两者所具有的内容，并不一定是实际存在的由人制定的法所具有的。

辨别哪类行为应该作为法律规定的对象，以及哪类行为应该仅仅作为道德规定的对象，也许是伦理科学所提出的最为艰难的问题。边沁先生，在其著作中提出了对这一难题的解决办法。在伦理学两个分支学科涉及的若干方面，边沁所作出的贡献就推进这门科学而言，超过了以往所有学者的贡献的总和。—尤其可以参见其著作《道德与立法原理》(*Principles of Morals and Legislation*)，第 17 章。

德上的意义。但是，我们可以认为，当习惯成为法院判决的理由的时候，并且，当习惯是以主权者个人或者群体所设定的法律制裁作为后盾的时候，这种习惯的确就是实际存在的由人制定的法律规则。当然，因为习惯在以主权者的制裁作为后盾以前，是为被统治者所遵守的，所以，人们奇妙地设想习惯法作为**实际存在的由人制定的法**而存在，是由于个人之间自发形成了实际生活制度，而习惯本身也是在个人之间形成的。—如果接受这样一种奇妙的设想，而且，以此进行类推，我们就只能将主权者视为实际存在的社会道德的制定者，而这种社会道德，时常是实际存在的由人制定的法的一个结果。当实际存在的由人制定的法不以习惯作为基础，而是为被统治者赞同接受，并且是由他们的舆论或感觉所强制实施的时候， 200
我们就只能认为，那些由舆论或感觉确立的我们所说的法，是由最高政治优势者制定的，它们具有权力强制的性质，而且属于准确意义上的法。

再如，实际存在的由人制定的法的某些部分，是**自然法**的一部分（或者，用古代法学家的语言来说，是万民法的一部分）。这部分法，即使作为实际存在的由人制定的法，也时常被人们假定为来自神的渊源或者自然的渊源（Natural source）。但是（当承认实际存在的由人制定的法的特点存在于自然法，存在于实际存在的由人制定的法之中的时候），作为实际存在的由人制定的法的一部分的自然法，显然是人类主权者的创制结果，而不是来自神这一绝对统治者的所作所为。认为实际存在的由人制定的法来自神的渊源或者自然的渊源，等于是将前者混同为作为基础的神法或者自然法，等于是将前者混同为其所符合的神法或者自然法。[①]

[段落内容提示：前面，对准确意义上的法和并非准确意义上的但与准确意义上的法颇为类似的法，作出了区别。区别的目的，主要在于概括洛克在《人类理解论》中偶然提出的法律分类。]

前面，对准确意义上的法和并非准确意义上的但与准确意义上的法颇为类似的法作出了区别。区别的目的，主要在于概括洛克在《人类理解论》中偶然提出的法律分类。鉴于这种法律分类或者义务或责任的渊源的分类，是由洛克这位伟大的权威学者提出来的，所以，我非常乐意将其增补到我自己的分类以及分析之中。在洛克的书中，其所作出的有关分类的段落，是考察关系(relation)性质的一部分，因而间接地与法的性质和种类有关。如果除去所有与法的性质和种类无关的内容，以及显然过于繁琐的一些表述，并对有些模糊的一些表述加以纠正，那么，洛克的分类段落，可以这样加

201 以表述：[k]

① 在密尔对最初讲座作出的一些注释里，我看到了相当长的有关这种混乱观念流行趋势的例子的一段论述。尽管如此，我还是谨慎地不将这段论述插入这个地方。我假定，作者在这里有意地避免将这一论题进一步展开，而且，我假定，作者认为这些例子在口头讲座中是适宜的，在书面讲义中则是不适宜的。

然而，我也认为，保留这段论述也是有些价值的。这样做，可以帮助学生仔细地理解文中所阐述的原理，同时，为帮助学生理解，作者实际上总是努力写作讲义的，作者的态度是十分认真的。这一论述，作为一个注释插在这里，冗长而且不方便。我已经在这一讲的结尾以“说明”的形式安排了这一论述。——坎贝尔

(k) 洛克的分类和分析远远不是完善的。其中所使用的语言表述也是十分不恰当的。然而，我们必须记住，在一般情况下，“关系”的性质(而非主要类型的“法律”的性质)是洛克研究的相应对象。除了几乎是不可避免的缺陷之外，他的分析是十分精确的。洛克的分析，使人们可以理解，就功利和真理的宗教意义而言，精确的思考具有不

我们用一条规则来考察和判断人类的自愿行为，去观察这些行为是否与这条规则是一致的。这样，一种关系便出现了。我们可以将这种关系称为道德关系（moral relation）。

人类的各种行为，如果同其各种目的、对象、习俗和环境，形成了独立的复杂关系，那么，就会出现许多混杂的情状，而且，其中大部分也因此得到了相应名称。在这个意义上，如果我们假设，感激之心是指人们敏于承认、敏于报答自己所遇到的恩惠，多妻主义是指一个男性有两个以上的妻子，那么，当我们在心中形成这些意念时，便出现了两个明确的混杂情状的观念。

不过，对于我们的行为，我们仅仅具有各种明确的行动观念是不够的，仅仅知道某些观念的集合体具有某些名称是不够的。我们还应有更深入、更广泛的关注。我们还应该知道，这些行为在道德上是善的还是恶的。

善恶不过是快乐或痛苦，或者，是使我们快乐或痛苦的东西。因此，道德上的善恶，仅仅是针对我们的自愿行为是否符合某种能够导致苦乐的法律而言的。如果自愿的行为符合了这些法律，那么，立法者的意志和权力便可以通过这些法律使我们获得快乐，反之，则会使我们遭遇痛苦。善或恶，乐或苦，取决于我们是否遵守法律，是由立法者的命令所决定的。因此，我们将善、恶、乐或苦，称为奖赏和刑罚。

可比拟的力量。这种思考，使杰出的人物出类拔萃。而杰出的人物总是努力将人类的理性从神秘晦涩的束缚中解放出来。从洛克对法律与道德的简短讨论中，从他其他的涉及法律与道德的论文里的若干段落中，我们可以得出这样一个结论：如果精确地考察了这个论题，考察了莫里纽克斯（Molyneux）的例子，那么，洛克是愿意涉足伦理学的。

人们在判断行为的正确或错误的时候，其所依据的是道德规则或者法律。在我看来，这些道德规则和法律，是可以分为三类的，而且，其约束力或者赏罚，也是可以分为三类的。如果我们希望为人们的自由行动制定一个规则，那么，我们显然必须要强加一种善或者恶，并以此来约束人们的行动意志。因此，无论针对何种问题，只要我们设定一项法律，我们就必须同时设定这项法律附有一种赏罚。一个有智慧的主体，如果没有能力以善或恶的方式确立一种在他人遵守的情况下可以奖赏，在他人违反的情况下可以惩罚的规则，那么，其自身便没有能力限制他人的行动。毕竟，善和恶不可能成为人们行动的自然结果。善或恶，如果是自然而然的利益或不利，会自动对人的行为发生作用，那么，法律也就变为是多余的了。如果我是正确的，那么，这就是所有我们所说的准确意义上的法的真正性质。

在我看来，人们判断行为正确错误时所依据的法律，可以分为
202 三种：其一，神法；其二，市民(civil)法；其三，舆论(opinion or reputation)法，如果我可以使用“舆论”修饰词语称呼这类法的话。人们可以根据自己与第一种法律的关系，判断自己行为究竟属于罪恶，还是属于义务。同样，人们可以根据自己与第二种法律的关系，判断自己行为究竟属于犯罪，还是属于无罪。人们也可以根据自己与第三种法律的关系，判断自己行为究竟属于善德，还是属于恶邪。

我使用“神法”一词，意思是指上帝为人类行为所确立的法律，不论这种法律，是通过自然之光发布的，还是通过默示之声发布的。这是检验道德正确与错误的唯一真正的试金石。而且，正是通过与这种法律相对比，人们才能判断自己的行为在道德上究竟是大善的，还是大恶的。这里的意思是讲，正是通过这种对比，人们才能知道什么是义务，什么是罪恶，从而有能力从上帝全能者手中得到幸福，避免痛苦。

市民法是国家所制定的规则，其作用是约束国内人民的行为。人们可以根据这种规则，对比自己的行为，确定自己的行为是否为犯罪行为。没有人会忽略这种法律。因为，作为这种法律强制实施后盾的赏罚是随时产生的，是由掌握权力的人所操持的。国家的强制力可以保护服从法律的人的生命、自由和财产，同时可以剥夺破坏法律的人的生命、自由和财产。

舆论法，是另外一类人们依据其对比自己的行为，判断自己行为是正确还是错误的法律。

善德与恶邪，就其一般含义来讲，是指那些本质上就是正确或错误的行为。如果我们的确是这样地使用这些词汇，那么，它们便与上面提到的上帝法是一致的。但是，不论人们的一般词义使用是否合理，我们依然可以看到，"善德"与"恶邪"这样两个词汇，在应用于特殊的各种例证时，其所指向的行为仅仅是各个国家或社会所赞扬的行为，或者各个国家或社会所指责的行为。同时，我们不必惊讶，任何时候，人们总将自己称赞的行为叫作"善德"，总将自己谴责的行为叫作"恶邪"。因为，如果他们认为自己所鄙夷的行为是合理的，自己所赞扬的行为是错误的，那么，他们就不免是相互矛盾的。

从这个角度来看，褒奖或蔑视、赞扬或谴责，就是决定一般所谓善德或恶邪的一种尺度。这些褒奖、蔑视、赞扬和谴责，通过人们潜在的、默默的同意，在各种人类社会中、种族中、团体中逐步 203

确立起来一种尺度，使人们依照当地的判断、格言和风尚来毁誉各种行为。虽然人们在联合建立政治团体以后自行谦退，将自己的一切强制能力交予国家代为行使，而且，在法律所许可的范围以外，不准向同胞使用自己的暴力，但是，他们仍然可以褒奖、蔑视、赞扬或谴责与他们相处的那些人的行为。因此，人们凭借这种赞扬和鄙夷，在社会中建立起了他们称作“善德”和“恶邪”的尺度。

任何一个人，稍加思考，便可以发现“善德”和“恶邪”是以毁誉作为公共尺度的。他们会明白，在一个国家被认为是“恶邪”的行为，在另一国家则被认为是“善德”的行为(或者，至少不是坏的行为)，然而，不论在何种地方，“善德”和称赞、“恶邪”和谴责，总是相互依随的。不论在何种地方，“善德”总是被认为是可赞同的，而且，只有能得到公共赞美的那些行为，才能被称为“善德”。“善德”和赞扬的关系是十分紧密的，所以，人们往往用同一名称称呼它们。维吉尔(Virgil)说：“赞扬就是它(善德)的奖品。”(sunt sua prœmia laudi)西塞罗(Cicero)同样认为：“自然中最为宝贵的莫如忠实、赞扬、尊严和光荣。”(nihil habet natura præstantius quam honestatem,quam Iaudem, quam dignitatem)而且，西塞罗说过，忠实、赞扬、尊严和光荣是同一事物的各种名称。这虽然是异教哲学家的言语，但是，异教哲学家依然是的确知道，他们的善德行为和邪恶行为的含义包含了哪些内容。

人类的嗜好、教育、风尚、观念和利益，其相互之间存在种种区别。所以，在一个地方所赞扬的，在另外一个地方，则可能是受到谴责的。也是因为这个缘故，如果各个社会相互之间存在着区别，善德和恶邪也就可能易地而变。不过，大体来说，它们是相互一致的。因为，以重视和名誉来鼓励对自己有益的行为，以责难和蔑视来阻抑对自己有害的行为，是一件再自然不过的事情。我们显然不必惊异，在任何地方，重视和轻视、善德和恶邪，大部分都与上帝法所确立的时时不变的是非规则存在着彼此一致。其实，只有服从上帝所制定的法律，才能直接显著地获得人类的普遍幸福，才能直接显著地促进这种幸福。相反，忽略这些上帝法，就会招致极大的不幸以及纷扰。因此，如果人们尚有感知、尚有理性，还想顾及自己时常关切的自身利益，那么，他们所赞扬的行为，往往的确是值得赞扬的，他们所谴责的行为，往往的确是应该谴责的，而且，他们在这方面并不至于出现一般性的错误。人们纵然在实践中违反了上帝法的规则，他们所作出的“赞扬”也是不会出现错误的。204
人们纵然腐败不堪、恶行泛滥，但是当其他人出现了过错的时候，也不至于不会加以鄙夷。因此，即使世风日下，人们也会遵守作为应是“善德”和“恶邪”的判断规则的上帝法。

人们也许以为，我已忘记我自己关于法律的观念，因为，我认为人类判断善德和恶邪时所依据的那种法律，仅仅是无力创造法律的一些私人同意，尤其因为，那些人类，并没有强制实施法律的那种权威，而这样一种权威，正是法律的必需条件，正是强制实施法律的力量所在。但是，我在设想，我可以这样认为，如果一个人相信赞扬和鄙夷不足以使人产生强烈动机，从而使人适应人们相互交往的规则以及舆论，那么，这个人似乎是并不熟悉人类天性或历史。如果这个人专心致志地观察，他就会发现，人类之中的大多数人，即使不以这种风尚法（law of fashion）作为约束自己行为的唯一法律，也是以其作为基本的法律的。因此，某些人虽然在同胞之中保持着名誉，但是，并不关注上帝的法律或者国家的法律。违反了上帝的法律，是会遭到惩罚的，然而，有些人，也许是大多数人，并不认真地反省这个问题。即使那些具有反省能力的人，在许多人违反上帝法律的时候，总是设想将来可以缓解这种破坏状态，总是设想将来可以恢复破坏出现之前的有序状态。人们往往希望可以逃避违反国家法律所引发的刑罚制裁。但是，如果人们希望与同胞礼尚往来，取得好感，那么，在触犯了同胞的风尚以及舆论的时候，触犯者并不可能逃避他们的刑罚，并不能够躲避他们的责难以及厌恶。万人之中，无人可以在遭遇他人的不断憎恶和鄙夷之后，依然能够厚颜无耻，还有勇气继续过活下去。一个人，在特定的社会内不断遭受鄙视和非议，如果可以继续心安理得，无所顾忌，那么必定是一个奇怪而又非比寻常的人。许多人，是会追求孤寂生活的，而且，他们也会令人惊奇地安于这种生活。但是，只要对自己尚存人的思想以及人的感觉，任何人，都不会忍受自己非常熟悉的朋友的厌恶和非难，都不会在遭受厌恶和非难的情形下，安心地生活下去。这种负担，十分沉重。显然，没有人可以对其应付自如。如果一个人在爱自己朋友的同时，可以不在意朋友的鄙夷和轻视，那么，可以认为，这是绝对不可化解的自相矛盾。

因此，上帝的法律、政治社会的法律以及风尚法或私人责惩的法律，正是人们用以衡量自己各种行为的三类规则。而且，在判断自己行为正确与否的时候，在说出自己行为是善是恶的时候，就是
205 以这三种法律之一作为尺度的。

我们以这些规则之一作为试金石，用其来考察我们自己的自愿行为，考验这些行为的善恶，并且，希望用适当的称谓论说这些行

为。不论这种规则是来自国家的风尚，还是来自立法者的意志，人们总是容易看到任何行动与该规则的相互关系，并且可以依照规则作出这些行为是否符合这种规则的思考判断。由此，我们的头脑之中便出现了道德上的善恶观念。在这里，所谓的善，意思是指行为与该规则是相互一致的；所谓的恶，意思是指行为与该规则是背道而驰的。如果我发现一个行为与我向来生活其中的国家的尊严相互符合或者背道而驰，而且，这个行为在大多数人看来是值得称赞的或者不值得称赞，那么，我将这种行为称作有德的（virtuous）或者缺德的（vicious）。如果我以崇高而且不可见的上帝意志作为我的行为规则，并且假定某种行为是为上帝所允许的，或者是为上帝所禁止的，那么，我是在将这种行为称作善的或者恶的，将其称作义务或者罪恶。如果我将这种行为和市民法加以对比，和我生活其中的国家的最高立法权力制定的规则加以对比，那么，我是在将这种行为称作合法的或者不合法的，将其称作犯罪的或者无辜的。因此，我们可以发现，不论道德规则是从何处出现的，不论我们心中所形成的善德或恶邪是基于何种标准，我们自己行为的正确与错误，最终在于是否符合某种法律规定的行为方式。

在我结束这里的论说之前，我需要再重申一点。在我称之为道德关系的关系中，我有一个真正的关系观念，这是因为我将行为和上述规则进行了对比，不论这种规则是正确的，还是错误的。因为，如果我用一个特定的尺度测量一个事物，那么，我就会知道，我所测量的事物相对这一尺度而言，究竟是较长的，还是较短的，即使我所使用的尺度并非是确切的标准。当用错误的规则衡量一个行为的时候，我将错误地判断行为本身的道德正直。但是，我不会错误地理解行为与规则之间的相互关系，而这一规则，我是用其来衡量行为的（《人类理解论》，第二卷，第二十八章）。

［段落内容提示：隐喻意义上的法，或比喻意义上的法，以及这类法的一般性质和否定性质。］

人们将舆论确立的法，与准确意义上的法进行类比，其主要缘由，在于两者之间存在着如下类似关系：无论就舆论确立的法而言，还是就我们所说的准确意义上的法而言，当一个理性存在，或者若干理性存在，没有服从已知的或推测出来的另一个理性存在或若干理性存在所提出的要求，这时，没有作出服从行为的理性存在，容易遭遇很快出现的不利后果；就舆论确立的法以及准确意义上的法，这两者之中的任一情形而言，一个理性存在所遭遇的很快出现的不利后果，都是来自另外一个理性存在的人为结果，而且，前者遭遇这种不利后果的原因，在于前者对后者的要求视而不见。—在这个意义上，人们将两种法律进行类比，其主要缘由，在于并非准确意义上的制裁和义务，与我们所说的准确意义上的制裁和义务，

206 其两者之间的相互类似。可以预测的即将出现的不利后果，使并非准确意义上的法具有了强制性。这一后果以及遭遇这种后果的现实可能性，可以比作使准确意义上的法具有强制性的真正制裁，可以比作准确意义上的法所设定的义务或者责任。—因此，在准确意义上人们接受的“法”一词所指称的对象，和我们所说的并非准确意义上的由舆论确立或设定的法，其两者之间的类比，是一个贴近的类比。两者的区别，仅仅在于这一点：后者的制定者的愿望或者要求，从来没有充分地表达出来，而且，制定者也没有形成一个意

图，即在有人违反这种法的时候，施加不利的后果或者痛苦。

但是，除了由舆论确立或设定的并非准确意义上的法以外，还有其他一些我们所说的并非准确意义上的法。这些并非准确意义上的法，是由于人们并非十分贴近的类比式修辞活动，而与准确意义上的法相互联系在一起的。此外，它们是由于并非十分贴近的类比式修辞活动，而得到“法”的名称的。因此，我将它们描述为比喻意义上的法，或者描述为仅仅是比喻意义上的法。

“法”一词的比喻使用，非常广泛，而且是千差万别的。所以，人们在提到比喻意义上的法时所使用的类比，或者，人们在将比喻意义上的法和准确意义上的法相互联系起来时所使用的类比，几乎不会得到一般性的肯定（positive）含义的描述。但是，比喻意义上的法，尽管是数量众多的，而且有着千差万别，然而，依然具有一般的否定（negative）含义的性质。这里的意思是说，任何比喻意义上的法，其属性或特性不可能被说成包含了制裁或者义务。因此，每一个比喻意义上的法，缺乏一个关键性的“相似”特点，而这一“相似”要点，在准确意义上的法和由舆论确立的法之间，可以成为人们进行类比式修辞活动的适当根据。

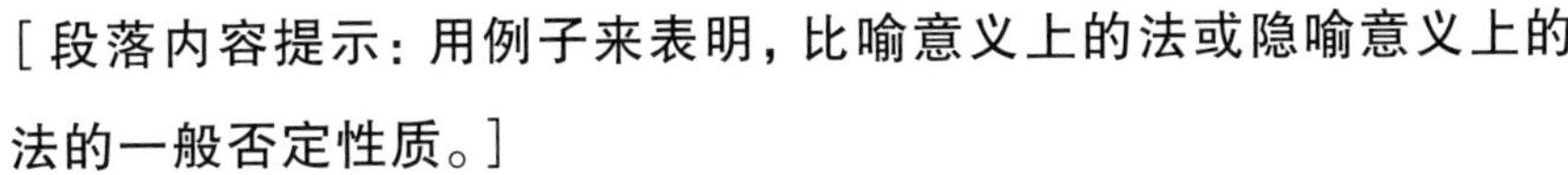
[段落内容提示：用例子来表明，比喻意义上的法或隐喻意义上的法的一般否定性质。]

比喻意义上的法，缺乏关键性的“相似”特点。因此，这种法和我们所说的准确意义上的法，其类比关系是十分牵强的。为了说明这一点，我将简略地讨论一些例子。这些例子当然仅仅是沧海之一粟。在所有比喻意义上的法之中，“法”一词是由于“比喻”而被广泛使用的。

在那些比喻意义上的“法”一词的使用中，可以发现，最为惯常而且最为值得注意的语词使用，是针对人们行为的一致性或规律性而出现的。这种一致性或者规律性，是准确意义上的法的通常后果。一准确意义上的制裁，是基于法律制定者的意志，或者要求而发挥作用的。因此，准确意义上的法，其本身所约束的当事人，一般会将自己的行为调整为与这种法律规定相互一致。正是基于这样一种现象，无论在何处，只要我们发现事件呈现了有规律的一致性，或者发现共生现象呈现了有规律的一致性，我们就会倾向于将这种一致性，归因于由制定者制定的法，即使在实际的情形中，并
207 没有出现任何可以比作制裁的现象，或者可以比作义务的现象。

例如，我们可以认为，某些无生命物体的运动是由某些“法”所决定的。即使这些物体是没有生命的、没有要求或者厌恶的感觉，从而，不可能被任何最低程度相似的制裁所触动，不可能成为任何最低程度相似的义务主体，我们依然也是可以这样认为的。在这里，我们的意思是，这些物体是以某种有规律的一致方式进行运动的。而且，我们的意思是指，它们是通过上帝的意旨以及上帝的安排，而以一致的方式进行运动的。这就有如我们认为，通过有权规定法律和义务的一方的意旨以及决定，另一方被设定了义务，从而，另一方应该以一致的方式去行为。一再如，我们可以认为，某些低级非理性的动物，其某些活动是由某些“法”所决定的。即使这些动物没有能力理解一个法的目的和内容，从而作为一项刺激内容的制裁，不可能有效地督促它们从事活动，而且，即使这些动物本身不可能通过对义务或责任的理解来进行自己的活动，我们依然

也是可以这样认为的。在这里，就动物活动而言，我们的意思是指，它们以某种方式从事活动，要么是由于本能的缘故(或者我们可以说明的原因)，要么是由于它们从经验和观察中捕捉到的提示的缘故。而且，我们的意思是指，由于它们活动的一致性是神之安排的一个效果，这种活动的一致性，十分类似基于某些法律制定而出现的行为一致性。而这些法律，像其他法律一样，包含了制裁的要素。[1]—简单来说，不论什么时候，只要我们谈到制约非理性世界的“法”时，“法”一词的比喻使用，就暗示了下面的双重类比。第一，构成非理性世界的持续同步的现象，在绝大多数情况下，是以一致系列的方式发生和存在的。持续的一致性以及共同存在的一致性，类似命令意义上的法所产生出来的行为一致性。第二，持续的一致性以及共同存在的一致性，像命令意义上的法所产生出来的行为一致性一样，来自一个智慧和理性的创制者的意志以及意图。—当一个无神论者谈到制约非理性世界的“法”的时候，此时的比喻使用就暗示了一个类比。而这个比喻使用，要比我在上面已经分析过的比喻使用更为牵强。他的意思是想说明，持续的一致性以及共同存在的一致性，类似一个命令意义上的法所产生出来的行为一致性。如果为了作出一个贴近的类比，他将制约非理性世界的法归之于一 208

(1) 准确地来讲，较为低级的非理性动物，或者，相对人类来说属于低级的动物，并不是缺乏理性的。这些动物有时是从经验中得出结论的。它们的行动，有时是根据这些结论作出的。因此，它们也在观察、比较、抽象和推理。但是，低等动物的智慧是十分有限的，所以，我采用一般性的表述将它们称为“非理性的”。某些较为聪明的动物，根本不是“非理性的”。这些较为聪明的动物，可以理解和遵守人类训师为其设立的法。当然，这些人类训师设立的法是十分罕见的，几乎是不存在的，因此，为了简略的缘故，我将它们忽略不计。我是在一般的意义上来谈论低等动物的。在一般的意义上，低等动物不能理解一个法，不能根据义务指导自己的行为。

个制定者，那么，他是在将一个抽象的字词拟人化，而且，使其呈现出一个"立法者"的意思。他将持续的一致性以及共同存在的一致性，归因于"自然"（nature）所制定的法。而这里的"自然"，其意思是指世界本身。或者，他也许将这些一致性归因于自然的命令（nature's commands）。

"法"或"规则"等词的许多比喻使用，暗示了如下一些类比。——一个命令意义上的法或规则，指引履行义务的人的行为。或者，这种法或规则是一个标准（*norma*）、尺度或规矩，义务者的行为应该是与其相互一致的。在这个意义上，一项被提出来的人类行为标准，或者，一个被提供出来的尺度或规矩，时常被描述为约束行为的法或者规则，尽管在这种情况中并不存在一个制裁或一个义务的迹象。

例如，就每一个我们所说的准确意义上的法来说，当其出现时，我们可以发现存在着明显的彼此双方。其中一方，是法的制定者。另外一方，是法所约束的对象。但是，尽管如此，我们依然时常谈到人为自身制定的法。我们这样谈论的意思，是指制定者一方像被一项法律约束而必须采取某种特定行为方式一样，试图毫不含糊地采取这样一种特定行为方式。而且，就这个意思来说，一个确切地采取某种特定行为方式的意图，是一个人可以为自己确立的唯一的法或者规则。显然，一个具有约束力的法的优点在于其包含了制裁。然而，就我们所说的一个人为自己所确立的法而言，他并没有由于一个类似制裁的东西，而不得不遵守这种法。因为，即使他显然可以拥有一个对自己实施痛苦惩罚的目的，但是，在他背离了自我设定的行为标准的情况下，是否实施有条件的痛苦惩罚依然取决于他自己的意志。—再如，当我们谈到技艺规则的时候，“规则”一词的比喻使用同样暗示了这种类比。我们使用“技艺规则”的表述，意思是指一个被提供给技艺实践者的规矩方圆，此外，意思是指我们是在建议技艺实践者，当从事某种特定技艺工作的时候，应该遵守这样的规矩方圆。在这里，既没有制裁的形式，也没有义务的迹象。但是，人们提供出来的规矩方圆，却是可以指导技艺实践者的技艺行为，正如一个命令意义上的规则，而且是准确意义上的规则，可以指引义务履行者的行为一样。[①]

[段落内容提示：比喻意义上的法，或隐喻意义上的法，时常和命令意义上的而且准确意义上的法相互混淆。]

前面的演讲，讨论了比喻意义上的法。这些演讲，并不像某些
听众可能认为的那样，属于多此一举。比喻意义上的法，时常被错 209
误地视为命令意义上的法，并且是准确意义上的法。不但如此，至为出色的学者实际上也的确试图通过我们所说的仅仅是比喻的法，来说明和阐述命令意义上的而且准确意义上的法的性质。他们所犯的错误是最为严重的，甚至令人难以置信。在后面的讲座中，我将提到其中的若干例子。在这里，下面的例子将充分地证明，他们所犯的错误不是不可能的。

① 在法和规则之间的假定区别。——手稿注释

在一个便笺中，作者提到了在这六讲中另有若干注释。这些注释的意思大概是这样的：“比喻意义上的法，在一个重要方面与技艺规则是相互联系的。”在这个便笺中，作者还提到：“义务一词的比喻使用，与法一词的比喻使用是一样的。”不幸的是，我没有在作者手稿中发现它们。——奥斯婷

有一个节录来自乌尔比安(Ulpian)的叙述，被人安排在《学说汇纂》(*Pandects*)的开始部分。后来，尤士丁尼(Justinian)在其《尤士丁尼法学纲要》(*Institutes*)的第二个标题之下插入了这个节录。在这个节录之中，一个想象出来的适用于所有动物的自然法(*jus naturale*)，不同于我在上面提到的自然法(*jus naturale*)或者万民法。“自然法是自然界传授给所有动物的法律。因为，这种法律不是人类所特有的，一切动物，不论是天空的、地上的或海里的，都具有这种法律。男女之间的结合，我们称之为婚姻。这种结合是基于自然法而产生的。出现了婚姻，也就出现了子女的繁殖以及教养。我们的确可以看到，不仅仅是人类，就是其他一切动物也都是知道这种法则的”(*Jus naturale* est, quod natura omnia animalia docuit: nam jus istud non humani generis proprium, sed omnium animalium, quæ in terra, quæ in mari nascuntur, avium quoque commune est. Hinc descendit maris atque feminæ conjunctio, quam nos matrimonium appellamus; hinc liberorum procreatio, hinc educatio: videmus etenim cetera quoque animalia, feras etiam, istius juris peritia censeri. *Jus gentium* est, quo gentes humanæ utuntur. Quod a *naturali* recedere, inde facile intelligere licet; quia illud omnibus animalibus, hoc solis hominibus inter se commune est.)。在这里，乌尔比安描述了一种“自然法”。他所说的自然法，不同于我所提到的自然法以及万民法。乌尔比安的自然法，是用来指称动物本能的一个名称。较为特别的是，它表示了这样一些意思：本能的欲望引导动物繁衍自己的种类，而且，本能的同情引导动物抚养和调教自己的后代。在这个地方，动物的本能是以较为牵强的方

式和我已经努力说明的法相互类比的。这样一种本能使动物以某些一致方式进行活动，而且，这一本能是由具有智慧和理性的造物主为此目的而给予动物的。但是，严肃的法理学学者显然不应该将这些制约较为低级动物的比喻意义上的法，以及制约（尽管特别强制）人类物种本身的比喻意义上的法，混同于我们所说的准确意义上的法。人的确是属于动物的，其本能像许多不属于本能的人之感情一样，存在于法的因果关系之中，而这种法，在此是指“法”一词的准确含义所指称的对象。尤其需要强调的是，与夫妻关系有关的那些法，以及与父母子女关系有关的那些法，主要是由乌尔比安着重指出的那种本能所引出的。而且，这可能正是决定法哲学家以命
令意义上的而且准确意义上的法，将动物本能进行分类的理由。但 210
是，没有什么要比将法本身和导致其存在的原由排列在一起更为荒谬的了。而且，如果认为，因为人的本能是法的缘由，所以人的本能就是法，那么，只能认为人类的头脑并不存在什么机能或者感情。我们也能发现，基于这样一个看法，就不存在一类外在世界所提供的对象，这一对象注定被认为是法，一个法理学的真正对象。——我必须再次重复，“法是自然界传授给所有动物的法律”（jus quod natura omnia animalia docuit），这句话，在乌尔比安这里，尤其是个奇想。这个最为愚蠢的奇想，尽管插在了尤士丁尼的汇纂之中，但是，对罗马法的细节内容依然没有可以让人觉察的影响。古代法学家一般提到的“自然法”，以及在《学说汇纂》中一般出现的“自然法”，与现代法理学学者提到的“自然法”（natural law）是没有什么区别的。而且，它们是我在前面一个注释结尾中尝试简略说明的万民法或万民自然法（*jus naturale et gentium*）的同义词。它们

的意思是指实际存在的由人制定的法以及实际存在的社会道德规则。而这些实际存在的由人制定的法以及实际存在的社会道德规则，不是在一个具体国家或时代具有效力的，而是被所有国家、所有时代所接受的，或者被认为是被所有国家、所有时代所接受的。此外，由于被所有国家和所有时代所接受，它们被假定为是根据或基于上帝法而形成的，或者被假定为是根据或基于作为道德感觉对象的自然法而形成的。盖尤斯(Gaius)说："民众群体的行为，是受所有法律和习俗调整的。民众群体，一方面，运用自己的法，另一方面，运用人类所共有的法。每一个民众群体为自己制定的法，是它们自己的法，可以称作'市民法'，亦即'市民自己的法'。人类根据自然原因为所有人类制定的法，是由所有的民众群体共同遵守的，可以称作'万民法'。这种万民法，非常类似所有民族所共同运用的法"(Omnes populi qui legibus et moribus reguntur, partim suo proprio, partim communi omnium hominum jure utuntur; nam quod quisque populus ipse sibi jus constituit, id ipsius proprium est, vocaturque jus civile; quasi jus proprium ipsius civitatis. Quod vero natualis ratio inter omnes homines constituit, id aput omnes populos peræque custoditur, vocaturque jus gentium; quasi quo jure omnes gentes utuntur.)。盖尤斯在这里描述的具有普遍效力的道德习俗法(leges et mores)，不同于仅仅在具体国家发挥作用的道德习俗法。这种具有普遍效力的道德习俗法被大多数古代法学家一致地描绘为万民法、自然法或万民自然法。而且，依这种方式理解的自然法并不是完全荒谬的。因为，正如某些功利原则在任何地方总是或者完全是同样的，而且，也是十分清楚、明确可见的，从而几乎不会被人误解一样，存在着一些法的规则以及道德规则，这些规则，几乎是或者完全是**普遍有效**的，我们必须仅仅根据**自然的**理由，来看待其方便之处，或者这样看待时并不参考普遍的经验和观察。我们可以发现自然法和自然道德，以及实际存在的由人制定的法和实际存在的社会道德。前两者和后两者，其之间的区别是一个无关紧要的 211
细微区别。但是，尽管如此，其区别是建立在一个真实的显而易见的“不同”这一基础之上的。自然法或万民法，如果不被假定为道德本能或道德感觉的一个直接结果，那么就极为容易遭遇反对的意见。然而，自然法或万民法，毕竟密切联系着（正如我稍后将要表明的[①]）使人误解而且有害的业内用语。因此，我们应该将它们以及现代学者提到的“自然法”，从法理学科学和道德科学中清除出去。

下面一段表述，是孟德斯鸠（Montesquieu）的《论法的精神》（*Sprit of laws*）里的第一段句子：

> 从最广泛的意义来说，法是由事物的性质产生出来的必然关系。在这个意义上，一切存在物都有它们的法。上帝有他的法；物质世界有它的法；高于人类的“智灵们”有他们的法；兽类有它们的法；人类有他们的法（Les lois, dans la signification la plus étendue, sont les rapports nécessaires qui dérivent de la nature des choses: et dans ce sens tous les êtres ont leurs lois: la Divinité a ses lois; le monde matériel a ses lois; les intelligences supérieures à l’homme ont leurs lois; les bêtes ont

① 后面第三十二讲。

leurs lois; l'homme a ses lois)。*

在这里,各种不同的众多对象,尽管具有共同的称谓——“法”,但是,却被混淆起来了,没有被区别开来。在制约理性动物行为的法中,某些法是命令意义上的和准确意义上的法。除此之外,其他法,则是类似命令意义上的和准确意义上的法。但是,制约物质世界的所谓的法,以及制约较为低级动物的所谓的法,仅仅是比喻意义上的法。而且,制约或决定造物主的所谓的法,显然也是比喻意义上的法。如果造物主的行为受制于或决定于命令意义上的和准确意义上的法,那么,他便处于依赖另一个地位较高的存在的状态。当我们说到“造物主的行为是由法所制约的或者是由法所决定的”,我们的意思是指这些行为与造物主自己已经设想的意图是一致的,而且,造物主的意图本身就是亘古不变、稳定持续的。将这些比喻意义上的法和命令意义及准确意义上的法相互混淆起来,不仅没有说明后者的性质或者本质,而且将后者的性质或者本质,置于了模糊不清的状态。—这一段落的开头部分,是值得延续下去的。孟德斯鸠告诉我们,法是来自事物性质的必然关系。但是,我热切地想知道,“关系”是指什么?我也热切地想知道,“事物的性质”是指什么?而且,“来自事物性质的必然关系”是怎样不同于“来自其他渊源的关系”的?这一定义所使用的若干术语要比定义本身佯装说明的术语更为模糊不清。

如果你读到布莱克斯通的讨论法的一般性质的专题论文,或者

* 这段中文译文取自〔法〕孟德斯鸠:《论法的精神》(上册),张雁深译,商务印书馆 1982 年版,第 1 页。——译者

在胡克（Hooker）的《基督教会的政体》（*Ecclesiastical Polity*）一书里，读到与法律相关的浮夸描述，你就会发现，它们同样将命令意义上的以及准确意义上的法，和仅仅属于浮光掠影的因“法”一词滥用而出现的法混淆了。这些混淆的确是不计其数的。它们充斥了 212
布莱克斯通的论文的许多篇幅，也充斥了胡克的著作的相当大篇幅。

[段落内容提示：物理性质的制裁，或者自然性质的制裁。]

前面讨论了两种“法”的相互混淆。第一种法是比喻意义上的法。第二种法是命令意义上的及准确意义上的法。现在，我转向讨论另外一个类似的错误。这个错误，我认为，是边沁先生所犯的错误。

准确意义上的制裁，以及并非准确意义上的制裁，可以分为三种基本类型：其一，我们所说的准确意义上的制裁，它们包含在上帝法中；其二，我们所说的准确意义上的制裁，它们包含在实际存在的由人制定的法之中；其三，我们所说的准确意义上的制裁以及和这种制裁十分类似的制裁，这些制裁分别用以强制人们遵守实际存在的社会道德规则。但是，针对宗教的、法律的、道德的制裁，这位伟大的哲学家、法学家，增加了一类他称为物理性质的（physical）或者自然性质的（natural）制裁。

在将这些制裁称为物理性质的制裁的时候，他并不打算提示，这些制裁是基于运作方式的特征，而不同于其他制裁的。他也不打算提示，这些制裁仅仅是通过物理方式或外在（material）方式影响被制裁一方的。事实上，任何一种制裁都是可以通过这些方式实施于被制裁一方的。如果一个人由于造物主的临时旨意而变得双目失明，那么，他就等于是遭受了一个破坏身体器官的宗教制裁。另一方面，如果由于过失，他冒犯了神法，那么，他就会遭受同样种类的宗教制裁。盗窃犯被处以绞刑，被关进监狱，是以一个司法命令（judicial command）作为根据的。但是，他所遭受的制裁也是一种物理的或外在的制裁。如果绅士阶层中的一个人，违反了“尊严法”，而且，恰巧在决斗中被射杀，而这一决斗，是因为他自己的道德过失而引发的，那么，他就遭受到了一种道德制裁（moral sanction）。这种道德制裁，同样是以物理或外在的方式表现出来的。

我认为，边沁先生赋予“物理性质的制裁”这一表述的含义，可以用如下方式表达出来。——一个物理性质的制裁，是一个给予受惩罚一方的不利后果。而以不利后果加以惩罚的根据，在于受惩罚一方自己实施的行为或者过失。但是，尽管如此，不利后果却不是都通过神法，或者实际存在的由人制定的法，或者实际存在的社会道德规则，而施加给受惩罚一方的。例如，如果你的房屋是由于你自己的疏忽大意而点燃火花，从而被烧毁了，那么，你就是由于自己的疏忽大意，给自己带来了一个**物理性质的**制裁或**自然性质的**制裁。我的意思，在此是假定，你的疏忽大意不是一个真正意义上的过失，而且，随之而来的你的房屋被烧毁，也不是一个真正意义上
213 的由造物主之手所施加的惩罚。简单来说，即使一个物理性质的制裁，是一个落在理性存在（rational being）身上的不利后果，而且，是由于其自己的一个行为或过失而引发的，我们也不能因此认为，这个制裁，要么是通过命令意义上的和准确意义上的法，要么是通过一个类似的由舆论确立或设定的法，而落在这个理性存在的身上

的。如果我可以借用正确表述的语言，即使和洛克所说的如出一辙也罢，那么，我应该用如下这些术语，来描述一个物理性质的制裁：它是一个不利后果，自然而然地由一个行为所引发，而且，它是在没有一个法律干预的情况下，落在受罚者身上的。

下面提到了一些类比。正是由于这些类比，人们才将这样的物理性质的不利后果或自然性质的不利后果，和我们所说的准确意义上的制裁联系起来。第一，当它们出现的时候，它们是由于一个理性存在自己的行为或过失，而落在这个理性存在身上的。第二，在它们出现之前，或者当其出现已是预料之中的事情的时候，这些不利后果，影响着可能遭遇这种后果的人的意志或者要求，正如我们所说的准确意义上的制裁影响义务履行者的意志一样。可能遭受不利后果的人不得不采取行动以避免大祸临头，或者自我去制止一种可能导致不利后果出现的行为。

然而，尽管我们可以作出这样的具体类比，基于各种理由，我依然认为将“制裁”这一术语适用到这些物理性质的不利后果或者自然性质的不利后果是不合适的。在这些理由中，我将简略地提到如下两个。—其一，即使智慧的理性存在遭受了不利后果，而且，是由于自己的行为或过失而遭受这种后果的，这种情况的出现，也依然可能不是因为没有服从其他理性存在的要求。导致不利后果出现的行为或过失有时不能比作不履行义务或者违反具有强制性质的法。将这些不利后果与我们所说的准确意义上的制裁加以类比，就像将比喻意义上的法和命令意义上的而且准确意义上的法加以类比一样，是牵强的。其二，根据“制裁”这一术语，正如现在所限定的，强制人们遵守命令意义上的和准确意义上的法具有威慑性的不利后果，或者强制人们遵守舆论确立或设定的具有类似性质的法的不利后果，直截了当地说，与其他不利后果是不同的。如果将“制裁”这一术语广泛地适用于这些具有物理性质的不利后果，或者具有自然性质的不利后果，那么，这一术语具有的优点就会无影无踪。这一术语，就会使人认为，每一个可能的不利后果都是由于一个人的自作自受，而且，就会使人认为，每一个偶发的不利后果都可以成为行为或不为的动机的刺激因素，并且，基于人的意志或
214 要求而产生作用。

[段落内容提示：从严格意义上来说，解释性质的法，规定撤销其他法律的法，以及规定道义义务的法（就罗马法学家的意思而言），应该分别归类为比喻意义上的法或者隐喻意义上的法，以及实际存
226 **在的道德规则。]**

在下面，我将作出一些相关的评论，以结束有关比喻意义上的“法”的演讲，结束有关比喻意义上的“制裁”的演讲，而这种制裁，边沁先生将其称为物理性质的制裁。

解释性质的法（declaratory laws），规定撤销其他法律的法，以及规定不受法律责任约束的法（就罗马法学家的意思而言），仅仅是与人们在准确意义上使用“法”所指称的法相类似的法。像命令意义上的和准确意义上的法一样，解释性质的法、规定撤销其他法律的法，以及规定不受法律责任约束的法（就罗马法学家的意思而言），表现了法的制定者的意愿或者要求。一个规定不受法律责任约束的法（就罗马法学家的意思而言）也是基于如下相似之处，而与一个命令意义上的和准确意义上的法相互联系在一起的：像命令

意义上的和准确意义上的法一样，它是作为一个规范或者一个行为指引而被规定出来的，尽管它没有以法律上的或政治上的制裁作为自身后盾。

解释性质的法以及规定撤销其他法律的法，从严格意义上来讲，应该归入比喻意义上的法或隐喻意义上的法。因为，它们与命令意义上的和准确意义上的法之间的相互类比十分牵强。规定不受法律责任约束的法（就罗马法学家的意思而言），是由法的制定者的舆论所确立的或者是由这种舆论所设定的，而且，严格地讲应该归入实际存在的社会道德规则的范畴。当然，尽管这三种法仅仅是类似准确意义上的法，但是，它们与实际存在的由人制定的法，依然有着密切联系，而且，依然属于法理学的相应对象。因此，我将它们视为一类异样的并非准确意义上的法，当然，与此同时，将它们从严格意义上的法的族类中排除出去。

说明：

现在的一个流行趋势，是将实际存在的法和应该存在的法，实际存在的道德和应该存在的道德，混同起来。这里的意思是说，首先，人们将实际存在的由人制定的法和立法科学所研究的内容混同起来，而且，将实际存在的社会道德和道义学所研究的内容混同起来。其次，人们将实际存在的由人制定的法和实际存在的社会道德，混同起来，而且，将前者和立法科学以及道义学所研究的内容混同起来。—（参见第 200 页，以及那里的注释）。

[段落内容提示：首先，考察一下将实际存在的由人制定的法，与立法科学、实际存在的社会道德和道义学混淆起来的倾向。布莱克斯通的例子。]

法的存在是一个问题。法的优劣则是另外一个问题。法是否存在是一种需要研究的问题。法是否符合一个假定的标准，则是另外一种需要研究的问题。

一个法，只要是实际存在的，就是一个法，即使我们恰恰并不喜欢它，或者，即使它有悖于我们的价值标准。这一真理，当我们将其作为一个抽象的命题正式加以陈述的时候，是十分简单，而且明确清晰的。因此，坚决主张这一真理，纯粹是多余的。但是，尽管其是简单的，而且是明确清晰的，然而，以抽象方式加以说明问题的时候，人们却依然忽略了这个真理。这种情况，在学者的著述中可以说是比比皆是。

例如，威廉·布莱克斯通先生在其《英国法释义》(*Commentaries*)中说，上帝法所设定的义务，高于一切其他法，人类法如果与上帝法相互矛盾，是不能够容忍的。他还认为，如果人类法与上帝法背道而驰，则人类法没有任何的
215 法律效力，而且，所有有效的法，其强制力都是来自神法渊源的。

在这里，他的意思也许是这样的：所有的人类法应当与神法保持一致。如果他的意思的确如此，那么，我会毫不迟疑地表示赞同。当不服从神的命令的时候，我们可能会遭遇它所施加的不利后果。这种不利后果，是我们应当遭受的最大的不利后果。因此，上帝法设定的义务，相对那些其他法设定的义务而言，是至高无上的。如果人类的命令与神法是相互冲突的，我们就不应该服从强制制裁力量较弱的命令。所有这些，都包含在“应当”(ought)的含义之中。这个命题(即所有的人类法应当与神法保持一致)，属于意思准确一致的命题，因而，是不可争辩的。—对于我们来说，应该选择较小的、较为不确定的不利后果，而不是较大的、较为确定的不利后果。如果这正是布莱克斯通的意思，那么，我是赞同他的命题的。我在这里所反对的，仅仅在于他的意思没有告诉我们任何新东西。

此外，也许他在表达这样一个意思：人类立法者在制定法律的时候，本身就应当遵守神法，并且以神法作为最终的标准，因为，如果不遵守的话，上帝就会惩罚他们。就这一点来说，我也是完全赞同的。毕竟，如果功利原则是我们理解上帝法的标记渠道，那么，上帝法就应该涵盖我们的所有自愿行为。而且，我们的行为动机，上帝法已经要求应该具有一个指导性的标准，这个指导标准可以和一般幸福保持一致。

但是，布莱克斯通这句话的意思，如果有一个意思的话，似乎是与之相反的。它的意思是想表明，与神法相互冲突的人类所制定的法是没有约束力的，也是没有强制力的。换句话说，与神法相互冲突的人类所制定的法，**不是法**。

因为，“不包含神之义务的法”这样一种表述，在术语上是自相矛盾的。我在这里设想，这就是他的意思。因为，在他看来，当我们谈到任何一个人类所制定的法的时候，谈到它是否有效的时候，如果它与神法是相互冲突的，那么，我们的意思都是在讲它是没有约束力的。换句话说，这就有如出现一个合同协议，我们的意思仅仅是讲，政治社会的法律是会设定制裁的，以强制合同当事人去履行合同协议。

在这里，你可以认为与神法相互冲突的人类法是没有约束力的，或者不是法。但是，这样一种观点是没有任何意义的。最为有害的法，即使与上帝的意志是十分矛盾的，也从来都是并且继续将是司法审判机构强制实施的法。现在，我们假定一个行为是无害的，或者实际上是有益的，却被主权者以死刑加以制止。我们显然可以发现，如果我实施了这个行为，我将会受到起诉并且受到审判。而且，如果我违抗这一刑罚，那么，即使这一刑罚规定与上帝法是相互矛盾的，上帝已经命令人类立法者不应禁止没有害处的行为，法院依然会根据我已指责其不具有法律效力的法，驳回我的辩护理由，依然会将我处以绞刑。从创世纪开始至今，在一个法院里，没有听说过以上帝法作为辩护理由或请求理由可以获得成功的。

我们可以看出，这种语言的滥用不仅是幼稚的，而且是有害的。当人们认为一个法律不应该被遵守的时候，这样认为的意思，仅仅在于我们迫切感觉到需要拒绝遵守一个法律，而拒绝的动机，要比这个法律本身的制裁所引发的动 216
机是更为具有推动力的，并且是更为强烈的。如果上帝法是明确的，而人类的法律命令的确与其是背道而驰的，那么，上帝法所催促产生的反对人类法的动机，对所有人来说都是不可抗拒的。然而，上帝法并非总是明确的。所有神学家，至少是理智的神学家，都承认神之启示录没有完全清晰地表达出人类的义务所在。作为神的意志的一个指引标记，功利原则显然是不够的。对一个人是有害的事情，对另外一个人则可能是有益的。而且，针对道德感觉来说，所谓的与生俱来的实践原则、良心，等等，时常不过是无知或邪恶利益的方便借口而已。它们要么意味着我仇恨法律，我拒绝遵守法律，然而我不能够说出这是出于什么原因；要么意味着，我仇恨法律，我拒绝遵守法律，我仇恨的原因、我拒绝的原因在于我发现承认它将是不便利的。因此，如果我公开说，我是仇恨法律的，它是没有约束力的，不应当被遵守，那么，没有人会听我所说的。即使

我诉诸我的良心或道德感觉来公开这样的表示，我也依然是以另外一种似乎有理的方式，去迫切地表达同样一个主张，也依然没有人会听我所说的。在这里，我仅仅是为自己的憎恶提供一个理由。在这一刻，我仅仅是给“仇恨”一个冠冕堂皇的特别名目。我们可以发现，当国内出现动乱的时候，这种极其可恶的语言滥用的危害是十分明显的。在平静的时候，功利原则对人们发挥了有益的调解作用，其带来的福祉是十分显著的，因此，无政府学说才得以无处藏身，而且，人们习惯承认他们所不喜欢的法律的效力。自然，如果用恰当的理由去证明一个法律是有害的，那么，这一证明本身是十分有益的，因为，这样一种证明过程，可以导致人们废除有害的法律。引导公众用明确的功利观点去抵制有害的法律，也许是有益的，因为，这种抵制，以清晰明确的善的观点作为基础，有时可以产生有益的结果。但是，普遍地公开宣布所有法律是有害的，与上帝的意志相互矛盾，从而是无效的并且也是不可忍受的，其本身便是怂恿无政府主义，其对明智良好的规则所造成的敌意以及损害，远远超过了对愚蠢恶劣的规则所造成的敌意以及损害。

[段落内容提示：布莱克斯通的另外一个例子。]

在《英国法释义》的另一段落里，布莱克斯通展开了一个推论，试图证明一个奴隶主对自己奴隶的劳动是没有权利的。如果他对自己的反对奴隶制的意见是满意的，而且，自认为反对意见是言之凿凿的，那么，没有人会对此不以为然。但是，撇开法律去争论一个权利是否存在、是否可能，纯粹是荒谬的。因为，在任何一个时代，而且在几乎每一个国家，权利是由实际存在的由人制定的法所授予的。尽管自由阶层或奴隶主阶级，它们本身所拥有的实际存在的社会道德支持了这样一个有害的实际存在的由人确立的法律制度。

[段落内容提示：帕雷的“市民自由”的定义。]

在我看来，帕雷所赞成的“市民自由”(civil liberty)的定义，也是应该受到批评的。它是一个“应当”(as it ought to be)的“市民自由”的定义。帕雷认为，“市民自由的存在是不依任何法律而定的，相反，其在较大程度上，是有助于公共福祉的”。在帕雷的观念中，这种自由当然与自然(natural)自由是不同的，后者是完全不受任何限制的。但是，根据他的观点，当自由的含义不是和权利的含义丝丝入扣的时候，它仅仅意味着限制或义务的一种例外情形，而不可能意味着其他任何东西。在这个意义上，我们所说的自由，根本不可能与包含了限制和义务的法律背道而驰。换句话说，限制就是限制，尽管它是有用的；自由就是自由，尽管它是有害的。不过，如果你愿意，你当然可以将有用的限制叫作自由，而且，当限制的目的在于公共利益的时候，你当然可以拒绝承认，自由是限制的一种例外情形。但是，(我认为)我们终究可以看出，这样一种语言滥用，根本无法清晰说明政治自由的性质。你仅仅增加了这一语言用法原有的模糊与荒谬。稍后，我肯定会界定和分析“自由”的含义，说明其与权利、义务和制裁的内在联系。

[段落内容提示：国际法学者的例子。]

格劳秀斯(Grotius)、普芬道夫(Puffendorf)和其他学者在讨论国际法的时候，也陷入了类似的混乱观念之中。他们将实际存在的由人制定的国际道德(international morality)，或者，各个文明国家在相互交往中实际上形成的规则，与他们自己认为的“应当存在”的国际道德的模糊观念，与他们自己想象的应该如此的某种不确定的东西混淆起来。他们将后两者称为自然法。哥廷根的冯·马腾斯教授，一位仅仅于几年前去世的学者，是事实上的第一个讨论国际法的学者。[①] 这位学者牢牢地抓住了这里的关键区别。他第一次区别了“应当”
在国际关系中被接受的规则，或者，符合一类假定标准从而应被遵守的规则， 217
与实际上被接受的规则之间的不同之处。他努力从文明社会的实践中收集实际上被人们所承认、所奉行的规则，而且，将这些规则命名为“实际存在的由人制定的国际法”(positive international law)。

[段落内容提示：其次，考察将实际存在的由人制定的法，和实际存在的社会道德混淆起来的倾向，以及将前者和立法科学与道义学混淆起来的倾向。来自罗马法学家的例子。]

前面，我举出了若干例子。在这些例子中，“应当存在”的法律与道德与“实际存在”的法律与道德被混淆起来了。在下面，我要举出另外一些例子，在

① 应该注意，这句话是在1830年或1831年说的。

这些例子中，人们将实际存在的由人制定的法，与实际存在的社会道德，而且与立法科学和道义学所研究的内容相互混淆起来了。

有些人习惯于承认罗马法学家的法律哲学。这些人是仅仅通过道听途说而了解罗马法学家的著作的。在罗马法学家的著作中，唯一需要批评的，就是他们混淆了实际存在的由人制定的法与实际存在的社会道德，混淆了前者与立法科学和道义学所研究的内容。罗马法学家的令人惊异的不足之处，没有表现在他们的一般性的思辨之中，而是表现在他们对于罗马法进行解释的过程之中。他们准确地、富有洞见地把握住了罗马法的一般原则，而且运用令人敬佩的逻辑方法，将这些原则运用于法律的细节说明。在这个基础上，他们将实际存在的松散的法律体系，归纳为了简洁一致的一个整体。但是，罗马法学家从希腊人那里借用的哲学，或者以希腊人为榜样而建立的法律哲学，却是徒劳无功的。他们试图提出一个“法理学”的定义，试图明确说明法学家的角色地位以及法学家的工作范围。然而，他们所做的努力的确是令人失望的。我们实在难以想象，这些具有让人羡慕的辨别能力的学者，居然可以表现出如此令人啼笑皆非的低能错误。

在《学说汇纂》(*the Digest*)的开始部分，我们可以读到一段论述。这段论述，试图提出“法理学”的定义。我先用随意的译文，将这段论述呈现给你们，在这之后，我再附上原文。这个定义声称：“法理学是神事和人事的知识。这门科学，教授人们辨别公正的事务和非公正的事务。”(jurisprudentia est divinarum atque humanarum rerum notitia, justi atque injusti scientia.)另有一段摘要，来自乌尔比安，人们同样将其放在了《学说汇纂》的开始部分。这一摘要，意在界定法学学者的角色地位以及工作范围。这一段落指出：“法律，从正义(*justitia*)之中获得自己的名称，而且，是关于善的和公平的科学或技术。法律来自正义。可以认为，我们法学学者是法律的教士。因为正义是我们所敬仰的神，而且我们也是为此而工作的。正义和公平是我们为之奋斗的天职。我们教育人们，让他们知道公正与非公正之间的区别，合法与非法之间的区别。我们不仅用惩罚的威慑，而且用奖赏的鼓励，努力使他们摆脱世间的邪恶。在这里，除非我们阿谀奉承我们自己，否则，渴望完善真正的哲学就是真实的一件任务，根本不是一件像某些我们提到的人那样用无益空洞的伪装进行自我陶醉的事情。”(juri operam daturum prius nosse oportet, unde nomen juris descendat.

Est autem a justitia appllatum; nam, ut eleganter Celsus definit. Jus est ars boni et æqui. Cujus merito quis nos sacerdotes appellet; justitiam namque colimus, et boni et æqui notitiam profitemur, æquum ab iniquo separantes, licitum ab illicito discernentes, bonos non solum metu pœnarum verum etiam prœmiorum quoque exhortatione efficere cupientes. Veram, nisi fallor, philosophiam, non simulatam affectantes.)

如果我打算向你们说明这两段所提示的所有意思，那么，我会占用你们很多的时间。我将仅仅考察它们的主题以及目的。这样对我和你们都是适宜的。这里的意思是说，我将仅仅考察罗马法学家的两个任务：第一，提出一个“法理学”的定义；第二，精确说明法学学者的角色地位，以及这类学者的工作范围。其实，确切地来说，第一个任务等同于第二个任务。在这里，法理学是指法律 218
的科学，或者，最多是指综合了适用法律的技艺的法律科学，假如这种科学是存在的。但是，在我看来，作为一个法理学的定义，罗马法学家所描述的内容不仅包含了“法律”这一研究对象，而且包含了“实际存在的社会道德”这一研究对象，甚至包含了两者所参照的标准这些研究对象。因此，这个定义的描述，包含了立法科学和道义学的研究内容。进一步来说，这个描述断定了法律是来自正义的。这样，这个描述，无异于是在宣称一个事物是其自己后代的后代。因为，当我们提到“公正”，而且我们的意思仅仅在于表达我们自己的赞同之意的时候，我们的想法是指**符合一个特定法律规定的**某种东西。根据我的观点，在某些情况下，我们的确谈到了法律和正义或者法律和公平，并且将法律和正义或公平对立起来。但是，当我们这样说的时候，当我们这样做的时候，我们的意思仅仅是在表达我们并不喜欢这个法律，或者宣布这一法律和另一法律即上帝法是相互冲突的，而后者是前者的制定标准。根据我的看法，所有有害的法律，都是不公平的法律。但是，事实上，法律本身又是公平的标准。偏离法律的事务与行为，依照这一法律而言，是不公平的，即使参照另一较高权威的法律而言它们是公平的。“公平的”和“不公平”，这些术语暗含了一个标准，暗含了与这一标准的符合或背离。否则，它们仅仅表达了不喜欢的意思。而这种不喜欢的意思，用牢骚或呻吟来表达，倒是远远要比用有害的、可恶的人为语言滥用来表达更为有益。自然，人们通常将正义放在一个实体中，将其当作一个立法者来谈论，基于这个原因，正义被假定为制定法律的角色，符合正义

从而成为了一件理所当然的事情。被安排在陪审团里的十足笨蛋、碰巧被提升到法官席位中的年老妇女，当然可以优雅地谈论公平或正义——案件的争议、案件的公平、正义的迫切要求和公平的明确指引。但是，如果他（她）们这样谈论的话，那么，他（她）们等于是忘记了，在法院里参与审判的职责正是在于强制实施这个土地的法律，而不是伸张自己即时关注的正义，主持自己即时关注的公道。

[段落内容提示：曼斯菲尔德勋爵（Lord Mansfield）的例子。]

众所周知，这种倾向在曼斯菲尔德身上也是强烈的。这对一个伟大人物来说，真是奇妙的，而且是不可思议的。我举一个例子。根据英国法，承诺为他人利益而给予某种东西或做某件事，如果没有一个我们所说的“约因”，那么，承诺是没有约束力的。约因是一个为承诺而做准备的动因，这种动因，必须是一种特殊的动因。然而，曼斯菲尔德坚决主张，道德义务足以成为一个约因。并且，根据这一点，他坚决主张推翻法律的具体规定。在这里，道德义务是一个由舆论设定的义务，或者，是一个由上帝设定的义务。这里的意思是说，道德义务是我们作出选择从而要求如此行为的义务，毕竟，实际存在的社会道德的准则是变化无穷的，而且，上帝的意志，无论是由功利来说明的，还是由道德感觉来说明的，同样都属于可以争论的问题。曼斯菲尔德勋爵的这个观点，假定了法官可以强制实施道德。因此，这个观点，在我看来恰恰能使法官可以强制实施自己所意愿的想法。

在这里，我必须承认，我不会因为曼斯菲尔德勋爵假定法官具有立法者的资格，而反对他的观点。边沁先生，正如我所想象的，就曾令人遗憾地在使用判例法的称谓的同时，认为法官立法是不明智的。应该指出，无论如何，我都不会赞成边沁先生所坚持的这个观念。因为，我在设想，使用失敬的指示名词来指称对我来说是相当有益的现象，甚至是绝对必要的存在，其本身就是不明智的。我无法理解，一个考虑过这样问题的人，可以假定，如果没有法官立法，则社会有可能继续向前发展，或者可以假定，允许法官具有实际上已经具有的立法权，社会将存在难以想象的危险以及不便。考虑过这个问题的人，自然会承认，法官立法是被世人所公认的一个现象，自然不会虚构法官的判断疏忽，

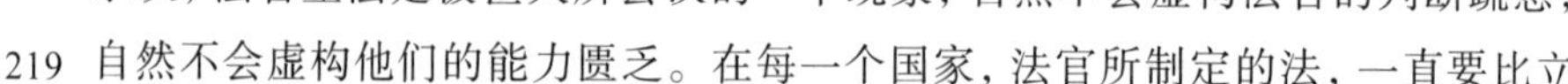

219 自然不会虚构他们的能力匮乏。在每一个国家，法官所制定的法，一直要比立

法者订立的制定法(statutes)更为优秀。我十分尊敬边沁先生,但是,我只能认为,边沁先生不应该因为法官已经立法而去指责法官,相反,他应该指责法官从事立法的胆怯、狭隘和零碎的方式,指责法官从事立法的时候,时常使用了含糊不清的语词表述,就像曼斯菲尔德勋爵在前面例子中所使用的语词表述一样。显然,对任何立法者来说,这类语词表述都是应该受到批评的。

第　六　讲

[段落内容提示：第一讲、第二讲、第三讲、第四讲、第五讲和第六讲之间的相互联系。]

实际存在的由人制定的法是法理学的真正对象。它们由于某些类似的关系，或者，由于人们的贴切或牵强的类比式修辞活动，与一些对象产生了相互联系。这里的意思是说，首先，由于某些类似的关系，它们与上帝法产生了相互联系。其次，由于同样的关系，它们与那些实际存在的社会道德规则产生了相互联系。这些社会道德规则是我们所说的准确意义上的法。第三，由于较为贴切的类比式修辞活动，它们与那些仅仅属于舆论或感觉的社会道德规则产生了相互联系。这里所说的舆论或者感觉，是人们在涉及人类行为时才具有的、才感觉的。最后，由于牵强或模糊不清的类比式修辞活动，它们与仅仅具有隐喻意义的法，或者仅仅具有比喻意义的法，而相互联系在一起。

在实际存在的由人制定的法和这些其他对象之间作出区别，是目前问题讨论的目的。这样讨论的意义，在于界定法理学的范围。

为了实现这一目的，在第一讲，我描述了法或规则(作为可以准确地给予其以最为广泛的含义的术语)的基本性质。

在第二讲、第三讲和第四讲，我说明了上帝法区别于其他法的特点或者显著标志。而且，在作出说明的时候，我解释了一种“标记渠道”的性质。这种标记渠道与上帝所没有明确表达出来的法有着重要关系。而且，我解释并且考察了与“标记渠道”的性质有关的假设前提。

在第五讲，我着重考察或讨论了一些基本问题（而且我也触及了其他具有次要意义或附带意义的主题）。这些基本问题包括：第一，某些实际存在的社会道德规则，其显著特点是什么？这些社会道德规则，可以归入人们所说的准确意义上的法。第二，另外一些实际存在的社会道德规则，它们的显著特点是什么？这些社会道德规则，由于人们不断而且随时随地的类比式修辞活动，而被称之为**法**或者**规则**，第三，仅仅具有隐喻意义的法，或者仅仅具有比喻意义的法，其显著特点是什么？

在这一讲，我将说明实际存在的由人制定的法的特点或者特
征。这类法，也是人们在严格意义上所称谓的法。在说明结束的时 220
候，我们可以认为，前面提到的目的亦即界定法理学的范围和对象也就实现了。而且，为了展开说明，我将分析“主权”这一表述，与其相关的“服从”(subjection)这一表述，以及与“主权”不可分割地相互联系在一起的“独立政治社会”这一表述。至于统治应该存在的目的、终极原因，以及实现或靠近这一目的的不同方式，我是没有兴趣的。我考察**主权**和**独立政治社会**的含义，目的在于前面提到的界定法理学的范围，细致划分法理学和其他邻近学科的界线。在这个界线的基础上，法理学的范围可以是十分清晰的。显然，考察这些含义是必要的，否则，我们无法实现上面所提到的目的。我们可以这样表述实际存在的由人制定的法的基本特点（或说使其区

别于另类法的显著标志）：第一，所有这类法，或者，所有我们径直而且严格地使用“法”一词所指称的对象，要么是由主权者个人确立的，要么是由主权者群体确立的；第二，这类法所指向的对象，是独立政治社会中的一个成员或者一些成员；第三，主权者个人或主权者群体，在这种独立政治社会中，是至高无上的，是权力无限的。换句话说，我们也可以这样认为，这类法是由君主统治者或最高权力者，对一个人或一些人所制定的，后者相对前者而言，正是处在隶属的状态之中。即使这类法直接来自另外的出处，另外的渊源，根据主权者所具有的政治优势者的特点，它们依然属于实际存在的由人制定的法，依然属于人们在严格意义上所称谓的法。或者，借用霍布斯的语言来说，“立法者之所以具有最高权力，不是因为其具有首先立法的权威，而是因为其具有可以使一项法律继续成为法律的权威”。

我已经说明了对我目前讲座适宜的主题或者论题。在这之后，我打算区别“主权”的“优势”或“强力”，和其他类别的“优势”或“强力”，区别独立政治社会和其他类型的社会。

[**段落内容提示：主权和独立政治社会的独特的显著标志。**]

被描述为主权的“优势”，是不同于其他“优势”的。“主权”概念所暗含的“独立政治社会”是不同于其他性质的社会的。因为，它们具有如下的特点或者显著标志：其一，特定社会中的**群体**，处于一种**习惯**服从或隶属一个**特定**或**一般**的优势者的状态。而这样一种一般的优势者，是某个特定的个别个人，或者，是由若干个人
221 组成的某个群体或集合体；其二，被习惯服从或隶属的某个个人，

或者某个由个人组成的群体，并没有处于一种习惯服从其他特定社会优势者的状态。舆论确立或设定的法（我们所说的并非准确意义上的法），可以永久性地影响某个个人或某些群体。为了表达或默认其他特定个人或群体的命令，这些处于被习惯服从或隶属的状态的个人或者群体，可以出现偶然的隶属情形。但是，这些处于被习惯服从或隶属的状态的个人或群体，不会习惯地服从另外一些特定的个人的命令，或者另外一些特定的由个人组成的集合体的命令，不论这些命令是明确表达出来的，还是默默表现出来的。

用另外一种方式来说，“主权”和“独立政治社会”这些用语的含义，我们也可以简洁地这样表达出来：如果一个特定的优势者，没有习惯地服从一个相似的优势者，相反，倒是获得了一个特定社会中大多数人的习惯服从，那么，在这个社会里，这个特定的优势者就是至高无上的，而且，这个社会（包括了这个优势者）是独立的政治社会。

［段落内容提示：主权与隶属的关系。］

对这个特定的优势者来说，这个社会的其他成员属于臣民。换句话说，这个社会的其他成员，对这个特定的优势者，具有依附性。相对于这个优势者，其他成员处于一种隶属的状态或者依附的状态。他们之间的持续存在的相互关系，可以描述为最高统治者与臣民的关系，或者主权与隶属的关系。

［段落内容提示：严格地说，社会中的最高统治阶层，而非这个社会本身，是独立的。最高统治权力或至高无上的权力。］

因此，我们可以得出一个推论：恰恰是通过一个省略的表达方法或者一个缩减的表达方式，这个社会才被描述为独立的。真正独立的那部分（这是说，独立于一个特定的社会优势者），不是这个社会，而是这个社会之中的最高统治阶层。这个最高统治阶层是这个社会中的某个成员，或者一些成员组成的某个群体。社会之中的大多数人或者所有人，对最高统治阶层的命令，不论是明确表达出来的，还是默默提示出来的，都表现出了习惯性的服从。这个社会之中的其他成员，对最高统治阶层中的某个成员或某个群体，处于一种依附的状态。或者，我们也可以认为，对这个成员或这个群体，社会之中的其他成员是臣民。当我们使用“一个独立的政治社会”或者“一个独立的主权国家”这些术语的时候，我们的意思是指一个政治社会是由一个主权者和臣民构成的。而这种政治社会和纯粹从属性的政治社会正好形成了一种对比关系。需要说明的是，纯粹从属性的政治社会，仅仅是另外一个政治社会的隶属部分或者一个成员，而且，完全是由处于从属地位的个人所组成的。

［段落内容提示：为使一个特定社会构成一个独立的政治社会，我在前面提到的两个特殊的显著标志必须结合起来。］

为使一个特定的社会构成一个独立的政治社会，我在前面提到的两个特殊的显著标志，必须结合起来。其一，一个特定社会的所有人，必须习惯地服从一个特定的一般性的优势者。其二，这个特
222 定的个人或者特定的群体，必须没有习惯地服从另外一个特定的个人或群体。正是第一个肯定的显著标志和第二个否定的显著标志相互结合起来，才使这一特定的优势者，可以称为主权统治者或者最高统治者，才使这一特定社会（包括这一特定优势者）可以成为

一个独立的政治社会。

为了理解这样两个特殊的显著标志如何可以使一个特定的社会成为独立的政治社会，我希望，你们可以注意下面的论点以及例子。

第一，为使一个特定的社会构成一个独立的政治社会，这个社会中的大多数人或者所有人，必须习惯地服从一个特定的一般性的优势者。

在社会所有成员服从一个特定的优势者的情况下，如果服从行为是罕见的，而且是瞬息即逝的，那么，在这个特定的优势者和这个特定社会中的其他成员之间的主权与隶属的关系便没有建立起来。换句话说，这个特定的优势者和这些成员，由于服从行为的罕见以及瞬息即逝，并没有组成一个独立的政治社会。我们也可以这样认为，这个特定的优势者并不是因为出现了独立的政治社会，才成为最高统治者的。是否为独立的政治社会这一问题，与特定的优势者的地位问题是没有关系的。

例如，1815 年，同盟军（the allied armies）占领了法国。在同盟军占领了法国之后，法国政府便服从了同盟军的命令。不仅如此，通过法国政府，法国人民也普遍地服从了同盟军的命令。但是，由于这些命令和对命令的服从相对来说是稀少的，在同盟军最高统治者和被侵略国家的人民之间，就没有形成一个主权与隶属的相互关系。尽管出现了这些命令，出现了对命令的服从情形，法国政府依然是最高统治者或者具有独立性。我们也可以这样认为，尽管出现了这些命令，尽管出现了对命令的服从情形，法国政府及其臣民依然构成了一个独立的政治社会，而同盟军的统治者不是最高统治阶层的组成部分。

在这里，如果法兰西国家在服从那些统治者之前，一直是一个处于自然状态或无政府状态的独立社会，那么，它就没有因为这种服从而转变为一个政治的社会。说它一直没有转变为一个政治的社会，另外的原因在于没有出现习惯性的服从。就缺乏习惯性的服从而言，法国没有因为服从同盟军统治者，从一个独立的政治社会
223 转变为了一个政治的但是具有隶属性质的社会。因此，一个特定的社会，不是一个政治的社会，除非社会成员相对特定的一般性质的优势者来说，处于一种普遍的习惯服从。

再如，一个弱国是缺乏稳定的独立性的，或者，面对列强的强权，弱国是容易遭受侵略的。由于容易遭受侵略，这个弱国及其大多数臣民，就出现了对列强偶尔发布或提示的命令的服从情形。比如，当时的盎格鲁-撒克逊政府及其臣民，面对构成神圣同盟（Holy Alliance）的诸列强，其所处的位置便是这样一种情形。但是，由于诸列强发布的命令以及对命令的服从几乎没有出现，至少是十分罕见的，在盎格鲁-撒克逊政府及其臣民和诸列强之间，便没有构成主权和隶属的相互关系。从这一点来看，尽管命令是存在的，服从也是存在的，这个弱国依然是享有主权的或者依然是独立的。换一种说法来讲，尽管存在着命令，尽管存在着对命令的服从，但是，弱国政府和其臣民依然构成了一个独立的政治社会，而在这个社会中，诸列强不是最高统治阶层的一个组成部分。尽管诸列强是永久性的优势者，并且，尽管弱国是永久性的劣势者，然而，就前者而言，前者没有发布命令的习惯，就后者而言，后者没有服从的习惯。尽管弱国不能保卫和维护自己的独立，但是，在事实上，在实践中，它是独立于前者的。

从上面所举的两个例子中，我们可以作出这样的推论：一个特定的社会，不是一个政治的社会，除非这个社会的成员普遍地**习惯**服从一个特定的一般性的优势者。—弱国及其臣民，并不因为服从诸列强，而使自己的社会从一个独立的政治社会变为一个隶属的政治社会。弱国及其臣民是不会因为服从诸列强，而使自己的社会发生这样转变的，因为，这种服从缺乏习惯的性质。正是在这个意义上，如果弱国是一个自然的社会（撇开这种“服从”不说），那么，它不会因为出现了服从的情形而变为政治的社会。

第二，为使一个特定的社会构成一个政治的社会必须出现这样一种情形，其中，社会的**大多数成员**或**所有成员**习惯地服从一个特定的**一般性的**优势者，换一种方式来说，社会中的**大多成员**或**所有成员**，习惯地服从**同一的**特定个人或者特定的由若干个人组成的群体。

除非在社会中出现大多数人习惯服从某个对象的情形，而且，是大多数人对同一的优势者的服从，否则，这个特定的社会要么处于一种自然状态，要么处于两个或多个独立政治社会的分裂状态。 224

例如，当一个特定的社会，因为内战而变得四分五裂，而且，冲突各方的势力几乎是旗鼓相当的，这个特定的社会就处于了我在这里提到的两种状态之中的其中一种。—由于不存在一个社会大多数成员习惯服从的一般性的优势者，这个特定的社会不是一个单一的或统一的社会。—如果冲突各方各自内部的大多数人习惯地服从自己的领导，这个特定的社会便分裂为两个或多个社会。处于分裂状态的两个社会或多个社会，也许可以分别被描述为独立的政治社会。—如果冲突各方各自内部的大多数人没有处于习惯服从一个对象的状态，那么，这个特定社会，简单来说，绝对是个自然社会或者无政府社会。它要么被拆散为个别的要素，要么被拆散为无数的地域极其有限的微型社会。由于地域是十分有限的，这些微型社会几乎不能被描述为独立的政治社会。毕竟，正如我稍后将要表明的，当缺乏一个适当的地域范围(这一范围是不能够精确固定的)，或者，这一范围是相当有限的或极为有限的时候，一个特定的独立社会，显然不能被描述为具有政治的性质。

第三，为使一个特定的社会可以构成一个政治的社会，社会中的大多数人或者所有人，必须习惯地服从一个特定的优势者，一个一般性的优势者。

关于这个问题，我不想再做进一步的讨论。因为，在第五讲，我已经充分地说明了只有特定的一个主体才可以明确地发布命令或者提示命令，才可以得到他人的服从或从属。而且，我已经充分地表明了，只有特定的群体才有能力协调自己的行动，才可以让观察者辨认出是具有肯定性质的群体，还是具有否定性质的群体。

第四，从前面的论述中，我们可以得出这样一个看法：为使一个特定的社会可以构成一个政治的社会，社会中的大多数人必须习惯地服从一个特定的一般性的优势者；当然，为使一个特定的社会可以构成一个政治的社会，而且具有独立的性质，这个特定的优势者必须没有习惯地服从另外一个由人组成的优势者。

即使这个特定的优势者习惯性地受到由舆论确立或设定的法的影响，这个特定的社会，依然可以构成一个政治的社会，而且具有独立的性质。即使这个特定的优势者，表现出了对其他特定主体的命令的偶尔服从，这个特定的社会，也是可以构成一个政治的社会，并且具有独立的性质。但是，当这个特定的优势者习惯性地服从一个特定个人或群体的命令的时候，这个特定的社会，尽管具有政治的性质，然而依然缺乏独立的性质。

例如，我们可以假定，一位总督习惯地服从授予他权力的优势 225
者。此外，为使这个例子成为完整的例子，我们可以另外假定，这位总督在其领地得到了大多数人或所有人的习惯服从。—现在，即使这位总督在自己的领地习惯地发布命令，而且得到了大多数人或所有人的习惯服从，他也依然不是这一领地的最高统治者，不是这一独立政治社会的一位居民。这位总督以及（通过这位总督）这一领地的大多数居民或者所有居民，实际上习惯地服从或隶属更大社会的最高统治。他和这一领地的其他居民，由于这个缘故，处于一种隶属更大社会的主权的状态。他和这一领地的其他居民构成了一个政治社会，但是，这一社会具有从属的性质，从而是一个仅仅属于另一社会的所属部分的政治社会。

[**段落内容提示：一个独立的但是具有自然性质的社会。**]

一个自然社会，一个处于自然状态的社会，或者一个独立的但是具有自然性质的社会，是由这样一些人组成的：他们，由于相互交流而联系在一起，但是，不是作为政治社会的最高统治者而存在的，不是作为政治社会的臣民而存在的。在他们之中，没有一个人是生活于隶属状态的，或者所有人是生活于独立状态的。第一种状态具有肯定的性质。第二种状态具有否定的性质。

[**段落内容提示：若干独立政治社会基于交流而形成的社会。**]

通常认为，若干独立的政治社会，作为若干完整的社群来考虑，而且就其相互关系来考虑，它们等于是处于自然状态之中的。此外，人们一般相信，若干独立的政治社会，作为若干完整的社群来考虑，而且就其相互交流从而建立相互联系来考虑，它们等于是一个自然社会。然而，这些观念并非是完全正确的。由于这些相互联系的社会各自本身内部的成员是政治社会的成员，这样，在严格意义上，它们之中没有一个政治社会是处于自然状态的。更大的社会也不能因为相互交流的存在，而被称为严格意义上的自然社会。准确地讲，若干相互联系的社会，其中的若干成员是处于这样一种地位的：他们作为最高统治者和臣民构成了一个政治社会。但是，每一个最高统治阶层生活在一个否定的条件之中，而这一条件，被描述为独立的状态。

基于各个独立政治社会的相互交流而形成的社会，属于国际法管辖的领域，或者，属于各国相互认可的法律所管辖的领域。因为(采用流行的表述)，国际法或者各国相互认可的法律，是与作为若干完整社群的各个独立政治社会所实施的行为有关的。这里的
226 意思是说，“一般国际法，是因为各国的相互认可而出现的”(*circa negotia et causas gentium integrarum*)。更为准确地来讲，国际法或各国相互认可的法律，是与主权行为有关的，而主权行为在这里是作为国家相互交往关系来考虑的。

因此，我们不可避免地会得出这样一个结论：在各个国家之间获得认可的法，不是实际存在的由人制定的法，因为，每一个实际存在的由人制定的法，是由一个特定的主权者对处于隶属状态的一个人或若干人制定的。正如我已经提示过的，在各个国家之间获得认可的法(我们所说的并非准确意义上的法)，是由一般舆论所确立

的。其所设定的义务是由道德制裁所强制实施的。无论是从国家角度来说，还是从主权者角度来说，道德制裁都包含了对国际社会所产生的一般敌视的担心，包含了自己对国际社会所实施的不利后果的担心。当国家或主权者将要违反普遍被接受的国际规范的时候，便会出现这种敌视以及不利后果。

[**段落内容提示：一个社会具有政治的性质，但是也可以同时是隶属他者的。**]

一个政治社会，如果是隶属他者的，那么，便仅仅是另外一个独立政治社会的所属部分。其中的所有成员，包括直接的领导人物或者领导群体，都是生活在隶属同样一个主权者的状态之中的。

[**段落内容提示：一个社会不具有政治的性质，但是，构成了另外一个独立政治社会的所属部分。**]

除了独立的政治社会、自然的但又具有独立性质的社会、由于若干独立政治社会相互交往而形成的社会，以及具有政治性质但又隶属他者的社会以外，还有一些社会，具有自己的另外的独特性质。像具有政治性质但又隶属他者的社会一样，尽管构成了另外一个独立政治社会的所属部分，或者成为了另外一个独立政治社会的所属成员，虽然它是由生活在隶属状态之中的社会成员构成的，虽然它是由作为个人的臣民构成的，但是，这种具有另外独特性质的社会，其本身不是一个政治社会。——一个由生活在隶属状态中的父母子女构成的社会，从这些特点去观察，是可以作为一个例子来说明的。

具有政治性质但又隶属他者的社会，不同于由臣民成员构成的缺乏政治性质的社会。将它们作出区别，意思在于区别隶属他者的政治优势者的权利义务和作为个人的臣民的权利义务。在我作出这种区别之前，我必须分析许多意义复杂的语言表述，这些表述属于法理学的细节内容。但是，作出这种区别说明，并不是我目前的目的所要求的。为了实现我在这里的目的，界定“主权”的含义，以及另外的但又与之相互联系的“独立政治社会”的含义，才是一件必须要做的事情。因为，每一个实际存在的由人制定的法，或者每一个我们时常径直而且严格地使用“法”一词所指称的对象，是由一个权力独掌者或主权者以直接或间接的方式确立起来的。它
227 们所针对的对象是处于相对隶属状态的个人或者群体。

[段落内容提示：“独立政治社会”这一术语(包括与之相互关联的“主权”这一术语)，其抽象的定义，我们无法用十分精确的表述加以表达。因此，它是一个难免有疏漏的、针对具体或特殊情形而言的术语或者定义。]

“独立政治社会”这一术语(包括与之相互关联的“主权”这一术语)，其抽象的定义，我们无法用十分精确的表述加以表达。因此，它是一个难免有疏漏的、针对具体或特殊情形而言的术语或者定义。这一至少是不完善的、抽象术语所要采用的定义，几乎不能使我们界定每一个可能社会的种类性质。它几乎不能使我们界定每一个独立的社会，无论该社会是政治性质的，还是自然性质的。它几乎不能使我们界定每一个政治的社会，无论该社会是独立性质的，还是从属性质的。

为使一个特定的社会可以构成一个政治的独立的社会，我在前

面提到的肯定的显著特征以及否定的显著特征必须结合起来。肯定的显著特征，在于这个社会中的大多数人或所有人，必须是习惯地服从一个特定的一般性的优势者。否定的显著特征，在于这个特定的个人或特定的由个人组成的群体，必须没有习惯地服从另外一个特定的个人或者群体。

但是，当我们说到“这个社会中的大多数人必须服从一个一般性的优势者”的时候，这里的“大多数人”，究竟是指多少人？或者，在这个社会中，究竟哪一部分成员必须服从同样一个优势者？此外，假定这个社会中的大多数人已经服从一个一般性的优势者，那么，这种服从的次数究竟需要多少，这种服从的时间究竟需要多长，才能使这种服从成为一种习惯的服从？—在这里，由于这些问题不可能精确地加以回答，“主权”这一概念以及“独立政治社会”这一概念，它们的肯定的显著标志，针对具体或特殊的情形而言，是一个难免有疏漏的定义标准。它们的肯定的显著标志，不能使我们界定每一个独立的社会，不论这个社会是政治的，还是自然的。

就一个标准型的独立社会而言，如果它的确是存在的，我们就应该毫不犹豫地使用这一肯定性的定义标准，毫不迟疑地将这一社会的种类性质加以确定。就另外一些情形而言，如果服从同一优势者的人数是十分众多的，服从的次数是十分频繁的，而且持续不断，那么，我们就可以毫不迟疑地宣布它是政治性质的社会，毕竟，在这个地方是没有任何描述困难的。这里的意思是说，针对这些另外的情形，如果服从的人数十分众多，服从的次数十分频繁，我们就可以毫不迟疑地断言，我们就会没有任何描述困难地断言，这一社会成员普遍地习惯服从或从属一个特定的一般性的优势者。例如，英国的一般状态以及所有其他大致较为文明的独立社会的一般状态就是这样的。—除此之外，如果社会中服从同样一个优势者的人数是极为有限的，或者，普遍的服从是断断续续的，偶尔出现的，
228 那么，我们就会毫不犹豫、毫不迟疑地宣布，这个社会是个**自然的**社会。换句话说，如果一个社会出现了这样的状态，我们就会毫不犹豫、毫不迟疑地认为，这个社会中的成员，**没有普遍地习惯**服从一个特定的**一般性的**优势者。例如，在新荷兰（New Holland）丛林和海岸上曾经持续存在过的捕鱼狩猎的独立野蛮社会，就是处于这样一种状态的。

但是，就偏离标准类型的独立社会而言，或者，就某一时刻并非正常的独立社会而言，我们几乎不会发现我们可以绝对清晰地说明它们的种类性质，我们几乎不会发现我们可以非常明确地查清社会成员究竟是普遍地服从同样一个优势者，还是没有普遍地服从。换一种方式来说，我们几乎不能发现，我们可以非常明确地辨明，社会成员究竟是习惯地服从同样一个优势者，还是没有这样一种习惯。例如，当查理一世（Charles the First）和英国国会的冲突日趋尖锐的时候，英国国家分裂为了两个独特的社会。其中任何一个，都可以称为具有政治性质的社会，而且，可以肯定地被描述为独立的社会。在冲突的硝烟沉寂之后，这两个独特的社会恢复了原状，英国国家再次重新联合起来了。在英国国会的一般性统治之下，英国再次成为了一个独立的政治社会。但是，在冲突日趋平静之后，我们何以可以精确地说，在某一个关键阶段，这种一般性的统治的确是完全重新建立起来了？或者，在冲突硝烟沉寂之后，我们何以可以在精确的意义上断定，在某一关键阶段两个独特的社会彻底消

失了，而且，国家因此又再次重新联合成一个政治社会？我们何以在准确的意义上断定在什么时候，如此众多的英国人开始服从了英国国会？在什么时候，普遍性的服从开始持续不断，日日可见？从而，我们可以认为这个国家的大多数人已经习惯地服从运用主权的国会？此外，我们何以精确地说明，在冲突已经平静之后，直到这一关键阶段业已出现，由英国人民构成的社会阶层的性质究竟是怎样的？——这些问题，我们是无法作出肯定回答的，即使我们精确地知道了许多事实也是如此。

在这个意义上，“主权”和“独立政治社会”的肯定的显著标志，是一个难免有疏漏的定义标准。这个定义标准，并不能够使我们精确说明每一个独立的社会，无论一个独立的社会是政治的，还是自然的。

同样，“主权”和“独立政治社会”的否定的显著标志，也是一个不确定的定义尺度。它不能够使我们精确说明每一个政治性质的社会，无论一个政治社会是独立的，还是从属的。——如果存在着一个特定的一般性的优势者，而且，一个政治社会中的大多数人习惯地服从这个优势者，那么，这一优势者是否就没有习惯地服从另外一个特定的个人或者群体？这个一般性的优势者，是至高无上的、独立的，还是处于一个从属的状态？

就无数的政治社会而言，我们没有办法绝对肯定地回答这些问题。例如，尽管神圣同盟统治着盎格鲁-撒克逊政府，但是，神圣同盟发布的命令，以及它所得到的服从，相对来说都是十分罕见、屈指可数的。于是，盎格鲁-撒克逊政府依然是至高无上的，或者掌握着最高统治权，而这一政府及其臣民依然构成了一个独立的政治社会，即使在名义上，盎格鲁–撒克逊政府是服从神圣同盟的。然而，正是在这里，我们发现了，命令和服从偶尔又都是较为频繁的，我们还发现了，我们总是没有办法精确肯定地说明盎格鲁–撒克逊社
229 会的阶层性质。我们可以看到，我们不可能精确肯定地说明最高主权究竟是在何处。我们不可能精确肯定地说明，盎格鲁–撒克逊政府，究竟是至高无上的独立的政府，还是习惯地服从这个神圣同盟，或说险恶的君主统治者，从而，处于一种隶属状态。[①]

因此，“独立政治社会”的定义或一般含义是模糊的，或者是不确定的。当我们将它用于个别具体的情况的时候，我们就会时常遇到我已努力说明的困难。

我已努力说明的困难，经常使那些“实际存在的社会道德”的概念使用陷于尴尬境地。这些社会道德，在这个地方，我是当作“国际法”来讨论的。

例如，墨西哥在过去被称为墨西哥国。这个国家，曾经是一个殖民地，而且是一个曾经出现过人民起义的殖民地。针对这些情况，我们可以提出这样的问题：在什么时候，墨西哥从一个起义省份的状态转向了一个独立社会的状态？在什么时候，对墨西哥主权产生影响的殖民统治者，最终同意了起义者的领袖可以成为至高无上的统治者？或者（采用与法律意义上的政府和事实意义上的政府有关的流行语言来说），我们可以这样提出问题：在什么时候，对墨西哥主权产生影响的殖民统治者仅仅成为了**事实上的**最高统治者，而非**法律上的**最高统治者？—此外（将国际法适用到具体个别的情

① 目前普鲁士和在北德意志同盟（North German Confederation）中结合起来的其他邦国之间的关系，提示了一个十分恰当的这类困难的例子。——坎贝尔

形中)，在什么时候，中立国经由国际法的授权，最终承认了墨西哥的独立以及墨西哥政府的主权？

在这里，上面提出的问题，与下面提出的问题是一样的：—在什么时候，墨西哥的居民已经十分普遍地服从了自己的统治政府？在什么时候，这一普遍服从开始变得持续不断？从而，墨西哥居民 230
中的大多数人开始不断地反抗西班牙人，而且不可能恢复他们抛弃的依附习惯？

另一方面，上面提出的问题，与这种问题也是一致的：—在什么时候，墨西哥的居民已经十分普遍地服从自己的统治政府，在什么时候，这一普遍服从开始变得持续不断，从而，我们可以认为墨西哥居民在事实上开始独立于西班牙人，而且，可能永久地保持实际独立的状态？

确切地来说，在我们提问所涉及的关键阶段(如果墨西哥真是达到过这个阶段，那么，就这样认为好了)，各国普遍接受的社会道德才授权中立国承认墨西哥的独立以及墨西哥政府的主权。但是，由于我在上面努力说明的令人困惑的困难，准确地描述这个关键阶段、准确地说明中立国是如何在这个关键阶段上承认墨西哥独立是不可能的。而且，准确地说明中立国是如何在西班牙和发生起义的殖民地之间进行卓有成效的斡旋，也是不可能的。

这个困难，其本身就以各种各样的方式，在国际法中出现过。这一困难所涉及的令人尴尬的问题，在国际法科学中的确已经凸显出来了。而且，正如我将要时常表明的，我们所说的严格意义上的法，同样没有摆脱类似的困难。例如，“合理的时间”“合理的注意”，以及“合理的补救”，这些表述，就是特别模糊不清的；划分污辱性的评说和公正性的评说的分界线，就是特别模棱两可的；构成版权侵权的内容，就是特别令人难以捉摸的；构成白痴状态或精神病患状态的精神越轨程度，就是特别令人困惑不解的。在所有这些情形中，我们所提到的困难，和“主权”以及“独立政治社会”这些术语所固有的困难具有同样的性质。它们源自术语的模糊以及不确定，而这些术语，我们在作出定义的时候，在制定规则的时候，不可避免地需要加以使用。而且，我在设想，当人们已经热切地关注一个荒谬的考察，亦即上述那些问题究竟属于法律问题还是属于事实问题的时候，这些困难，正是他们所要面对的困难。事实上，它们既不单独是法律问题，也不单独是事实问题。单独的事实问题，是可以彻底查清的，而且，单独的法律问题，只要问题能够被考察，也是可以彻底查清的。毕竟，规则是为人所知的。除此而外，正如罗马法学家界定的，具体的事务种类也是为人所知的。上面所说的那些困难，存在于将规则适用于具体事务种类的过程之中。无论精确说明法律是什么，还是精确说明事实是什么，我们都不会遇到这些困难。相反，在精确说明特定法律是否适用于特定事实的时候，我们才会遇到这些困难。

在前面的分析中，我已经默默地假定，每一个构成政治社会的
231 独立社会都有一个基本属性。现在，我将细致地描述这个属性。

[段落内容提示：为使一个独立的社会构成一个政治的社会，这个社会，必须具有一个可以细致查清的人数。当然，这个人数可以被叫作“相当多的”或者“并不稀少”。]

为使一个独立的社会构成一个政治的社会，这个社会，必须具

有一个可以细致查清的人数。当然，这个人数可以被叫作“相当多的”或者“并不稀少”。一个特定的独立社会，其人数可以被称为相当有限的。通常而言，这个人数相当有限的独立社会，肯定是个自然社会，而不是一个政治社会，即使其成员普遍地具有服从或从属一个特定的一般性优势者的习惯。

例如，我们可以假定，一个孤立的未开化的家庭，远离其他所有社群，生活在绝对隔离的状态之中。而且，我们可以假定，父亲作为一家之主，得到了妻子和孩子的习惯服从。—在这里，由于不是另一个更大社群的所属部分，这一由父母孩子组成的社会，显然是一个独立的社会。而且，由于家庭其余成员习惯地服从一家之主，这个独立的社会，如果人数不是极为有限的，是可以构成一个政治社会的。但是，家庭的成员数目毕竟是极为有限的，因此（我相信），它注定是一个处于自然状态的社会。这里的意思是说，它是一个由若干并非处于隶属状态的个人所组成的社会。如果不是使用有点可笑味道的术语的话，我们肯定不能将这个社会描述为一个独立的社会，而且具有政治的性质；我们肯定不能认为，作为一家之主的父亲具有强制的力量，是一个掌握独有权力的人，或者一个主权者，而作为其服从者的妻子和孩子，则是臣民。—（孟德斯鸠说）“公共权力必然包括了一些家庭组成的权力”（La puissance politique comprend nécessairement l'union de plusieurs familles）。

再如，我们可以假定，一个社会被认为是独立的社会，不是另外一个更大的社群的所属部分。我们可以假定，其成员数目并非是极为有限的。而且，我们可以假定，它处于一个未开化的状态之中，或者处于十分接近野人生活状态的极端粗野的条件之中。

如果这个特定的社会处于未开化的状态之中，或者处于十分接近野人生活状态的极端粗野的条件之中，那么，这个社会的大多数成员或者所有成员，并没有习惯地服从同样一个优势者。为了进攻外敌，为了抵御外敌，这个社会的大多数有能力武装起来的成员，或者全部有能力武装起来的成员，可能会暂时服从一个领导者或者一群领导者。但是，这样一种紧急情况是会很快过去的。当暂时的紧急情况过去了，短暂的服从也就停止了，这个社会也会恢复到日
232 常状态之中。大多数人是属于许多家庭的。这些家庭，其本身就分别构成了许多特定的社会。在这些特定的社会中，这些大多数人习惯地服从自己的特殊领导者。但是，这些具有“家族”(domestic)特征的社会，本身就是独立性质的社会，同时，它们各自并没有由于对一个特定的一般性优势者的普遍习惯服从，而组成一个政治性质的社会。此外，这些社会之中的大多数人，没有处于习惯地服从同一优势者的状态。因此，在这个地方，也就不存在可以称为这些社会或社群之中的法的东西(我们所描述的简略严格意义上的法)。在这些社群中，对大多数人来说，所谓的普遍的法，准确地讲，纯粹是习惯规则。这里的意思是说，这些法是由这些社会的一般舆论所确立或设定的，但是，并没有以法律的制裁或政治的制裁作为强制后盾。—我在这里简略描述的状态是野蛮的具有独立性质的社会的一般状态，而这种社会，是那些在新荷兰丛林和海岸上以捕鱼狩猎为生的社会。在北美大陆的森林以及平原上遍布的野蛮独立社会，其一般状态也是这样的。许多日耳曼邦国的一般状态，同样是如此。而这些日耳曼邦国的统治者被人们称为“塔西佗”。

在这里，由于社会之中的大多数成员，没有习惯地服从同样一

个优势者，这些特定的家庭式独立社会，肯定（我相信）就是处于一种自然状态的。这是说，它们并非是由处于一种隶属状态的人所组成的。当然，除非“政治的”这一术语，只能严格地适用于成员具有相当数量的独立社会，否则，这些家庭式的社会也不是必定如此的。假定“政治的”这一术语，可以适用于人数极为有限的独立社会，那么，每一个独立的家庭，也是可以构成一个特定社会的，而且，其本身也是可以形成一个政治性质的社会。因为这些家庭之中的大多数人毕竟是习惯服从自己的特定领导者的。而且，当我们看到每一个这样的家庭，其本身可以构成一个独立的政治社会的时候，我们也就只能认为，这些特定的社会肯定不能在严格意义上被描绘为自然社会。准确地讲，如果这些特定的“家庭”社会，可以形成一个独立政治社会的集合群体，而且，如果我们看到其中一些成员，并非是同一独立家庭的成员，那么，我们可以认为，这些特定的社会可以形成一个独立政治社会的集合群体，在这个集合群体中混合了一些生活在自然状态中的独立个人。—除非将“政治的”这一术语严格地限制适用在独立的社会，其中成员具有相当的数量，否则，233
许多一般而言肯定具有自然性质的社会，就不能被精确地描述为“自然的”社会。

基于我已经提到过的理由，以及我并不打算提到的其他理由，我相信，我们必须得出这样一个结论：一个特定的独立社会，如果其成员数目是相当有限的，那么，通常来说，它肯定是一个自然的社会，而不是一个政治的社会，即使其成员普遍地习惯服从或从属一个特定的一般性优势者。

如果这个结论是成立的，那么，我们必须注意一个进一步的结论：为使一个独立的社会可以形成一个政治的社会，这个社会的成员必须具有相当的数量。

为了满足这个模糊条件，究竟需要多少最低限度的可能人数，我们是无法精确地加以确定的。但是，当我们观察许多通常被视为独立政治社会的社群的时候，我们肯定可以得出这样一个推论：一个独立的社会，即使其人数没有超过数千人，甚至，没有超过数百人，也是可以形成一个政治的社会的。比如，古代毵鼬联盟（Grison Confederacy），像与其相互联合的瑞士同盟（Swiss Confederacy）一样，不是一个统一主权政府统治之下的单一的独立政治社会，而是一个由若干独立政治社会组成的同盟或者联盟。在这个同盟或联盟中，所有的微型社会都是古代毵鼬联盟的独立成员。其中最大的一个成员，其人数几乎不超过数千人。其中最小的一个成员，其人数几乎不超过数百人。

"主权"以及"独立政治社会"，这些术语的定义，在一定意义上，不可避免地要面对上面提到过的并且下面还要提到的"无法精确确定人数"的困难，不可避免地要面对我在前面演讲中讨论过的其他困难。这是十分尴尬的。为使一个独立的社会形成一个政治的社会，这个社会的成员必须要达到相当的数量。但是，为了满足这个模糊条件，究竟需要多少最低限度的可能人数，我们是无法精确地加以确定的。这是一个困难的问题。

当然，在这个地方，尽管我已经描述过的基本属性，是独立的政治社会的一个基本必要的属性，然而，这一属性却不是从属的政治社会的一个基本属性。如果独立的社会是另外一个社会的所属部分，而且，具有政治的性质，因而不是一个自然的社会，那么，一

个从属的政治社会就可以形成一个政治社会，即使其人数是极为有 234
限的。例如，一个社会，如果国家为了政治的或公共的目的，将其纳入自己所属的范围，它就是一个政治的社会或者政治的群体。而且，它会继续具有政治社会或政治群体的特性，即使其人数由于死亡或其他原因而日益减少，从而自己变为了一个微型的家庭或者一个小型的家族社群。

[段落内容提示：著名学者所提出的有关“主权”的一些含义以及“独立政治社会”的含义。后者是“主权”这一概念所暗含的含义，或者是与之相互包容的。]

我已经尝试精确说明“主权”的含义，以及“独立政治社会”的含义。后者是前者所暗含的含义，或者是与之相互包容的。现在，我将展示并简略地考察著名学者所阐述的这些含义的内容。

边沁先生在其《政府片论》(*Fragment on Government*)中，区别了政治的社会和自然的社会。在这个基础上，他对政治社会作出了这样一个定义：“当一些个人(我们可以将其描述为臣民)被假定为习惯地服从一个人，或者若干人组成的集合体，而且，被服从者具有人所共知的特定显著标志(我们可以将其称为一个统治者或若干统治者)，我们可以认为，这样一些个人(包括臣民和统治者)，完全可以被说成是处于政治社会的状态。”而且，为了将我在前面设想的诸如单独家庭的社会排除在他的定义之外，边沁先生增加了有关政治社会含义的第二个基本属性：这种社会，应该有能力持续不断地存在下去。—在我看来，作为“独立政治社会”的一个定义，边沁所设想的内容，边沁所提到的内容，是不恰当的，也是有缺陷的。

为使一个特定的社会形成政治的社会、独立的社会，这个社会的大多数成员或者所有成员必须习惯地服从一个优势者，而优势者反过来必须没有习惯地服从某个个人或群体。边沁先生忘记了这一点：“必须没有习惯地服从。”“必须没有习惯地服从”，是“独立政治社会”的一个否定性（negative）属性，或者基本属性。此外，由于我们所提到的边沁式定义是一个关于“**独立**政治社会”的不恰当并且有缺陷的定义，这样，对一般性的“政治社会”的定义来说，它也是不恰当的，也是有缺陷的。我们必须精确地说明那些可以迅速具有政治特征的独立社会以及其所具有的性质。只有这样，我们才能界定“政治社会”，才能区别政治社会和非政治社会。我们必须看到，一个并非独立的政治社会，是一个独立的政治社会的成员或者组成部分。我们也可以这样认为（换一种表述方式），从属政治优势者的权力（powers）或权利（rights），仅仅是主权者授予的权力或权利。它们仅仅是主权者对臣民行使的主权的附带部分。

霍布斯在其优秀的讨论政府的论文中，提出或假定了一个“独立政治社会”的定义。根据这个定义，一个社会不是一个政治的独
235 立的社会，除非这个社会保持着独立，而且有能力依靠自己的力量，无需任何外援去抵御任何外来的侵略。但是，如果依赖自己的力量去维护自己独立的能力，是一个独立政治社会的特性或者基本属性，那么，“独立政治社会”这一称谓几乎不能用于许多现实存在的社会，或者用于许多在人类历史上曾经存在过的社会。实际上，作为一个政治的独立的社会，国际社会中的弱者是将自己不稳固的独立的基础寄希望于实际存在的国际社会道德，而且，寄希望于强者社群相互之间的畏惧或戒备。而作为一个政治的独立的社会，国

际社会中的最强者，几乎不会依赖自己的力量去维护自己的独立，去粉碎其他独立国家的侵吞阴谋。—如果一个政治社会，在事实上或实践中是独立的，而且，其中被大多数成员或所有成员所习惯服从的一方，的确没有习惯地服从另外一个特定的个人或者群体，那么，这个政治社会（我设想）就是独立的。

格劳秀斯写过优秀的国际法论文。在论文中，他是这样定义“主权”概念的：“一般来说，国家主权是独立于其他任何权力的，是至高无上的。主权者的行为，是以主权者自己的意志作为基础的，是不受任何其他人类的意志所影响的”（*Summa potestas civilis* illa dicitur, cujus actus alterius juri non subsunt, ita ut alterius voluntatis humanæ arbitrio irriti possint reddi. Alterius cum dico, ipsum excludo, quui summa potestat utitur; cui voluntatem mutare licet.）。因为这个缘故，翻译者和评论者巴比雷克（Barbeyrac）提到了这个定义：“主权，是优势者的至高无上的统治力量。在这个意义上，主权者获得其他主体的自愿服从。所有主体，除了主权者，都将自己的自由变为了服从”（*La puissance souveraine* est celle don't les actes sont indépendants de tout autre pouvoir supérieur, en sorte qu'ils ne peuvent être anuller par aucune autre volonté humaine. Je dis, *par aucune autre volonté humaine*; car il faut excepter ici le souverain lui-même, à qui il est libre de changer de volonté.）。—在这里，为使一个个人或群体在一个社会中成为一名主权者，两个基本条件必须是相互结合的。一个特定社会中的每一个人，必须习惯地服从某个个人或者群体；反之，被服从者必须没有习惯地服从另外一个特定的社会优势者。为了获得一个准确的有关国际道

德性质的观念，正如为了获得一个准确的、有关实际存在的由人制定的法的性质的观念一样，前面一个条件，以及后面一个条件，必须被视为或被考虑为“主权”的两个基本条件。但是，格劳秀斯在他的定义中，并没有写入前面一个条件。前面一个条件是肯定性的基本条件。而且，格劳秀斯没有精确地说明后面一个条件。后面一个条件是否定性的基本条件。根据格劳秀斯的观点，主权权力（sovereign power）是彻底地完全地独立于人类其他权力的。因为，主权者的行为，除了依赖自己的意志之外，是不可能被其他任
236 何人类意志所控制的。然而，如果彻底的完全的独立是主权权力的本质，那么，事实上便不存在“主权”名词可以准确指称的人类权力。每一个政府，倘若其力量从来都是有限的，显然就会偶尔服从其他政府的命令。所有政府，时常会服从那些被描述为国际法的舆论以及感觉。而且，所有政府都会习惯地尊重自己臣民的舆论以及感觉。如果一个政府没有习惯地服从一个特定的主体，那么，它就完全具有了一个政府可以享有的独立。

根据哥廷根的冯·马腾斯（一位我们在前面已经提到过的研究实际存在的由人制定的国际法的学者），“一个主权政府，是一个不应从任何另外政府或外国政府接受命令的政府”。—对这个“主权”定义，是存在着明显致命的反对意见的。下面的反对意见，只是其中的一些反对意见。第一，如果这里提到的定义可以适用于主权政府，那么，它也可以适用于主权政府设立的权力机构。如果一个政府应该不受外国政府命令的约束，每一个仅仅是主权者授权的机构，每一个其权力或权利仅仅表现为受委托的机构，就都应该不受外国政府命令的约束。但是，实际的情况并不是这样的。第二，一

个政府是否为至高无上的，是否具有主权的性质，是一个事实问题，而不是一个国际法的问题。一个降低到从属地位的政府，实际上是一个具有隶属性质的政府，尽管其所处的从属状态，依照各国或主权政府接受的实际存在的社会道德来看，实在是令人同情的。根据这种社会道德，它应该是主权的或独立的。但是，事实上它是从属的或者是并非独立的。第三，我们不能绝对地断言，一个主权的或独立的政府，在任何情况下，不应接受另外政府或外国政府的命令。一个独立政府对另外一个独立政府的干涉，时常是被各国实际上接受的社会道德所唾弃的。但是，根据各国实际接受的社会道德（以及根据一般功利赞许的国际道德），没有一个独立的政府可以完全不受其他独立政府的监督以及控制。第四，在冯·马腾斯作出的定义中（正如在格劳秀斯作出的定义中一样），没有一个与主权者有关的提示迹象。这个定义，指出了若干主权者相互之间的关系，但是，忽略了主权者和自己臣民的关系，而主权者和自己臣民的关系也是十分重要的。 237

［段落内容提示：这一讲的后续部分，与这样一些论题有关：其一，最高统治的形式；其二，对主权权力的限制；其三，政府的起源，或者政治社会的起源。］

为了精确说明“主权”的含义，包括“独立政治社会”的含义，我已经作出了相当的努力。但是，为了可以进一步阐述“主权”的性质或者本质，以及“主权”所暗含的“独立政治社会”的性质或本质，我希望听众注意我的一些简洁评论。这些评论，与下面的主题或论题有关：—其一，主权可以呈现的各种各样的外表，或者，最高统治可以具有的各种各样的形式；其二，真实存在的对主权权力的限制，我们可以想象的对主权权力的限制，以及主权权力被假定为受约束的限度；其三，政府的起源以及政治社会的起源，或者，大多数臣民表现出来的习惯服从的原因以及压制和限制反抗者的主权权力的所有来源或主要来源。

[段落内容提示：最高统治的形式。]

一个独立的政治社会，可以分为两个部分。一部分是由作为主权者或最高统治者的社会成员构成的。另一部分，是由作为臣民的社会成员构成的。一个社会中的作为主权者的成员不可能永久地保持自己的地位。因为总会存在着一些社会成员有能力争取到主权权力。在绝大多数的真实社会中，主权权力是被单独一名社会成员所拥有的，或者是被一些社会成员所分享的。这种分享当然具有排他性。此外，甚至在统治权力注定是畅通无阻的实际社会中，掌握主权的人数相对整体政治社会而言，也是微乎其微的。一个独立的政治社会自己统治自己，或者由社会中的所有成员组成的主权群体来统治，并不是不可能的。但是，这种社会的存在，其可能性是很小的，因此，我将其忽略不计。(m)

(m) 如果一个独立的政治社会是由成人构成的，而且，这些成人具有完善的理智状态，那么，他们自然都可以具有能力去争取运用主权权力。而且，如果我们假定，一个社会正是由这些人构成的，那么，我们当然可以假定，一个社会在严格意义上是自我统治的，或者，在这个社会中，最高统治是严格意义上的所有人的统治。但是，在每一个实际存在的社会中，许多成员天生就没有竞争能力去运用主权权力。而且，甚至在统治权力属于绝大多数人的实际社会中，被排斥在最高统治集团之外的社会成员，也并不仅仅是天生没有这种竞争能力的社会成员。即使我们将一些没有必要加以排斥的社会成员，例如妇女，归入由于天生缺乏竞争能力而被排斥在最高统治集团之外的一类成员

[段落内容提示：每一个最高统治，都是君主统治（我们所说的准确意义上的君主统治）或者贵族统治（就该词的一般意义而言）。换句话说，每一个最高统治，都是一个人的统治或者若干人的统治。]

基于这一点，我们可以认为，每一个政治的独立的社会是可以分为两个组成部分的。其中一部分是主权者或者最高统治者。另 238
一部分仅仅是臣民。就主权者是由一个个人构成的而言，最高统治可以准确地称为君主统治。就主权者是由若干个人组成的而言，最高统治可以描述为贵族统治（就该词的一般意义而言）。——而且，在这个地方，我可以简略地重申一下，君主统治或一个人的统治，以及贵族统治或若干人的统治，其两者之间从广义上来说，基本上是由于下面的显著特征而相互区别的。针对君主统治或一个人的统治而言，独立政治社会的最高统治阶层是简单的纯粹的主权者。针对贵族统治或若干人的统治而言，独立政治社会的最高统治阶层，从一个角度来看，是主权者，从另一角度来看，则是臣民。如果观察一下贵族统治，或者若干人的统治，我们可以发现，这种最高统治阶层是由个人组成的集合体。而且，通常情况下，组成贵族统治阶层的人数是较少的。在这里，作为集体来考察，或者以其具有相互协作的特性来考察，这种最高统治人群是至高无上的，而且是独立的。但是，将其中个人分别来考察，这些个人或数量较小的松散群体，即使组成了最高统治实体，却依然是自己身在其中的最高统治阶层的属下臣民。

之中，我们依然可以发现，甚至在这样一个社会中，绝大多数人也仅仅是处于一种隶属状态的。因此，尽管所有人的统治不是不可能的，然而，每一个实际的社会是由其成员中的一个个人或若干个人统治的。

从这个意义来看，在每一个可以被描述为政治的独立的社会里，贵族统治阶层中的**一员**分享了这个社会中的最高统治权力，或者贵族统治阶层的**所有组成人员**分享了最高统治权力，而这个阶层中的组成人员人数，少于构成整体社会的人数。换一种表述方式来讲，每一个最高统治要么是君主统治（我们所说的准确意义上的君
239 主统治），要么是贵族统治（就该词的一般意义而言）。[n]

(n) 每一个行使统治权力的君主，都会习惯地遵从自己臣民的舆论或者感觉。当然，在绝大多数君主统治中，作为统治者的君主，是特别遵从某些具有影响力的人的舆论或感觉的，是特别倾听这些人的利益要求及见解观念的。如果君主统治具有军事的性质，或者统治的方式主要是刺刀宝剑，那么，在一般情况下，这些有影响力的人群属于军事阶层，或者属于一个从军事阶层中选拔出来的军人集合体。反之，如果统治的方式基本上不是刺刀宝剑，那么，通常来说，这些有影响力的人群是由非军事背景的达官贵人组成的，或者是由非军事背景的显贵、神职人员和律师组成的。例如，在古罗马时期，在皇帝和王子的最高统治之下，这类有影响力的社会阶层是由势力犹存的军人组成的，更具体地来说，是由普拉托利（Prætorian）卫士构成的。正如在土耳其帝国（Turkish empire）时期一样，这个阶层是由土耳其苏丹近卫步兵（Janizaries）构成的。在法国，当国王获得最高统治权力之后，当然，在法国大革命之前，这种有影响力的社会阶层是由军事贵族、世俗日常的传教士和议会或高等法院的成员所组成的。

因此，人们早就拥有这样一个观念：并不存在我们所说的准确意义的君主统治。这意思是说，每一个最高统治都是一个若干人的统治。在每一个似乎是由一个人统治的社会中，最高统治实际上总是表现为由两部分相互结合的一类统治。其中一部分属于有影响力的但人数自然有限的社会阶层。另外一部分就是君主或专制君主。当然，君主或专制君主事实上总是遵从这一阶层的舆论以及感觉的。

但是，这种观念尽管言之有理，然而毕竟是错误的。如果君主或专制君主，习惯地服从这个社会中的特定群体的**命令**，那么，最高统治实际上是不能称为君主统治的，而且，这部分有影响力的阶层也是不能称为臣民群体的。或者我们只能将最高统治视为具体有影响力的阶层的统治，而君主或专制君主，仅仅是这个最高统治政府的“首相大臣”而已。例如，土耳其苏丹近卫步兵军团，作为一个组织群体，是可以向土耳其苏丹国王（the Turkish sultan）发布命令的。在这种情况下，如果这个国王习惯地服从这些命令，那么，他就不是土耳其帝国的最高统治者。在这里，最高统治实际上共同掌握在土耳其苏丹近卫步兵军团，以及被误称为苏丹国王或君主的人手中。或者，我们可以这样认为，最高统治实际上已经完全掌握在土耳其苏丹近卫步兵军团手中，而苏丹国王或

[段落内容提示：在三种贵族统治之间存在着区别。这些区别取决于最高统治阶层的人数和社会整体成员的人数之间的比例。]

如前所述，有些统治，人们将其称为贵族统治（就该词的一般意义而言）。通常来说，我们可以将这种统治分为如下三种形式：寡头统治（oligarchies）、贵族统治（就该词的特殊意义而言）和民主统治（democracies）。如果最高统治阶层的人数，相对社会整体成员人数而言是极为稀少的，那么，最高统治，可以称之为寡头统治。如果最高统治阶层的人数相对社会整体成员人数而言，并非是极为稀少的，那么，最高统治可以称之为贵族统治（就该词的特殊意义而言）。如果前者的人数相对后者而言是极多的，那么，最高统治可以称之为多数人的统治（popular），或者民主统治。但是，这三种贵族统治（就该词的一般意义而言）形式，是难以作出精确区分的。即使使用粗略的方式对其作出区分，也是困难的。一种统治，在一个

君主，不过是个大臣或者首相。但是，习惯遵从社会的舆论，或者，习惯遵从而且特别遵从社会之中一部分人的舆论，这样一种状态，与一个社会的最高权力的独立状态是可以并存的，而这种独立是最高统治的基本条件之一。如果这样一种遵从舆论的状态和这样一种权力独立的状态是不能并存的，那么，就没有一个被认为是最高统治的权力运用，可以成为真正的主权统治。毕竟，习惯遵从社会的舆论，或者习惯遵从而且特别遵从社会之中一部分人的舆论，这是所有贵族统治的固有特征，或者，是所有群体统治以及个人统治相互结合的固有特征。不但如此，而且，个人的最高统治由于这个“无法并存”的缘故，也成为不可能的事情了。因为，如果实际的最高统治权力掌握在社会一部分人手中，而作为个人的最高统治者，特别遵从他们的舆论以及感觉，那么，最高统治就会掌握在不特定的群体手中（这里的意思是说，看不见、摸不着），或者，掌握在没有发布命令这类习惯的某些人手中。将我们所说的准确意义上的法，和由舆论确立的并非准确意义上的法混淆起来，是上面提到的观念的错误之根源。习惯性独立（habitual independence）是主权的基本条件之一，也是命令意义上的以及准确意义上的法的基本条件之一。在每一个社会中，所有社会成员的行为，都是习惯性地由舆论确立的法所决定的。

人看来是寡头统治，在另一个人看来则可能是自由性质的贵族统治（就该词的特殊意义而言）；而一种统治，在一个人看来是贵族统治，在另一个人看来则可能是狭义的寡头统治。一种统治，在一个人看来是民主统治，在另一个人看来则可能是一些人的统治（government of a few）；而一种统治，在一个人看来是贵族统治，在另一个人看来则可能是多数人的统治（government of many）。此外，最高统治阶层的人数与社会整体成员人数的比例，在任何一个特定时刻，显然可以持续不断地发生细微变化。

在前面，我提到了三种贵族统治。它们之间的相互区别取决于
240 最高统治阶层的人数和社会整体成员人数之间的比例。

[段落内容提示：三种贵族统治之间的其他区别，取决于最高统治阶层分享主权权力的模式。]

三种贵族统治之间的其他区别，取决于最高统治阶层分享主权权力的模式。

因为，尽管最高统治阶层应该是个人数较为固定的群体，其成员应该具有类似的政治秉性，但是，通常来说，最高统治阶层的人数是杂乱无章、没有规律的，其成员并不存在类似的政治秉性。例如，最高统治阶层的人数，可以是一个寡头式的人数或者更为稀少，也可以是一个民主式的人数或者更为众多。同时，最高统治者可以仅仅是一个被称之为皇帝或国王的单独个人，也可以是一个寡头式的群体，或者一个民主式的群体。此外，作为最高统治者的单独个人，可以具有君主式、寡头式或民主式的称呼，而且，同时具有这样三种形式的特征。无论属于哪种情形，无论属于何种无数的其他

类似情形，各种各样的杂乱无章的主权群体组成成员，可以以无数的模式分享主权权力。

[段落内容提示：某些贵族统治形式，人们将其称为“君主立宪政体”(limited monarchies)。]

无数的贵族统治形式源自无数的分享主权权力的模式。人们并没有将其系统地加以分类，或者使用一般性的和具体性的名称将其加以区别。但是，其中某些贵族统治形式，人们倒是将其大致区别于其他贵族统治形式，而且，用“君主立宪政体”这种一般名称为其命名。

在这里(正如我在上面提到的，而且将要在后面更为充分说明的)，我们应该注意，在君主统治或一个人的统治，与贵族统治或若干人的统治，其两者之间所存在的相互差异，包含了在其他所有最为明确的统治之间所存在的相互差异。此外，针对实际存在的由人制定的法和实际存在的社会道德之间所暗含的区别来说，这种差异的重要意义是至为关键的。由于“君主立宪政体”这一名称的日常使用，在一个人的统治和若干人的统治之间的这一基本差异变得日益模糊不清。鉴于这种情形的出现，我将对各种被这一名称所命名的贵族统治进行考察。

在所有或几乎所有被称之为“君主立宪政体”的统治中，一个单独个人是与一个个人群体或若干个人群体分享主权权力的。这个单独个人所分享的那部分权力，无论多少，总是个人群体中的其他个人所得到的权力所不能比拟的，即使其他个人必然是杂乱无章的最高统治阶层中的组成成员。而且，由于这个单独个人所分享的

主权或最高权力是不可比拟的，并且，（也许）这个单独个人的地位或声誉也是极为优越的，其显然或多或少不同于其他分享主权权力
241 的个人群体中的个人。

但是，尽管具有这样的不可比拟性，尽管具有这样的优越性，在混合或杂乱无章的贵族统治阶层中，其最为主要的个人成员，依然不是“君主”一词在准确意义上所指称的对象。混合的贵族统治群体，其本身也不是最为主要的。在这一群体中，被称为“君主”的单独个人是所谓的君主，表面上看来是最为重要的，然而，实际的情况则是与此相反的。与准确意义上的君主不同，这里的所谓的“君主单独个人”，不是一个主权者，而是主权者的一个成员。与准确意义上的君主不同，这个单独个人，作为单独个人来考虑的话，生活在一个隶属的状态之中，作为单独个人来考虑的话，他是一个主权群体的臣民，即便在这个群体之中他又是一个组成成员。

因此，君主立宪政体不是君主统治。它是无数的贵族统治形式之中的一种统治，而无数的贵族统治形式源自无数的主权成员可以分享主权权力的模式。而且，像其他任何一种贵族统治形式一样，君主立宪政体属于我在前面段落中提到的三种贵族统治之中的一种。如果主权统治阶层群体（包括所谓的君主）的人数，相对社会整体成员人数而言是微不足道的，那么，我们在这里所说的君主立宪政体就是一个寡头统治。如果前者人数相对后者人数而言是比较小的，但是，并不是微不足道的，那么，这里谈到的君主立宪政体，便是一个贵族统治（就该词的特殊意义而言）。如果前者人数相对后者人数而言数目是惊人的，那么，我们所讨论的君主立宪政体就

是一个民主统治，或者一个公众统治，或者一个多数人统治。[o]

"君主立宪政体"的意思，包含了君主权力受到实际存在的由人制定的法的限制。因此，"君主立宪政体"这一名称，在术语使用上存在着自我矛盾。毕竟，一个我们所说的准确意义上的君主，具有最高统治权力，或者，其地位是至高无上的。而且，正如我稍后将要表明的，主权权力或最高统治权力，是不能受到法律限制的，无论这种权力是由个人掌握的，还是由个人组成的群体所掌握的。242
被描述为"君主立宪政体"的贵族统治的权力，的确是受实际存在的社会道德所限制的，而且，也是受上帝法所限制的，但是，针对每一个受到这种社会道德和上帝法限制的统治权力，用"君主立宪政体"这一名称来说明它们所受到的法律限制是不适宜的。就像将这个名称用在我们所说的准确意义上的君主权力上是不恰当的一样，将其用在诸如受到这些限制的贵族统治之上，同样是十分不恰当的。—而且，"君主立宪政体"这一名称是荒谬的，不准确的，因此，

(o) "绝大多数学者将国王权力受到限制的王国统治称为君主统治。然而，这样一种国王并不是主权者，而是一个那些真正具有主权权力的群体的大臣首相。""权力有限的国王与有权限制其权力的主权者是不同的。后者有权力限制前者。而且，基于这样一种状况，这个王国统治不是一个君主统治，而是一个贵族统治或者民主统治。"—这些摘录，引自霍布斯的《利维坦》(*Leviathan*)。在这些摘录中，霍布斯将被描述为君主立宪政体的最高统治的真正性质阐述得十分清晰。然而，我们不能十分肯定地坚持这样一种看法：我们这里提到的权力受到限制的君主，仅仅是个主权群体的大臣首相。通常来说，他的确具有从属性的政治权力，或者是一个主权群体的大臣首相。但是，除非他也分享了一部分主权权力，或者除非他是主权群体中的一名成员以及一个大臣首相，否则他不会被冠以君主的显赫称号，而且，他所属的主权政府也不能被称为君主统治。当我开始考虑对主权权力的限制的时候，我将重新讨论一个所谓权力受到限制的君主的特性或者状态。

其使用也是神经质的。尽管人们将其用在了某些贵族统治之上，而在这些贵族统治之中，一个单独个人具有前面提到过的优越地位，但是，人们也压抑了该名称在其他贵族统治之上的使用。针对其他贵族统治，该名称同样也是可以使用的。显然，通常来讲，其使用纯粹是由非实质性的情形所决定的，是由称号的性质所决定的，或者，是由地位名称的性质所决定的，而这些称号，或者地位，是混合贵族统治阶层的主要成员恰巧所具有的。如果他碰巧具有了一种称号，而这一称号，通常而言是我们所说的准确意义上的“君主”所具有的，那么，人们就会习惯于将一种最高统治称为“君主立宪政体”，而这名主要成员正是其中成员之一。与此相反，如果情况不是这样的，那么，人们通常就会使用不同的名称，去标识一种最高统治。例如，皇帝、君王或国王的称号，通常来说，就是我们所说的准确意义上的君主所具有的。而且，由于我们自己的国王恰巧具有了这个称号，我们自己的由国王、上议院议员和下议院议员组成的混合贵族统治，在一般情况下，便被称为了君主立宪政体。如果这一国王所分享的主权权力，确切地来说，与现在的情形是没有分别的，但是，他被称为了护国主（protector）、总统，或者类似荷兰联合省最高行政长官（stadtholder）的官名，那么，这一国王是其成员之一的混合贵族统治，人们极为可能将其称为共和统治（republic）。由于存在着在最高统治形式之间的这些语词区别，无知鲁莽的宗教狂徒时常打破了人类的平静。[p]

(p) ［段落内容提示：如下术语所包含的各种各样的含义：第一，“主权者”（sovereign）或“具体主权者”（the sovereign）；第二，“共和国”（republic）或“为社会福祉而存在的国家”（commonwealth）；第三，“政府”（state）或“具体政府”（the

前面，对最高统治形式进行了简略的分析。现在，我添补对下

state)；第四，"民族"(nation)。]

在这里，讨论下面这些术语，是适宜的。

"主权者"这一术语，或"具体主权者"这一术语，适用于主权者群体以及主权者个人。意大利和法国学者使用"Il Sovrano"和"le souverain"这两个术语，他们的意思，便包含了这种一般的语词使用的方便的含义。我说"方便"，是因为，抽象形式的最高统治时常是人们进行学术讨论的一个主题。德国学者使用"Die *Obrig*keit"一词。这个词同样是指主权者群体或主权者个人，尽管这个词时常又指政治优势者组成的集合体，而这些政治优势者在特定的社会中具有最高统治能力和次等统治能力。当然，虽然"主权者"一词对主权者群体或主权者个人来说是一个一般性的名称，但是，人们还是时常使用这个词去指称主权者个人，仿佛只有指称主权者个人这个词才是恰当的，只有主权者个人是我们所说的准确意义上的"君主"的同义词。"主权者"一词以及"君主"一词，同样被人们时常误用于所谓的君主立宪政体的主要个人成员。例如，我们自己的国王既不是"主权者"，也不是"君主"。但是，人们几乎还是根据"国王"这个不恰当的称 243
号去提到他，而不是根据其他恰当的较为有意义的称号去提到他。

"共和国"这一术语，或者"为社会福祉而存在的国家"这一表述，除了具有其他含义之外，还有下面提到的一些含义。第一，不论统治形式是怎样的，这一术语，这一表述，包含了一个统治为之存在的主旨的意思。这个主旨在于一个独立政治社会的福祉或善。这里的福祉或善，是指社会所有个别成员的善的集合，或者是指其福祉值得被关注的社会某些个别成员的善的集合。第二，如果不考虑统治形式的话，这一术语的意思，或者这一表述的意思，是指一个政治的独立的社会。第三，任何贵族统治或者一个人的统治，如果没有得到"君主立宪政体"这样一个称号，那么，通常来说就被叫作共和统治，或者，更为简略地来说，一个共和国。但是，"共和统治"或"共和国"这类名称，显然适合于前面提到的诸如民主统治的政治状态，或其他许多形式统治的政治状态。第四，"共和国"这一术语，还包含了一个独立政治社会的含义，在这个社会中，最高统治被称为共和统治。

"政府"或者"具体政府"的含义是多种多样的，而且差异极大。在这些含义中，下面一些含义是最为值得注意的。—第一，通常来说，"具体政府"是"具体主权者"的同义词。它的意思是指在一个独立政治社会中具有最高权力的具体个人，或者由若干个人组成的具体群体。除非我明确地使用这个词去表达一个不同的意思，否则，这就是我赋予这个词的含义。第二，根据罗马法学家的意见，"罗马法上的公共管理者"(*status reipublicae*)这一表述似乎是在两个意义上使用的。就其中一个意义而言，它是"共和国"或"为社会福祉而存在的国家"的同义词，也是我在前面解释说明的"共和国"或"为社会福祉而存在的国家"这两个术语表述所包含的四个含义之中的第一个。这里的意思是说，它包含了一个独立政治社会的福祉或善的意思。就其中第二个意义而言，它

面四个论题的简短考察。这些论题与前面的分析有着密切联系，其密切程度，远远超过了与其他各讲所涉及的分析的联系。第一个论题，关于一个君主或者一个主权群体，而这些主权者，通过政治上处于从属地位的被授权机构来使用主权权力。第二个论题，与主权或政治权力的划分有关，这种划分，是通过立法权和行政权或执行权的配置而表现出来的。第三个论题，关于一些社群或政府的性质，而这些社群或政府，被研究实际存在的国际法的学者描绘为“半主权国”(half-sovereign states)。第四个论题，关于“复合国”(composite state)的性质，或者“最高联邦政府”(supreme federal goverment)的性质，而它们具有联邦国家体系的性质，或者具有永

是指在一个特定社会中属于主权者的个人或者群体，同时，也是指从这一主权者个人或群体获得权力的官臣(subject)。或者，换一种表述方式来说，它是指若干政治优势者的自身资格，而这些优势者，享有主权或被授权管理我们所提到的政治社会。此外，这样理解的“罗马法上的公共管理者”，是精确意义上的“公法”一词所涉及的相应对象。这里的意思是说，它是法典(*corpus juris*)必须规定的一个基本内容，而这一内容，与政治优势者的政治资格以及与他们的权力、权利和义务有着关联。“罗马法上的公共管理者”这一表述不是“法律地位”(status)一词的同义词，其含义也不是特别宽泛的。这一点，我们是无需强调的。前者是关于政治资格或公共资格的集合名词，或者是关于政治优势者的权力、权利和义务的集合名词。后者是“资格”的同义词，而且，其意思是指私人资格(private condition)以及政治资格或公共资格。第三，当主权者群体是由一个个人，或者，是由一个数量极为有限的群体组成的时候，人们时常将主权者描述为“政府”，或者“统治集团”(estates)。例如，在法国国王真正成为主权者之前，法国主权，是由国王和三个统治集团所掌握的。第四，一个独立的政治社会，时常被称为一个“政府”，或者一个“至高无上的独立的政府”。

一个独立的政治社会，经常被人们称为一个“民族”，或者一个“主权的独立的民族”。但是，“民族”这个术语，或者“氏族”这个术语，更为精确地来说是在如下意义上使用的：指个人组成的群体，而这些个人组成的集合体，其人数超过了通过单一血缘亲属关系联结起来，而且，如果可能，通过共同语言联结起来的家庭。根据这样一种理解，“民族”或“氏族”并不必然是个独立的政治社会。

久最高联邦统治的性质。

[段落内容提示：一个君主或者一个主权群体，这些主权者通过政治上处于从属地位的被授权机构来使用主权权力。]

如果一个独立的政治社会的人数是极为有限的，其中居民所居 244
住的地域面积是微乎其微的，而且，这些居民生活在一个君主统治之下，或者生活在一个人数十分稀少的寡头统治权力约束之下，那么，实际发挥作用的主权权力（除了那些作为私人而对其他臣民所行使的权利），则可能是直接由这名君主或这一寡头统治阶层所行使的。但是，从每一个实际的主权权力运作来看（无论主权者是一个具体个人，还是由个人组成的群体），某些主权权力，是通过政治上处于从属地位的被授权者来行使的，而这些被授权者，具有代表最高主权者的资格。在所有实际存在的社会中，由于存在着数不胜数的复杂情况，授权行使主权权力便是绝对必要的。例如，如果一个社会的成员人数是众多的，或者，如果其地域辽阔，那么，即使被授权者的人数极为有限，其以政治统治方式来运作的主权授权活动所产生的效率，依然高于没有授权运作的主权行使。如果这个社会是由公众群体来统治的，那么，没有被授权者的介入，某些管理事务是不可能由主权者来完成的。因为，某些管理事务，主权者中的大多数成员是没有能力去完成的。而且，某些管理事务，人们试图避免由主权者个人来介入。如果这个社会是由公众群体来统治的，其社会成员散居在幅员辽阔的地域，那么，基于这种散居，主权者也不得不将某些主权权力交由被授权者来行使。

在绝大多数或许多社会中，最高统治，要么是君主的统治，要

么是寡头的统治，要么是贵族的统治（就该词的具体含义而言）。在这些社会中，许多主权权力是由主权者直接行使的，或者主权者直接从事着众多管理事务。

甚至在某些最高统治是公众统治的社会中，许多主权权力也是由主权者直接行使的，或者主权者也是直接从事着众多管理事务。例如，在所有或绝大多数古希腊和意大利的民主统治中，作为主权者的人民，或者群体，直接行使着许多主权权力。从形式上来说，它们都是类似的。而且，在瑞士的某些郡里，最高统治也具有公众性质，在主权阶层中行使主权权力的公民直接从事着管理事务。

但是，尽管如此，在许多最高统治是公众统治的社会中，主
245 权或最高统治群体（或组成其中一部分的群体）是通过“代表”（representatives）来行使自己的全部或几乎全部的主权权力，或者最高权力。当然，“代表”是由主权者挑选、任命的。例如，在我们自己的国家，主权或最高统治权力群体的一个组成部分，就是由“平民”（*commons*，就该词的严格意义而言）构成的。这里的意思是，这些“平民”（commons，就该词的宽泛意义而言）和国王以及贵族分享着主权权力，他们和国王以及贵族一起推选下议院的议员。在这里，这些“平民”便是通过“代表”行使全部主权权力的。或者，更严格地说，除了推选和任命在英国议会中代表自己的议员的主权权力之外，他们将所有的主权权力交由“代表”来行使。从这个角度来说，即使主权者阶层中没有国王和贵族，只有“平民”，从而是一个单一的主权群体（这当然不是我刚刚提到的情形），这个单一的主权权力也不是由主权者直接来行使的。

当一个主权群体（或组成这一群体的一部分成员）通过“代表”

来行使全部主权权力的时候，这一群体可以通过两种模式，将主权权力授权给“代表”去行使。第一，可以将主权权力授予“代表”，而这些“代表”履行一项职责（trust）或若干职责。第二，可以将主权权力绝对地无条件地授予“代表”，在这个时候，“代表”群体已经被推选并被加以任命，他们完全替代了选举人的权力地位，或者“代表”群体已经被推选并被加以任命，而主权者彻底地向他们授予了权力。

例如，英国“平民”在将自己的权力授予下议院议员的时候，其方式就是属于第二种授权模式的。当这些成员被推选出来的时候，当这些成员是英国议院的一个组成部分的时候，主权权力是由国王、贵族和下议院议员所分享的，而不是由国王、贵族和下议员的选民群体所分享的。即使任选期限届满或议会已被解散，下议院议员所分享的主权权力回归到选民群体，或者国王、贵族和下议员的委托群体构成了主权群体，主权权力分享的模式也是这样的。在这个意义上，如果主权成员只有“平民”，没有国王和贵族，那么，他们所推选的议会“代表”就是事实上的主权者，或者拥有全部的主权权力，而无任何的责任或义务的限制。—在这里，主权是由“平民”绝对地授予下议院议员的。因此，议员“代表”可以和国王以 246
及上议院共同合作，使“平民”委托任命“代表”的最初目的彻底落空。例如，议员“代表”可以和国王以及上议院合作立法，将自己的任期从 7 年延长至 20 年，或者可以用将主权从三方合体移交给国王或上议院的方式，完全废止现存的国家宪政。

当然，尽管“平民”将自己的权力以前面提到的第二种模式授予了“代表”，“平民”也依然可以在授权的时候，仅仅要求“代表”

履行一项职责或若干职责。这是显而易见的。例如，“代表”群体，也许必须要依照“平民”指定的具体目的来行使权力。或者，更为一般并且模糊地来说，这些“代表”，也许绝对不能废止或基本改变现存的国家最高宪政。而且，如果在主权阶层中只有“下议院代表”，没有国王和贵族，那么，“平民”可以对任何“下议院代表”群体设定一个类似的具有限定性质的职责，即使“平民”已经将全部的主权授予了“下议院代表”。

在一个主权群体或最高统治群体(或构成其一部分的较小群体)设定这样一项职责的情形下，这项职责是由法律制裁强制实施的，或者仅仅是由道德制裁强制实施的。“代表”群体是受一个或若干实际存在的由人制定的法约束的。或者，“代表”群体仅仅因为存在着一种“担心”的心理状态，从而自己使自己受到约束。这种“担心”是指害怕冒犯社会中的大多数人，而在冒犯的情况下，这个群体便违背了其与选民之间的约定。

在这里，我可以简略地重复一下，我们所说的最后一种状态，实际上正是英国下议院议员所处的状态。如果采用大多数研究英国宪法的学者的语言来说，那么，一般而言，我可以假定目前的英国议院，或者时下的英国议会，拥有最高的主权权力。或者，一般而言，我可以假定国王、贵族和下议院议员构成了至高无上的主权的三位一体。但是，精确地讲，下议院议员仅仅是选民选举和指定的“代表”(trustees)。正是因为如此，主权总是掌握在国王、贵族和下议院议员的手中。委托方设定一个职责，受托方履行一个职责，似乎是“授权”(delegation)和“代表”(representatives)这两
247 个相互关联的词语所要表达的内容。假定委托方授权受托方可以

违背或破坏委托方的任何目的，是荒谬的。例如，假定英国“平民”授权自己所推选的下议院“代表”可以放弃与国王以及上议院所分享的主权权力，这当然是荒谬的。—我们可以假定，英国“平民”将自己的主权绝对地授予了下议院议员。之所以可以这样假定，是因为存在着这样两个理由。第一，选民对议会代表所设定的职责不是清晰表达出来的，而是默默暗示的。这一职责，源自选民和议会代表之间的相互关系，而不是源自选民用口头或书写方式告知议会代表的结果。其实，正是源自这样一种相互关系，所以，这样一种职责是模糊不清的，也是含糊其词的。大致来说，甚至夸张地来说，议会代表在行使被授予的主权权力的时候，仅仅是为了避免违背选民的目的，而不得不循规蹈矩的。第二，上述职责，简单来讲是由道德制裁强制实施的。换句话说，在宪法中，涉及“代表”对选民的义务那部分规定仅仅是实际存在的社会道德。这是真实的，绝非奇谈怪论。因为(正如我稍后将要表明的)，不论在哪一个国家，所有宪法针对主权者来讲，都是处于同样一种状态的。而且，在所有国家，宪法的大部分内容也是处于这样一种状态的。即使针对臣民而言，宪法的情形照样是如此的。在这里，臣民当然是隶属或从属主权者的，而主权者运用法律制裁或政治制裁来要求臣民服从主权者的意愿。

如果我们在这里所提到的职责是由法律制裁强制实施的，显然，约束“代表”群体的实际存在的由人制定的法，是可以由“代表”群体来制定的，而毋需让选民来制定。例如，如果英国下议院对“平民”的义务是由法律制裁来强制实施的，那么，约束下议院的实际存在的由人制定的法，当然可以由英国议会来制定。这是说，下议院本身可以和英国国王以及上议院联合起来去制定这类法。或者，假定主权阶层中只有下议院，没有国王和贵族，下议院本身就可以代表主权或者国家去制定约束下议院的实际存在的由人制定的法。—当然，在这些情形中，直接制定者是不能在没有选民的明确同意的时候废止这种法的。而且，选民在直接行使有限的选举代表的主权权力或最高权力的时候，同样不能对这种法随心所欲地予以
248 废止。选民为使自己可以心想事成，为使自己在希望废止这种法的时候能够废止，就必须直接制定这种法，或者直接同意制定这种法。例如，为使下议院议员在法律上必须完全履行对“平民”的义务，下议院本身是可以直接制定具有约束意义的法的，当然，在制定的时候，是要得到国王和上议院的同意的。或者，假定在主权阶层中只有下议院，没有国王和上议院，下议院当然可以作为绝对的主权者直接制定这种法。但是，在这些情形中，没有选民本身的直接同意，这种法是不能被废止的。因为，国王、上议院和选举下议院议员的选民，或者，作为绝对主权者的选民，都可以形成一个特殊的我们设想的立法者。这个立法者，是其他一般意义上的立法者，比如这里所说的议会或下议院，所不能相比的。议会制定的法律或者下议院制定的法律，如果意在废止这个特殊的我们设想的立法机构所制定的法律，当然是不会得到法院承认的。法院会强制实施我们设想的这个立法机构所制定的法律，而不会顾及议会或下议院的任何反应。法院会审查一般性的立法机构是否有资格废止我们设想的这种立法机构所制定的法律，就像审查任何从属性机构是否有资格制定细则、制定其他制定法、制定一般法规一样。在纽约州，一般意义上的立法机构，就是以我现在所描述的方式受制于一个特殊

的立法机构。这个任命一般性立法机构的公民机构，形成了一个特殊的我们设想的立法机构。而这个州的宪法，是直接由这一机构制定的。任何一般立法机构制定的法律，如果和这一特殊立法机构的宪法相互冲突，便会被法院视为在法律上是无效的。—这样一个特殊的我们设想的立法机构，是一个良好的有用的机构。在这里，我没有故作鼓吹造作之状。我只是断定这种机构是可能的，在一个政治社会中这类机构实际上也是存在的。

［段落内容提示：作为立法权、行政权或执行权的主权权力以及其他政治权力的特征。］

前面，讨论了主权者直接行使主权权力的情形，以及主权者通过政治从属机构或授权方式行使主权权力的情形。现在，我转向讨论作为立法权、行政权或执行权的主权权力以及其他政治权力的特征。

许多学者，似乎都在假定，立法性质的政治权力和执行性质的 249
政治权力是可以精确地加以区分的，或者至少可以大致精确地加以区分。他们似乎都在假定，在每一个由若干人统治的社会里，或者至少在每一个由君主立宪政体作为政治基础的社会里，立法性质的主权权力以及执行性质的主权权力属于特定的社会成员。例如，根据威廉·布莱克斯通先生的看法，立法性质的主权权力是掌握在英国议会手中的。这是说，立法性质的主权权力，掌握在由英国国王、上议院议员和下议院议员组成的三位一体的主权者群体手中。当然，布莱克斯通同时认为，执行性质的主权权力仅仅掌握在英国国王手中。

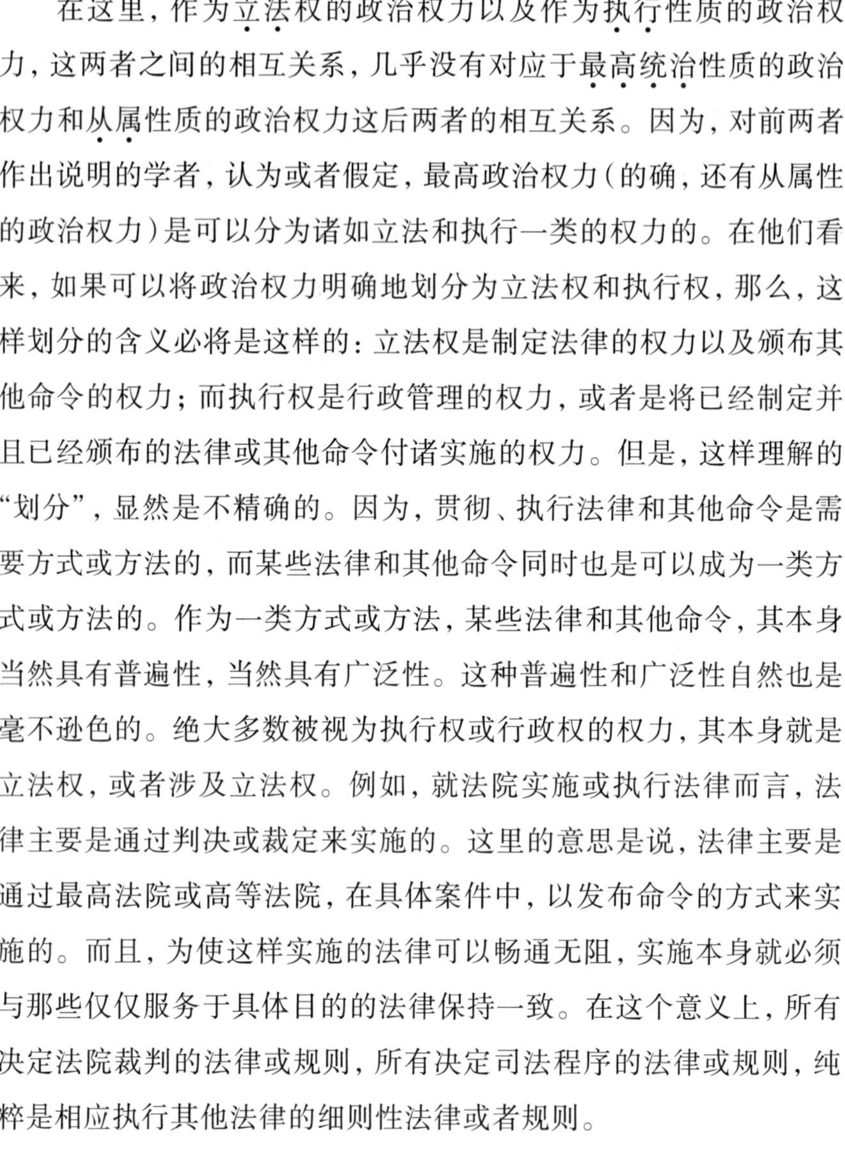

在这里，作为**立法**权的政治权力以及作为**执行**性质的政治权力，这两者之间的相互关系，几乎没有对应于**最高统治**性质的政治权力和**从属**性质的政治权力这后两者的相互关系。因为，对前两者作出说明的学者，认为或者假定，最高政治权力（的确，还有从属性的政治权力）是可以分为诸如立法和执行一类的权力的。在他们看来，如果可以将政治权力明确地划分为立法权和执行权，那么，这样划分的含义必将是这样的：立法权是制定法律的权力以及颁布其他命令的权力；而执行权是行政管理的权力，或者是将已经制定并且已经颁布的法律或其他命令付诸实施的权力。但是，这样理解的"划分"，显然是不精确的。因为，贯彻、执行法律和其他命令是需要方式或方法的，而某些法律和其他命令同时也是可以成为一类方式或方法的。作为一类方式或方法，某些法律和其他命令，其本身当然具有普遍性，当然具有广泛性。这种普遍性和广泛性自然也是毫不逊色的。绝大多数被视为执行权或行政权的权力，其本身就是立法权，或者涉及立法权。例如，就法院实施或执行法律而言，法律主要是通过判决或裁定来实施的。这里的意思是说，法律主要是通过最高法院或高等法院，在具体案件中，以发布命令的方式来实施的。而且，为使这样实施的法律可以畅通无阻，实施本身就必须与那些仅仅服务于具体目的的法律保持一致。在这个意义上，所有决定法院裁判的法律或规则，所有决定司法程序的法律或规则，纯粹是相应执行其他法律的细则性法律或者规则。

人们曾经假定，在任何社会中，最高立法权以及最高执行权，仅仅是属于特定的社会主体的。这个假定显然是错误的。正是因为这个假定显然是错误的，所以，我们不应该浪费过多的时间对其予以考察。我们可以发现，存在着无数的证据，可以证明这一假定的错误所在。在这里，举出下面一些证据是完全可以说明问题的。250
第一，在所有由英国议会制定的法律或规则中，或者在所有由任何最高立法机构制定的法律或规则中，许多都具有细则的性质，而且，其目的也在于细则化，从而去相应地执行其他法律或规则。此外，某些法律或规则是服务于特定目的的，另外一些法律或规则，是协助这些法律或规则的。协助性的法律或规则和法院在审判中制定的程序法则是一样的，并不具有什么**执行的性质**。第二，在几乎所有社会中，一般被认为属于**执行**权力或**实施**权力的**司法**(judicial)权力，是直接由最高立法机构来行使的。例如，古罗马的皇帝或王子，是古罗马帝国的最高统治者。这些最高统治者，不仅颁布属于一般规则或法律的**敕令性**法规(*edictal* constitutions)，而且，作为最高法院或终审法院的法官，还发布被描述为**裁决**(decretes)或判决的具体法规(particular constitutions)。**在古罗马共和国时期**(*libera republica*)，或者，在古罗马自由政府或平民政府(the free or popular government)真正瓦解之前的一段时期，具有最高统治权力的罗马人民以及后来的最高立法机构，是一个刑事案件审判的高等法院。现代英国议会本身是拥有最高司法权力的。换句话说，由英国国王、上议院和下议院组成的权力实体，本身是拥有最高司法权力的。当然，这种最高司法权力，(我相信)一直是处于“休克”状态的，或者从来没有被议会或这一权力实体行使过。因为，这个议会或者这个权力实体不是一个准确意义上的法院，这个议会或者这个权力实体，曾经制定了具体的同时又是溯及既往的制定法，而这些制定法被人们认为是剥夺公权或剥夺财产的法令。但

是，现代英国议会的前身——旧时的英国议会，是由国王和贵族（the barons）组成的，它在充当最高立法机构这一角色的同时，的确行使了上诉终审法院的司法权力。—第三，目前的英国宪政，对我现在考察的假定设想，并没有提供即使是极为有限的事实支持。认为英国议会具有最高的立法权力，但是，认为最高的执行权力仅仅属于英国的国王，这是荒谬的。如果英国议会的权力（像布莱克斯通断定的那样）是绝对的，是至高无上的，那么，所有的主权权力都必须是属于这一主权实体的，或者属于其中的一名成员，或若干成员，而这些成员要么构成议会的一个组成部分，要么构成议会的若干组成部分。如果我们认为，国王的权力与这一实体是相脱离的，任何其他成员的权力也是微不足道的，那么，这些权力就不是主权权力了。简单来说，这些权力倒是纯粹属于从属性的政治权力了。或者换一种表述方式来说，如果国王或其他任何议会成员，其权力与议会权力是相互脱离的，其权力是被赋予的，那么，他们的角色仅仅是个议会实体的“大臣首相”，或者，他们掌握的政治权力仅仅是主权权力的附属品。这当然是不符合事实的。除此而外，我们的确可以发现，被认为是真正的**执行性质**的政治权力，是由议会之中的上议院或下议院来行使的；而被认为是真正的**立法性质**的政治权力，是由国王来行使的。在民事案件中，上议院是上诉终审法院。在所有被认为是执行或行政性质的政治权力中，司法权力自然是最为重要的，是最为值得关注的。执行权力或行政权力掌握在下议院的手
251 中，其意义和作用表现远远是不能和上议院掌握的政治权力相提并论的。但是，尽管如此，我们依然可以轻而易举地表明，下议院行使了国王的权力。这是上议院所不能相比的。例如，下议院可以在

推选由其成员构成的一个委员会的过程中，行使裁定权力，它可以裁决委员会成员的推选在法律上是有效的还是无效的。[①] 国王行使的政治权力，也可以被认为是立法意义上的权力。这种权力所涉及的事项是广泛的，其所具有的意义也是颇为重要的。例如，作为最高统帅，国王可以制定与战争有关的具体事项规则。换句话说，国王可以制定尤其与军队纪律或管理有关的法令。在实施法律的过程中，他可以通过下属法院，或者以准确意义上的立法模式制定法院已经明确承认的程序规则。而且（这是更为重要的），他可以成为法官制定的无数法律规则体系的编纂者，或者成为以司法方式制定的无数法律规则体系的编纂者。这一体系，实际上已经由那些下属法院在直接发挥司法作用的过程中循序渐进地建立起来。[②]

人们将政治权力进行了大致的分类。在所有这些分类中，最高

① 1868年的《议会选举法》（*The Parliamentary Elections Act*），第一次授予下属法院审查选举过程及结果的司法权力。——坎贝尔

② 这里涉及根据权力分配方式（*forma imperii*）而来的政府分类（君主制、贵族制和民主制），或者，根据政体形式（*forma regiminis*）而来的政府分类（专制或共和）。前者是以人们想象的执行权与立法权的区分作为基础的。见康德（Kant）：《永久和平论》（*Entwurf zum ewigen Frieden*），第25—30页；克鲁格（Krug）：《简明哲学辞典》（*Allgemeines Handwörterbuch der Philosophie*），第四卷，第37页；鲍利梯兹（Pölitz）：《政治科学说明》（*Staatswissenschaften*），第一卷。——手稿注释

［在参阅康德的《永久和平论》一书之后，我发现，这本书里充满了奥斯丁自己标注的注释。这些注释丰富了约翰·奥斯丁几乎所有探讨这一主题的著述的内容。奥斯丁的研究极有耐心，而且思想深邃。他在康德著作的封面空白地方也画满了图表。他简化了康德的有关若干政府形式的定义。我将它们放在了这一讲的最后部分。我这样做的目的，不仅在于说明它们的内在价值，而且在于提供一个作者处理书籍的方式的范例。显然，作者直到彻底把握了一个主题之后，才转入另外主题的讨论，而且始终将其清晰地记在心中。——奥斯婷］

统治权力和从属政治权力的分类，可能是唯一精确的一种分类。最高统治权力是政治权力，在数量上和种类上都是无限的。在实践中，人们只是部分地运用了这种权力。其余则是不见踪影的。但是，不论怎样，最高统治权力终究是属于一个主权者的，或者是属于一个国家的。这是说，如果统治本身就是一个人的统治，最高统治权力就属于我们所说的准确意义上的君主。当然，如果统治本身是若干人的统治，那么，最高统治权力便是属于集合性质的主权群体的，或者是属于这个群体中的一个组成部分的。从属性的政治权力是那些被授予政治下属者的部分的最高统治权力。这样一些政
252 治下属者仅仅是隶属性的或者从属性的。它们也是那些被授予的部分最高统治权力或共享最高统治权力的直接参与实施者。它们是作为“大臣首相”以及“受托人”而被赋予这些权力的。

[段落内容提示：研究实际存在的由人制定的国际法的学者，将过去欧洲存在过的许多社会或统治辖区，称为半主权国。这些社会或统治辖区，其真正本质是什么？]

研究实际存在的由人制定的国际法的学者，将过去欧洲存在过的许多社会或统治辖区称为“半主权国”。由于法国大革命带来的权力变革，这样一些半主权国全部或者几乎全部都消失了。我提到这样一些社会或统治辖区，并且讨论它们的真正本质，并不是因为它们本身具有内在的重要意义，或者它们能够引起我们的兴趣，而是因为，当人们使用“半主权”或“不完善的主权”（imperfectly sovereign）这样一些不准确的修饰词语的时候，“主权”和“独立政

治社会”的本质，由此变得模糊不清。这些修饰词语似乎表达这样一个意思：以其为显著标志的政治统治，在享有主权权力的同时，又对另外的政治统治实体具有依附从属的关系。

根据这些国际法学者的观点，一个具有半主权或不完善主权的统治辖区处于如下这样一个状态：尽管它们具有部分或不完善的独立性，但它们依然拥有相当大的政治主权权力，而这些政治主权权力自然而然地存在于一个完全的或者完善的、具有至高无上政府的统治辖区。较为具体地来说，在全部或绝大多数对外关系中，或者，在与所有或绝大多数外国政府的交往中，这种不完善的统治辖区是作为一个完善的主权统治辖区来活动的，而且，也被其他主权统治辖区视为一个完善的主权统治辖区。在这里，它们并没有被视为处于一种隶属状态。因为，它们可以在没有其他统治辖区的授权之下，结成同盟，解散同盟，发动战争或者停止战争。这些行为，属于它们自己的酌情处理的权力。但是，从另外一个方面来看，另外一个政治社会的政府，或者该政府中的一名成员，却是可以对不完全独立的社会拥有政治权力。例如，在德意志罗马（Germanico-Roman）或罗马日耳曼帝国（Romano-Germanic）时期，个别小型的日耳曼政府是直接依赖这个帝国的，同时各自拥有自己的国王。帝国拥有一个一般性的政府，而且，这一政府是由帝国皇帝和帝国议会（the Imperial Diet）组成的。那些个别小型的日耳曼政府，被人们视为了不完全的主权实体。尽管这些小型政府在对外关系中是完全独立的，或者几乎是完全独立的，它们也依然必须（事实上或表现出来）受到帝国一般性政府制定的法律的约束。帝国法院设立了上诉司法机构，管辖这些政治性的半独立社会中的法律事务，而

且，在这些社会中拥有半主权的权力。人们的确可以发现，这些被视为不完全主权的绝大多数政府，虽然已经静悄悄地逃避了大多数的封建束缚，但就其起源而言，实质上是诸侯性质的政府，它们依然继续明显地处于最初的隶属状态。

253 在这里，我认为，我们应该分析这样一个问题：每一个被视为不完全主权的政府，是否实际上处于下面将要提到的三种状况之一。我们可以思考：当它与另外一个政府发生关系，并且被视为仅仅拥有不完全主权的时候，它究竟是完全隶属于另外一个政府，还是完全独立于这个另外政府？如果是独立于这个另外政府的，那么，它本身是否就因此具有了真正的主权权力？或者，我们可以这样设想，在其社会中，它所具有的主权是否和另外一个政府是分享的，如果是分享的，那么，它是否因此成为了一个最高独立的政府的组成部分？此外，如果每一个被视为不完全主权的政府，实际上处于了下面将要提到的三种状况之一，那么，是否并不存在诸如最高权力与隶属权力相互杂糅的混合（mongrel）政治实体？—第一种状况：被视为不完全主权的政府的政治权力，可以由另外一个政府完全以自己的意愿来行使，并且，这种权力的行使已经形成了一个惯例。依据这个假定，这一政府所谓的"半主权"，实际上仅仅是徒有虚名的，它使人们产生了许多错觉。在这里，它是完全隶属于另外一个政府的，即使在外表来看，情况并非是完全如此的。例如，如果它的权力是由另外一个政府以这个另外政府自己的命令方式加以行使的，并且，这已经形成了一种惯例，那么，即使所谓的半主权政府可以以自己的名义运用自己酌情处理的权力去发动战争，去停止战争，半主权政府的权力也依然仅仅是徒有虚名的或者

并不真实的。—第二种状况：另外一个政府对政治上并非完全独立的社会所拥有的政治权力是可以通过这个被视为不完全主权的政府的认可或者承认予以行使的。根据这一假定，被视为不完全主权的政府，其本身具有真正的主权统治能力。它对自己属下的臣民拥有法律上的权力。它只是将法律上的权力以明确的方式或者暗许的方式，让渡给另外的一个主权政府（因为，正如我在后面将要表明的，一个主权政府经过另外一个主权政府的认可或承认，可以拥有针对后者的法律权力）。例如，普鲁士的腓特烈大帝（the great Frederic），作为勃兰登堡（Brandenburg）的诸侯选帝人，就其与日耳曼帝国的采邑意义上的关系而言，被人们视为了半主权者或不完全的主权者。但是，在实践中，而且从其具有的潜力来看，他是彻底地独立于日耳曼帝国政府的。此外，假定他对自己的其他作为选帝人的诸臣行使了政治权力，那么，他实际上是通过自己的权威，而不是通过他对日耳曼帝国政府的命令的服从来行使权力的。他实在是习惯于反抗日耳曼帝国政府的军队，并不习惯于遵从似乎是在其上的封建优势者。—第三种状况：被视为不完全主权的政府的政治权力，并不能够由另外一个政府完全以惯例方式，并且依照另外这个政府自己的意愿来行使；但是，不完全主权的政府的独立性，相对另外一个政府而言，并不是十分有限的，所以，由后者行使的对不完全独立政府的政治权力，仅仅是通过后者的认可或承认来行使的。例如，我们可以假定巴伐利亚的选帝侯（elector），在处
理所有或几乎所有对外关系的时候，而且，在处理所有或几乎所有 254
内部事务的时候，是独立于日耳曼帝国政府的。但是，尽管这一选

帝侯具有自己的独立性，他却无法在不遭遇相当大的危险情形下，彻底宣布帝国法院的上诉法庭对巴伐利亚的管辖是无效的。根据我在这里提到的由举例来说明的假定，被视为不完全独立的社会的主权，是由该社会的政府和另外一个政府共同掌握的。而且，准确地来说，其结果在于被视为不完全主权的政府成为了另一独立主权政府的一个组成部分。在被视为不完全独立的社会中，最高政府是一个由若干人构成的最高政府。若干人构成的最高政府的形式当然是无限的。而无限的政府构成形式自然源自主权成员分享运用主权权力的无限模式。其实，在这里，我们不可能发现什么令人惊奇的东西。我们只会发现，我们提到的最高政府中的所有组成成员并不绝对是最高政府所统治的政治社会中的成员。因为，作为其中之一的组成成员也是另外一个社会的主权者，或者也是另外一个最高政府的组成成员。由于这种情况是异常的，这些组成成员的利益以及愿望，或多或少是会发生相互冲突的。然而，在所有由若干人把持的最高统治政府中，各个成员的利益和愿望也会出现相互冲突的情形，即使最高统治政府纯粹属于一种国内意义上的政府。事实上，无论一个最高统治政府是纯粹属于国内性质的，还是其中组成部分之一是另外一个最高统治政府的组成部分，通过其成员的相互迁就，这一最高统治政府依然是可以持久存在的。他们的利益和愿望的对立，以及这种对立可能偶尔招致的流血或不流血的冲突，即使是存在的，这一最高统治政府依然可以处世不乱。—根据我在前面讲座中所提出的理由，我相信，没有一个政府在具有最高统治权力的同时，又从属于另外的最高权力；没有一个政府可以被恰当地

描述为“半最高权力”或者“不完全最高权力”。[q]

前面，我大致地讨论了一些令人感到莫名其妙的观念。在结束这个讨论之前，我必须说明或提示这样一个区别：当一个社会的政 255
府或者其中的一名成员是作为自己社会的政府，作为自己社会的一名政府成员，来对另外一个社会行使政治权力的时候，另外一个社会中的政府是可以被称为“半主权的”或者“不完全主权的”，否则，另外一个社会中的政府是不能被称为“半主权的”或者“不完全主权的”。例如，个别小型的日耳曼政府是直接依赖罗马日耳曼帝国的。它们被人们描述为“半主权政府”。因为，帝国政府对它们行使权力的时候，帝国政府的角色是无可非议的，它是日耳曼的一般性政府（至少表面上）。但是，英伦诸岛（the British Islands）的统

(q) “半主权”这一修饰词语的使用似乎是莫名其妙的。例如，在绝大多数罗马天主教盛行而且被人顶礼膜拜的政治社会中，立法权和司法权是由罗马教皇行使的。这是说，立法权和司法权是由一个另外的统治集团，或者一个另外统治集团的成员来行使的。但是，这些政治社会或者其内部世俗的政府，并未因此被国际法学者描述为“具有半独立的性质”或“具有半主权的性质”。这些学者似乎假定，在所有处于这种状态的政治社会中，这些权力仅仅是由内部世俗政府权威者行使的，或者是由内部世俗政府权威者和罗马教皇共同行使的。就第一种假设情况而言，前者本身就是一个完全的主权者。就后一种假设情况而言，前者是一个主权独立政府的组成成员。

根据某些国际法学者的观点，如果这些权力的使用，其目的在于严格意义上的基督教会的事务，那么，政治社会的内部世俗政府的主权的确是不会被这种权力的使用所削弱的。这些权力使用，不仅要通过世俗政府的认可，而且要得到它们的承认。因此，假定世俗政府和罗马教皇共同运用主权权力是不必要的。使用不恰当的“半最高权力”或“不完全最高权力”之类的修饰词语也是不必要的。但是，我们应该注意，即使这些权力完全地运用于严格意义上的基督教会事务，它们依然是立法权力，依然是司法权力。而且，我们还要注意这样一些问题：我们是否能够精确地区分严格意义上的基督教会事务和非严格意义上的这类事务；我们是否能够精确地区分基督教会应该掌握的教会统治权力和世俗异教政府可以掌握的处理教会事务的权力，而后一种权力的使用没有任何基督教意义上的邪恶之处。

治政府，对汉诺威政府(the government of Hanover)并不具有“不完全主权权力”；反之，汉诺威政府对英伦诸岛的政府，也没有“不完全主权权力”。因为，尽管英伦诸岛的国王同时是汉诺威的国王，但是，他不是作为另外一国国王而成为这样一个国王的。他在汉诺威行使的权力，并不依赖他在英伦诸岛所分享的主权权力；同时，他在英伦诸岛行使的权力，也不依赖他在汉诺威所拥有(或所分享)的主权权力。—我在这里提示的区别，类似罗马法中的地役权和人役权(*real* and *personal* servitudes)的区别，或者类似英国法中的依附地役权(easements *appurtenant*)和非依附地役权(easements *in gross*)的区别。地役权或者依附地役权属于被授予这一权利的当事人。该当事人是具体特定土地的所有者或占有者。人役权或者非依附地役权并不属于作为这样一个所有者或占有者的当事人，但是
256 (根据流行的行话)，是依附其人身的或者是其人身所固有的。

在我开始讨论复合国和国家联盟体系之前，我将尝试说明一个困难。这一困难，与我在前面一段已经考察的论题密切相关。我已经讨论过，而且稍后将要努力证明，构成一个主权者的所有个人或集合体，作为主权者的一个组成部分，是隶属于主权者群体的。在这里，当一个个人既是一个社会的主权者成员，又是另外一个社会的绝对主权者的时候，这个个人在另外一个社会中的至高无上的主权地位状态，如何可以和其隶属前一社会的主权群体的从属状态相互一致？例如，我们可以假定，我们自己的国王是一名君主，是汉诺威的独裁者。显然，在这个地方，他是隶属于由国王、上议院和下议院构成的主权群体的。同时，他也是日耳曼王国的最高统治者。但是，他的这种隶属状态，怎能和他最高统治者的地位状态相

互一致？在这个地方，一个主权者的组成部分或成员，由于习惯地服从主权者群体，似乎是反而被剥夺了在另外一个社会中作为最高统治者的固有独立的必要资格。—为了解决这一困难，我们必须假设主权者的角色以及主权群体的成员实际上是非同一般的。这里的意思是，作为（例如）另外一个社会的君主，主权者群体的一名成员既没有习惯地服从这一主权者群体，也没有得到这一主权者群体的习惯服从。因为，作为另外一个社会的君主，如果他是习惯服从这一主权者群体的，那么，这一主权者群体将是另外一个社会的最高统治者，并且他将仅仅是这一主权者群体的一名“大臣”。此外，作为另外一个社会的君主，如果他得到了这一主权者群体的习惯服从，那么，这名君主，而非这一主权者群体，将是另外一个社会的最高统治者。在这个意义上，我们只能断言，如果主权者角色在实践中是如此的混乱不堪，或者始终保持着非同一般以及彻底的相互冲突，那么，下面所说的结果之一将是不可避免的：这名成员，在两个社会中，要么处于隶属状态，要么具有最高的统治权力。或者，为了维持他在一个社会中的最高统治权力，或在另外一个社会中的部分最高统治权力，他将否认与前一个社会的关系，或者否认与后一个社会的关系。

无论在哪里，只要一个社会的主权者群体中的一名成员也是另外一个社会的主权者群体中的一名成员，我们就可以发现同样的困难，或者一个类似的困难。隶属于前一主权者群体的状态和隶属于后一主权者群体的状态，这两者是会相互矛盾的，正如一种隶属状态会和作为主权基本要素之一的“独立”，是会相互矛盾的一样。 257

我们时常可以看到，两个或多个独立的政治社会隶属于一个共同的主权者。但是，我们很难发现，在通过同样一个主权者而结成同盟之后，它们依然可以各自为政，依然可以依据原有资格而相互区别开来。当然，在这种情形中并没有出现上面提到的困难。统治两个社会的君主或主权群体是同一的一个主权者。而且，由于隶属于一个共同的主权者，两个社会便成为了一个政治的独立的社会。

[段落内容提示：复合国或最高联邦政府(supreme federal government)的性质，以及国家联盟体系(system of confederated states)或最高政府永久联盟(permanent confederacy of supreme governments)的性质。]

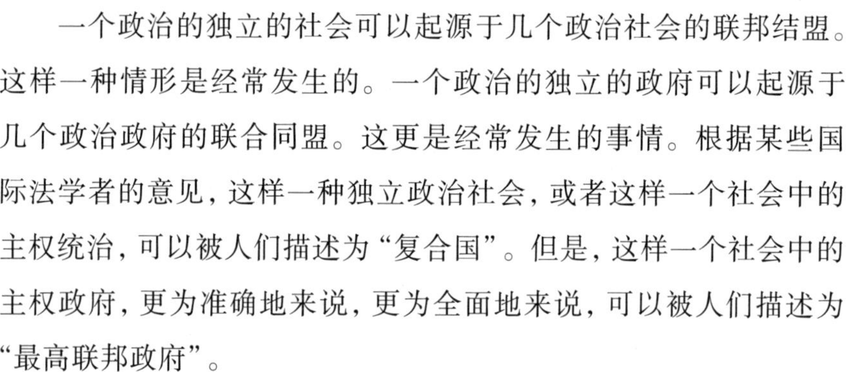

一个政治的独立的社会可以起源于几个政治社会的联邦结盟。这样一种情形是经常发生的。一个政治的独立的政府可以起源于几个政治政府的联合同盟。这更是经常发生的事情。根据某些国际法学者的意见，这样一种独立政治社会，或者这样一个社会中的主权统治，可以被人们描述为“复合国”。但是，这样一个社会中的主权政府，更为准确地来说，更为全面地来说，可以被人们描述为“最高联邦政府”。

几个相互独立的政治社会，可以根据一个永久性的联盟而结合起来。几个各自为政的政治政府，同样可以根据一个永久性的联盟结合起来。这些情形也是经常发生的。根据某些国际法学者的意见，这样几个社会，或者这样几个政府，作为一个联盟，可以被人们描述为国家联盟体系。但是，这样几个政府，如果作为一个联盟来考虑，那么，更为准确地来说，更为全面地来说，可以被人们描述为最高政府永久联盟。

我提到复合国的性质，提到最高联邦政府的性质，其目的在于表明我的一个立场，亦即主权权力是不可能受到法律上的限制的。在后面，我将尝试说明这一立场。此外，我认为，在所有政治的独立的社会中，主权者是一个个人，或者是一个由若干个人组成的群体，而且，除非主权者是一个个人或一个由若干个人组成的群体，否则，一个特定的社会，要么处于自然状态，要么处于两个或多个独立政治社会并存的分裂状态。这一点我也已经阐明过。但是，在一个被人们描述为复合国的政治社会中，主权是由各种各样的个人或群体所分享的。因为这个缘故，一个主权者群体，这些个人或群体是其组成成员，从而变得朦胧不清了，从而变得不易分辨了。也是因为这个缘故，在一个被人们描述为复合国的政治社会中，我们似乎不能清晰地看到任何真正主权意义上的独立的个人或者群体，似乎不能清晰地看到任何其政治权力不受法律限制的个人或者群体。在这个意义上，我提到最高联邦政府的性质，其目的在于表明 258
这种联邦政府统治的社会是一个主权者统治的社会，或者是一个真正主权意义上的独立的个人或群体统治的社会。此外，在提到复合国的性质的同时，我也提到了联盟国家体系的性质。这是因为，这两个迥然不同的对象，被人们荒谬地认为是相似的对象。当然，这一荒谬所产生的混乱，我们是容易消除的。不仅如此，通过这两个迥然不同的对象的对比或者比较，我可以更为简洁清晰地说明前者的性质。

第一，就复合国而言，或者就最高联邦政府而言，相互联合起来的若干社会的各自政府以及对这些社会进行普遍统治的一个政府，对每个社会来说都是联合性质的主权者。对于一个起源于联邦

的较大社会来说，情况也是如此。或者，我们也可以这样认为，进行普遍统治的政府的政治权力，是由那些联合起来的社会让予、授予的，因此，复合国的性质，可以更为精确地如此加以描述。这些社会联合起来，共同建立了行使普遍统治权力的政府，并且将各自的主权分别授予了这个政府。鉴于这一点，这些相互联合起来的社会的各自政府，对每一个社会而言，都是联合性质的主权者。

下面，我将用一点时间来考察这样一个问题：行使普遍统治权力的政府不是主权者或最高统治者。我还将考察另外一个问题：这些社会中的所有政府都不是主权者或最高统治者，甚至作为其中之一的在这些社会中直接行使统治权力的政府也不是主权者或最高统治者。

如果行使普遍统治权力的政府是主权者或最高统治者，那么，相互联合起来的几个社会即使构成了一个社会，也没有构成一个复合国。换一种表述方式来说，即使它们是在一个行使普遍统治权力的政府统治之下，它们共同拥戴的政府也不是一个联邦性质的政府。因为，就绝大多数独立的政治社会而言，若干政府统治的若干政治社会，是由一个独立政治社会组织起来的。一个行使最高统治权力的联邦政府，以及一个行使最高统治权力但非联邦性质的政府，仅仅由于下面所说的不同，而被相互区别开来。当最高统治政府缺乏联邦性质的时候，每一个各自独立的社会中的政府，就其角色而言，纯粹是隶属性质的，或者其中没有一个政府可以认为是参与了主权统治。但是，当最高统治政府准确地来说具有联邦的性质的时候，其中每一个政府是**联邦同盟的直接参与者**，就其角色而言，
259 从而就是主权者群体的一个组成部分。因此，即使是隶属于主权者

群体，而且又是主权者群体的组成部分，这些政府，就联邦问题而言，也依然不是纯粹地处于隶属状态的。—当然，由于这些政府，即使这样考虑，也不是纯粹地处于隶属状态的，这样，它们共同创立的行使普遍统治权力的政府，便不是主权者或最高统治者。

甚至在各自的社会中，这些政府之中的任何一个也不是主权者或最高统治者。如果这些政府分别来说是主权者，那么，它们就不是复合国的一名成员。如果它们分别来说是主权者，然而永久性地相互联合起来，那么，它们就形成了（正如我稍后将要说明的）一个国家联盟体系。

在后面，我将说明一个复合国的真正性质。为了这个目的，对前面一般性的描述，我将添加下面一段符合其逻辑的描述。—无论是行使普遍统治权力的政府中的临时法院，还是若干社会的各自政府中的临时法院，都不是必须或者有权去实施或执行行使普遍统治权力的政府可能发出的命令，去实施或执行相互联合起来的各个政府可能发出的命令。行使普遍统治权力的政府的政治权力，仅仅是这些社会各自政府所行使的主权的一部分。这些社会的政府，作为联邦同盟的一名成员，将自己的部分主权让与了而且授予了行使普遍统治权力的政府。根据这一条件，行使普遍统治权力的政府，其所具有立法和颁布其他命令的资格可以而且应该由其自己的临时法院，由相互联合起来的各个政府的临时法院，加以审查。此外，在制定一项法律或颁布一个具体命令的时候，如果行使普遍统治权力的政府出现了越权的情形，而被超越的权力是来自联邦同盟的，那么，所有各种各样的临时法院都有权而且有义务去拒绝执行越权制定的法律，以及越权颁布的具体命令。—相互联合起来的每一个

政府，作为联邦同盟的一方参与者，只是让与了自己的部分主权。基于这一点，无论是行使普遍统治权力的政府的临时法院，还是相互联合起来的每一个政府的临时法院，甚至这些法院本身直接任命的临时法院，都没有义务或没有权力去实施或执行行使普遍统治权力的政府的每一个命令以及相互联合起来的各个政府可以颁布的每一个命令。相互联合起来的每一个政府作为联邦同盟的一方参与者，只是让与了自己的部分主权，因此，联邦同盟所拥有的立法以及颁布其他命令的资格，可以而且应该由所有各种各样的法院加以审查。
260 此外，如果联邦同盟在制定一项法律或者颁布一个具体命令的时候，其所行使的主权权力已经被同盟成员共同否定了，那么，所有各种各样的法院，都有权而且有义务拒绝执行联邦同盟所制定的法律或者命令。

从这点来看，如果行使普遍统治权力的政府本身拥有主权，或者相互联合起来的各个政府分别享有各自的主权，那么，相互联合起来的若干社会并未构成一个复合国。相互联合起来的若干社会只是构成了一个独立的社会，其中存在着一个最高统治政府，然而并不具有联邦政府的性质。或者，其中存在一个若干分别独立的社会的结合，而这些社会分别又拥有自己的最高统治政府。因此，相互联合起来的若干政府，由于形成一个集合群体，或者，它们和行使普遍统治权力的政府，由于形成一个类似的群体，从而共同成为了社会联盟中每一个社会的主权者，成为了源自社会联盟而产生的更大社会之中的主权者。

在这里，行使普遍统治权力的政府的政治权力，仅仅是由相互联合起来的若干政府授予的。因此，行使普遍统治权力的政府，不是最高主权群体的一个组成部分，而只是充当“大臣首相”一类角色的隶属部分。由此可以认为，相互联合起来的若干社会的各自主权，以及源自社会联合而产生的更大社会的主权，依存于作为**一个集合群体**的相互联合起来的若干政府之中。这里的意思是说，这些主权为了表达这些社会的共同意愿，或者其中大多数的共同意愿，而与由联邦同盟决定的模式或形式保持一致。

行使普遍统治权力的政府的权力是由这个“集合群体”（亦即相互联合起来的若干政府的联盟）授予的，是由这个“集合群体”确定的。此外，这个“集合群体”可以剥夺、削减，或者扩大行使普遍统治权力的政府的权力。—针对这个“集合群体”而言，相互联合起来的若干政府并不是纯粹意义上的从属性政府。但是，针对这个“集合群体”而言，它们事实上是处于隶属状态的。否则，这些政府将分别是各自社会的主权政府或者最高统治政府。而且，相互联合起来的若干社会也将仅仅构成一个国家联盟体系。除此之外，由于行使普遍统治权力的政府，其权力是由“集合群体”所确定的，而且，“集合群体”有资格扩大这种权力，这样，“集合群体”必然有资格确定各个社会中政府的权力，以及有资格削减这种权力。毕竟，行使普遍统治权力的政府，其所有被授予的权力，都是从相互联合起来的若干政府的各自权力中让渡而来的。—从“集合群体”的主权中，我们可以推断一个我在前面已经提到的事实，并且将其作为一个必然的结果。这个事实就是，行使普遍统治权力的政府以及相互联合起来的若干政府，其资格可以而且必须要由前者的临时法院加
以审查，同时，要由后者的临时法院加以审查。不论怎样，行使普 261
遍统治权力的政府以及相互联合起来的若干政府，终究是从属于

"集合群体"的，因而，它们分别任命的法院，最终是从"集合群体"的主权以及最高立法机构那里获得自己的权力的。由此可以看出，这些法院，充当了"集合群体"的主权和最高立法机构的"大臣首相"的角色，这些法院是其受托者。而且这些法院充当了从属性立法机构的"大臣首相"及其受托者的角色，而这些法院亦为从属性立法机构临时任命的。由此还能看出，这些法院的权力是被授予的，因而无论在哪里，只要那些从属性立法机构僭越了"集合群体"的主权和最高立法机构所授予、所让予的权力，这些法院甚至有义务拒绝服从它们的法律或者命令。

美国的最高统治政府，(我相信)符合前面对联邦政府的一般性描述。我认为，美国的联邦政府或者由国会和总统构成的联邦政府，仅仅充当着联邦各州的"大臣首相"的角色。我相信，准确地来说，各州政府之中没有一个针对美国而言是主权性的，具有最高的统治权力。甚至在一个州或者一个由其直接统治的州，这样一个政府也不是主权性的，具有最高的统治权力。最后，我相信，每一个州的主权以及源自几个州联盟的一个较大州的主权，是掌握在作为一个集合群体的"合众国"政府(states' governments)手中的。在这里，州政府的意思不是指一般的州立法机构，而是指州公民群体，这一群体任命了这一立法机构。除了联邦之外，公民群体准确地来说是州的最高主权者。如果相互联合起来的若干州的各自直接领导者，分别是单独的个人，或者分别是人数有限的寡头群体，那么，每一个州的主权以及源自联邦联盟的国家的主权都将掌握在这些单独的个人手中，或者掌握在这些人数有限的寡头群体手中，而这

里的寡头群体，具有整体联合的性质。[(r)]

第二，一个复合国以及一个国家联盟体系，我们可以根据我在下面提到的它们的各自基本特点，对其作出大致区分。在出现复合国的情况下，由若干社会相互联合而组成的社会是一个独立的社 262
会，或者，这些作为联合成员的较小社会，隶属于一个共同的主权者实体。一般性的政府通过其领导者，相互联合起来的若干政府通过其成员和领导者，在相互联合起来的若干社会中，以及在源自各州联盟而形成的较大的一个社会中，得到普遍的习惯服从。在出现一个国家联盟体系的情况下，由若干社会相互联合而组成的社会不是一个独立的社会，而且，这些作为联合成员的较小社会，其自身并不从属于一个共同的主权者。或者，换一种表述方式来说，作为联合成员的每一个社会都是一个独立的政治社会，而且，准确地来说，其中每一个政府在各自的社会中是主权政府或最高统治者。尽管由若干政府组成的集合体是联邦同盟的组织者可以通过与联邦同盟有关的决议，但是，无论是联邦同盟达成的条件，还是其所通过的各项决议，在任何社会中，都不是由“集合群体”的权威机构加以强制实施的。对联盟政府中的每一个政府来说，这些条件和决议，仅仅是它们自发采纳的协议条款。在其自己的政治社会中，每

(r) 美国的宪法，或者关于美国联邦政府的宪法，是在 1787 年由几个州的代表起草的。从这部宪法第五条中，(我认为)可以推出这样一个结论：每一个州的主权以及根据联邦而出现的更大国家的主权，掌握在作为一个集合群体的联邦政府的手中。这一条规定：“在两院各有三分之二议员认为必要的时候，国会应该提出本宪法的修正案；此外，如果有各州三分之二州议会提出请求，国会同样应该召开制宪会议，并且提出修正案。不论哪种方式提出的修正案，经各州四分之三州议会或四分之三州制宪会议的批准，即成为本宪法的一部分，从而发生效力。”另见这部宪法第一条第 10 款。在这一款中，对若干州政府的某些权力作出了明确的限制性规定。

一个政府赋予自己制定或签署的法律和其他命令以法律效力，而且，这些法律和其他命令是这些政府以自己的权威向自己的被统治者颁布的。简单来说，一个国家联盟体系，从基本方面来看，与根据简单一般性的盟约而相互联合起来的政府联盟是不同的。此外，在若干独立政府根据一个简单一般性的盟约而相互联合起来的情况下，其中没有一个政府是隶属于作为“集合群体”的联盟政府的。即使其中每一个政府接受了盟约的条款，它们通常也是根据自己的法律和命令，在自己的独立社会中实施这些条款的。一个国家联盟体系，以及若干根据简单一般性的盟约相互联结起来的政府联盟，我们的确不能通过一般抽象的表述对其精确地加以区分。只要我们遵守一般表述的使用惯例，我们便只能大概地、模糊地断言，前者的联盟约定，意在永久性的联盟，而后者的盟约，通常来说则意在临时的相互联合。前者联盟约定所具有的目标或目的，一般而言是较为繁多的，要比后者来得更为复杂。

我认为，承继神圣罗马帝国而来的日耳曼帝国联盟（German Confederation）仅仅是一个国家联盟体系。我相信，日耳曼帝国议会仅仅是一个由一些使节组成的集合群体。这些使节来自相互联合起来然而又是分别独立的若干政府。这一帝国议会的决议仅仅
263 是具有协议性质的条款规定。相互联合起来的政府各自自发采纳这些决议。这些政府在各自的社会中，根据各自制定的法律和命令，赋予这些决议以法律的效力。我还相信，瑞士同盟，过去以及现在也是具有同样性质的。针对日耳曼联盟或瑞士同盟，如果相互联合起来的政府群体实施群体的决议，那么，这些相互联合起来的政府就是一个复合国，而不是一个国家联盟体系。准确地来说，相

互联合起来的政府实体是主权者。相对这一集合体和主权实体，相互联合起来的每一个政府，准确地来说，都是处于隶属状态的。

[段落内容提示：对主权权力的限制。]

现在，我从主权者可以确定的各种各样的统治形态或者各种可能的最高政府的形式来讨论对主权权力或对最高统治权力的限制。这一限制也许是实际存在的，也许是我们想象的。

[段落内容提示：一个实际存在的由人制定的法的基本特征。]

在讲座结束的时候，我将作出一些少量的修正说明。根据这一说明，我们可以用如下方式来描述一个实际存在的由人制定的法（或者使其区别于非实际存在的由人制定的法的独特属性）。——每一个实际存在的由人制定的法，或每一个我们径直而且严格地使用"法"一词所指称的对象，是由一个主权者个人或群体以直接或间接方式向独立政治社会中的一名成员或若干成员制定的。在这个社会中，主权者个人或群体是至高无上的，具有最高的统治权力。或者，换一种表述方式来说，它是由君主或最高统治群体直接或间接地向处于隶属状态的一个个人或若干个人制定的。

[段落内容提示：从一个实际存在的由人制定的法的基本特性，从主权者和独立政治社会的性质，我们可以得出这样一个结论：我们所说的准确意义上的一名君主的权力，或集体情形的地位至高无上的一个主权者群体的权力，是不可能受到法律限制的。主权者用自己主权权力约束自己的企图或者约束其承继者的企图。]

现在，从一个实际存在的由人制定的法的基本特性，从主权者和独立政治社会的性质，我们可以得出这样一个结论：我们所说的准确意义上的一名君主的权力，或集体情形的地位至高无上的一个主权者群体的权力，是不可能受到**法律**限制的。如果受到一项法律义务的约束，那么，一名君主或主权者群体，我们只能将其视为隶属于更高的、更具有优势的主权者。这里的意思是说，如果受到一项法律义务的约束，那么，一名君主或主权者群体，既是主权者，又不是主权者。“受到实际存在的由人制定的法限制的最高统治权力”，就术语使用而言，是一个彻头彻尾的自相矛盾。

即使主权权力受到法律限制的约束，任何一个政治社会，也终将不能逃避法律的专制，直接设定这种限制的优势者的主权权力，或者，某些其他主权优势者对该优势者的权力，也终将绝对地不受实际存在的由人制定的法的束缚。毕竟，除非我们设想的这种法律限制最终是由一个最高统治者设定的，而且该统治者并非从属
264 于其他更高、更具有优势的主权者，否则，数不胜数的所谓“主权者”，都将可以统治我们想象中的社会。这是不可能的，并且也是荒谬的。

君主和主权者群体可以试图约束自己，或约束主权权力的其他承继者。然而，即使主权者可以制定约束自己的法律，制定约束自己承继者的法律，主权权力不可能受到法律限制这样一种判断，依然会是放之四海而皆准的普遍真理，依然会是绝无例外的。

这类法律的直接制定者，或者作为后来承继者的这类法律的制定者，可以根据自己的意志废除这种法律。而且，即使这类法律没有被废除，此时的主权者仍然没有受到法律制裁的威吓或政治制裁的威吓，从而，必须遵守这样的法律。毕竟，如果此时的主权者在法律上必须遵守这种法律，它将必然是处于隶属更高、更具有优势的主权者的状态。

就其与主权或最高统治权力的承继者的关系而言，这类法律，充其量也不过是实际存在的社会道德规则。就其与直接制定者的关系而言，这类法律仅仅属于隐喻意义上的法律。因为，如果我们准确地使用语言的话，我们不可能说到“一个人对自己制定法律”。一个人可以采取一项原则作为自己行为的指导，而且可以遵守这项原则，仿佛他是由于一个制裁威吓而不得不遵守一样，但是，我们还是不可能没有语言的错误而去这样使用语言。

主权者所制定的试图约束自己的法律，或者，主权者所制定的试图约束自己承继者的法律，仅仅是它们作为自己行为或承继者行为指导的原则或者准则。一个主权者或国家偏离我们提到的这类法律并不是非法的。如果主权者或国家对自己下属制定的法律与这类法律发生了冲突，那么，只有前者在法律上是有效的或者具有法律上的约束力。

例如，古罗马人曾经庄严地投票决定，他们永远不会通过，甚至考虑我将冒昧命名为“剥夺公权法案”（bill of pains and penalties）的法律。因为，尽管在这个时期古罗马人是蛮人，但是他们依然强烈地感觉到了一个真理：实施惩罚的行为应该和可预测的规则是相互一致的，不应该迎合特别的溯及既往的命令。而这一真理时常被自高自大的立法者所忘却。这个庄严的表决依照立法的形式加以通过了，而且，以强制性的术语载入了《十二表法》（*Twelve Tables*）。强制性术语是这样的：“不得制定溯及既往的特别法”

(*privilegia ne irroganto*)。然而，尽管表决以立法的形式通过了，
265 尽管它具有恰当准确的法律表述的形式，尽管它作为一项法律载入了一部法典或者法律汇编，它也不是一项我们所说的准确意义上的法，而且，肯定地说，它也不是我们径直而且严格地使用“法”一词所指称的对象。这样一种表决，在古罗马人的手中，是被当作一个伦理原则或准则来采用的，其目的在于告诫最高权力的承继者。这项表决试图约束的当时的主权者以及后来的主权者并没有受到这项表决的约束或限制。背离这一表决而制定的特别法在法律上依然是有效的。古罗马法院不可能将背离这一表决的法令视为无效的，即使它们和这一表决或准则是水火不相容的。毕竟，这一表决或准则亦即“不得制定溯及既往的特别法”，徒有法律的形式外表。

再如，英格兰和苏格兰结成了同盟。在同盟的基础上，两个国家建立共同的立法机构，而该立法机构享有最高的主权权力。当时，同盟的建立者制定了一项法律，其目的在于约束该立法机构。该项法律写入了同盟的法规之中。它规定，保留英国圣公会以及保留苏格兰教会是同盟得以成立的基本条件。换句话说，英国议会不得废除这些教会，或者改变这些教会的基本框架或结构。在这里，只要两国大多数人以关爱和崇敬的心情看待他们各自已建立的教会，英国议会的废除行为就会是个**不道德的**行为。因为，废除行为会违背两国大多数人各自接受的实际存在的社会道德，或者，会从反面刺激两国大多数人各自坚持的舆论或感觉。假定明示的上帝法公开赞同教会的建立，废除行为就会是**亵渎宗教的**。或者，假定一般功利赞同教会的持续存在，废除行为作为一般有害来说，也会等同于一个**罪恶**。但是，没有人会将英国议会废除一国教会或两国

教会的行为，称作非法的行为，并且认为这种“称作”，在言语上是有意义的。毕竟，如果这时的英国议会是英格兰和苏格兰的主权者，它就不可能在法律上受到同盟条件的约束，虽然，这一条件意在授予这些教会建制以持续性和稳固性。这项同盟的条件不是一项实际存在的由人制定的法，而是同盟的建立者向未来的最高立法机构提供的劝导或者建议。

[段落内容提示：“违宪”(unconstitutional)这一修饰词的意义。我们可以将其与“非法”(illegal)这一修饰词加以对比，而且，我们可以将其适用于一名君主的行为，或者适用于集合性的主权群体的行为，以分析其意义。]

前面所引证的两个例子，另一方面，要求我们必须思考一下“违宪”这一修饰词的意义。我们可以将其与“非法”这一修饰词加以对比，而且可以将其适用于一名君主的行为，或者适用于集合性的
主权群体的行为，以分析其意义。通过这样的对比以及适用，我们 266
自然可以发现“违宪”这一修饰词，有的时候是在较为一般和宽泛的情形下使用的，有的时候是在较为特殊和具体的情形下使用的。

我先讨论第一种情形。

在所有或者几乎所有独立的政治社会中，都存在着主权者习惯遵守的原则或者准则。而且，这些原则或准则，社会中的大多数人或者其中有影响力的大多数人，是用赞许的感情来对待它们的。主权者或国家时常明确地采用了这样的准则，并且习惯地服从它们。当然，主权者或国家也时常没有明确地采用它们。相反，它们仅仅是由社会中盛行的舆论简单地设定的。无论是由主权者或国家明确地加以采用，还是由社会中盛行的舆论简单地加以设定，使人们必须遵守它们或者不得不遵守它们，都仅仅是依赖道德上的制裁这一点的。我们可以换一种表述方式来讲，当贸然违反这类准则的时候，违反者不会也不可能遭遇法律上的痛苦或者刑罚，虽然违反者会遭遇被统治阶层普遍的谴责，或遭遇被统治阶层中大多数人的谴责，并且可能遇到他们的抵制。

在这里，如果一名君主或主权者群体制定的法律或其他法令，与上面提到的那类准则相互冲突，那么，这些法律或法令可以被称为是“违宪的”（就该词有时是在较为一般的意义上使用而言）。例如，被描述为“剥夺公权”的溯及既往的法律，可以被我们称为“违宪的”，即使它们不可能被叫作“非法的”。毕竟，它们和英国议会已经习惯遵守的立法原则出现了相互抵触，而且，这一立法原则，英国社会中的大多数人对其也是赞同的。

简单来说，当我们描述一名主权者制定的法令是“违宪”的时候（就该词有时是在较为一般的意义上使用而言），我相信，我们的意思是这样的：首先，这一法令没有和某些特定的原则或准则保持一致；其次，特定的最高统治政府，已经明确地采用了这一原则或准则，或者至少已经习惯地遵守该原则或准则；再次，特定社会中的大多数人或特定社会中有影响力的大多数人赞同该原则或准则。此外，我们的意思还包含了这样的内容：由于最高统治政府已经习惯地遵守该原则或准则，同时，社会中的大多数人是以赞同的态度对待它们的，主权者制定的该法令就注定会否定他们的舆论，就注定会挫伤他们的感情，从而，注定会使社会中的大多数人深感失望。如果我们的意思不是这样的，那么，我们的意思，只能意味着我们将该法令视为普遍有害的，或者只能意味着我们以不喜欢的心情来对待该法令，而在不喜欢的时候，我们却没有十分肯定的理由以说 267
明我们的反对意见。

现在，我讨论第二种情形。

“违宪”一词，当适用于一个主权行为，而且，是在较为具体确定的意义上适用的时候，意指主权者的行为与**宪法**(constitutional law)是相互抵触的。

在这里，我需要简略地说明一下。我使用“宪法”一词，意思是指实际存在的社会道德，或这种社会道德和实际存在的由人制定的法这两者相互结合的产物。这些道德或其与人定法相互结合的产物决定着特定最高统治政府的结构或框架，决定着个人的法律资格或个人之间相对而言的法律资格。但是，与此同时，最高主权者掌握着统治其他个人的权力。此外，假定我们在这里提到的政府是一个贵族政府或若干个人组成的政府，那么，这些实际存在的社会道德以及实际存在的由人制定的法，则决定着主权在主权者成员或群体中分配的模式。

在这个地方，针对我们所说的准确意义上的君主而言，或者，针对集合性质的主权者群体而言，宪法仅仅是实际存在的社会道德，或仅仅是依赖道德制裁来实施的。正如我稍后将要表明的，尽管宪法可以等同于实际存在的由人制定的法，或可以依赖法律制裁来强制实施，同时，这里的制裁又是针对主权者群体中个人而言的，但是，我们还是需要将宪法看作这种社会道德，将宪法看作是依赖道德制裁来实施的。此时的主权者或其承继者，可以已经明确地采用了这种社会道德，可以已经明确地承诺了遵守这种社会道德。但是，无论宪法是否被这样地采用了，是否简单地来说是由政治社会中盛行的原则所构成的，针对主权者而言，它都仅仅是由被统治者的感觉或感受来维护的。因此，即使一个违反宪法的主权者的法令被准确地描述为“违宪”，这个法令也没有违反我们所说的严格意义上的法，不能相应地被称为“非法的”。

例如，从卡迪纳尔·黎世留政府（the ministry of Cardinal Richelieu）到法国大革命，这段时期的法国国王，就是实际上的法国主权者。然而，正是在同样一个国家，正是在同样一个时期，一个法院尊重的正统准则，一个根植于法国大多数人的感情的正统准则，决定着王权的承继。就王位的实际转让而言，这个准则决定了王权不可避免地应该由一个合适的人员来继受。这个合适的人员，也许因为符合被命名为萨利克法（Salic law）的继承规则，恰巧就是王位的继承者。在这里，如果一名事实上的国王试图根据皇室法令或法律将王权让给自己的子女，那么，这种皇室法令或法律，就可以十分准确地被称为“违宪的”。这种法令，已经和确定君主宪政
268 的正统准则发生了冲突，已经和法国盛行的感觉所维护的正统准则发生了冲突。但是，我们却不能够认为它是“非法的”。毕竟，就实际上的国王是真正的主权者而言，他自然而然地无需承担任何法律责任。不仅如此，如果被统治者抵制违宪的皇室法令，这种抵制本身倒是非法的，或者，违反了实际存在的由人制定的法。即便这种抵制是符合被描述为宪法的实际存在的社会道德的，恰巧和作为实在法律规则的尺度的一般功利原则是相互一致的，这种抵制照样是“违法”的。

再如，假定英国议会制定了一项法令，将主权授予国王，或者，

将主权要么授予国王，要么授予上议院或下议院，那么，从基本面上来看，这项法令便改变了我们目前最高统治政府的结构，从而可以准确地被描述为“违宪的”。如果我们这里想象的这项法令，一般来说也是有害的，而且冒犯了这个国家大多数人的意愿，那么，它同样可以被称为“亵渎宗教的”，“不道德的”，以及“违宪的”。然而，认为它是“非法的”，则是十分荒谬的。毕竟，如果这时候的议会是英国的主权者，那么，它就是我们所有实际存在的由人制定的法的直接或间接的制定者，并且，为我们设立了法律公正与否的绝对尺度。(s) 269

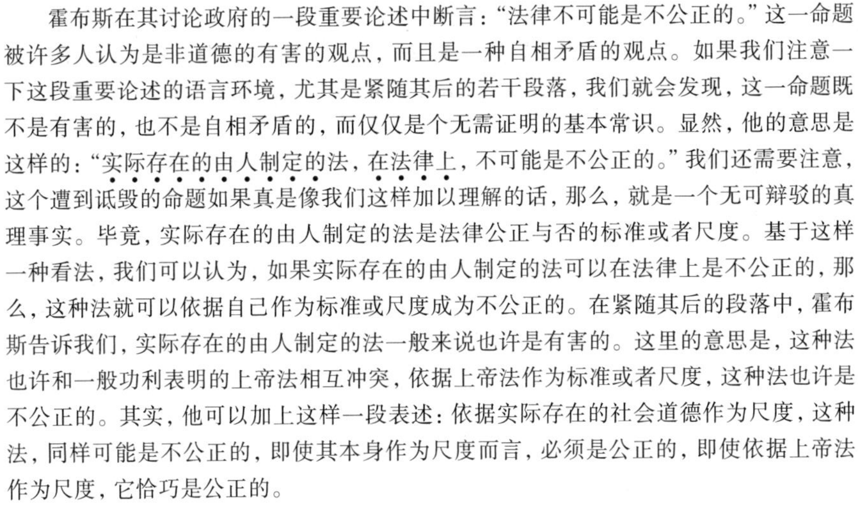

(s) ［**段落内容提示：霍布斯的“法律不可能是不公正的”这一命题的意思。“公正”或“不公正”，“正义”或“非正义”，这些术语包含了相对和多变的内涵。**］

霍布斯在其讨论政府的一段重要论述中断言：“法律不可能是不公正的。”这一命题被许多人认为是非道德的有害的观点，而且是一种自相矛盾的观点。如果我们注意一下这段重要论述的语言环境，尤其是紧随其后的若干段落，我们就会发现，这一命题既不是有害的，也不是自相矛盾的，而仅仅是个无需证明的基本常识。显然，他的意思是这样的：“**实际存在的由人制定的法**，**在法律上**，不可能是不公正的。”我们还需要注意，这个遭到诋毁的命题如果真是像我们这样加以理解的话，那么，就是一个无可辩驳的真理事实。毕竟，实际存在的由人制定的法是法律公正与否的标准或者尺度。基于这样一种看法，我们可以认为，如果实际存在的由人制定的法可以在法律上是不公正的，那么，这种法就可以依据自己作为标准或尺度成为不公正的。在紧随其后的段落中，霍布斯告诉我们，实际存在的由人制定的法一般来说也许是有害的。这里的意思是，这种法也许和一般功利表明的上帝法相互冲突，依据上帝法作为标准或者尺度，这种法也许是不公正的。其实，他可以加上这样一段表述：依据实际存在的社会道德作为尺度，这种法，同样可能是不公正的，即使其本身作为尺度而言，必须是公正的，即使依据上帝法作为尺度，它恰巧是公正的。

自然，“公正”与“不公正”，“正义”或“非正义”，这些术语包含了相对的内涵以及多变的内涵。无论什么时候，只要人们在使用它们的时候意思是指一个确定的含义，它们便和使用者预设作为对照标准的一个确定的法产生了相互关系。洛克在讨论法律分类的时候，在结尾的地方暗示了这一点。我在第五讲中，安插了洛克的讨论。稍加一些慎重的思考，我们的确就可以清楚地发现，实际存在的由人制定的法实在是无需那种

[段落内容提示：分别来考虑的话，主权者群体中的成员处于隶属这一群体的状态。因此，他们在法律上是受主权者群体整体制定的法律约束的。]

然而，当我断定一个主权者的权力是不可能受到法律限制的

所谓伟大的神圣的修辞以充权威的。

在使用“公正的”这一修饰词的时候，我们的意思是指我们用修饰词所修饰的一个特定对象，是符合一个我们作为尺度的特定法的要求的。而且，正如“公正”在于符合一个特定法一样，“正义”也在于一个对象符合同样的标准或者类似的标准。因为，“正义”是一个抽象的术语，其与“公正”这一修饰词是相互对应的。在使用“不公正的”这一修饰词的时候，我们的意思是指这个特定的对象不符合这个特定的法。此外，“非正义”这一术语仅仅是对应“正义”这一术语的一个抽象词语，所以，它意指特定的对比对象没有符合这个特定的法，而这种法，我们将其预设为对比的标准。—正义与非正义，其相对而言的性质就是这样的。因此，同样一个法令，依据不同的标准来衡量，既可以是公正的，也可以是不公正的。或者，换一种表述方式来说，一个法令可以由于符合一个特定的法而成为公正的，即使其本身，即使作为其标准的法，对比一个另外的规则而言都是不公正的。例如，假定实际存在的由人制定的法，与实际存在的社会道德相互冲突，如果以前者作为衡量标准，一个对象便可以被视为公正的，反之，如果以后者作为衡量标准，这个对象，便可以被视为不公正的。或者，当法律和道德这两者，与上帝法相互冲突的时候，如果以人类规则作为衡量标准，一个对象便可以被视为公正的，反之，如果以神法作为衡量标准，这个对象，便可以被视为不公正的。

尽管“正义”或“非正义”这些术语，意思在于某个对象是否符合任何特定的法，但是，它们有时特别包含了某个对象是否符合终极标准或尺度，亦即上帝法，这样一个意思。当法律和正义相互对立的时候，当实际存在的人类规则被描述为不公正的时候，这个意思是为“正义”一词所包含的。而且，当我们依照这样一个意思使用“正义”一词的时候，“正义”几乎等同于“一般功利”。在它们之间存在的唯一区别，在于如下这一点：一个特定的行为，当我们将其和上帝法加以对照的时候，由于其直接符合了上帝法，从而是公正的；反之，一个特定的行为，当我们将其和作为上帝法标记的一般功利原则加以对照的时候，由于其直接符合了这一原则，从而是普遍有用的。在这里，我们可以得出这样一个结论：当我们描述一个行为是公正的或不公正的时候，我们的意思，通常来说，在于说明这个行为一般而言是有用的或者有害的（这个注释的剩余内容，正如在前一版中出现过一样，也包含在这一版中。它们被放置在第五讲的结尾部分。第 214 页以及后面几页。另见我在第 200 页所作的注释。——坎贝尔）。

时候，我使用的“主权者”一词的意思在于指称我们所说的准确意义上的君主或集合性质的主权者群体。作为集合体来考虑，作为具有相互合作的特性来考虑，一个主权者群体是至高无上的，并且是绝对独立的。但是，如果将其成员分别来考虑，那么，主权者中的个人以及构成主权者一部分的较小集合体，则是隶属于主权者整体的。这些个人和较小的集合体，都是主权者整体的组成部分。从这一角度来看，尽管主权者群体自然而然地不受法律义务或政治义务的约束，但是，其中的任何个人和较小的集合体，则在法律上应受主权者整体制定的法律的约束。例如，英国上议院的一名成员或者英国下议院的一名成员，在法律上，可以受英国议会制定的一个法令的约束。这时的英国议会是一个至高无上的立法机构，而其中的成员是和其他成员一起立法的。不仅如此，这些成员在法律上还应受到制定法的约束，或者受到司法机构在判决过程中制定的规则的约束。这些制定法或规则是直接来自从属性或隶属性立法机构的，而它们的权威性，当然是由最高立法机构确立的。

在这里，我们应该注意，在君主政府或个人统治政府，与贵族政府或若干人统治政府之间，存在着一个重要区别。

针对我们所说的准确意义上的君主而言，或者针对集合性质
的主权者群体而言，宪法（正如我已经说明过的）的实施仅仅是以 270
道德制裁作为后盾的，防止违宪行为的出现也只能依赖道德上的制裁。针对我们所说的准确意义上的君主而言，或者针对集合性质的主权者群体而言，有关国家宪政的其他法律和国际法几乎也是处于同样状态的。它们与其说是实际存在的由人制定的法，不如说是实际存在的社会道德。实际存在的社会道德，是由特定社会中的主流

感受来支撑的，正如实际存在的由人制定的法，一般而言，是由国家主导感受来支撑的一样。

当然，如果分别来考虑的话，主权者群体的成员，即使作为其中一员，在法律上也应受到主权者群体制定的法的约束，也应受到与特定最高统治宪政相关的法的约束。—如果这些法包含了法律制裁，或者立法者提供了司法上的强制实施这些法的手段，那么，主权者群体对其个人成员所制定的法，准确地来说，便是实际存在的由人制定的法。这种法，由于对主权者群体中的个人成员具有义务的要求，并且是对其设定的，从而，也是准确意义上的实际存在的由人制定的法，或者我们所说的严格意义上的法。如果主权者群体，作为立法者，没有提供司法上的强制实施这些法的手段，那么，它们则是实际存在的社会道德规则，而不是实际存在的由人制定的法律规则。自然，当它们缺乏一个实际存在的由人制定的法的基本特征的时候，其原因不在于它们所约束的对象的角色担当，而在于它们没有被赋予法律上的制裁或者政治上的制裁。我们也可以这样认为，在这个时候，它们是古罗马法学家所说的那类“没有法律责任约束规定”的法。—如果它们是以法律制裁或政治制裁作为后盾的，而且，与特定的最高统治政府框架或结构有着关联，那么，主权者群体中的个人违反它们，就不仅仅是个违宪问题，它还属于违法的问题。就被违反的这种法与国家宪政有关而言，违背这种法，正是违宪的。就被违反的这种法可以由司法程序强制实施而言，违背这种法，正是违法的。

例如，英国国王作为英国议会的一名成员，如果自己的权力行使超越了宪法规定的限度，那么，就可以受到议会法令的制裁。具

体来讲，如果英国国王贸然宣布最高立法机构制定的法律具有法律效力，那么，他就可以因为“贸然宣布”而受到议会法令的制裁。英国上议院或下议院的议员作为英国议会的组成成员，如果自己的权力行使超越了宪法规定的限度，同样可以受到议会法令的制裁。具体来说，如果他们贸然给予自己所属的上议院或下议院的法令或决议以法律效力，那么，他们就可以受到议会法令的制裁。

因此，毫无疑问，当最高统治政府是一个君主政府或一个个人统治政府的时候，宪法针对这种政府来说，不过是一种实际存在的 271
社会道德。当最高统治政府是贵族统治政府或若干人组成的统治政府的时候，宪法针对这些政府成员来说，要么是由实际存在的社会道德构成的，要么是由这种道德和实际存在的由人制定的法这两者的结合物所构成的。毋庸置疑，针对相互合作，而且具有最高权力的主权者群体而言，宪法不过是实际存在的社会道德。但是，针对分别来考虑的其中组成成员而言，如果他们是个人或者是由个人组成的小型部分的若干集合体，那么，宪法不仅是由道德制裁来维护的，而且是由法律制裁或政治制裁来维护的。

当然，在实践中，即使将这些作为主权者群体组成部分的成员分别来考虑的话，一般而言，他们也依然是完全或部分地不受法律限制的或不受政治限制的。例如，英国国王作为英国议会的组成部分，就法律而言，是不承担任何法律责任的，或者不可能作出一个法律意义上的越权行为。而且，上议院的议员或下议院的议员在参与其直接隶属的议院的行动时，没有义务服从实际存在的由人制定的法。然而，尽管这种不受法律限制可能是相当有用的或者极为方便，但是，这不是必然的，也不是自然而然的。毕竟，就其个人分别来考虑的话，主权者群体中的成员，如果是个人或者是由个人组成的小型部分的若干集合体，那么，显然有义务服从主权者群体整体对其设定的法。即使作为主权者群体的组成成员来说，也是如此。

在这里，我需要重复地说明一下，主权者的一名成员，如果将其独自来考虑的话，当然，也将其作为主权者的组成成员来考虑，他可以全部或部分地不承担法律责任。但是，在法律上无需承担责任的主权者群体中的小型部分的集合体，或者在法律上无需承担责任的主权者群体中的个人，其法律上绝对权力的行使，就两种方式而言，是不得违反宪法的。第一，像主权者群体一样，它或他在道德上是有义务的，是受限制的。这是说，它或他受到特定社会中的主流舆论和感觉的控制。第二，如果它或他试图运用自己在主权中分享的宪法权力，去颁布一个自己无权颁布的命令，那么，其命令就其违宪而言，在法律上将是没有约束力的，不服从这项命令，从而也就不是非法的。此外，即使它或他在法律上无需因为越权而承担法律责任，可是，如果执行命令的主体尝试执行这一命令的话，它或他任命执行违宪命令的主体依然可能有义务遵守实际存在的由人制定的法。例如，英国国王或者上议院或下议院，如果以公告或命令的形式试图确立一项与英国议会法令旗鼓相当的法律，显
272 然，这项法律在法律上就会是没有约束力的，而且，不遵守这项法律也并不构成违法。但是，即使英国国王、上议院或下议院，在法律上，并不因为这里假设的违背宪法或道德的行为而需承担法律责任，那些接受国王或议院命令去执行这项法律的主体依然可能承担民事责任或者刑事责任，如果执行这项法律的主体设想实施这项法律的话。

前面，我已经作出了说明，如果分别来对待或考虑的话，所有构成主权者群体的个人或小型部分的集合体都是隶属于主权者群体的。从上一段落讨论的问题出发，现在，我应该说明这里所涉及的一个困难。

一般来说，如果一名主权者群体的成员分别对待或分别考虑的话，没有义务遵守实际存在的由人制定的法，那么，这名成员，仅仅是因为作为这一群体的一名成员，从而无需承担任何法律责任。一般来讲，就另外一种身份或另外一种社会角色而言，他是应该受到法律限制的。但是，在某些被描述为君主立宪政体的混合贵族统治中，人们所提到的受限制的君主实际上完全被免除了法律义务或政治义务，或是无需承担任何这样的义务。例如，根据英国法的一个准则，“国王无需因过错而承担责任”(the king is incapable of committing wrong)。这里的意思是说，国王无需对自己想做的任何事情，或者对自己的任何过失或过错，而承担法律责任。

然而，即使国王完全被免除了法律义务或政治义务，我们依然不能由此作出推论，断定国王是享有主权的，是至高无上的，或者断定他没有处于隶属享有主权的或拥有最高权力的议会的状态，而在该议会中，他不过是一名组成人员而已。

对这一否定性的结论，我们可以容易地找出无数的证据加以证明。不过，举出下面一些证据，已经足以说明问题。—第一，尽管事实上国王不受实际存在的由人制定的法的约束，但是，他是应该承担法律责任的。掌握主权的议会，其所制定的法律，虽然也经国王的同意才能确立，但是依然可以要求国王及其承继者承担法律责任。然而，我们所说的准确意义上的君主，或者一个集合性质的主权者群体，不可能由于任何他者的意图设想而被要求承担法律责任，或者有义务遵守实际存在的由人制定的法。—第二，如果国王打算超越宪法为其权力所规定的限度，那么，他的命令将被视为违宪的，而被统治者不服从这一命令，则将不是非法的。执行其命令的大臣或机构，因其违宪性质的命令执行，在法律上，则应该对主权者群体制定的法律担负责任，而在这一群体中，国王只是一
273 个组成部分而已。但是，主权者颁布的命令，如果没有受到其臣民的服从，那么，臣民的不服从，不可能不被视为违反实际存在的由人制定的法。相反，执行主权者命令的大臣或机构，在法律上，则是不可能对社会任何一个组成部分担负责任的，除了对命令的颁布者。—第三，如果我们可以发现，国王是在习惯地遵守主权者群体确立的法，那么，在这个时候，国王是以主权者群体的一个组成成员的身份而出现的。如果他不是一个组成成员，那么，他必须迅速将自己的权位让给较为合适的后继者，或者英国宪政必须迅速地终止。如果国王经常违反主权者群体确立的法，这一群体的其他成员，可能就会制定一个矫正法律（remedy），即使这一预期的明确的矫正法律，是适合或满足应急需要的，即使实际存在的由人制定的法，甚至宪政性的社会道德，并没有提供这样一个法律。因此，国王是基于一个行之有效的包含在矫正法律中的制裁，才不得不尊重主权者群体制定的法律的，即便这个制裁不是预先设定的，不是明确的。由上议院和下议院两院的舆论确立的法（除了社会大多数人支持的舆论所确立的法），限制着国王的权力，使其不得不习惯地遵守整体议会制定的准确意义上的法，亦即实际存在的由人制定的法。—但是，在习惯遵守一个具体的主权群体制定的法律的时候，

确切地来说，国王不是一个主权者。因为，这样一种习惯性遵守，与主权者基本特性之一，也即我们所说的“独立”特性，是相互矛盾的。而且，在习惯遵守一个特定最高统治群体的法律的时候，从实际情形来看，国王是处于隶属这一群体的状态的，即使这一群体的其他成员以及社会的其他群体，一般来说被称为他的臣民。自然，主要是通过法院接受的司法程序，国王才得以被人们普遍地设想为主权者。由于英国的宪政，或者更是由于英国的议会，国王被赋予了从属性的实施法律的政治权力，特别是审查法律实施状况的政治权力。在这个意义上，以程序方式去违反法律，便是对国王的犯罪。当然，以这种方式违反法律，准确地来说，等于是对由国王、上议院和下议院构成的议会的犯罪，而不是对国王犯罪。正是依赖议会，我们实际存在的由人制定的法，才能够直接或间接地加以确立。此外，主权者群体中的其他成员以及社会中的各类群体，的确是从属于主权者群体的，而非从属于国王。

[段落内容提示：政治自由或公民自由（political or civil liberty）的性质，以及我们假设的不受限制的政府与专制政府之间的相互区别。]

自然，如果主权权力或最高统治权力不可能受到法律的限制，或者任何最高统治政府在法律上是绝对的，那么，我们可以提出这样的问题：是否存在着政治自由？一般被认为是不受限制的最高统治政府，怎样才能区别于一般被认为是专制的最高统治政府？ 274

在我看来，而且，这也是我的答案，政治自由或公民自由是一种承担法律责任的自由。因为，这种自由是由主权政府留给其臣民的，或者是由主权政府授予臣民的。此外，主权政府的权力不可能受到法律的限制，于是，主权政府，在法律上可以根据自己的意志，用自己不受约束的权力，任意剥夺臣民的政治自由。在这里，我提到这是法律意义上的任意，其意思是指，在法律上，主权政府可以根据自己的意志，用自己不受约束的权力任意剥夺臣民的政治自由。毕竟，一个政府只能因为实际存在的社会道德而受到限制，不去剥夺其留给或授予臣民的政治自由。而且，它只能受到上帝法的约束，从而不为臣民设定一般功利所谴责的义务，这里的上帝法当然是人们通过功利原则来理解的。—有些自由是不承担法律责任的。这些自由属于另外一类的自由。我们知道，处于自然状态的个人是没有政治义务的，而且，没有政治义务是主权的基本特性之一。然而，政治自由或公民自由，假定了一个政治社会的存在，或者假定了一个"政府"或"国家"的存在。这种自由是国家留给其臣民的自由，从而是承担法律责任的。它不是在主权权力中固有的自由，从而不承担法律责任。

政治自由或公民自由已经被人们树为一种崇拜的对象，而且被狂热的崇拜者以夸张的赞美方式奉为至尊。但是，政治自由或公民自由并不比政治约束或法律约束来得更为值得赞颂。我们可以认为，这种自由像政治约束或法律约束一样，一般而言是有用的，或者一般而言是有害的。此外，恰恰不是作为自由，而是作为有助于一般的善，政治自由或公民自由才成为了一个值得称道的存在对象。

有些无知的歇斯底里的狂热者，用自己焦灼不安的自由想象，来使人们昏昏然。对这些狂热者而言，政治自由或公民自由似乎是政府应当为之存在的基本目的。但是，政府应当为之存在的最终缘由或者最终目的，在于最大限度地促进公共的福祉。而且，基本来说，政府必须以两种方式来达到这一目的。**其一**，授予臣民与一般功利相符合的权利，与此同时，设定对享受一般功利来说是必要条件的相对义务（或对应于权利的义务）。**其二**，设定一些绝对性的义务（或与权利不相对应的义务），以促进政治社会整体的善，即使这些义务不能促进特定主体个人的具体利益。在这里，个人被赋予了法律权利，也被赋予了政治自由。这里的意思是说，个人具有 275
了不承担某种责任的自由，而这一自由，对于享有权利来说是必要的。由此我们可以看出，政府可以通过赋予臣民法律权利的方式，达到自己的真正目的。就此而言，政府是将政治自由作为一种手段来实现自己的真正目的的。当然，不论在哪里，只要政府赋予了臣民以权利，它就必须相应地设定一个义务，而且，也应该设定与权利没有对应关系的绝对义务。所以，如果我们认为，政府是将政治自由作为一种手段来达到自己为之存在的基本目的的，那么，我们同样可以认为，政府是将法律限制作为一种手段来达到自己为之存在的基本目的的。认为政治自由应该是政府的基本目的，或者认为法律限制应该是政府的基本目的，等于是在提出荒谬无益的观念想法。因为，其中任何一个目的都仅仅是促进社会公共福祉的一种手段。社会公共福祉才是良好仁爱的主权政府的最终目的。当然，尽管两种观点都是荒谬的，然而，相对来说，后者要比前者来得略微真实一些。—正如我稍后将要表明的，政治自由或公民自由脱离了相应的法律限制便是不存在的。当处于隶属状态的个人没有任何法律义务的时候，他们的自由（一般来说），对他们自己而言也将是没有意义的。至少，在享有自由的同时，他们的同胞被设定了相应

的法律义务，不得侵犯他们，否则，难以想象他们的自由可以是安然无恙的。这是说，除非他们对这些政治自由具有法律权利，而这些政治自由，是由主权者政府授予他们的，同时，他们的同胞被设定了相应的法律义务，否则，他们的自由是没有意义的。例如，在法律上，就我可以履行自己的法律责任而言，我有迁徙的自由。但是，除非我的同胞因为政治义务受到限制不得囚禁伤害我的人身，否则，这项政治自由只能是个没有意义的自由。某些公民自由的确是由主权政府留给或赋予其臣民的，但是，由于主权政府的疏忽或过失，由于主权政府没有对他人设定相应的法律义务，这些自由也许并没有受到应有的保护。而且，其中某些自由，倒是可能受到社会中存在的宗教责任和道德责任的足够保护。当然，一般来说，一项政治自由或公民自由总是和一项法律义务相互连接的。因此，尽管自由的狂热崇拜者十分激烈地反对政治限制，对政治限制怀有特

276 别恐惧的心理，但是，政治自由依然恰恰是由政治限制来促进的。(t)

前面，我讨论了政治自由或公民自由的性质。现在，我转向讨论我们设想的不受约束的政府与专制政府这两者之间存在的区别。

每一个最高统治政府，都是*不受*法律限制的。或者（用不同的语词来表述同一命题），我们也可以这样认为，每一个最高统治政

(t) 政治自由或公民自由，主权者是以两种方式将其留给或赋予其臣民的。其一，认可和命令相互结合。其二，简单地予以认可。如果一名臣民是以法律权利方式拥有自由的，那么，这种自由就是主权者通过认可和命令相互结合的方式赋予该臣民的。认可，是就该臣民具有法律权利而言的。命令，是就该臣民或其他臣民具有相应义务而言的。但是，主权者留给或赋予一名臣民的政治自由或公民自由，也许仅仅是依靠社会中存在的宗教制裁以及道德制裁来防止其他社会成员侵犯的。换句话说，该臣民在拥有政治自由的时候，可能并不具有法律上的权利。此外，根据这一假设，主权者或国家是以简单认可的方式，将政治自由或公民自由留给或赋予该臣民的。

府，在法律上都是专制的。因此，不受约束的政府与专制政府之间的区别，不可能意味着其中某些政府要比另外一些更为不受法律的约束，不可能意味着，被称为不受法律约束的政府，其臣民是由实际存在的由人制定的法来保护的，以防止该政府的权力滥用。

这一区别，也不可能意味着，被称为不受法律约束的政府要比被描述为专制的政府可以较多地留给或赋予臣民以政治自由。人们可以认为，“不受法律约束的”这一修饰词语，表达了赞扬的意思，而“专制的”这一修饰词语则表达了诋毁的意思。人们可以认为，这两个词语，将政府分为不受法律约束的政府和专制的政府，而且，两个词语的使用，假定前者要比后者来得良好一些。然而，就政治自由一般情形下是否有益而言，我们不可能推导出这样一个结论：一个政府，因为可以赋予臣民以更多的自由，从而优于另外一个政府。赋予臣民以更多的自由，也许纯粹是有害的。更多的自由，也许是由社会公共福祉要求限制的自由所构成的，也许是由政府应该加以限制的自由所构成的，而政府的限制则可能是政府对造物主应该履行的义务。例如，由于更多的自由是有害的，社会中的臣民可能无法防止相互侵害或者抵御外来侵略。

那些将政府区分为不受法律约束的政府和专制的政府的人，其意思可能是这样的：

> 一个政府授予的权利以及其对臣民所设定的义务，为了推进社会公共的福祉，或者从社会所有成员的整体幸福来看，是应该被授予的，是应该予以设定的。然而，在每一个政治社会中，政府都或多或少偏离了这一伦理原则或者准则。在授予

> 权利和设定义务的时候，它或多或少忽视了共同福祉或一般福祉，或者，由于狭隘的感受，而仅仅关注社会中较小部分成员
> 277 的特殊具体的利益。

—在这里，一个偏离上述伦理原则或准则较少的政府，优于另外一个政府。但是，在那些作出这种区分的人看来，偏离上述伦理原则或准则较少的政府是“多数人”政府（就该表述的最为广泛的意义而言）。“多数人”政府（就该表述的最为广泛的意义而言）这一表述的意思是指任何一个这样的贵族式政府（君主立宪制政府或其他政府）：其中组成成员的数量在特定的政治社会的整体成员中占有较大的比例。因为，作出这种区分的人已经假定，当这种政府具有民主的性质或者是由“多数人”构成的时候，主权者群体的利益和社会整体利益几乎是相互一致的，或者几乎是相互趋同的。然而，当这种政府是准确意义上的君主政府的时候，或者当最高统治权力相对来说掌握在较少人手中的时候，主权者个人或者群体就会具有无数的偏狭利益，就会具有与社会普遍的善或福祉相互不一致的利益。—根据那些作出这种区分的人的看法，多数人的政府对自己臣民所设定的义务，可以和普遍的善相互一致，而一个人的政府或少数人的政府，其对自己臣民所设定的义务便无法实现这一点。因此，即使多数人的政府留给或赋予自己臣民较少的政治自由，一个人的政府或少数人的政府留给或赋予自己臣民较多的政治自由，前者也要比后者更为容易**导致社会共同的福祉**。但是，由于留给或赋予自己臣民毕竟是较少的**有益**自由，一个人的政府或少数人的政府，当然可以被描述为一个**与不受法律限制的政府不同的**政府，或

者可以描述为专制的政府或绝对的(absolute)政府。就此来说，一个不受法律限制的政府，或者一个良好的政府，是一个民主的或多数人的政府(就该表述的最为广泛的意义而言)。而一个专制的政府，或者一个糟糕的政府，要么是一个我们所说的准确意义上的君主政府，要么是任何狭义的具有一个寡头形式的贵族政府(君主立宪制政府或其他政府)。

从这里我们可以看出，那些将政府区分为不受法律约束的政府和专制的政府的人是民主制的热衷者。当他们将“不受法律限制的”这一修饰词语用于多数人政府的时候，他们的意思是指多数人的政府相对来说是良好的。反之，当他们将“专制的”这一修饰词语用于君主政府或寡头政府的时候，他们的意思是指君主政府或寡 278
头政府是糟糕的。我认为，君主制或寡头制的热衷者，几乎不使用“不受法律限制的”和“专制的”这样一些修饰词语。如果他们使用这些修饰词语，那么，他们就会用“不受法律约束的”这一修饰词语，来描述一个人的政府或少数人的政府，而用“专制的”这一修饰词语来描述多数人的政府。毕竟，他们认为，前者相对来说是良好的，而后者相对来说是糟糕的。或者，他们也许认为，君主政府或寡头政府要比多数人政府更为容易让人接受，因为，前两者或许更为容易达到政府为之存在的最终目的。他们并不认为，前两者与后者相比，更为容易受到与社会公共或普遍的福祉并不一致的利益的误导。或者，假如我们认为，多数人的政府理所当然地具有优越性，那么，他们就会认为，这一优越性较之他们赋予一个人的政府或少数人的政府的优越性来说，远远是大为逊色的。

当然，在这里，我并不直接关心各类形式的政府所具有的优缺

点。我所考察的问题是人们时常将“不受法律约束的”政府和“专制的”政府加以区分。我之所以考察这一问题，是因为这一时常出现的“区分”见解，是以十分不准确的术语表达出来的，是以十分荒谬的表述展现出来的。这些术语和表述，容易使人们无法清晰地认识政治责任或法律责任的独立性，而这种独立性，对所有形式的主权政府来说，是普遍存在的。

[段落内容提示：为什么人们一直会怀疑这样一个观点：一个主权者的权力是不可能受到法律限制的。]

人们一直怀疑，甚至否认这样一个观点：一个主权者的权力是不可能受到法律限制的。其中的难点，像成千上万的难点一样，可能源自语词使用的模糊性。—在我们所说的君主立宪政体中，一名主要的个人成员被人们描述成了君主或主权者。这是不准确的。在这里，君主或主权者的权力，如果这样不准确地加以描述，那么，其不仅可以受到法律上的限制，而且有时事实上的确受到了实际存在的由人制定的法的限制。然而，这样描述君主的权力或主权者的权力，等于是混淆了我们在准确意义上使用语词而指称的君主或其他主权者。人们自然相信，这样描述的君主或主权者是可以受到法律限制的。所以，我们不免会想到，在准确意义上使用语词去指称的君主或其他主权者，也是可能受到类似限制的。

[段落内容提示：反对一方的著名政治学者明确提出的命题。]

无论这里的错误出自何种缘故，这一错误本身是值得注意的。因为，当我们准确地使用语词的时候，君主的法律独立性以及集合性的主权者群体的法律独立性，不仅可以从主权权力的性质中必然地推导出来，而且，也被反对一方的著名政治学者明确地表达出来。一些著名学者，支持“不受法律约束的”这一修饰词所修饰的政府。另外一些学者，支持“专制的”这一修饰词所修饰的政府。他们也都明确地表达过这种“独立性”的意思。

西德尼（Sidney）说过：

> 我是独断专行权力的辩护者。如果人们因此反对我，那
> 么，我承认我根本无法理解，任何社会在没有这种权力的时候 279
> 居然可以确立起来，居然可以持续存在。良好政府与病态政府之间存在着区别。然而，这一区别并不在于一类政府具有独断专行的权力，另一类政府没有这种权力。因为它们都有这种权力。这一区别在于这种权力在完好建构的社会中，可以正确地加以行使，从而，可以使社会深受其益。

霍布斯说过：

> 根据我的理解，十分清楚的是，主权权力无论是掌握在一个人手中，比如在君主手中，还是掌握在一群人手中，比如在多数人以及贵族国家手中，都可以被运用得毫无节制。这种没有节制，不论怎样想象都是可能的。对于一个完全不受限制的权力，人们会想象许多其可能产生的恶果，并且希望限制这种权力。但是，担心其可能导致每一个人侵犯其同胞，从而想要限制它，其结果将会产生更多的邪恶。人们生存的条件永远都

不会是没有弊端的。然而，除了臣民不服从约束之外，没有什么针对国家而言是一种更大的弊端。此外，不论是谁，只要认为主权权力十分巨大，从而希望使其削弱，那么，他就必须服从一个能够限制主权的权力。这是说，他必须服从一个比主权更大的权力。

霍布斯还认为：

与国家(commonwealth)存在不相协调的论调之一，就是认为拥有主权权力的人是受国家法律(civill lawes)约束的。的确，所有主权都是受自然法约束的，因为自然法是神法，不可能被任何人或任何国家所废除。但是，主权者是不受国家法律约束或受自己制定的法律所约束。因为，如果他是受国家法律约束的，他就等于是在自己约束自己。这就不是约束了，相反，这是一种自由。这种论调，因其主张国家法律是在主权者之上的，从而是在主张法官是在主权者之上的，而且，是在主张运用权力惩罚主权者。其实，这是主张设立一个新的主权者。此外，基于同样的原由，这是主张再有一个新的主权者有权惩罚第一个新的主权者，如此循环往复，以至无穷。最后，国家变得混乱不堪，最终消亡。

霍布斯另外指出：

国家的种类或形式之间的区别，并不在于权力掌握方式的

不同，而在于争取和平以及对人民提供安全的方法的不同。和 280
平和安全是国家的目的。(u)

(u) 现在，在法国、德国，甚至在英国，都有一些恶意的评论者。他们完全误解了霍布斯在其各类著述中所设想的基本观念。他们对霍布斯的著述的无知，在我看来，是不可思议的。他们肆无忌惮地疯狂谴责霍布斯，将其描绘为"独裁的卫道士"。他们的言论，无中生有，夸大其词。他们的意思在于说明霍布斯的基本观念是为君主政府作辩护的。在这里，尽管霍布斯对君主政府的青睐胜过多数人的政府或少数人的政府，但是，他的基本观念肯定在于确立如下两个命题：第一，主权权力，无论是掌握在一个人的手中，还是掌握在多数人或少数人的手中，都是不可能受到实际存在的由人制定的法限制的；第二，现存或已建立的政府，不论是一个人掌权，还是多数人或少数人掌权，都不应该不被臣民所服从，因为，政府的目的在于公共的福祉，在于与上帝法保持一致，而这个上帝法，是通过功利或原典来为人们所知晓的。—霍布斯的基本目的，不在于为君主制作辩护。在其所撰写的《利维坦》中，有若干段落足以说明这一点。例如：

> 一个民族在贵族集体或民主集体统治下而得到的幸福，并不是来自贵族制或者民主制，而是来自臣民的服从以及协调一致。这个民族在君主制下得到的繁荣，并不是因为一个人在统治，而是因为臣民服从一个人的统治。如果没有臣民的服从，没有臣民的协调一致，这一民族不仅不会繁荣昌盛，而且在短期内还会分裂瓦解。此外，如果臣民试图以不服从的方式使国家获得一些微小的改革，那么，他们就会发现，他们所做的正是摧毁这一国家。
>
> 在君主制中，一个人是至高无上的。而其他所有在国家中拥有权力的人，都是由于这个人的认可以及这个人的意愿而拥有权力的。在贵族制或民主制中，存在着一个至高无上的集合体。其拥有不受限制的权力，与君主制中一名君主具有这类权力是没有任何区别的。此外，如果这三类政府已经建立起来的话，那么，其中何者是最好的政府，显然是个不可争辩的问题。

在同一著述中，以及在其《蜡体》(*De Cire*)一书中，我们可以发现许多这样的段落。因此，那些贸然将霍布斯描述为"独裁或君主制"的辩护者的人，肯定是仅仅依赖道听途说来理解霍布斯的基本目的的。无论是在这两本著述中的哪一页里，只要仔细阅读，他们都会抛弃自己的愚蠢见解。显然，对那些认真阅读过这些最为清晰睿智的段落的人来说，即使阅读是仓促的，恶意评论的流行观念以及反对意见，也都将变得十分可笑。

霍布斯政治著述中的主要错误在于如下两个方面。第一，他过于绝对地反复强调服从现存政府或已确立的政府的责任，而且，强调这种责任具有宗教的性质。他对某些个别具体的特殊情形没有表现出必要的宽容。而在这些特殊情形中，尽管一般功利原理要求服从政府的统治，但是，正是同一原理有时要求人们不应该服从政府的统治。在讨论国家秩序混乱的时候，或者，在讨论这种混乱的表现方式的时候，他本来可以较为全面地看问题。但是，他最终还是不自觉地将其注意力集中于抵制政府所能产生的明显的有害结果上，几乎没有提到，服从政府在偶然情况下，同样是可以产生有害结果的。此外，尽管霍布斯的理论在整体上是值得注意的，就像其惊人的理解力使我们赞叹不已一样，但我们依然可以认为，其过度的谨小慎微，的确使其一叶障目，不见泰山，使其不适当地坚持主张反叛和争斗只能带来恶果的观点。第二，被统治阶层中的大多数人完全理解，而且完全知道，政府的存在显然具有极大的优越之处。令人遗憾的是，霍布斯没有从这点得出政府得以存在的理由。相反，他将政府的起源以及独立政治社会的起源归因于一个虚构的社会契约。他想象后来的臣民相互签订了契约，或者后来的臣民和后来的主权者相互签订了契约，从而，臣民必须毫无保留地服从主权者的每一个命令。根据霍布斯的想象，由于社会契约的签订，由于迅速建立政治政府和政治社会，这样，臣民无条件地具有宗教式的服从义务以及主权者拥有获得服从的神圣权利（right），都是必然的结果，具有永恒不变的性质。他的确假定过，臣民是乐意签订社会契约的，因为臣民清楚地知道政府的统治具有优越之处，而且，臣民本身也担心，随着时日的流逝，自己会深陷于无政府状态之中。但是，霍布斯将自己的理论体系建立在一个并无根基的虚构之上。他没有将自己的理论体系直接建立在终极功利这一基础之上。就这一点来说，他时常只能以诡辩的方式、模棱两可的语词去推出自己的结论，尽管他的结论一般来说也是功利原理可以证明的。臣民无条件地具有宗教式的服从义务以及主权者拥有获得服从的神圣权利，显然是不可能从霍布斯所说的那些由功利原理本身可以证明的结论中推论出来的。事实上，这种义务以及这种权利不可能从其自己的虚构中推导出来。毕竟，根据他自己的虚构，臣民认识到了政府统治的功利意义，从而乐意作出承诺服从政府。而且，由于臣民乐意作出这种承诺，是以认识政府统治的功利意义作为基础的，这样，他们不会承诺在特殊具体情形下具有服从政府的义务，而当这种特殊情形出现的时候，服从所引发的恶果，超过了无政府状态中所存在的恶果。此外，即使他们承诺在这种特殊情形下服从政府的统治，他们也依然不是以宗教方式具有绝对服从的义务。毕竟，一般功利原理是理解宗教责任的一个渠道，从这一角度来说，宗教责任不可能来自其倾向一般来说是有害的承诺。再者，即使臣民是政治社会的建立者，从而臣民基于自己有害的承诺具有了宗教式的服从义务，但他们的后继者也依然不会因为有害的社会契约而被设定一个宗教式的责任。后继者对这一契约终究是陌生的。当然，上面的批评意见并不绝对地适合于批评霍布斯的具体虚构。这些批评意见或者类似的批评意见可以被用来批评所有的政治浪漫神话。在政治浪漫神话中，人们可以根据想象的原始契约得出政府存在的结论。无论我们是否像霍布斯一样，假定后来的臣民仅仅是承诺者，还是像其他人一样，假定后来的臣民的承诺得到了遵守，我们都不能由此认为，建立者所签订的社会契约对现在的社会成员设定了宗教式的责任，除非我们认为，这一契约在目前是有用的。

霍布斯的著述极为精湛，但是，被人们彻底忽略了。如果在阅读其著述的时候，可以记着上面提到的两个基本错误，那么，作为读者，我们就可以更好地理解他的观点。在我看来，就最高政治政府的必要结构以及实际存在的由人制定的法的必要特征而言，没有其他学者（除了我们伟大的同时代人杰罗米·边沁）可以阐述如此多的真知灼见。它们是新颖的，而且具有重要的意义。此外，霍布斯极富独特的天才思想。这些思想尤其可以启发真诚的学者的思考，引导学生开始积极的原创性的思考。

一般来说，对霍布斯反感的作者是罗马天主教的教士、英国圣公会高级教会的教士和清教徒式的基督教长老会的教士。在教会问题（一个意义不确定从而范围不清楚的表述）上，世俗权威的独立性或多或少受到了这些教会中的宗教人士的影响。换句话说，教会人士坚持认为，自己的教会与世俗政府具有同等的地位，或者世俗政府本身并不具有至高无上的地位。尤为重要的是，他们坚持认为，教士的命令不论多少，在最高权力中是占有一席之地的。霍布斯矢志不渝地忠于现存的临时主权政府。因此，这种无政府状态使其深感恐惧，也使其深感厌恶。他提出了有分量的理据，并且使用准确而且犀利的言辞严厉抨击了这一状态。这使教会人士坐立不安，奋起抗辩，而且使教会人士痛苦难堪，引起了他们的憎恶。正是因为这个缘故，教会胆战心惊，却又极其恶毒地攻击霍布斯。所有教会人士，以乏味的“无神论帽子”嘲笑他（这对教会人士来说习以为常）。其中某些人则是觉得应该将他描绘为独裁或虐政的卫道士，并且，将其列入乖戾的学者［例如，马基雅维利（Machiavelli）］行列，而这些乖戾的学者的确赞扬独裁，认为独裁是有能力的表现，是有勇气的表现。那些联合起来的阴险宗派，运用这些诽谤方式，去诋毁他们共同的敌人的名誉。他们给公众造成的负面印象是十分深刻的，而且持续不断。所以，“霍布斯，无神论者！”“霍布斯，独裁的卫道士！”之类的叫嚣，依然使所有人对霍布斯感到恐惧，感到他是共和的噩梦，除了那些为数极少的勇敢研究其著述的人。

关于上帝的存在，有些理论是积极的无神论，有些理论仅仅是怀疑论，而另外有一些理论则是渎神论。渎神论要比前两者都更为有害，它将人类的缺陷和罪恶都归因于上帝的存在。就这些观念而言，我相信在霍布斯的任何著述中我们不可能看到任何踪迹。

霍布斯的确喜欢君主制政府（尽管他没有提到这一喜好），而不喜欢多数人的政府或少数人的政府。因此，如果君主制是独裁的同义词，那么，就倾向于一个君主制而言，他肯定是个独裁的卫道士以及支持者，而不是个赞扬多数人的政府或少数人的政府的支持者。但是，如果独裁是虐政的同义词，或者，尤其是君主虐政的同义词，那么，霍布斯根本不是独裁的卫道士、支持者，我们倒是可以将其视为最有能力、最有热情的反对者。甚至在晚近时期，相对来说已是文明的时代，没有一个赞同自由制度或民主制度的人像他那样竭尽全力并且极为清醒地洞察，以及苦口婆心地诉说独裁政府或糟糕政府的基本缘由，以防止它们的出现。在各种各样的完善的政治科学（就该词最为广泛的含义而言)中，独裁政府或糟糕政府的基本缘由是一个研究盲点。这里的政治科学是指有关政治经济的学问(political economy)。它包括了伦理学的两大分支，以及政治学(就人们接受的该词的严格意义而言)。可以认为，如果独裁政府或糟糕政府的基本缘由已经被查明了，那么，防止恶果出现的主要方法便在于将相关知识在社会民众之中广为传播。与此相比，人类智慧可以设计的最佳政治结构，对良好或有益的统治来说，作为一个保障方案肯定是捉襟见肘的。—霍布斯论述政治学的部分著述，与“主权者的地位(或义务)”有关。在这部分著述中，霍布斯坚持主张这样一些命题：第一，除非政治科学的基本原理为大多数普通平民所了解，否则，良好而且稳定的政府根本就是不可能的或者几乎是不可能的；第二，大多数普通平民，就像有身份、财富和学识的高尚自豪的优越者一样，有能力掌握这样的科学知识；第三，在大多数普通平民之中传播这种科学知识，是造物主为主权者设定的最为重要的义务之一；第四，主权者倾听大多数普通人民的抱怨，甚至去征求他们的意见，是一件值得骄傲的事情，这可以使主权者更好地理解他们需求的性质，更好地使自己的管理适应社会公共善的发展；第五，使自己颁布的法律尽可能地简单扼要，清晰易懂，而且，通过各种渠道使法律中的重要规定为人所知，同样是一件值得骄傲的事情；第六，如果主权者有能力并且有义务作出法律上的说明，但是没有做到，从而，大多数普通人民缺乏了解法律，并不清楚自己的法律义务，那么，从宗教的角度来说，普通人民没有履行义务的责任便在于主权者，毕竟，主权者没有让普通人民知道自己的义务。

各类政府为了实现自己为之存在的最终目的，会采取各自不同的方法。就这些方法而言，霍布斯的意见，十分类似18世纪中叶法国哲学家提出的学说。这些法国哲学家被人们特别地称为“经济学者”(Œconomists)。“经济学者”认为，为了使政府成为一个良好的政府，两个条件必须是预先具备的。其一，大多数民众了解政治科学(就该词最为广泛的含义而言)的基本内容。其二，一个人数众多的公民群体，对政治科学是精通的，他们不会被与公共福祉相互矛盾的个别利益所误导，而且，他们可以将民众没有深思熟虑的政治意见聚集起来，引导他们展开政治活动，尽管民众是有知识的，是有理性的。—“经济学者”指出，没有大多数民众对政治科学的基本了解，没有为数众多的“精英”(genslumineux)群体，政府注定是糟糕的，不论这个政府是一个人的政府，还是少数人的政府或者是多数人的政府。如果是一个人或少数人的政府，那么，这个政府，就会仅仅考虑社会中一部分人的狭隘特殊利益或个别群体的狭隘特殊利益。因为，一个较为文明的社会中的普遍性意见没有办法约束这个政府，使其推进社会一般的或公共的福祉。如果是一个多数人的政府，那么，这个政府就会因为关注偏狭有害的利益而误入歧途，不顾社会一般的或公共的福祉。当然，一个社会的普遍性意见是可以控制这个政府的。然而，可以发现，如果社会本身的文明程度是有限的，这个政府依然会时常由于愚昧无知的民众的固执独断的偏见而偏离正轨，迷失方向。—但是，“经济学者”指出，如果大多数民众对政治科学基本上是了解的，而且，可以传播知识的精英公民群体也是存在的，那么，在社会中，就会形成完善的具有强烈要求的道德观念，而且，这一道德观念，可以强有力地、持续地督促这个政府，使其增进社会一般的善，不论其形式是怎样的。此外，因为数不胜数的理由（限于篇幅我只好忽略它们），他们断言，在任何较为文明的社会中，君主制政府不仅是最好的政府，而且也是文明社会必然会选择的政府，其远远不是少数人的政府，甚至多数人的政府所能相比的。

奎奈（Quesnay）以及18世纪中叶的其他“经济学者”，他们所提出的意见（我简单地将其作出了说明，没有使用他们所用的术语）就是这样的。他们的伟大前辈，17世纪中叶的法国哲学家，所提出的意见也是这样的。

情况可能是这样的，“经济学者”提出的意见，与其是说有缺陷的，不如说实际上是错误的。他们的意见，就其所阐述的内容来说，也许是完善的。但是，他们缺乏一个基本性的思考，而且，几乎没有触及一个基本的问题。—在一个文明程度较低的政治社会中，我倾向于认为，一个良好的稳定的政府是不可能存在的。而在一个文明程度较高的政治社会中，我则倾向于认为，君主制要优于民主制。但是，在一个文明程度较低的政治社会中，一个多数人的政府，由于其愚钝，由于其浑浊复杂，从而是否一定要比君主制容易产生弊端？如果政府是多数人的政府，那么，文明程度较低的政治社会，是不是一定没有办法从黑暗走向光明？一定没有办法从对政治科学的无知，走向对政治科学的明晓？在这里，对政治科学的无知，当然是虐政产生的基本原因。而对政治科学的明晓，当然是防止虐政产生的最佳保障。—对这些问题，“经济学者”几乎没有讨论过。而且，不幸的是，对一个文明程度已是发达的社会来说，哪类政府是最佳政府的问题，相对上面那些问题而言，根本不是一个重要的问题。“经济学者”的确偶尔承认，“对比无政府状态，当权者的无知，是更为危险的”（que dans l'état d'ignorance l'autorité est plus dangereuse dans les mains d'un seul, qu'elle ne l'est dans les mains de plusieurs.）。但是，他们几乎没有涉及这一问题。他们只是一般性地推断，或者假定，在无知状态的社会中政府不可避免的是一个糟糕的政府，因而，在这种状态中，政府的形式是一个完全不重要的问题。就他们的大多数前提来说，我和他们是一致的。不过，我所得到的一个推论，与他们的推论倒是相去甚远。我认为，在一个文明程度已是发达的社会中，政府的形式才是一个无关紧要的问题。但是，在无知状态的社会中，政府的形式是一个最为重要的问题，是一个怎样强调都是不过分的问题。

奎奈和其他“经济学者”所提出的政治体系以及经济体系，莫西尔·德·拉·里维尔利（M. Mercier de la Rivière）在其《政治社会的基本性质和要素》（*L'Ordre natural et essentiel des Socéités politiques*）中，已经简略清晰地说明过了。

[段落内容提示：一个个人的主权政府，或者一个集合性质的主权者群体政府，并不具有相对自己臣民而言的法律权利（就该词被人们所接受的准确意思而言）。]

下面，我会讨论政治政府和政治社会的起源。在讨论之前，我将简略地考察一个问题。这一问题与主权不受政治限制或法律限
281 制有着关联。

282 一个个人的主权政府或者一个集合性质的主权者群体政府，并不具有相对自己臣民而言的法律权利（就该词被人们所接受的准确意思而言）。

283 每一个法律权利是由实际存在的由人制定的法所规定的。而且，它是相对于由这一实际存在的人定法所设定的相应义务而言的。义务，除了享有权利的个人或群体之外，对所有人而言都是必须履行的。因此，就每一项法律权利来讲，都存在着三类社会主体。其一，制定实际存在的由人制定的法的个人主权者或者群体主权者。这些主权者通过这一实在法授予法律权利，并设定相应的义务。其二，被授予权利的个人或者群体。其三，被设定义务的个人或者群体。实际存在的由人制定的法，是为这些人制定的或者指向了他们。一正如我稍后将要表明的，被授予法律权利的个人或群体并不必然是独立政治社会中的成员，而在该社会中，法律的制定者是主权者或最高统治者。被赋予法律权利的个人或群体可以是另外一个独立政治社会中的一名成员或群体，而这名成员或群体，要么是主权者，要么是臣民。但是（使用一个稍加变动的命题，稍后我将加以说明），被设定义务的个人或群体，或者法律为之制定或所指向的个人或群体，必然是独立政治社会中的成员，而在该社会中，

法律的制定者当然是主权者或最高统治者。因为，除非被规定履行义务的主体隶属于法律的制定者，否则，这一主体不会受到法律的制裁，或者政治的制裁。正是运用法律制裁或政治制裁，法律的义务才得以强制履行。正是依赖法律制裁或政治制裁，法律的权利才得以切实保护。一个政府不能对另外一个社会的成员设定法律义务或责任，即使这一政府可以通过对自己社会中的成员设定相应义务的方式，赋予另外一个社会的成员以法律权利。享有一项法律权利的主体并不必然承担一项法律责任。因此，一个主体可以拥有法律权利，可以运用法律权利，即使这一主体不可能受到法律权利制 284
定者的强权或权力的控制。然而，除非相对一方主体或承担相对义务的主体受到这种强权或权力的控制，否则，法律权利和相对的法律义务，以及授予这一权利、设定这一义务的法律，只能是名不副实、虚无缥缈的。此外(使用一个稍加变动的命题，稍后我将加以说明)，实际存在的由人制定的法是依赖制裁作为后盾的，于是，可能受到制裁的人便必然隶属于法律的制定者，或者必然是这样一个社会中的成员，而在这样一个社会中，法律的制定者是最高主权者。

从一项法律权利的基本要素中，我们可以得出这样一个结论：一个个人的主权政府或一个集合性质的若干人组成的主权政府，针对自己的臣民而言，并不享有法律权利(就该词被人们准确接受的意思而言)。

针对法律权利来说，存在着三方主体。其一，拥有法律权利的主体。其二，承担相应义务的主体。其三，制定法律的主权政府。主权政府通过制定法律，授予了法律权利，设定了法律义务。一个主权政府不可能通过自己制定的法律，拥有针对自己臣民而言的法律权利。一个人，正如同不能为自己设定一项义务或强加一条法律一样，不能向自己授予一项权利。每一个拥有一项权利（神授权利、法律权利或道德权利）的主体都是通过另外一个主体的强权或权力而获得这项权利的。这里的意思是说，通过一项法律以及一项另外一方对未来具体主体设定的义务（准确意义上的或并非准确意义上的），一个主体才能拥有一项法律权利。从这点可以看出，如果一个主权政府针对自己的臣民拥有法律权利，那么，这些权利便是由第三方个人或群体通过对第三方自己的臣民所制定的法律义务来确立的。但是，基于每一个实际存在的由人制定的法是由主权者对处于隶属状态的自己臣民制定的，从而，想象第三方个人或群体在另外一个社会中是主权者，使另外一个社会的主权政府拥有了法律

285 权利，这是荒谬的。这是说，想象另外一个社会在隶属于第三方自己的主权政府的同时，也隶属于自己的主权者，这是荒谬的。这当然是不可能的。(v)

(v) ［**段落内容提示：权利（right）是权力（might）。**］

人们时常断言，“权利就是权力”，或者“权力就是权利”。但是，这是一个自相矛盾的命题（倍受肤浅的嘲笑者和讽刺者的青睐）。其要么纯粹是个人云亦云的陈词滥调，毫无新意，要么是个不折不扣的错误，荒谬绝伦。

如果它意味着，拥有一项权利的主体通过自己的强权或权力获得这项权利，那么，这个命题就是错误的、荒谬的。因为，拥有一项权利的主体必然是通过另一主体的强权或权力而拥有这项权利的。这里的意思是说，权利的拥有是通过法律的制定者而获得的。这里的法律授予了权利，并且向第三方具体个人设定了义务。一般来说，被给予一项权利的人，属于弱者，而不属于强者。除非他受到权利制定者的强权的保护，从而不受到侵害，否则，由于自己是弱者，他的生活会处于不断危险和骚扰之中。例如，拥有法律权利的个人，当其仅仅是独立政治社会的成员，自己法律权利的获得，是以自己的主权者的强权或意愿为基础的时候，其所处的情形就是这样的。

如果它意味着，权利和权力是同样一种东西，或者权利和权力是指一个对象的两个名称，那么，我们提到的这个命题同样是错误的、同样是荒谬的。当我身体没有受到束

自然，就受到上帝法的约束从而服从自己的暂时主权者而言，

缚的时候，我四处移动的自然能力可以叫作“强力”（might）或“力量”（power），但是，不能叫作“权利”（right），即使我四处移动的自然能力没有遇到你的妨碍，从而，可以毫无疑问地被描述为一项“权利”，而且，是以“权利”一词十分精确和恰当的含义来描述的。其实，即便在这种情形中，将我四处移动的能力归因于另外一个人将法律强加于你的结果，我们也是不能以“权利”一词来指称这种能力的。

如果它意味着每一项权利都是来自强权或权力的，那么，这个命题仅仅是一种陈词滥调，而且徒有似是而非的语言作为包装。因为，每一项权利（神授权利、法律权利或道德权利），是以相对义务作为基础的。这里的意思是说，相对义务是针对其他所有人设定的，除了享有权利的主体。此外，十分清楚的是，如果设定义务的法律不是依赖强权来支撑的，那么，相对义务就不具有实质上的意义。

在结束这个注释之前，我将简略地表明，在我看来，“权利”具有两个含义，我们应该将其仔细地加以区分。

作为实体意义上的名词，“一项权利”（a right）是指语言使用纯正者用“一个权能”（a faculty）来描述的一个对象。这个对象由于一个特定的法律，从而依存于一个具体的主体或若干具体的主体。这个对象有助于对抗一个主体或若干主体（或对应其他主体的义务），除了这个对象所依存的主体。而“权利”（rights）作为实体意义上的名词是“一项权利”这一实体意义上的名词的复数。但是，“权利”（right）这一术语，当其作为一个形容词来使用的时候，是指“正当的”意思，相当于形容词“公正的”（just），正如副词“正当地”（rightly）相当于副词“公正地”（justly）一样。此外，当我们使用它（right）作为一个抽象名称，对应于形容词“正当的”（right）的时候，作为实体意义上的名词的“权利”，其意思是指“正当”，是实体意义上的名词“正义”的同义词。—例如，如果我欠你 100 英镑，你便拥有要求我还钱的“一项权利”。这项权利包含了一个我应负义务的意思，而且，这个义务对我来说是必须履行的。在这里，如果我偿还了债务，而要求偿还是你的“一个权利”，那么，我的偿还行为就是“公正的”或“正当的”。也可以这样认为，我的偿还行为从而就是“正当的”或者“正义的”。—再如，我有权利在家里享受安静，这个权利包含了一个义务，就是不得滋扰我的享受。这个义务一般来说是对其他人而设定的，或者说大体上是对社会设定的。在这里，当其他人确实履行了这个义务，而针对这个义务，我的确享有了“一个权利”，那么，可以这样认为，他们的行为是“正当的”或“公正的”。也可以说，就其他人履行了这个义务而言，其他人的行为与“正当”或“正义”是完全一致的。

十分清楚的是，意在指示“权能”的“权利”，意在指示“正义”的“权利”，尽管是两个相互关联的词语，但是，它们存在着相当大的区别。然而，这两个术语，被许多试图定义“权利”的学者加以混淆了。因为这个缘故，这些学者定义这些使人困惑的词语的努力变得竹篮打水，一场空。许多德国学者，从事研究法律科学以及道德科学的工

一个主权政府是具有针对自己臣民的神授权利的。这种权利是由

作。在他们的研究中[例如在康德的《法的形而上学原理》(*Metaphysical Principles of Jurisprudence*)中],一种含义上的"权利",没有和另外一种含义上的"权利"加以区别。在《道德哲学》(*Moral Philosophy*)一文中,帕雷用专门章节讨论了"权利"(right)和"权利"(rights)。显然,他就忽略了两者的不同含义。

[段落内容提示:意思是指"权能"的"权利"。意思是指"正义"的"正当"。意思是指"法律"的"法权"(right)。]

"一个权利"(a right)或"权利"(rights)的意思有时是指"权能"。当其意指"权能"的时候,我们的确无法轻而易举地对"一个权利"或"权利"作出恰当的定义。为了界定意思在于指称"权能"的"一个权利"或者"权利",我们必须清楚说明基本权利种类的相对区别,必须清楚说明许多错综复杂的术语的相对含义,而这些术语已经暗含在"一个权利"或"权利"这两个术语之中。

意大利语"权利"(diritto),法语"权利"(droit),德语"权利"(recht),以及英语"权利"(right),意思都在于指称作为"权能"的"权利",同时,也在于指称"正义",尽管,在这些语言中,其各自都有另外的名词指称"正义",而且,其意思也是十分清楚的。

在拉丁语、意大利语、法语和德语中,意思在于指称"权能"的专用名词,也指称"法"(拉丁语"*jus*",意大利语"diritto",法语"droit",德语"recht")。它们的意思都毫无例外地在于指称两个对象之中的一个。因此,在德语中,指称"权能"的名词以及指称"法"的名词,亦即"recht",被德国哲学学者或法理学者不作区分地加以使用,甚至被德国的解释具体法律制度的法律家不作区分地加以使用。这些学者或者法律家,没有觉察出两个相互区分的对象需要各自不同的名词。他们认为,两个对象是一个东西,两个名词需要一个指称,也就是"法权"(recht)。作为一个类概念的"法权",他们认为,是可以将其分指两类对象的。其中一类对象是"法"。另外一类对象是"权能"。不精确的语词使用,时常使最为活跃而又谨慎缜密的思考裹足不前,事倍功半。就这一点来说,这些学者或法律家,将相互区分的对象混为一谈,是一个可以原谅的错误。然而,他们之中的某些学者却是罪过极大的。因为,他们破坏了人们使用语词的良好感觉以及习惯。他们从康德哲学中借用了术语,并且错误地加以使用,从而使原有的混乱,也就是语词的不精确使用所产生的混乱,越发不可收拾。这些学者将作为类概念的"法权",分为"客观意义上的法"(*recht* in the *objective* sense)和"主观意义上的法"(*recht* in the *subjective* sense)。这些表述都是不恰当的。前者的意思,是指"法"(law)。后者的意思,是指意思在于指称"权能"的"权利"(right)。

我们英国学者,避免了将"法"(law)和"权利"(right)混淆起来的错误。因为,这两个术语分别指称的相互区分的对象,在我们英语中,一般来说,已被显著清晰的术语加以指称。当然,这里要注意,我之所以讲"一般来说",是因为现代英语中的"权利"(它

一个共同优势者通过自己制定的法律，以对自己臣民设定义务的方 286
式授予主权政府的。而且，大体来说，社会舆论对社会成员分别具有约束作用，要求他们服从主权政府。就此而言，主权政府的权利针对每一个自己的臣民来说，也是一项道德权利(或来自实际存在的社会道德的权利)。这种道德权利，是由社会整体舆论授予的。其与社会政体普遍的盛行的舆论对臣民分别设定的义务也是相互对应的。

从这里可以看出，当我们说到主权者政府针对自己的臣民拥有或没有从事一个行为的权利的时候，我们的意思必然是指这个权利(假定我们是在确切地讲述)是一个神授的权力或者道德的权利。我们的意思必然是指(假定我们是在确切地讲述)主权者政府拥有或没有来自上帝法的权利，或者拥有或没有来自一个我们所说的并非准确意义上的法的权利，而这种并非准确意义上的法是由社会普遍舆论对社会成员分别确立的。

但是，当我们说到针对自己的臣民拥有或没有从事一个行为的权利的时候，一般而言，我们的意思并不在于我们认为这个行为通常来说是有用的或者有害的。这样使用“权利”一词，类似于我在前面提到的使用“正义”一词的方式。—人们特别强调，与神法相互一致的一个行为是正当的。人们特别强调，与神法背道而驰的一

可能来自盎格鲁-撒克逊语，从而与德语“recht”有着关联)在某些情形下是指“法”。

[黑尔(Hale)和布莱克斯通(正如我在《讲义大纲》[*Outline of the Course of Lectures*，参见：John Austin, *Lectures on Jurisprudence or the Philosophy of Positive Law*, Vo. I, pp. 31-73.——译者]中提到的)，就被“法”(*jus*)一词的双重含义误导了。他们将人身“法”和物权“法”，翻译为人身“权”和物“权”。这些术语都是专业术语。——手稿注释]

个行为是不正当的。一个普遍来说是有用的行为与我们通过一般功利原则理解的神法是相互一致的。一个普遍来说是有害的行为与我们通过一般功利原则理解的神法是背道而驰的。因此，“一个行为是正当的或者不正当的”，“一个行为一般来说是有用的或者
287 一般来说是有害的”，这两种表述几乎是同样的表述。一主权者政府根据神授的权利可以去做的一个行为，显然就是一个有权去做的行为。相反，主权者政府不具有神授的权利，从而不能去做的一个行为，自然就是一个无权去做的行为。如果一个行为普遍来说是有用的，那么，我们通过一般功利原则理解的神法便授予了主权者政府一个去从事这种行为的权利。相反，如果一个行为普遍来说是有害的，那么，我们通过一般功利原则理解的神法就没有授予主权者政府一个从事这种行为的权利。依此来讲，一个主权政府有权去做的行为就是一个普遍来说有用的行为，正如一个主权者政府无权去做的行为就是一个普遍来说有害的行为一样。

前面，我已经说明了一些不容置疑的真理。对这些真理无所知晓，或者对其熟视无睹，我们就会怨天尤人，我们就不会真正反省自己曾经有过的一个有害观念。这个有害观念在我们自己的国家是流行过的，其时，正值和北美殖民地“子女”发生可怕战争的前夜。我们议会中临时聚集起来的乌合之众，不论人数多少，都认为英国的主权政府也是殖民地的主权政府。他们相信，由于英国政府在殖民地是最高统治政府，英国自然而然就有一个权利向当地居民征税。当时，伯克先生反对这个征税的方案，因为，在他看来，这个方案是弊大于利的，不仅对殖民地的居民孕育着可能的恶果，而且对自己祖国的居民也孕育着可能的恶果。然而，对这个最为有理

有据的反对意见，固执己见者以愚蠢的答案作出了愚蠢的回应。他们认为，英国政府有权向殖民地居民征税，不能出于微不足道的弊大于利的考虑，从而撤销强制执行自己针对并不安分守己的臣民的主权权利(sovereign right)。—在这里，我们可以假定，英国主权政府在殖民地是准确意义上的主权政府，同时，没有实际存在的由人制定的法对其作出限制，要求其不能根据自己的意愿和权力去和殖民地居民交涉征税问题。我们依然可以假定，这一政府没有向殖民地臣民征税的法律权利。在这种情形下，如果赞同征税计划的乌合之众具有任何一个明确的意思，那么，这个意思只能是指上帝法授予了英国政府向北美臣民征税的权利。但是，英国政府并没有这样一个神授的权利，除非征税计划是符合一般功利原则的。因为，每一个神授的权利都是来自神法的。而且，对于神法来说，一般功利原则是我们对其加以理解的一个标记渠道。因此，当赞同征税计划的乌合之众将利大于弊和权利对立起来的时候，他们实际上是在将这个权利与唯一的一个尺度，亦即依据其才能决定权利本身是否真实存在的尺度，相互对立起来。

[段落内容提示：主权者政府可以作为一个被告或原告出现在自己任命的法院面前。但是，从这种现象，我们不能推论主权者政府应该履行法律义务，或者拥有针对自己臣民的法律义务。]

一个人的主权政府或者集合性质的主权者群体，可以作为一个 288
被告，或者作为一个原告，出现在其自己任命的法院面前或接受自己任命的法院的管辖。但是，从这种现象中，我们不能得出这样一个结论：政府应该履行法律义务或拥有针对自己臣民的法律权利。

我们可以假定，当一个原告将主权者政府作为被告的时候，原告所提出的主张，的确是以实际存在的由人制定的法作为根据的。我们还可以假定，原告所依据的实际存在的由人制定的法，是由第三方个人或群体所确立的。或者，换一种表述方式来说，主权者政府作为被告处于隶属另外一个优势主权者的状态。但是，这类假定是不可能的，也是荒谬的。—此外，我们可以假定，主权者政府作为原告，其所提出的主张，的确是以实际存在的由人制定的法作为根据的，并且，这种法是由第三方向原告社会之中的一个成员或若干成员所确立的。或者，换一种表述方式来说，主权者作为原告，其所统治的社会，同时又隶属于另外一个最高统治政府。然而，这类假定同样是不可能的，同样是荒谬的。

不仅如此，当主权者政府作为被告出现在自己任命的法院的时候，其所面对的原告所提出的主张是以主权者政府对自己确立的所谓的法为根据的。因此，主权者政府完全可以用废除全部法律的方式，或以在具体特别案件中废除具体法律的方式，驳回原告的主张。—当主权者政府作为原告的时候，它明显地是以自己所制定的实在法作为自己主张的根据的，而且，它是向自己任命的司法机构提出自己主张的。但是，尽管它是通过一个一般的可预测的规则，而且是通过司法程序的方式，来达到自己的目的的，然而，在法律上，只要是自己愿意，它就可以任意地或没有规律地运用自己不受法律限制的权力实现自己的目的。

无论一个原告对作为被告的主权者政府提出的权利要求，还是主权者政府作为原告所提出的权利要求，都仅仅是和法律权利（就人们所接受的该词的准确意义而言）有着类似之处。或者（借用罗马法学家用来意指一个类似情形的简单方便的表述)，我们也可以这样认为，它们是准(quasi)法律权利，或特指的(*uti*)法律权利。—针对一个原告在自己任命的法院对自己提出的权利主张，主权者政府可以运用自己的权力，使其失去法律上的效力。当然，尽管如此，主权者政府却是可以允许原告起诉自己，允许原告提出权利主张。而且，当司法机构支持原告主张的时候，主权者政府可以承认原告的权利，仿佛这些权利的确是以一个具体的第三方向自己制定的实际存在的由人制定的法作为根据的。—主权者在自己任命的法院面前提出权利主张，是一种权力，而这种权力，主权者政府可以无拘无束地以自己的意愿任意行使。—但是，尽管如此，它却是通过司 289
法程序的方式来提起自己诉讼请求的，仿佛这些权利，的确是以第三方个人或群体向被告一方制定的实际存在的由人制定的法作为根据的。[①]

前面对一些权利作出了说明。这些权利是另外一些人或群体通过主权者政府任命的法院向主权者政府提出的主张。这些说明符合我们在这类情形中观察到的司法程序所具有的方式。其实，这种司法方式在所有国家或绝大多数国家都是存在的。原告提出的主张，其内容并不是作为权利内容而呈现的。相反，这一内容是因为主权者政府的恩赐或恩惠而呈现出来的。

在我们自己的国家，通过司法向我们自己国王提出的主张，就是以同样或类似的方式向法院提出的。原告是在祈求作为被告的皇室恩准自己所谓的权利。或者，他是在向作为被告的皇室表示自

① 一个良好的政府，是不会任意(或以溯及既往的命令形式)剥夺其所授予的准权利的。而且，在可能的情况下，一个良好的政府将会运用可预测的规则，实现自己的目的。——手稿注释

己所谓的权利或者所受到的伤害，恳求后者给予其适当的救济。——当然，就通过司法向我们自己的国王提出一个主张而言，这种祈求式的起诉方式仅仅是偶然的。它们仅仅出现于我已经提到的一些偶然情形。这里的意思是说，我们自己的国王，尽管不是准确意义上的主权者，但是，在事实上，的确是完全不承担法律义务或政治义务的。由于国王事实上不承担所有的法律责任，也就没有一个人拥有针对国王而言的法律权利（就该词被人们所接受的准确意思而言）。毕竟，如果任何一个人拥有针对国王而言的法律权利，那么，国王必然应该履行一个相应的法律义务。自然，当我们看到我们自己的国王仅仅是议会的一个组成部分，而且，实际上是处于隶属我们英国集合性质的主权者群体的，我们就会发觉，国王应该履行法律上的义务，换句话说，国王应该履行主权者群体对其设定的法律义务。由于同样的缘故，他也应该拥有法律上的权利。这里的意思是，他也应该拥有主权者群体授予他的法律权利，这一权利是对应于主权者群体为国王的其他臣民所设定的法律义务的。在这个意义上，针对其他同伴臣民，国王应该拥有法律上的权利，尽管由于国王事实上不履行任何一项法律义务，其同伴臣民之中没有一个人拥有针对国王的法律权利。

［段落内容提示：尽管一个个人的主权者，或集合性质的主权者群体，不可能具有针对自己臣民的法律权利，然而，他们可以拥有针对另外主权者政府的一个臣民或若干臣民来说的法律权利。］

尽管一个个人的主权者或集合性质的主权者群体，不可能具有针对自己臣民的法律权利，然而，他们可以拥有针对另外主权者

政府属下的一个臣民或若干臣民来说的法律权利。当我们看到，一
个法律权利或者政治权利，并不必然附加着一个法律责任或政治责 290
任，我们就会发觉，授予这种权利的实际存在的由人制定的法，可以不是针对享有权利的主权者政府而确立的。授予这种权利（以及设定对应这种权利的相对义务）的法律，可以仅仅针对享有权利的主权者政府自己的一个臣民或若干臣民而确立的。从这个角度来看，拥有针对另外主权者政府的一个臣民或若干臣民的法律权利，是与作为主权基本要素之一的“独立”并不相互矛盾的。此外，由于法律权利是从另外一个政府那里获得的，是通过另外一个政府向自己一个臣民或若干臣民所确立的法律而获得的，法律权利的存在就是一件并非不可思议的事情。获得法律权利的政府可以确立实际存在的由人制定的法。另外一个政府可以向这一最高主权政府的一个成员或若干成员确立实际存在的由人制定的法。而法律权利既不是通过第一种形式确立的法获得的，也不是通过第二种形式确立的法获得的。[①]

① 在我们自己的普通法院和衡平法院，人们不会怀疑，外国主权政府无论是君主制政府还是共和制政府，都可以以其自己的主权者资格提起诉讼。而且，在我们的普通法院以及衡平法院，人们承认它们的原告地位，承认它们享有同样的名义，可以运用同样的程式。而根据这种名义和程式，我们自己的主权者政府（通常来说是我们的国王陛下）在外交关系中也是承认它们的。—［莱德赫斯特勋爵（Lord Lyndhurst）在上议院判决的西班牙国王的案子（case of King of Spain）。参见《重审卷宗·布莱判例汇编·卷二》（2 Bligh Reports. New series），第 31 页。1867 年 5 月 29 日、6 月 11 日和 17 日，衡平法院审理了美国诉威格纳尔案（*case of the United States of America v. Wagner*）。该案是由衡平法院大法官切尔姆斯富特（Chelmsford）、高等法院大法官特纳（Turner）和凯尔恩斯（Cairns）作出判决的］。

关于一个主权者政府隶属于另外一个主权政府的可能性，其有限的程度如何，参见这一讲的结论性说明。——坎贝尔

[**段落内容提示：政治政府和政治社会的起源或者其产生的缘由。**]

在前面，我已经界定，或者精确说明了“主权”的一般含义，以及“独立政治社会”的一般含义。此外，为了进一步阐明“主权”的性质或本质，阐明“主权”所暗含的“独立政治社会”的性质或本质，我讨论了最高统治政府可能受到法律限制的形式以及最高政治权力的可能形式，不论这一形式是真实的，还是想象的。我的学术演讲自然涉及“主权”的性质或本质，涉及“主权”暗含的“独立政治社会”的性质或本质。为了完成这一演讲，现在，我转向讨论这样一个问题：在每一个独立的政治社会中，大多数人对君主或主权者群体而产生的习惯服从或者持续服从，其起源或缘由是什么？换句话说，我现在讨论政治政府和政治社会的起源或者其产生的缘由。

一个主权政治政府的真正目的或目标，或者这样一种政府为之存在的目的或目标，在于最大限度地促进人类幸福。如果这种政府打算以适当的方式实现其真正的目的或目标，或者尽其所能地增进人类的福祉或善，那么，一般来说，它就必须直接具体地竭尽全力
291 去增进自己社会的福祉。人类整体构成的大同社会的善是每一个具体社会的善的集合体，正如一个社会之中的幸福是其所有单独成员或个别成员的幸福的集合体一样。基于这一点，我们可以认为，尽管人类的福祉是一个政府的真正目标，或者检验政府行为的尺度是一般功利原则，但是，通常而言，政府应该直接具体考虑一个社会的福祉，而这一福祉同样是造物主为人类制定规则的一个目的。如果政府的确在使自己的行为和一般功利原则保持一致，那么，一般来说，它将会直接关注具体的更为精确的目标，而不是一般的较为模糊的目标。

我们可以轻而易举地表明，一般目标和具体目标其相互之间从来不会或者几乎不会彼此冲突的。普遍地来看，或者大致普遍地来说，这些目的是完全相互趋同的，或不可分割地相互联系在一起的。所以，对所有国家的普遍幸福的大度胸怀极尽关注，其本身就暗含着视野宽广的爱国主义。相反，仅仅关注自己国家的利益，目光短浅，则是愚蠢狭隘的爱国主义。愚蠢狭隘的爱国主义会以牺牲其他所有国家利益的方式去追求自己国家的私利，从而，即便是在自己狭隘关注的利益上，依然显得鼠目寸光，得不偿失。——当然，我在这里讨论的主题属于伦理学的范畴，并不属于法理学的范畴。这个主题尤其是伦理学具体分支所关心的问题，而在这个具体分支中，国际道德(international morality)是基本的内容。此外，这部分伦

理学意在精确说明国际社会之间应该存在的道德，精确说明一般功 292
利原则所赞同的国际道德。[w]

(w) ［**政治政府和政治社会的真正目的，或者政府和社会为之存在的真正目的。**］

思考政治政府和政治社会的绝大多数学者或者许多学者，并没有准确地设想，更没有精确地分析，政治政府和政治社会的真正目的或目标。这一目的或目标是政府或社会之所以存在的缘由。

尽可能地增进人类的福祉或善，是政府和社会的真正目的或目标。这一目的或者目标是就较为普遍的意义而言的，其本身是较为模糊不清的。尽可能增进自己社会的福祉或善，则是政府和社会为之存在的较为具体而且较为明确的目的或者目标。在这里，如果政府或社会想要实现普遍性的目的，那么，通常来说，政府或社会就必须努力以直接方式去实现自己社会的具体目的。当然，除非政府或社会关注普遍性的目的，否则，它们也难以实现具体的目的。就此来说，这两类目的是相互联系、不可分割的，从而，其中任何一个都可以认为是政府或社会为之存在的首要目的。也是在这个意义上，同时，出于简洁的缘故，我们可以认为政府或社会的真正的首要目的或者其真正的最终目的，是“最大可能地增进**普遍的福祉或幸福**”。在这里，我们使用“普遍的福祉或幸福”的表述，其意思既在于“一个具体社会的普遍福祉或幸福”，也在于“人类社会整体的普遍福祉或幸福”（在这里，我可以重新说明一下，在第四讲，从155页到159页，我简短

一个文明社会中的大多数人对主权者的习惯服从，其缘由，我

地考察了流行的对一般功利理论的错误观念。而且，我提出了简短的建议。这一建议就我现在涉及的主题来说是恰如其分的）。

从这点出发，我们可以发现，尽可能地增进人类的福祉或善，尽可能地增进一个具体社会的福祉，是主权者政府为之存在的首要目的或者最终目的。我们可以这样谈论政府本身，就像培根讨论政府为自己臣民确立的法律一样：“法律的内容，在于实现法律的目的，而法律的目的，在于国家的福祉。”（Finis et scopus quem intueri debet, non alius est, quam ut cives feliciter degant.）毫无疑问，政府可以通过实现另外一些目的的方式，以达到自己的最终目的。另外一些目的可以被描述为从属性目的，也可以被描述为工具性目的。或者，换一种表述方式来说，为使政府实现自己的真正的最终目的，政府本身必须实现为这一最终目的服务的从属性目的，并将从属性目的作为一个手段。但是，从属性目的或者工具性目的，我们几乎无法对其作出一个十分精确的描述，即便是较为精确的描述也是不可能的。不容置疑的是，我们无法用简洁直白的定义对它们作出准确的说明，准确地将它们提示出来。毕竟，假定政府是在彻底地实现自己的首要目的或者最终目的，那么，它所关注的内容就会扩展至（正如培根适当地断言一样）“一般性的社会福祉”（ad *omnia* circa bene esse civitatis;）；它所关注的内容，就会扩展至所有的手段，而通过所有的手段，政府才可能促进普遍的福祉。

但是，研究政治政府和政治社会的绝大多数学者或者许多学者，由于仅仅关注政府的首要目的，没有正确地对待某些从属性的或工具性的目的。而一个政府是必须通过这些目的来实现自己真正的最终目的的。

例如，许多研究政治政府和政治社会的学者认为，每一个政府的目标就是确立和保护“产权”（property）。在这里，我必须顺带地再次说明一下，这一荒谬见解的主张者，给予“产权”一词十分宽泛而又特别不精确的内涵。一般来说，他们使用“产权”一词，意思是指“法律权利”或者“法律权能”。他们使用“产权”一词，意思并不在于具体地指称严格意义上的“财产所有权或支配权”这类法律权利或者法律权能。如果他们将“产权”一词限制在财产支配权之类的法律权利，他们的命题就会成为这样一种命题：“设立和保护法律上的财产支配权，是每一个政府的目标。但是，设立并非属于财产支配权（例如，准确意义上的使合同有效的法律权利）的法律权利，不是政府目的的一个组成部分，或者，根本就不属于政府的目的。”就这一点来说，他们的命题等于是这样的：“每一个政府的目的，就是授予自己臣民法律上的权利，使这些法律权利不受侵害。”［维护政府所授予的私人性的个人［例如被统治者］权利，并不是政府为之存在的唯一目的。授予政府一些权力，这些权力既不直接也不间接促进这一目的，这时常是出于方便的考虑，尽管政府的职责正在于增进权利本身为之存在的最终目的，也就是一般性的福祉。（政府的责任，在于保护私人的权利，防止暴力侵害行为的出现。此外，政府应该推进宗教信仰，保障秩序，提升荣誉，增加财力，最终促进国家普遍性的福祉［Neque

们从一个主权政治政府所要实现的真正目的或目标，或者从这样一

tamen jus publicum as hoc tantum spectat, ut assatur tanquam custos juri privato, ne illud violetur atque cessent injuriæ; sed extenditur etiam ad religionem et arma et disciplinam et ornamenta et opes, *denique ad omnia circa* bene esse *civitais.*]。——培根）(例如，建筑道路的权力，等等。) 参见胡果(Hugo)，《自然法教科书》(*Lehrbuch des Naturrechts*)，第 183 页。——手稿注释] 在这里，一个主权政治政府的真正的首要目的，不是设立和保护法律权利或法律权能，或者(用这个命题的术语来说)设立和保护产权。如果设立和保护法律权利是政府的真正的首要目的，那么，我们当然可以认为，政府的首要目的则是增加苦难，而不是增进幸福。毕竟，政府设立和保护的许多法律权利(例如主人对仆人的权利)，一般来说，是有害的，而不是有益的。为了尽可能地增进普遍的幸福或者福祉，一个政府必须授予臣民以法律权利。这里的意思是说，为了达到一个普遍性的目的，一个政府必须授予其臣民"有益的"(beneficent)法律权利，或者，诸如一般功利原理所赞同的法律权利。此外，在授予自己臣民"有益的"法律权利的时候，政府必须依赖可以强制实施的相应的法律制裁以保护这些权利，使其免受侵害。但是，设立和保护有益的法律权利，或者设立和保护一般功利原理所赞同的产权，仅仅是从属性的目的、工具性的目的，而政府必须又通过这些次要目的来实现自己的首要目的或者最终目的。—因此，作为意在精确说明政府为之存在的最终目的，我们提到的这个命题是错误的。而且，作为一个说明手段意思的定义，这个命题同样是有缺陷的。而这种手段，是主权政府为实现最终目的而必须使用的手段。如果政府希望恰如其分地实现自己的首要目的，那么，政府就必须不能将自己的注意力仅仅限于设立法律权利，以及设定和强制实施相应的法律义务。有一些义务具有绝对的性质，或者并不对应于相应的法律权利。这些义务，对于增进普遍的善来说依然是必要的。就此而言，它们和法律权利本身，和与法律权利相互对应的义务，是没有区别的。一个政府，如果仅仅授予和保护必要的权利，设定和强制实施必要的绝对义务，那么，就不可能彻底地实现自己的首要目的。换句话说，一个政府，如果仅仅制定和颁布必要的法律和命令，仅仅关注它们的适当执行，那么，就不可能理想地实现自己的真正的首要目的。从属性目的是为最终目的服务的。但是，良好的立法以及良好的司法，不可能触及全部的从属性目的，虽然，我们可以认为，一个良好的立法以及一个良好的司法，或者良好法律的顺利贯彻执行，毫无疑问是实现次要目的的关键所在，而通过次要目的，政府得以实现最终目的或(用培根的个性语言来说)实现普遍福祉的核心内容。

我现在说明并举例解释的错误观念十分流行。研究政治经济学的某些学者，不论什么时候，只要偶尔触及相关的立法科学，就会显露出这样的错误观念。不论什么时候，他们只要从自己的学科涉足其他邻近学科，就会明显地，或者不知不觉地，有时还是自然而然地作出这样一个假设：一个政治主权政府的真正的最终目的，是尽可能地促进国家财富的增长。如果他们认为一个政治制度促进了生产，增加了积累，或者，一个政治

293 个政府为之存在的目的或目标可以顺利地推论出来。假定一个社会的教育十分普及，其文明程度是较高的，我们自然可以认为，这个社会中的大多数人对主权者的习惯服从，其根本缘由，便只能是功利原则。如果大多数人认为政府是良好的，政府可以顺利地实现自己为之存在的真正目的或者目标，那么，他们的这种信念或观念，就是他们服从政府的动机。如果他们认为政府劣迹斑斑，做事荒谬，他们就不会产生继续服从的动机，甚至不会产生一种担心，亦即担心抵制所带来的恶果可能超过服从的恶果。毕竟，如果他们想到，一个良好政府用抵制的方式可以获得，或者变革带来的可能的有益结果超过了可能的不利结果，那么，他们就不会坚持服从他们
294 认为是不健全的政府了。

实际上，每一个社会的教育并不十分普及，其文明程度也是有限的。这样，一个社会中大多数人习惯服从自己的政府，部分地是由于习性的缘故。他们之所以这样服从现存的政府或者已建立的政府，是因为，他们以及他们的前辈一直处于服从政府的习性之中。我们也可以这样认为，一个社会中大多数人对自己政府的习惯服

制度阻碍了生产，减少了积累，那么，毋庸置疑，他们是在宣布一个政治制度是良好的或者糟糕的。他们没有记住，社会的财富不是社会的福祉，尽管增加财富是实现幸福的必要手段之一。他们没有记住，一个政治制度，可以增进社会的福祉，即使它阻碍了社会财富的增长；一个政治制度，可以阻碍社会的福祉，即使它促进了社会财富的增长。

[功利主义论者也犯过政治经济学学者所犯的错误。他们虽然没有将政府的某些从属性目的混同于（特别是）首要目的，但是，的确将人类幸福的一部分视为人类幸福的全部，或者，将实现人类幸福的一些手段视为实现人类幸福的全部手段。（例如，他们排除了诗歌和高尚艺术，或者将其降格为“消遣的方式”。而诗歌和高尚艺术有其显著的功用。有些智慧是来自诗歌的。这些是可以举例说明的。）

如果一个伦理学的目的论体系不能建立起来，那么，这种对人类幸福的偏狭观点，或者对实现人类幸福的手段的偏狭观点，总会存在的。伦理学的目的论在于分析幸福，分析实现幸福的手段，从而分析人们应该直接追求的目的。——手稿片段]

从，部分地是由于见解不成熟的缘故。这里使用“见解不成熟”的表述，意思是指大多数人的观念或感受，不是以一般功利原则作为基础的，不论一般功利原理的具体内容是什么。例如，如果政府是君主制政府，那么，社会中的大多数人之所以服从现存的政府或者已建立的政府，是因为就其是君主制政府而言，他们正是喜欢君主统治，或者是因为他们正是喜欢自己的民族，而君主制在自己的民族发展中一直发挥着重要作用。从另外一个角度来看，如果这个政府是多数人政府，那么，社会中的大多数人之所以服从现存的政府或者已建立的政府，是因为就民主制而言，他们正是喜欢民主制，或者是因为“共和”一词恰恰吸引了他们的想象以及感受。

不过，即使习惯服从部分地是由于习性的缘故，或者，即使习惯服从是由于见解不成熟的缘故，这种服从，依然是部分地来自以一般功利原则作为基础的缘由。[①] 它依然是部分地来自社会中的所有

① 政治政府和政治社会所要实现的真正目的或者目标是一个重要问题。与此相联系，我可以提到一个通常来说使政治政府（或准政治政府）的出现成为必要的，或对于人们而言相当便利的缘由。这个缘由就是：事务不确定、资源稀缺和实际存在的社会道德规则的不完善。因此，社会有必要具体地服从一个共同的统治者（或共同的指引者）。

想象一个社会，其中法律制裁毫无用武之地，或者，其中准政府仅仅是在提出建议，公布一些没有责任设定（罗马法学家所说的意思）的法律，这是可能的。但是，无论人们遵守以一般性的善为目的的规则的行为多么自觉，多么普遍，一个统治者或指引者依然是必要的。

[实际存在的社会道德规则是不确定的，缺乏精确性和细节规定。而精确性和细节规定的特征是实际存在的由人制定的法所要求的。这种法，在作出规定的时候，不能不精确地涉及和规定细节问题。因此，葛德文、费希特（Fichte）和其他学者，对这里的问题都出现过严重的误解。]

不过，在许多情况下，虽然实际存在的社会道德存在着缺陷，然而，依然有必要用其来调整人们的一些行为（见第199页的注释）。——手稿片段人或者大多数人对政治政府所带来的便利的感性认识。换一种表述方式来说，社会中的所有人或大多数人更为喜欢一种政府形式，而不是无政府状态。如果因为具体的原因，他们热衷于而且服从于已建立的政府，那么，他们对政府的一般性功利认识，是与这种心态和行动同时发生的。如果他们厌恶已建立的政府，那么，他们对政府
295 的功利作用的一般认识，则控制左右着他们的厌恶心理。在这种情况下，他们是在憎恶已建立的政府。当然，如果借助抵制方式可以改变政府，使其弃恶扬善，那么，他们必须首先通过对他们更为憎恶的无政府状态的认识，进而深入思考，才能形成一个抵制愿望。

因此，几乎在每一个社会中，大多数人对政府的习惯服从，大体上来自我在上面所提到的缘由。这里的意思是说，这种服从大体上来自大多数人对政府所能具有的功利意义的感性认识，或者源自大多数人更为喜欢一种政府形式，而不是无政府状态。而且，我们甚至可以认为，对所有社会来说，或者对几乎是所有社会来说，这些缘由是我们提到的习惯服从的唯一缘由。在这个意义上，诸位可以相信，这样一种习惯服从的唯一缘由，我在这里所展开的一般性演讲是可以恰如其分地对其予以全面说明的。当然，习惯服从的缘由，对特定的社会来说都是具体的，因而，这些缘由属于统计学研究的范畴，或者属于专史研究的范畴。

政治政府得以持续存在的唯一缘由和政治政府起源的唯一缘由是完全相似的或者几乎是相似的。尽管从某种角度来说，每一个政府的产生都是来自具体或特殊的缘由，然而，从另一角度来说，几乎所有的政府的产生都肯定是来自这样一个普遍性的缘由：自然社会中的大多数人组成了政治社会，当处于自然社会中的时候，他

们渴望逃避自然状态或无政府状态，渴望进入一个政府统治的状态。如果他们特别赞赏他们所服从的政府，那么，这种赞赏必然伴随着他们对政府所具有的功利意义的感性认识。反之，如果他们厌恶他们所服从的政府，那么，他们对政府的功利意义的感性认识，则控制着他们的厌恶心态。

特定或具体政府的起源具有特殊或具体的缘由。这些缘由是专史研究的相应对象。它们不是目前一般性演讲的相应问题。

[段落内容提示：考察和说明两个命题。其一，每一个政府是通过人民的“合意”(consent)而持续存在的。其二，每一个政府是因为人民的“合意”而出现的。]

人们普遍认为(或根据流行的思想观念)，每一个政府的持续存在，其缘由在于人民的“合意”。这里的意思是说，每一个政府是通过人民的“合意”，或者政治社会中大多数人的“合意”，而得以长久统治的。而且，每一个政府的起源，也在于人民的“合意”，或者自然社会中大多数人的“合意”。当然，政治社会是由自然社会的大多数人组成的。根据同样的或换汤不换药的观念，主权者的权力
源自人民，或者人民是主权权力的源泉。 296

就此来说，每一个政府的持续存在，依赖于政府从社会中大多数人那里得到的普遍服从。因为，如果社会中的大多数人决定釜底抽薪，揭竿而起，而且勇于接受自己暴力行动的不利结果，那么，政府本身的强权，以及依附政府的少数社会成员的强权，对政府的继续统治根本是无济于事的，甚至不能发挥丝毫的延缓颠覆的作用。另一方面，即使可以得到外国政府的援助，从而可以在实力上压过

怨声载道的暴动民众，一个政府依然不能继续奴役这些民众，使其永久性地服从自己的统治，如果这些民众在道德上已经仇恨政府，而且，已经视死如归。—当然，所有的服从都是*自愿的*服从或*不受强迫的*服从，或者，一方服从另外一方是基于“愿意”而服从的。换句话说，一方服从另外一方，是因为一方对自己的服从行为*是满意的*，或者，某种*动机*使其作出了服从的决定。那些勉强的服从，纯粹是不自愿的，或者，纯粹是由于外在的强迫或限制的缘故而出现的。这些勉强服从不是真正的服从或归顺。如果监狱看守将一个被判有罪的人拖入大牢，那么，被判刑的人是不会服从的，是不会顺从的。然而，如果他由于拒绝步入监牢，从而被判新的有期徒刑，并且，如果他因为担心进一步的监禁而决定步入监牢，那么，这个人就会服从法官的定罪量刑。由于担忧附加的刑罚，他会*同意*已有的刑罚。—由此可以认为，因为一个政府是通过人民的服从而持续存在的，而且，因为人民的服从是心甘情愿的，没有任何外在的强迫，所以，每一个政府都是通过人民的“合意”，或者社会中大多数人的“合意”，而得以继续统治的。如果他们赞赏政府，他们就会出于特定的依附现状，决定依据习惯来服从政府，或者“希望”政府可以持续存在。如果他们仇视政府，他们就会担忧暴力革命带来的不利后果，从而决定继续习惯地服从政府，或者“希望”政府可以持续存在。他们之所以接受他们所厌恶的，是因为他们试图避免更大的不利后果。—如果我们的理解是正确的或者是真实可靠的，那么，“每一个政府通过人民的‘合意’持续存在”这一观点，其意思仅仅在于这一点：在每一个政治的独立的社会中，人民是基于某种动机，从而决定依据习惯去服从政府的，并且，如果社会中的大多数人不再习惯地服从政府，那么，政府也就不可能持续存在。

但是，我们所提到的这种观点，正如人们通常所理解的，同时也包含了如下两个含义之一。

其一，每一个社会中的大多数人，对他们自己来说，完全可以 297
没有障碍地抛弃已建立的政府，而且，由于具有这样的能力，他们对政府的习惯服从或者容忍政府的继续统治，自然是以他们的“合意”作为基础的。或者，换一种表述方式来说，每一个社会中的大多数人认可已建立的政府，或者更为喜欢这一政府的存在，而不是其他任何一个政府，同时，他们共同希望政府可以继续存在，或者希望依据习惯来服从政府，其原因恰恰在于他们的赞赏心态，或者在于他们的喜好心理。其实，如果以这样的方式加以理解，那么，这一观点是荒谬绝伦的，是异常可笑的。在绝大多数社会中，或者在许多社会中，人民对政府的习惯服从，完全或大体上缘自他们担心因采用抵制方式所遭遇的不利后果。

其二，如果社会中的大多数人不喜欢已建立的政府，那么，政府就不应该继续存在。或者，换种方式来说，如果社会中的大多数人厌恶已建立的政府，那么，政府就是糟糕的政府、有害的政府。社会普遍性的善，从而要求人民废除这样的政府。当然，如果每一个真实存在的社会，其教育十分普及，其文明程度较高，那么，我们以这种方式理解的这一观点，基本上是与事实相符的。毕竟，文明社会中的人民对已建立的政府的厌恶，是会强烈引发“政府不健全或荒谬”的观念的。但是，在每一个真实存在的社会中，政府往往失职于运用完善的政治科学教育人民，或者，政府以及对政府产生影响的那些阶层想方设法使社会中的大多数人无从知晓完善的政治科学，使他们不去丢掉偏狭的观念，而这些偏狭观念，正是削弱大多数人理解力的观念，歪曲他们的正常理解的观念。从这个角度来说，每一个社会的教育都是不普及的，其文明程度也是相当有限的。而且，在绝大多数社会中，或者在许多社会中，人民对政府的爱戴或仇视，并未引发政府是良好的或者糟糕的观念。一个愚昧的民族，可以热爱自己的现存政府，即使政府的所作所为明显地与其为之存在的目的相互矛盾，即使政府固步自封、顽固不化，明显地阻碍了有益知识的发展，阻碍了社会幸福的增进，而发展知识以及增进幸福，作为政府的臣民却是可以自发地使之加以实现的，尽管他们自己没有刻意地关注民族的善。如果对一个现存政府的良好印象起源于这个民族的爱戴，那么，由教士支配的昏庸的葡萄牙政府或西班牙政府就是最佳政府。与米格尔（Miguel）和费迪南（Ferdinand）相比，特拉乾（Trajan）和奥列留（Aurelius），或者腓特烈（Fredeirc）和约瑟夫（Joseph），就是愚蠢的有害的暴君。一个愚昧的民族可以热爱自己的现存政府，即使政府明显地与其为之存在的目的相互矛盾。与此相同，一个愚昧的民族可以憎恶自己的现存

298 政府，即使政府十分勤奋，是在明智地促进社会普遍的福祉。法兰西人民对神圣杜尔哥（Turgot）政府的不良心态，充分地说明了这个令人沉思的事实。他们愚蠢地反对自己最为热情、最为明智的朋友所提出的建议，与自己的敌人同流合污，直至引狼入室，而这些敌人，正是当时的显贵教士之类的乌合之众，这些敌人正在努力维护昏庸统治，竭力偏低主张改革的政府，对其极尽讽刺嘲笑之能事。

主张政府**持续存在**的缘由在于人民的合意，和主张每一个政府的**起源**在于人民的合意，是两个关系十分密切的观点。就此而言，

我对前者所作出的讨论，大致也是适用于后者的。

每一个政府的建立，来自人民的**合意**，或者来自自然社会中大多数人的**合意**，而自然社会中的大多数人组成了政治社会。因为，这些自然社会中的大多数人，其对最初建立的政府的服从，是**不受约束的**，或者是**自愿的**。换一种表述方式来说，他们的服从是出于自然而然的“动机”，或者他们的服从是“心甘情愿”的。

但是，对他们自愿服从的政府的特别赞许，或者更为喜欢一个政府，而不是任何其他政府，却可能不是他们服从政府的动机。尽管他们对政府的服从是自愿的，但是，政府反过来也许是强迫他们服从的。这里的意思是说，他们不太可能放弃对具体政府的服从，只要他们努力斗争的结果是不利的，对他们来说是不能忍受的，或者他们抵制政府的结果只有死路一条。拒绝服从政府是会出现不利后果的。对这种不利后果的出现的担忧（而且可能还有对政府功利性质的一般感性认识），决定了他们只好服从他们特别不愿意服从的政府。

“每一个政府来自人民的**合意**”这样一个表述，时常包含了一个意思。这个意思是指，自然社会中的大多数人是希望组成一个政
治社会的，或者，最初政治政府的最初臣民，明确地或默默地**承诺** 299
服从未来的主权者。然而，包含该意思的这一表述，混淆了“合意”和“承诺”，因而，这一表述显然是错误的。每一个最初政府属下的最初臣民，“希望”或者“同意”服从政府，这是一个命题。明确地或默默地承诺服从政府，这是另外一个命题。就他们实际服从政府而言，他们是希望和同意服从政府的。或者，他们的实际服从，说明了他们希望或同意服从政府。但是，尽管实际服从说明了他们希

望服从政府，并且，通常来说人们也是用承诺服从来说明、解释希望服从的，然而，希望服从依然并不必然是个有关服从的默许承诺。

有人认为，每一个政府在最初成立的时候，人们对其所表现的服从具有承诺的性质。这个观点涉及一个假设理论。在下面一节我将考察这一假设理论。

[段落内容提示：原始社会契约(original covenant)或基本市民契约(fundamental civil pact)的假设。]

在每一个由君主统治的社会中，作为臣民的社会成员对君主是负有义务的。另一方面，在每一个由主权者群体统治的社会中，作为臣民的社会成员(包括主权者群体中的若干成员)对这种集合性质的主权者群体同样是负有义务的。反之，在每一个由君主统治的社会中，君主对其臣民是负有义务的。而在每一个由主权者群体统治的社会中，集合性质的主权者群体对其臣民(包括分别来考虑的主权者群体中的若干成员)也是负有义务的。

臣民对主权者政府的义务，部分是宗教的，部分是法律的，部分是伦理的。

臣民对主权者政府的宗教义务是由神法设定的，而这一神法，我们是通过一般功利原则来理解的。如果政府廉洁奉公，实现了自己为之存在的目的，或者，最大可能地增进了社会普遍的福祉，那么，在宗教意义上，臣民就必须依据习惯服从政府。此外，如果服从政府所带来的普遍的善，胜过了抵制政府所带来的普遍的善，那么，在宗教意义上，臣民同样必须依据习惯服从政府，即使政府没有令人满意地实现自己的真正目的或者真正目标。—臣民对主权者政府的法律义务是由实际存在的由人制定的法所设定的。这种法，以其自身的权威以及强制力来使臣民不得不履行义务。—臣民对主权者政府的伦理义务，主要是由实际存在的社会道德设定的。这里所说的社会道德是一种“法”（就该词并非准确意义上的内涵而言）。这种“法”是由社会一般舆论所确立的，其对象是社会的若干成员。

主权者政府对臣民的义务，部分是宗教的，部分是伦理的。如果这种政府对其臣民具有法律义务，那么，它就不是最高统治者，300
而仅仅是一个从属性的政府。

主权者政府对臣民的宗教义务是由神法所设定的。而这种神法是通过一般功利原则加以理解的。根据神法，主权者政府必须尽可能地增进人类的福祉或善。而且，为了增进人类的福祉或善，通常来说，主权者政府又必须直接地、具体地努力增进自己所在社会的幸福。—这一政府对臣民的道德义务是实际存在的社会道德所设定的。这里所说的社会道德，是一种“法”（就该词并非准确意义上的内涵而言）。这种法是由社会一般舆论所确立的，其对象是主权者政府。

从前面的分析，我们可以得出这样一个结论：臣民对主权者政府的义务，以及主权者政府对臣民的义务，分别来自三个渊源。其一，神法（作为一般功利原则可以说明的神法）。其二，实际存在的由人制定的法。其三，实际存在的社会道德。而且，根据我的理解，当我们简单地将这些义务和这三种渊源联系起来的时候，我们似乎已经可以充分地说明这些义务的起源。在我看来，更为全面地解决这些义务起源的问题，似乎不是我们的主要任务，并且，我们的确也不具有这样的能力。但是，许多研究政治政府和政治社会的学者为了说明这些义务的起源，并不满足于这种简单的将它们与其明显渊源相互联系起来的方式。对这些学者而言，我们似乎应该寻找一个更为充分说明这些义务起源的解决办法，或者为了解释诸如上帝法设定的义务的起源问题，至少，我们应该寻找一个更为具有说服力的解决办法。另一方面，他们认为，更为具有说服力的解决办法是必要的。为了发现这个办法，这些学者求助于一个假设，这就是**原始社会契约**，或**基本市民契约**。(x)

这些学者在求助于一个假设的时候，想象和提出了这个世人皆知的从未被人推翻的假设。其状，可以说是千奇百怪。不过，这一假设的主旨要义，正如这些学者之中的绝大多数人所想象的或者所提出的，可以大致地陈述如下：

> 301 就每一个独立政治社会的形成而言，或者就每一个国家的建立而言，当时在场的人就是未来政治社会或国家的成员。这些成员是共同的参与者。因为，所有成员都是协议的订立者，而且，协议是独立政治社会或国家赖以存在的基础。作为独立政治社会的必要渊源，或者作为这种社会得以存在的必要条件，所有人参与订立的协议被描述为了“原始社会契约”。作为国家赖以存在的根本基础，这一协议被描述为了“基本市民

(x) 在这里，我使用“原始社会契约”或“原始社会协议”的表述，而不使用“原始合同”。每一个约定、协议或契约都不是我们所说的准确意义上的合同，即使我们所说的准确意义上的合同是一个约定、协议或契约。一个我们所说的准确意义上的合同是一种在法律上约束一方对另外一方作出的承诺的约定。但是，在这种假设来看，“原始契约”没有也不可能产生法律义务或者政治义务。

契约”。—订立这个协议或契约的过程，或者形成独立政治社会的过程，经历了三个阶段。这三个阶段可以用如下方式加以描述。第一，独立政治社会的未来成员，在开始的时候，打算建立这种社会，他们一致同意联合起来建立这种社会。在建立这种社会的时候，他们讨论了而且决定了建立这种社会的首要目的，甚至若干从属性目的，甚至若干工具性目的。在这里，我必须简略地重新说明一下，他们相互联合起来的首要目的，或者他们意在建立的社会的首要目的，是一个独立政治社会为之存在，并且为之持续稳固的首要目的（姑且这样来说）。求助于这一假设的学者，从不同角度出发，设想了这一首要目的或最终目的。他们有关这一目的的观念，是随自己的伦理体系的变化而变化的。对那些奉行我称之为功利理论的学者来说，这个目的或目标就是增进人类的幸福。对那些在德国曾经声名显赫，或者现在声名显赫的众多学者来说，将权利或正义的王国扩展至全球，扩展至所有人类，才是独立政治社会的真正有意义的目的，尽管这种目的听起来是如此之奇妙。对这些德国学者来说，这种权利或正义，犹如乌尔比安的崇高正义，是绝对的、永恒的、不可变更的。这些权利和正义不是法律所规定的。相反，它们是先于所有法律而存在的，独立于所有法律而存在的，从而，是所有法律和道德的标准或尺度。因此，权利或正义恰恰不是由上帝法所设定的，恰恰不是可以经常用“公正”的名词来说明的。相反，权利或正义是某种自在自为的东西。上帝法与其是相互一致的，而且，应该与其相互一致。在
这个意义上，我无法理解上帝法，而且，也没有细致的感觉可 302

以去说明它。我仅仅猜测上帝法可以是什么。在猜测的时候，我只能将其视为前面解释中提到的权利或正义，或者，将其视为隐约设想和说明的一般功利。如果可以这样来说的话，那么，毋庸置疑，它是至善至美的，是至尊无上的，或者（彻底些）是值得我们永远仰视的。毕竟，与权利或正义的王国扩展至全人类的宏伟目标相比，增进人类的幸福仅仅是一个苍白的目标，沧海一粟，不屑一顾。第二，在作出了决定，并准备组成一个独立的政治社会之后，最初的所有社会成员共同决定了社会主权者政府的组建。换句话说，他们共同作出决议，决定主权者政府的成员是由哪些人构成的。如果他们希望主权者政府是由若干人组成的，那么，他们就会共同决定主权者成员如何分享主权权力。第三，独立政治社会形成的过程，或者，最高统治政府形成的过程，是由特定的、为人所接受的承诺所完成的。这里的意思是说，这些过程是由最初主权者对最初臣民作出的承诺，最初臣民对最初主权者作出的承诺，以及一个臣民对其他所有臣民作出的承诺，所完成的。最初主权者作出的承诺以及最初臣民作出的承诺，其共同目的都在于实现独立政治社会的首要目的，实现形成独立政治社会的决议所指明的从属性目的。因此，最初主权者作出的承诺的主旨要义以及最初臣民作出的承诺的主旨要义，包含了两个内容。其一，主权者承诺在一般情形下自己的管理统治应该实现独立政治社会的首要目的，而且，如果形成独立政治社会的决议指明了一些次要目的，那么，自己的管理统治又应该实现这些次要目的。其二，臣民承诺有条件地服从政府。这是说，臣民承诺，只有当

主权者政府的统治是为了上述首要目的以及次要目的的时候，才对政府的统治予以服从。—社会成员作出的组成独立政治社会的决议，被人们描述为“社会契约”。他们作出的有关主权政府的组建和结构的决定，被人们描述为“政府契约”（*pactum constitutionis*），或“国家契约”（*pactum ordinationis*）。主权者对臣民作出的承诺，臣民对主权者作出的承诺，以及臣民之间相互作出的承诺，被人们描述为“责任契约”（*pactum subjectionis*）。因为，通过臣民的承诺，或者通过臣民与主权者之间的相互承诺，臣民就被完全置于了从属性的隶属状态。或者，我们可以这样认为，在双方之间，出现了隶属和统治的 303 关系。当然，在“社会契约”“政府契约”和“责任契约”中，只有最后一个才是准确意义上的契约。严格地来说，“社会契约”“政府契约”，是为“责任契约”作准备的决议或决定。“责任契约”是“原始社会契约”和“基本市民契约”。—通过“原始社会契约”或者“基本市民契约”，主权者必须（或者至少是在宗教意义上必须）依照上面所提到的方式进行统治。而臣民必须（或者至少是在宗教意义上必须）以上面所描述的方式服从现时的政府。此外，这一基本契约的约束力，并不限于独立政治社会的建立者。这一契约，对同一社会的未来成员也是具有约束力的。因为，独立政治社会的建立者自己分别所作出的承诺，表明了他们为各自承继者所作出的类似承诺。通过最初主权者所作出的承诺，后来的主权者必须（或者至少在宗教意义上必须）依照上面所提到的方式进行统治。通过最初臣民所作出的承诺，后来的臣民必须（或者至少在宗教意义上必须）

> 依照上面描述的方式继续服从现时的主权者。—在每一个独立政治社会中，主权者对臣民的义务(或者主权者对臣民的宗教性义务)来自一个我在前面所勾画的原始契约。而且，在每一个独立政治社会中，臣民对主权者的义务(或者臣民对主权者的宗教性义务)来自一个类似的契约。除非我们假定这样一个契约对主权者和臣民是有约束力的，否则，我们无法准确地说明主权者和臣民的各自义务。除非我们认为臣民根据这个契约应该服从政府，否则，臣民没有义务对政府作出必要的服从，或者没有充分的义务这样服从。这里的意思是说，这种服从对实现独立政治社会的真正目的或目标来说是必要的。除非我们认为主权者根据这个契约应该依据上面提到的方式进行统治，否则，主权者没有义务或者没有必要的义务避免专制的或任意的统治。而专制的统治或任意的统治对最高统治政府的真正目的或者目标，从来都是充耳不闻的，从来都是视而
> 304 不见的。

我相信，这就是这一假设的主旨要义。而绝大多数求助于这一假设的学者，正是这样想象的，也是这样提出的。

然而，正如我在前面曾经说明的一样，求助于这一假设的学者，在想象和提出这一假设的时候，其状是千奇百怪的。—例如，根据其中某些学者的观点，最初时期的臣民为自己和后继者订立了契约，承诺服从最初时期的主权者以及后继的主权者。不过，最初时期的臣民对“基本市民契约”来说，不是承诺一方。最初时期的主权者并没有向这时期的臣民表示同意将主权权力用于特定的目的，

或者将这些权力以特定方式加以使用。—而且，另外一些提出这一假设的学者认为，这时期的臣民所作出的承诺，其主旨要义具有想象的成分。例如，这些学者要么假定这些臣民所承诺的服从，正如前面所简略描述的，不是无条件的服从；要么假定这些臣民所承诺的服从是消极的，无条件的。—简单来说，那些假设一个“原始社会契约”曾经存在过的学者，以各种各样的方式，思考了最高统治政府为之存在的目的的性质。不仅如此，他们还以各种各样的方式，思考了这一政府应从臣民那里获得服从的程度。每一个学者都以自己所设想的目的性质，以自己所设想的服从程度，努力构想了这个假设。—然而，尽管求助于这一假设的学者以各种各样的方式想象和提出了这一假设，但是，他们也有共同之处。这就是，他们都认为，最初时期的臣民对最初时期的主权者的义务（或者这些臣民对这一主权者的宗教意义上的义务）是来自原始社会契约的。此外，这些学者设想，对原始社会契约来说，最初时期的主权者是承诺一方。因而，这些学者共同认为，这一时期的主权者对这一时期的臣民的义务（或者这一时期的主权者对这一时期的臣民的宗教意义上的义务）也是来自同一契约的。

如前所述，这些学者在想象和提出这一假设的时候，各有千秋。对其千奇百怪的方式或方法作出完整而又全面的说明，将会占用讲座的大量篇幅。此外，人们已经设想，而且可以继续设想任何种类的原始社会契约。对这些假设作出不断的非难是一件轻而易举的事情，而且，是绝对不过分的，即使已作出的非难是更为具体地针对我在前面勾画的社会契约理论的。因此，在这里，我将结束对这一假设的主旨要义的说明。不过，在结束之前，我将简略地提示

一些结论性的批评意见。这些批评意见对这一假设理论是恰如其
305 分的。

第一，说明臣民对主权者政府的义务，或者，说明主权者政府对臣民的义务是每一个假定原始社会契约的学者的任务。—但是，为了说明臣民对主权者政府的义务，或者说明主权者政府对臣民的义务，我们无需求助于一个"基本市民契约"的假设。当我们简单地将这些义务和其显而易见的渊源，也就是上帝法、实际存在的由人制定的法和实际存在的社会道德，相互联系起来的时候(或不假定一个原始社会契约)，我们自然可以充分地说明这些义务的起源。此外，即使独立政治社会的形成实际上是来自一个"基本市民契约"的，然而，这个契约并未产生最初时期臣民所承担的义务以及最初时期主权者政府所承担的义务，对这些义务也没有产生所谓的影响。—因此，假设一个原始社会契约的存在是多余的，是画蛇添足的。这一假设，试图提供一些现象的缘由，也就是臣民对主权者政府的义务，主权者政府对臣民的义务，以及每一个人对另外一个人的义务，得以产生的缘由。但是，它所提供的缘由完全是多此一举的。毕竟，存在着其他简单明了的缘由，它们足以准确地解释这些现象。此外，这一缘由不仅是多余的，而且是无效的。这一缘由，不可能产生这些义务，不可能成为这些义务的渊源。

从前面的分析中，我们可以得出这样一个结论：即使独立政治社会的形成实际上是来自一个"基本市民契约"的，这个契约也并未产生最初时期臣民所承担的义务，以及最初时期主权者政府所承担的义务，对这些义务也没有产生所谓的影响。换句话说，这个契约没有对最初时期的臣民或后来的臣民、最初时期的主权者或后来

的主权者，设定义务（无论是法律的、道德的，还是宗教的）。

每一个在法律上有约束力的契约（或者我们所说的准确意义上的契约），其所具有的效力，来自实际存在的由人制定的法。确切地说，恰恰不是契约在法律上是有约束力的，或者恰恰不是契约产生了法律义务，相反，是由于法律的存在，这一契约才在法律上具有了约束力，才产生了法律义务。用另外一种表述方式来说，实际存在的由人制定的法，赋予了这一契约以法律义务的性质。或者它决定了特定的义务可以来自特定的契约。—因此，如果主权者政府在法律上是受“基本市民契约”约束的，那么，这一政府应承担的法律义务便是来自实际存在的由人制定的法。这是说，这一契约的义务与实际存在的由人制定的法是相互联系在一起的，于是主权者政府的法律义务便成为了实际存在的由人制定的法的产物。而且，当我们理解了主权者政府对自己规定的一项法律仅仅是一个通过比喻来描述的法律的时候，我们就会相信，使这一契约产生义务的实际存在的由人制定的法，便是另外一个优势主权者，针对这一主权者而制定的。从这个角度来看，在法律上受这一契约约束的主权者政府是处于一种隶属状态的。—臣民服从的主权者政府可以制定一个实际存在的由人制定的法。通过这个实际存在的由人制定的法，臣民在法律上也就必须遵守这一基本契约。但是，准确地说，以这种方式约束臣民的法律义务或者政治义务是来自臣民自己的主权者政府所制定的法律，而不是来自原始契约的。从法律上看，如果臣民必须遵守原始契约，那么，在没有自己主权者制定法律（亦即实际存在的由人制定的法）的情形下，必须存在着另一主权者所制定的实际存在的由人制定的法，以使臣民就法律意义而言不得不

306

遵守原始契约。这是说，臣民对他们自己的主权者政府处于一种隶属状态，而对授予臣民自己主权者政府以权利的另一主权者也是处于隶属状态的。

每一个具有约束力的契约（准确意义上的或并非准确意义上的），是因为法律（准确意义的或并非准确意义的）而取得自己的效力的。就法律的约束力来说，一个契约是基于实际存在的由人制定的法而取得效力的。就宗教的约束力或道德的约束力来说，一个契约是基于上帝法，或者实际存在的社会道德，而取得效力的。—因此，如果主权者或臣民在**宗教意义上**是受“基本市民契约”约束的，那么，准确地说，主权者的宗教义务以及臣民的宗教义务是来自上帝法的，而不是来自这一契约本身的。在宗教意义上受约束的主体，在表面上是通过原始契约，而在实质上是通过上帝法而受到约束的。也可以这样认为，主体应履行的宗教义务是基于上帝法，而经由原始契约所设定的。

在这里，针对独立政治社会的真正的最终目的，针对我们用以理解上帝法的标记渠道的性质，可以说是仁者见仁、智者见智。但是，不论这一目的是什么，也不论这一性质是什么，在没有一个原始契约的情况下，主权者政府依然在宗教意义上有义务去实现这一目的，而被统治的臣民，依然在宗教意义上有义务去服从政府的统治。就后者来说，政府目的的实现，本身就要求臣民的服从。因此，不论与这一最终目的是一致的，还是相互冲突的，原始契约在宗教
307 意义上针对任何一方都是没有约束力的。—如果原始契约与这一目的是一致的，那么，原始契约本身就是多此一举的，从而也是不会生效的。如果原始契约与这一目的是一致的，那么，主权者政府和

臣民应履行的宗教意义上的义务，不论直接还是间接，就不是源自“基本市民契约”的，也不是这一契约的结果。就上帝法可以设定这些宗教意义上的义务而言，只要这一契约没有制定出来，这些义务就不会是原始契约的结果，或者就不是由上帝法所设定的。这一契约依据上帝法而产生效力。而上帝法，是通过原始契约的形式来发挥作用的。—如果原始契约与这一目的是冲突的，那么，它就会和宗教义务得以出现的法律相互冲突，从而在宗教意义上就不会对主权者及其臣民具有约束力。

例如，让我们假定一般功利原则是我们理解上帝法的标记渠道，并且，鉴于一般功利原则是这样一种标记渠道，一个独立政治社会的真正的最终目的，就是最大限度地增进共同的幸福或福祉。此外，让我们另作假定，实现这一目的是原始契约的初衷。在这种情况下，宗教意义上的义务就不会是通过这一基本契约而设定给主权者或者设定给臣民的。因为，即使没有这种契约，在宗教意义上，主权者政府依然是必须实现订立契约者所设想的目的。同样，即使没有这种契约，在宗教意义上，臣民依然要服从主权者政府，而为了实现臣民自己的目的，服从是必要的。而且，如果实现这一目的不是原始契约的初衷，这一契约就和我们通过一般功利原则加以理解的法彼此相互冲突了，从而，在宗教意义上，无论是对主权者还是对臣民，都是没有约束力的。作出一个一般功利原则反对的承诺是对上帝法的冒犯。而且，当一个承诺一般来说是有害的时候，不遵守这个承诺就是履行一个宗教意义上的义务。

另一方面，即便我们认为最初时期的主权者或最初时期的臣民在宗教意义上是受原始契约约束的，我们也依然可以提出这样的问

题：这一契约为什么或者如何在宗教意义上，对后来的主权者、对后来的臣民，具有约束力？彼时的臣民应该履行的义务，可以根据上帝法的规定，成为此时主权者的义务。彼时的主权者应该履行的义务，可以根据上帝法的规定，成为此时臣民的义务。但是，为什么应该通过这一契约向后来的主权者或臣民设定这些义务？毕竟，这一契约订立的时候，后来的主权者、后来的臣民，没有授权的表
308 示，甚至对其是一无所知的。我们可以理解，通过一方作出的承诺，或者由于一方作出的承诺所带来的结果，另外一方时常承担了相应的法律义务（例如继承者或遗产管理人的法律义务）。另外一方是承诺一方的法律意义上的继受一方。根据实际存在的由人制定的法，承诺一方履行义务的权能或者资格，基于这样一种承诺，转移到了另外一方。我不费吹灰之力就可以说明基于承诺而出现的法律义务何以能够从承诺一方，延伸至法律意义上的继受一方。无论出于怎样的理由，实际存在的由人制定的法，向特定的承诺一方设定法律义务，都是十分便利的。同样，或者大致来说是类似的，承诺一方应履行的法律义务转移至法律意义上的继受一方，使继受一方具有相应的权能或资格，这也是十分便利的。然而，我没有办法去理解，为什么或何以最初时期的主权者或臣民所作出的承诺，在宗教意义上，应该约束后来的主权者或者后来的臣民。尽管我知道我刚才提到的法律义务的情形，对那些杜撰“基本市民契约”这一假设的学者来说，可能提示了没有根基的牵强附会。

如果主权者**在道德上**应该遵守原始的社会契约，那么，主权者就是受臣民之中盛行的舆论所约束的，主权者就必须廉洁奉公，去实现契约订立者所设想的目的。如果臣民**在道德上**必须遵守原始

的社会契约，那么，臣民就其个人来说，就是受社会舆论所约束的，臣民就应该服从主权者政府，而服从本身又是上述目的实现的必要条件。但是，主权者应该履行的义务以及臣民应该履行的义务，并不是基于这一契约而产生的。同时，这一契约对这些义务也是没有影响的。这些义务不会通过这一契约或者基于这一契约，而由实际存在的社会道德加以设定。毕竟，约束主权者的舆论以及约束臣民的舆论不会是这一契约的结果。相反，我们可以认为这些舆论是这一契约的原因。无论如何这一契约本身是由独立政治社会的建立者所订立的，而所有或绝大多数建立者又是坚持这些舆论的。

如果我们愿意的话，我们当然可以想象，当然可以假定，原始社会契约（它是由学者们杜撰出来的）是由契约订立者设想的，是由契约订立者来签订的，而且，这一契约本身也是比较具体、比较精确的。这是说，他们联合起来订立了社会契约，这一契约精确地说明了联合起来的最终目的。不仅如此，这一契约还细致说明了某
些积极的目的或者消极的目的，某些积极的方式或者消极的方式， 309
而通过这些目的或方式，主权者政府必须实现人们相互联合起来的最终目的。比如，独立政治社会的建立者（像采用《十二表法》的罗马人民）可以具体地指出溯及既往的立法可能产生荒谬的结果以及有害的结果，从而，被学者们想象的原始社会契约也就可以具体地精确地说明将要成立的主权政府应该避免这样一类的立法。而且，如果这一原始契约具体说明了某些积极的目的或者消极的目的，那么，臣民对主权者作出的服从承诺就是附带特定条件的。这一承诺不会延伸至任何其他的情形，而在任何其他的情形中，主权者可以背离这一契约具体规定的任一从属性目的。

这里，在一个独立的政治社会中，所有臣民或大多数臣民，就主权政府为之存在的最终目的而言，可以形成一个共同的看法，绝无丝毫的任何分歧。然而，他们的一致意见，却可能根本无从有效地约束主权者，或者有效地控制主权者。即使一致性的舆论是清晰可见的，大多数臣民依然可能对主权者的行为产生不同的想法，甚至各持己见。毕竟，一个主权政治政府的真正的最终目的，或者这个政府为之存在的最终目的，不可避免地是以单一方式设想的，或者不可避免地是以极为抽象的、模糊的言语表述加以说明的。例如，大多数臣民或所有臣民可能一致认为，自己的主权政治政府的最终目的是最大限度地增进社会普遍的或共同的福祉。然而，十分明显的是，根据这种一致意见去溯及既往地制定一种实际存在的由人制定的法，是否就和这一最终目的相互符合了，则是一个众说纷纭的问题。由此可见，除非大多数臣民就相当一部分从属性的目的达成了一致的看法，否则，在任何一个具体的情形中，他们都不会一致地反对政府，联合起来进行实际的抵制。因此，主权政府不会因为担心社会臣民可能采取的实际抵制，而影响自己的统治管理。也是在这个意义上，臣民就政府首要目的达成的一致意见、一致观念，不会有力地约束或控制政府。一当然，如果臣民大众就相当一部分从属性目的达成了共同见解，那么，这一共同见解就可以强而
310 有力地控制政府。一般而言，这些从属性的目的（不论这些目的是什么），可以用若干方式加以设想，可以用较为具体和精确的表述加以说明。从这一角度来说，如果政府斗胆偏离已经获得普遍赞同意见的从属性目的，那么，大多数臣民或者所有臣民就有可能联合起来，不仅憎恶政府的所作所为，而且抵制政府的所作所为。毕竟，

如果臣民使用一个共同的标准去衡量政府的行为，并且，这一标准是十分明确的，绝对没有任何的含混之处，那么，他们的相应意见也就可能是相互一致或者大体一致的。在这个意义上，当偏离这些从属性目的的时候，政府是会担心臣民的实际抵制的。这种担心可以持续不断地迫使政府循规蹈矩，迫使政府去实现臣民大众一致赞同的任何一个从属性目的。—因此，一个政府受自己臣民舆论约束的程度以及臣民舆论设定的道德义务的实际效果，基本来说，依赖如下两个条件：其一，臣民大众一致赞同的从属性目的的数量（或者服务于最终目的的从属性目的的数量）；其二，他们设想这些目的的精确程度以及清晰程度。这一目的数量越多，这一精确清晰程度越高，那么，实际存在的社会道德对政府的约束或控制，也就越为广泛、越为有效。

前面，我作出了一个引导性的说明。现在，我们可以得出这样一个结论：如果一个原始契约精确地、清晰地说明了某些政府应该实现的从属性目的，那么，实际存在的社会道德就可以对政府产生有效的约束，使政府实现这些从属性的目的。当然，必须假定（我当然理解这一点），当时的臣民大众所持有的舆论以及所感受的感觉是赞同这些从属性目的的。而且，在这里（可以推论出来），通过这一基本契约，由于这一契约的结果，主权者在道德上是受约束的，主权者必须实现这些从属性的目的。毕竟（可以认为），约束主权政府的舆论所产生的实际效果，主要在于臣民大众清晰地、确切地设想了这些从属性目的，而观念的清晰以及观念的确切，则主要在于 311
原始契约同样清晰确切地说明了这些目的。然而，稍加反省，我们就会发现，就这些目的来说，臣民普遍性的舆论不是基于这一契约

产生的。相反，这一契约是基于这种舆论产生的。因为，参与建立独立政治社会的绝大多数臣民是这一契约的主要订立者，如果他们没有受到十分类似的舆论的影响，那么，这一契约就不可能具体地说明这些目的。此外，假如这一契约十分清晰地规定了这些目的，从而可以使后来的臣民可以清晰地加以理解，那么，这一契约作为一个契约或协议，亦即一个承诺或者相互承诺，不论是提出的还是被接受的，依然不会对后来的臣民所持有的舆论发挥作用。这一契约作为这些从属性目的的一个清晰陈述，倒是可以发挥作用的。而且，广泛流传的类似陈述（例如，受人尊敬的通俗作家作出的类似陈述），同样可以对后来的臣民所持有的舆论发挥类似的作用。当清晰确切地说明了这些从属性目的的时候，这一契约自然可以清晰确切地给予后来的臣民以相应的有关这些目的的观念。

一个原始社会契约，作为一个契约或者协议，是可以产生或影响主权者或臣民的义务的。下面所说的（我认为）就是唯一的一种情形，或者几乎是唯一的一种情形。

那些假设“基本市民契约”是存在的学者，或者明确地，或者模糊地，赋予一个协议或一个契约（或一个提出的并被接受的承诺）以神秘的效果。大多数臣民也许相信，这个协议或者契约的确具有那种神秘的效果。—大多数臣民也许相信，除非自己的主权政府承诺这样统治，否则，它是不会受到上帝法约束的，至少不会受到上帝法的全面约束，去实现政府的最终目的。此外，大多数臣民也许相信，最初时期的主权者所作出的承诺，实际上也是后来所有主权者所作出的承诺，从而，大多数臣民也许相信，自己的主权者政府在宗教意义上是受到约束的，必须实现真正的最终目的，其之所以

应该如此，正是在于政府作出了这样的承诺，而不是在于最终目的 312
本身具有的内在价值。—在这里，如果臣民大众特别相信这些观点，那么，政府应向臣民履行的义务，而这些义务是由实际存在的社会道德所设定的，就会是基于原始社会契约而产生的，或者就会受到这一契约的影响。由于这一契约已经标志着独立政治社会的建立，或者伴随着独立政治社会的建立，对政府来说，这些义务就是必须全面履行的或者部分履行的。毕竟，如果政府偏离了原始契约精确说明的目的，臣民大众就会变得义愤填膺（甚至采取行动揭竿而起），而义愤填膺的原因不在于臣民大众认为政府是严重失职的，而在于政府违背了自己的**承诺**，不论这一承诺是真实的，还是假设的。政府违背自己的承诺，作为一种失去信誉的行为，就会成为臣民全面反抗或部分反抗的缘由。无论如何，臣民赋予了这一承诺一个确切的绝对的希望价值，不论这个承诺是真实的，还是假设的。臣民大众终究是关心这一承诺的，至于其内容、其方向，他们是在所不计的。

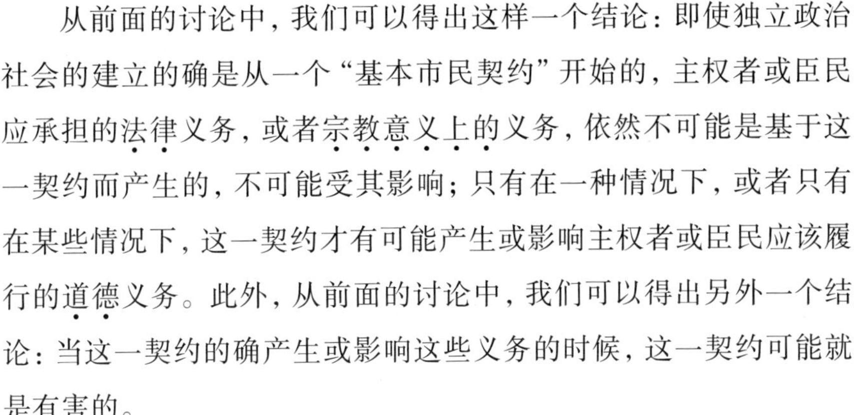

从前面的讨论中，我们可以得出这样一个结论：即使独立政治社会的建立的确是从一个“基本市民契约”开始的，主权者或臣民应承担的**法律**义务，或者**宗教意义上的**义务，依然不可能是基于这一契约而产生的，不可能受其影响；只有在一种情况下，或者只有在某些情况下，这一契约才有可能产生或影响主权者或臣民应该履行的**道德**义务。此外，从前面的讨论中，我们可以得出另外一个结论：当这一契约的确产生或影响这些义务的时候，这一契约可能就是有害的。

在主权者对臣民的义务中，以及在臣民对主权者的义务中，只有那些道德义务，或者那些由实际存在的社会道德所设定的义务，才是任何原始契约可能产生影响的义务。

简单来说，一个原始契约是没有任何意义的，如果这一契约仅仅精确说明主权政治政府的最终目的，如果这一契约仅仅精确表明政府的最终目的在于最大限度地增进人类共同的幸福或者福祉。因为，尽管这一契约可以将臣民大众的舆论统一起来，其依然只能影响他们关于最终目的的观念。而且，臣民大众对政府首要目的的
313 一致意见几乎不会影响主权政治政府的实际行动。

当然，这一契约可以具体说明某些方式、某些从属性的目的或者工具性的目的，通过这些方式，通过这些目的，政府应该增进社会共同的福祉。只是，当这一契约的确具体说明了这些方式以及这些目的的时候，从整体上来看，这一契约既可能是有益的，也可能是有害的。

毕竟，独立政治社会的后来成员的舆论、这些成员关于政府应该实现的从属性目的的意见，可以受到最初订立者订立的原始契约的影响，也可以不受这一契约的影响。

如果这一契约没有影响后来社会成员的舆论，那么，这一契约，简单来说，可能就是有益的。

如果这一契约的确影响了后来社会成员的舆论，那么，这一契约，整体来看，可能就是有害的。因为，这一契约可能是作为最初政治社会建立者订立的契约或者协议来影响后来社会成员的舆论的。后来的社会成员可能将一个自己认为有意义的看法，一个外在于这一契约内在价值的看法，加进这一契约具体说明的从属性目的之中，从而使其失去意思的连贯性。相信这些目的具有有益的倾

向、具有仁爱的趋向，或者有助于增进共同的幸福或福祉，可能不是他们认真对待这些目的的理由，或者不是他们认真对待这些目的的唯一理由。独立政治社会的建立者可能是令人钦佩的（由于令人尊重的契约或协议是这种政治社会的基础）。这些建立者也许已经精确说明了这些目的或方式，而通过这些目的或方式，主权者政府得以增进社会的共同福祉。或许正是因为这一点，后来的社会成员，可能只是尊重这些从属性的目的，或者有保留地尊重这些目的。但是，恰恰是在这里，当政治社会最初建立的时候，身处那些岁月的令人钦佩的人们，可能是蒙昧的（尽管他们希望令人钦佩），而后来的人们在社会的持续发展之中变得日益文明。因此，由于原始契约的缘故，下面的有害结果可能就会发生作用：身处相对蒙昧岁月的人们，其就政府应该实现的从属性目的而具有的观念，或多或少可能通过这一契约影响身处相对文明时期的人们。—例如，我们可以假定，不列颠社会的建立是基于一个原始契约的缘故。我们另外 314
可以假定（一个“最为苍白”的假定），这个社会的较为愚昧的建立者认为外国的商贸对本国工业是有害的。当然，在这个基础上，我们可以假定，将要成立的政府代表自己和后继者作出承诺，运用禁止和防止外国产品进口的方式去保护自己社会的工业。现在，如果我们许多人虔诚地尊重优秀的前辈所订立的原始契约，那么，这一契约就会阻碍自由贸易观念在目前社会中的传播，而这一观念是一种有价值的完善的观念。基于这一点，这一契约就会阻碍现时政府就对外贸易这一问题制定明智的、有益的法律。如果政府打算撤销以前政府针对外国商贸而制定的禁令，现时蔓延的错误，现时盛行的有害观念，就不仅仅是个错误，就不仅仅是个有害的观念，我们

倒是可以认为，这些会促使保守分子激烈反对勇于变革的人士的意见。所有因循守旧者肯定就会指责变革者违反了作为社会赖以建立的基础之一部分的一项原则。这一原则，明智的令人尊敬的原始契约订立者在过去已经对之加以采用，已经将其奉若神明。不但如此，彻头彻尾的昏庸者还会断言，甚至可能强烈地相信，现在的政府**没有资格**撤销以前政府所制定的关于外贸进口的禁令，现时的政府仿佛是作为最初时期政府的一个**利害关系者**，已被最初时期政府作出的承诺**限制住**了。

最初时期政府所作出的承诺或宣誓，后继政府所作出的承诺或宣誓，**无论在道德意义上**，**还是在宗教意义上**，都无法有效地保证政府的仁爱或者统治的仁爱。—最有效的道德保证或者实际存在的社会道德所产生的最佳保证，可以源自最为完善的政治科学在人民大众中的传播。这样完善的政治科学，只有在我们这个光明的时代才能建立起来。如果人民大众正确地设想了自己政府的首要目的以及政府赖以实现这一目的的其他从属性目的或者方法，那么，政府的行动准则，就没有一个是愚不可及的，就没有一个在道德上是不光彩的，而且，政府的行动本身，无论是积极的还是消极的，通常来说都会是明智的、仁爱的。—**宗教意义上的**最佳保证或者宗教
315 信念所产生的最佳保证，可以源自统治者和被统治者的有价值的意见。这些意见关注仁慈智慧的上帝所具有的希冀和目的，关注上帝为世俗主权者规定的义务及其性质。

第二，前面，对原始契约的假设理论提出了批评。从这些批评中，我们可以得出这一假设是多余的结论。我们可以认为，这一假设实在是画蛇添足的。此外，我们还能认为，无需求助这一假设，

我们依然有能力去充分说明臣民对主权者政府的义务以及主权者政府对臣民的义务。即使独立政治社会的建立真是来自“基本市民契约”的订立，这一最初形式的契约依然不会产生或影响这些义务。后面，还会提出一些批评意见。从后面的批评意见中，我们将会得出这样的结论：基本社会契约的假设，不仅是个虚构，而且是个毫无现实可能性的虚构。我们将会提出国家的建立或独立政治社会的形成，从来不是，也不可能是以一个所谓的准确意义上的原始契约，或者类似这种原始契约的什么东西作为基础的，从来没有，也不可能是伴随着一个所谓的原始契约或者类似的东西的。

每一个我们所说的准确意义上的约定(convention)，或者每一个我们所说的准确意义上的合同或者协议，是由要约和承诺(或相互承诺)构成的。不论在何种情况下，只要提出了不止一个要约，出现了不止一个承诺，从严格意义上讲，就存在着两个或更多的约定。因为，一方提出了要约，另外一方接受了要约，其本身就形成了一个协议。当然，在一方作出的意思表示是以另外一方的意思表示作为基础的情况下，同时，意思的相互表示是多重的，参加者也是众多的，这时候的约定可能就具有了交叉的性质，十分复杂，从而通常来说可以被视为若干约定。—如果约定双方之中的一方提出了要约，另外一方仅仅是接受了要约，那么，双方之间的约定，用法学家的语言来说，就是一个“单向(unilateral)约定”。在约定双方之中的一方提出了要约，另外一方不仅接受了要约，而且反向提出了新的要约，并且获得了对方的反向接受的情况下，换句话说，当任何一方的意思表示是以另外一方的意思表示作为基础的时候，相互对应的若干要约与承诺，用法学家的语言来说，都是一种“双向

(bilateral)约定”。当约定各方之中的任何一方提出了要约，另外他方仅仅是接受了要约的时候，或者，当其中一方的意思表示并不是以另外他方的意思表示作为基础的时候，若干约定中的任何一个约定，就都是一种独立的单向的约定，即使几个约定是同时作出的。
316 例如，如果我提出一个为你服务的要约，而你接受了这个要约，我的要约和你的承诺就形成了一个单向约定。如果我向你提出了一个服务要约，而你因此又向我提出了一个服务要约，这样两个相互对应的要约在相互被接受的情况下，就形成了一个双向约定。如果我们之中的任何一个人对其他人作出了其他服务的要约，但是，每一个要约不以其他要约作为基础，那么，被提出的同时被接受的要约，就是若干单向约定，即使这些要约是同时作出的。—因此，一个复杂的双向约定，是由若干单向约定的相互交叉而形成的，从而，每一个约定从准确意义上说都是一个单向约定，或者是一个被提出和被接受的要约。

一个约定的基本要素，一般来说，我们是可以用如下方式加以描述的。其一，要约者或提出要约的一方向承诺者或接受要约的承诺方作出承诺，他将为一定的行为或不为一定的行为，或者在为一定行为的时候不为另外的行为。他所承诺的不为一定行为，或者，他所承诺的在为一定行为之际不为另外行为，我们可以将其描述为他所承诺的内容以及约定的内容。其二，要约者向承诺者明确表示，他试图为一定的行为，或者不为一定的行为，“试图为或不为”，其本身就形成了要约者承诺的内容。如果他以口头的形式或书面的形式明确表达了自己的意思(或用等同于语言的习俗惯例方式表达)，他提出的承诺就是明确的。如果他以另外的方式表明自己的意思，那么，他的承诺依然是一个真实的承诺，但是可能是含蓄的或者不明确的。例如，如果我从销售者那里获得了商品，并且，告诉他我有支付货款的意思，那么，我就明确地承诺了购买商品，因为，我通过口头的语言或书面的语言表达了一个购买商品的意图。再如，当我习惯于从固定销售者那里得到商品，而且，习惯于支付我得到的这些商品的货款的时候，如果我是在家里等待送货上门的，那么，我等于是没有使用口头的语言或书面的语言（或用等同于语言的习俗惯例方式）来表达购买这一商家送来的商品的意图或目的。在这种情形中，我没有明确地承诺购买特定的商品。然而，尽管如此，我却以默示的方式表达了承诺。因为，在接受特定的商品的时候，无论发生什么样的情形，我都在向送货商家表达购买这些商品的意图，这就有如当我告诉对方我的购买意思的时候，我是在肯定地表达一个意图一样。明确的表达以及默示含蓄的表达，这两者之间的区别在于表达方式的不同，而人们通过这些方式分别地表达或说明了两种意图。其三，承诺者接受对方提出的要约。换句话说，承诺者以明确的方式或者默示的方式，向要约一方表达了自己的信任或期待：要约一方将会言行一致。除非这个要约被接受了，或者，这样一个信任或期待被明确地或默默地表达出来，否则，这个要约就不会形成一个约定。即使要约一方的确是言行一致、表里如一的，这种言行一致，这种表里如一，也是要约一方自然表现出来的，至少，不是要约本身的缘故。毕竟，一个理性的最高统治政府或者一个冷静的公共舆论，不会强制（不论从法律上还是从道德上）要约一方履行自己的要约。用罗马法学家的专业术语来说，而且，根据绝大多数熟悉这一专业术语的现代法学家的看法，一个

317

没有被接受的要约可以被描述为一个“单纯要约”。

总而言之，一个“约定”的基本要素，包括了这样一些内容：首先，要约一方提出了一个**意思表示**，表明其**意图**在于为一定的行为或不为一定的行为。这些行为是要约一方所承诺的行为；其次，承诺一方回应了一个**意思表示**，表明其**期待**要约一方将会履行自己要约的内容。

人们相信，要约一方的意思表示以及承诺一方的意思表示具有正式约定或协议的特征。对这个观念，我们需要仔细地思考一下。

由实际存在的由人制定的法或实际存在的社会道德所强制实施的约定，在法律上或者在道德上，是基于各种理由而被强制实施的。但是，在这些理由中，有一个理由总是不可能不存在的。—这个理由就是，在没有制裁的情况下，一个约定只是“自然地”使一
382 个“期待”呈现在承诺一方的头脑之中（或一个约定有**逐渐**将一个“期待”在承诺一方头脑中加以呈现的**倾向**）。这个“期待”是指希望要约一方承诺的内容可以实现。这一约定，自然地将一个“期待”加以浮现，正如承诺一方自然地完成自己的行为一样。人类生活的事务时常是以约定为转移的，是依约定而变化的。但是，经由约定而自然浮现在人们头脑中的期待，总是以失望作为结局的。正是这些失望，使人类社会表现出了希望破灭的心态，使人类相应的计划和劳作付之东流。因此，防止失望的出现，就是法律规则和道德规则的主要目的。这些规则的直接具体的目的，则是强制实施契约或
318 者协议。当然，除非作出要约的一方表达了相应的一个意图，否则，承诺一方是不会抱有“期待”的。而且，除非承诺一方表达了自己的“期待”，否则，要约一方不会被告知存在着一个“期待”，即使

实际上要约一方提出的承诺已经预示一个“期待”可能会出现。如果“意图”没有明确地表达出来，也就不存在我们所说的准确意义上的要约一方所作出的承诺。如果“期待”没有明确地表达出来，也就没有充分的理由去强制一方兑现自己实际上已经提出来的真正承诺。(y)

前面，分析了一个“约定”的基本要素。从这一分析中，我们可以得出如下结论：我们所说的准确意义上的一个原始契约或者类似的一种东西不可能成为独立政治政府得以建立的基础。

根据原始契约理论的假设，就最初时期的主权者政府作出的承诺而言，这一主权者政府已经承诺实现人们建立政治社会的最终目的（也许还包括更多的从属性目的或工具性目的）。这一承诺是向所有最初时期的臣民提出的，也是被这些臣民所接受的。在最初时期的政府是一种个人政府的情况下，这种承诺是由君主向所有其他

(y) 这段文字是有一个特定目的的。我在这里就“约定”或“协议”的基本要素所作出的简短说明足以解释问题。如果我是在直接解释契约原理，那么，我就会将这里的简短说明加以扩展，增加许多说明和限定。然而，在这里，我必须适可而止。对契约原理（其中晦涩的表述、糟糕的逻辑，不可思议地令人困惑，使人不能得到精确的理解）的细致说明，会涉及一些复杂术语的追踪分析。这些术语包括“承诺”“要约”“约定”“协议”“合同”“契约”和“准契约”。

不过，在结束这里的注释说明之前，我将添加一段议论。这段议论的目的在于解释分析一下“合意”。“合意”具有“约定”的性质。这样一种“合意”是由要约一方表达出来的“意图”和承诺一方表达出来的相应“期待”所构成的。这种意图以及这种期待，人们将其描述为“合意”。之所以将其描述为“合意”，是因为它们存在着对应关系，或者是因为它们都指向了一个共同的内容，亦即作为“约定”对象的作为与不为。自然，“合意”这一术语，正如人们在使用它的时候意思在于表达更为广泛的含义一样，表达了对另外一方意愿的同意。而且，就这种广泛的含义而言，臣民（正如我已经表明的那样）相当于是作出了“合意”去服从政府的统治，无论臣民是否作出承诺去服从政府，无论他们决定服从的动机是什么。

社会成员作出的。在最初时期的政府是一个若干人组成的政府的情况下，这种承诺是由主权者群体（以其集合性质而言）向最初时期的所有臣民作出的。—根据原始契约理论的假设，就最初时期的臣民作出的承诺而言，他们已经承诺无条件地服从政府，听凭政府以任何方式去统治社会，或者他们已经承诺有条件地服从政府，也
319 就是在要求政府实现特定的目的的同时服从政府。此外，这一承诺是由所有臣民一致作出的，是由他们向君主或主权者群体作出的，是由他们向他们以外的所有人作出的。在最初时期的政府是一种个人政府的情况下，这一承诺是由最初时期的所有社会成员向政府个人作出的。在最初时期的政府是由若干人组成的政府的情况下，这一承诺是由最初时期的所有社会成员（包括作为个人的主权者群体成员）向主权者群体作出的。

在这里，从前面对“约定”的基本要素的说明出发，我们可以认为，主权者对臣民作出的承诺（要约），准确地来说不是契约的一个组成部分，除非臣民接受了这个承诺。但是，臣民几乎不太可能接受这种承诺，除非他们理解支持主权者承诺的内容。不仅如此，而且，除非臣民理解支持主权者承诺的内容，否则，这一承诺，作为一类要约，是不可能在臣民的头脑中引发一种明确具体的“期待”的。另一方面，除非这一承诺引发了臣民的“期待”，否则，他们不会真实地表达明确具体的“期待”，他们不会真实地接受主权者提出的承诺。从臣民那里呈现出来的实际接受的表象不会是真实接受的表象。相反，它是没有意义的喧闹或表演。—在这里，最初时期的社会中的愚昧弱势群体（例如未成年人群体）不大可能理解支持政府承诺的内容，不论这种内容是一般的，还是具体的，不论主

权者政府是一般性地承诺实现独立政治社会的最终目的，还是另外具体地、直接地承诺实现某些从属性的目的。我们知道在任何实际的社会中，大多数人对政府为之存在的最终目的并没有明确具体的观念，而且，对政府借以实现首要目的的次要目的和方法也没有明确具体的观念。因此，确切地来说，假定最初时期的所有社会成员或大多数社会成员对自己联合起来建立政治社会的目的以及实现目的的方式具有明确具体的观念（或接近具有明确具体的观念），这是十分荒谬的。从这里，我们也可以认为，最初时期的绝大多数臣民或者多数臣民，不会理解最初时期政府作出的承诺，不会理解其目的，从而，他们不会真实地接受这一承诺，即使他们也许在表面上看是接受了。对最初时期的绝大多数臣民或多数臣民来说，最初时期的政府作出的承诺，不是契约或协议的一个组成部分。这种承诺只能是一个“单方要约”。 320 385

在这个地方，我对最初时期的主权者作出的承诺进行了一些讨论。我的评论稍微作出一些调整就可以适用于最初时期的臣民所作出的承诺。我们前面提到的假设理论，假定这些臣民承诺服从最初时期的主权者，或者提出了这样一种承诺服从的虚构。如果这些臣民实际上的确作出了这种承诺（或者如果实际上他们与主权者相互之间作出了承诺），愿意服从政府，那么，他们等于是明确地或默默地表达了一个意图：履行承诺。但是，这样一个意图的表达不可能是由所有这些臣民作出的，甚至不可能是由其中绝大多数人或许多人作出的。毕竟，绝大多数人或者许多人不会清晰地理解所谓的承诺所包含的内容。即使是大致理解，可能都是难以实现的。—如果你设想，服从的承诺是经由臣民之间相互讨论作出的，那么，你就会使原有的虚构显得更加荒谬。你就等于是在想象，一方提出的承诺的内容，提出的一方自己对其都是没有一个清楚概念的，而且，当你知道了提出承诺的一方又是接受承诺的一方的时候，你就是在想象，一方接受的承诺的内容，接受的一方自己对其都是没有理解清楚的。

如果你假定，一个原始契约从假设的角度来看是滴水不漏的，不可能造成别人的误解，那么，你就必须假定，人们试图建立的政治社会完全是由成年人组成的。你就必须假定，所有成年人都是具有健全的头脑，甚至聪明睿智、判断准确的。而且，你还必须假定，这些成年人同时对政治科学和伦理科学完全是了如指掌的，至少，对这些科学可以没有障碍地加以理解。只有根据这些十分勉强的可能性，你才能建立一个可以自圆其说的作为虚构的原始契约。

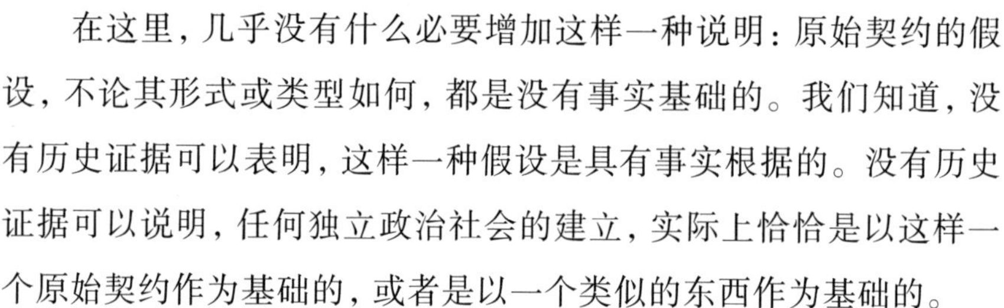

在这里，几乎没有什么必要增加这样一种说明：原始契约的假设，不论其形式或类型如何，都是没有事实基础的。我们知道，没有历史证据可以表明，这样一种假设是具有事实根据的。没有历史证据可以说明，任何独立政治社会的建立，实际上恰恰是以这样一个原始契约作为基础的，或者是以一个类似的东西作为基础的。

在一些独立政治社会中（例如盎格鲁-撒克逊国家），人们是以迅速的方式作出建立主权政治政府的决定的。他们所依据的是一个方案或者是一个计划。但是，即使是在这些社会中，最终使政府建制得以实现（要么通过定出方案、勾勒计划，要么通过简单投票、接受统治）的社会成员，其数量在独立社会成员之中是微乎其微的，而且，在建制得以实现之前，这些成员仅仅是主权者中的一些成员。我们有理由认为，政府建制不是由最初时期的全体社会成员确立的，而是由其中一部分成员确立的，在确立的时候，这一建制已经是无可挑剔的、完美无缺的。如果你想向我表明一个实际例子，321
这个例子可以和原始契约的观念丝丝入扣，那么，你就必须向我表明，在一个独立政治社会建立的时候，当时的所有社会成员共同参与了建立活动，在一个主权政府成立的时候，当时的所有社会成员参与了组建活动。你就必须向我表明，所有的臣民以及主权者成员作为政治社会的建立者，作为政治政府的组建者，明确地或默示地作出了一个约定，而这个约定类似我在前面提到的原始契约。一在绝大多数独立政治社会建立的时候，最高统治政府的建制已经逐渐形成，至少是初具规模的。在这里，我使用了一种流行的表述。但是，这一表述是不符合事实的。我的意图不在于说明政府的建制是自发形成的，或者是没有人为因素的。毕竟，当我们谈论政府的时候，尽管我们的意思是在夸耀“所有人类政府都是法律的政府，而不是人的政府”，然而，所有人类政府终究是人的政府。而且，如果没有人去建立政府，没有人让政府拥有实际的权力，人类的法律将是乌有之物，是不值得一提的，或者是废纸一堆，是形同虚设的。但是，我的意图的确在于表明最高统治政府的建制并不是迅速出现的，仅仅立于一个方案，仅仅成于一个计划。政治社会的后来一代，其实际存在的社会道德规则（以及后来的主权者制定的实际存在的由人制定的法），在某种程度上的确是缓慢地、零散地决定着政府建制的形成。因此，最高统治政府不是由最初时期的社会成员建立的，其建制的形成是绵延不断的几代人，甚至数十代人的努力结果，而这些人包括了最初时期的社会成员以及他们的许多后代。对于绝大多数社会伦理准则本身而言，我们也是可以这样认为的。臣民

中盛行的舆论约束着政府要遵守这种伦理准则。最初时期的主权政府不可能向自己的臣民承诺自己将遵循社会伦理准则进行统治。因为，在现实中，促使这些伦理准则得以有效的社会舆论与独立政治社会不是同时出现的。相反，这些舆论是在独立政治社会建立以后自然而然地出现的。—在某些独立的政治社会中，统治者的确作出了就职宣誓或者就职承诺。但是，这样一种就职宣誓或承诺和一个所谓的原始契约完全是风马牛不相及的，而在所谓的原始契约中，最初的主权者是作为提出承诺的一方而出现的。在这里，我们提到的某些独立政治社会的建立的确是始于就职宣誓的，并且通常来说，就职宣誓已经暗含了这些社会的建立。然而，通常来说，宣誓一方是一个受到限制的君主，或者身处类似受到限制的君主的某种位置。这里的意思是，宣誓一方不是主权者，而仅仅是主权者群
322 体的一名成员。

即使在历史中可以觉察一些原始契约是真实存在过的，这些契约依然不足以支持这一假设理论。因为，根据这一假设理论，一个原始契约**必然是**一个独立政治社会建立的前提。不仅如此，就许多独立政治社会的具体情况而言，正如我们在历史中所知道的，其形成**不是**始于一个原始契约。至少，我们可以这样认为，这些社会的形成，有如我们在历史中所发现的，**不是**始于一个**明确的**原始契约。

然而，这一假设理论的赞同者断言(为了避开这些否定性质的具体情况所呈现的困境)，即使独立政治社会的形成不是始于一类**明示的**契约，但是，这种社会依旧可以始于一个**默示的**原始契约。

在这里(正如我在上面已经表明的)，提出承诺的一方实际所表达的意图以及接受承诺的一方实际所表达的接受，正是一个**真正**的

约定或协议的本质内容，不论约定或协议是明示的，还是默示的。明示约定和默示约定之间的唯一区别，在于当约定是明示的时候，"意图"和"接受"是用语言来表达的，或者是用习俗惯例认可的等同于语言的标记来表达的。而当约定是默示的时候，"意图"和"接受"不是用语言来表达的，或者不是用习俗惯例认可的等同于言语的标记来表达的。(z) 323

(z) 对准协议和默示协议，我们应该小心地加以区别。默示协议是一个真正的协议。这是说，默示协议是一个在法律上有约束力的约定。或者，我们也可以这样认为，实际存在的由人制定的法，规定这类约定具有责任的性质。但是，准协议不是一个真正的约定。就此而言，我们可以认为，它不是一个真正的协议。它是某个事件或事实，与一个真正的约定相去甚远。对准协议而言，法律赋予其具有责任的性质，仅仅在于仿佛(准)协议是一个真正的约定。当然，准协议和默示协议之间具有类似性。但是，其类似之处仅仅在于两者相对各自的事实或事件都含有责任的意思。在其他方面，两类事实或事件都是不同的。例如，我们可以假定，一方因误认为是借贷的资金，从而将资金偿还给另外一方，而另外一方接受了偿还。这样一种状况就等同于一个准协议的事实或者事件。在这个事实或事件中，没有约定或合同的意思。因为，承担一个现存的责任，而非设定未来的责任，是偿还者和接受者之间相互关系所包含的内容或设定。但是，由于资金不是借贷的，也不是作为礼物来给付的，返还资金的法律责任便从偿还者转移至了接受者。在这里，接受者不是依据协议而产生责任的，但是，他是依据准协议而产生责任的，仿佛他的确是签订了协议，承诺返还资金。当然，如果接受者承诺返还资金，而偿还者接受了这一承诺，那么，接受者自然是有责任返还资金的，因为他已经作出了承诺，从而一直是具有这样一种责任的。

在英国法律语言中，作为准协议的事实或事件，被人们描述为"默示合同"或者"法律推定的合同"。这是说，准协议和真正的默示合同，这两者是用一个共同名称来指称的，或者是用彼此相互类似的若干名称来指称的。而且，基于这个原因，英国法学家通常混淆了准协议和默示合同。关于混淆的例子尤其可以参见威廉·布莱克斯通的《英国法释义》，第二卷第 30 章以及第三卷第 9 章。

在前面的《讲义大纲》(*Outline of the Course of Lectures*，参见：John Austin, *Lectures on Jurisprudence or the Philosophy of Positive Law*, Vol. I, pp.31-73。——译者)(第 45、53 页)中，读者可以看到，相当一部分权利属于"特许权"(rights *in personam certam*)。这是说，相当一部分权利是针对特定人而授予的，具有排他性。这些权利与特定人应承担的义务是相互对应的。这里所说的义务，罗马法学家并不用"责任"一词来表示。而

324 因此，最初时期的绝大部分社会成员或者许多社会成员不可能作为提出承诺的一方或者接受承诺的一方成为默示的原始契约的参与者。绝大部分社会成员或者许多社会成员，实际上不可能表达或者接受必要的意图。毕竟他们不可能设想假设理论所提出的原始契约的内容。

此外，在我提到的许多否定性的具体情况中，最初时期的主权政府的言行立场，以及最初时期的臣民的言行立场，足以表明默示性原始契约的假定是错误的。例如，在最初时期的政府是以暴力方

且，针对这里所说的权利，罗马法学家并没有恰当的名称可以用来称呼它们。因此，他们仅仅使用“权利”一词来指称“特许权”，来讨论关系极为密切的对应义务。在这里，特许权或者责任基本上来自两类事实。其一，真正的明示合同或默示合同。其二，侵权行为或伤害行为。但是，除了合同与侵权行为以外，还有一些不属于合同或侵权行为的事实或事件，实际存在的由人制定的法也对它们设定了相应的责任。罗马法学家将这些事实或事件称为“准合同”，或者将“因事实或事件而产生的责任”称为“依据准合同而产生的责任”。他们基于两个原因将这些事实或事件称为准合同。第一，就这些责任类似依据合同而产生的责任而言，它们类似合同。第二，它们之间的类似，仅仅在于它们分别都和责任有着密切联系。从这里，我们也能看出，人们将“准合同”这一通用名称用于这些事实或事件，是由于缺乏一个更为恰当的以及意思更为准确的一般术语。——由于罗马法学家使用了这一表述，人们便将“依据准合同而产生的责任”等同于“异常责任”（*anomalous* obligations），或者等同于“不同责任”（*miscellaneous* obligations）。这是说，人们将它们等同于了这样一些责任，这些责任与一些既不属于合同也不属于侵权行为的事实有着相互关系。而且，这些事实，人们无法将其归入两个基本种类之一，而“特许权”在两个基本种类之中则是可分的。“（《学说汇纂》讲）责任，要么是依据合同而产生的，要么是因为不法行为而产生的，要么是因为法律规定的其他原因而产生的。”（Obligationes aut ex contractu nascuntur, aut ex maleficio (sive delicto), aut proprio quodam jure ex variis causarum figuris）——默示合同是真正的合同。人们将默示合同和准合同加以混淆，其责任当然不能归咎于罗马法学家。但是，对于现代法学家来说（我无法怎样去推测），这种观念上的混淆是十分普遍的，也是十分严重的。毫无疑问，它是绝大多数荒谬绝伦的观念的来源，而这些荒谬绝伦的观念使人们根本无法清晰地理解“约定”的性质。

式建立政权的情况下，这一政府根本没有默默地向被征服者作出承诺，它将实现社会的福祉，它将实现社会的首要目的。而且，心怀仇恨的臣民根本没有默默地承诺他们将服从他们所憎恶的欺压成性的政府。在这种状态下，他们表示愿意服从政府，表示同意服从政府，其原因在于他们担心政府的刺刀镇压。他们的“愿意”，他们的“同意”，终究不是一个对未来服从的默示承诺（或默示的意图表达）。毕竟，他们根本不是真心地服从政府。而且，正是因为不是真心地服从政府，他们会表现出这样一种心态：如果政府挥舞的刺刀开始软弱，政府挥舞的刺刀已经威胁有限，那么，他们就会自然而然地奋起抗击，推翻政府。

近来一段时间，一些学者依然十分赞同原始契约的假设理论。他们（主要是研究政治政府和政治社会的德国学者）时常承认，原始契约不是历史事实。他们承认任何实际的独立政治社会的形成从来不是基于一个实际存在的原始契约。但是，他们依然狂热地坚持一个独立政治社会的必要基础在于一个“基本市民契约”。从他们已有的观念中，我们可以看出，他们关于原始契约的学说不外乎是这样的：原始契约不是任何独立政治社会的形成基础，但是，尽管如此，这一契约不可避免地又是每一个独立政治社会的形成基础。—德国人的玄妙思辨哲学的嗜好或者典型样板就是这样的。这些嗜好或样板和培根与洛克的哲学形成了鲜明的对比，和小心翼翼的实践经验哲学形成了鲜明的对比，而这些经验哲学意在考察事实或者勤于观察归纳。

我们可以发现，一些学者赞同这一显而易见的自圆其说的学说，他们的意思可能在于坚持如下两种立场之中的一个：其一，一

个明示的原始契约不是任何独立政治社会得以形成的基础，但是，一个默示的原始契约（或形成事实本身表明的一个原始契约），则必然是这类社会得以形成的基础；其二，独立政治社会的形成，**必须**是以一个“基本市民契约”作为基础的，否则，主权政治政府就不是**正当的**、**合法的**或**公正的**，—“否则，主权政府就是没有根据的”（wenn es *rechtsbeständig* sein soll）。“正当的”“合法的”和“公正的”，这些修饰词语的意思，在这里是“符合上帝法（以某种方式知道的）”的意思，或者是符合“权利”或“正义”（前面几页提到的）的意思。上帝法、权利或正义是独立于法律而存在的，是所有法律的尺度。

我无法确定他们的意思到底在于坚持何种立场。毕竟他们是在两种立场之间来回摇摆的，或者我们也许可以感觉到他们没有倾向于任何一种立场。其实，试图确定他们到底坚持何种立场是一件没有意义的工作。因为，我们可以发现，两种立场都是错误的，都是荒谬的。—正如我在前面所表明的，一个默示的原始契约不可能
325 成为独立政治社会得以形成的基础。而且，即便从第二种立场来看，主权政府不曾是也不可能是合法的。因为，这些学者自己也承认，从事实的角度来看，独立政治社会的形成从来不是以“基本市民契约”作为基础的。此外，正如我在前面表明的，一个原始契约或者一个类似的东西不可能成为这类政治社会形成的基础。[α]

α　关于这里提到的德国学者就原始契约学说所运用的观念或者语言，我建议细心的读者参考如下一些著作。第一，康德的《法的形而上学原理》（*Metaphysical Principles of Jurisprudence*）。就这种原始契约而言，见“国家法”（*Das Staatsrecht*）一章的开头部分。第二，一部编纂优秀的哲学辞典（四卷本），其编者是莱比锡大学的克鲁格教授。关于这种原始契约，见其中词条“国家的起源”（*Staatsursprung*）。第三，莱比

第三，在这里，我再作出一些评论性说明，以结束我对原始契约假设理论的批评。

我们也许可以看出，两个假定理论，对提出原始契约假设理论的学者来说，暗示了这一契约假设。第一个假定理论的意思是讲，在没有“约定”的情况下，义务也就是不存在的。换句话说，无论是谁，只要应该履行义务，那么，义务就是基于提出的和被接受的承诺而产生的。第二个假定理论的意思是讲，每一个“约定”必然产生一个义务。用另外一种方式来说，不论在什么样的情况下，只要一个承诺被提出了，并且被接受了，那么，承诺一方基于承诺便产生了义务。在这里，我们姑且认为，承诺的内容或指向是任意的。——霍布斯、康德和其他学者曾经明确地或默默地假定履行义务的一个人必然是作出了一个承诺的人，而且，作出承诺的一个人必然是应

锡大学的鲍利梯兹教授撰写的《政治科学说明》(*An Exposition of the Political Science*，五卷本)。这是一部精湛的有益的著作。关于这种原始契约，见“国家与国家法”(*Staats und Staatenrecht*)一章的开头部分。第四，福雷·冯·詹兹(Fr. v. Gentz)的《历史杂志》(*The Historical Journal*)，1799 年 11 月号。詹兹是奥地利政府的一名著名官员。

我在讲座中提到的原始契约理论是清晰的，可以自圆其说。在德国，不是唯有政治学或法理学的形而上学思辨学者以及大学教授才坚持这种原始契约理论。詹兹就曾认真地告诉我们，原始契约(意指同样的关于原始契约的理论)正是政治科学的基础。他认为，没有一个关于原始契约的正确观念，我们就不可能准确地判断政治科学所提出的问题或者难题。他说：“社会契约是一般政治理论的根基。从这一根基出发，我们才能正确理解政治科学的问题以及任务”(Der gesellschaftliche Vertrag ist die Basis de allgemeinen Staatswissenschaft. Eine richtige Vorsetllung von diesem Vertrage ist das erste Erforderniss au einem reinen Urtheile über alle Fragen und Aufgaben der Politik.)。不仅如此，他还认为，原始契约学说可能是新型德意志哲学的最为幸运的结果。因为，新型德意志哲学的最为有益的成果就是设想一个原始契约。过去，没有人设想过这种契约。这种契约毕竟是政治政府和政治社会的必要基础。——我极为看重德国学者的著作，至为尊重德国学术界。但是，我不能欣赏，而只能谅解德国哲学的嗜好，这一嗜好就是晦涩、神秘和抽象。

该履行一个义务的人。

从第一个假定理论出发，可以得出这样一个推论：除非主权者和臣民是通过一个契约而应该履行义务的，否则，他们之中任何一方，对另外一方都不承担义务。从第二个假定理论出发，可以推论，
326 如果主权者和臣民是原始契约的订立者（要么直接参与订立，要么作为政治社会建立者而参与订立），那么，任何一方对另外一方便应该永久地履行义务，并作出相应的保证。一方对另外一方的义务是通过一个契约而设定的，因此，义务是神圣的。如果是以另外方式设定的，义务也许并不具有神圣性。

但是，这两个假定理论，显然都是极为错误的。—在宗教义务、法律义务和道德义务之中，某些义务是由作为其各自渊源的法律所设定的，并且，通过约定的方式或者由于约定的结果而呈现的。然而，其他义务是与一些事实相互联系的。这些事实，与一个“约定”或者一个可以被认为是类似“相互承诺”的东西是不同的。因此，即使主权者政府以及臣民没有通过一个协议而受到约束，主权者政府对臣民，或者反之，臣民对主权者政府，依然是可以承担义务的。—而且，由于这里的义务是与非协议或非约定的事实相互联系的，这样，有些协议或约定是没有产生真正义务的。某些约定，不论其内容和目的是什么，都不是由神法或人法强制实施的。许多约定是被实际存在的社会道德所排斥的。许多约定是不被实际存在的由人制定的法所支持的。许多约定是被实际存在的由人制定的法所禁止的。另有许多约定，就其目的一般来说是有害的而言，是与上帝法相互冲突的。因此，即使主权者和臣民都是原始契约的订立者，其中没有一方必然是受这一契约约束的。

[段落内容提示：主权者政府的特征，以及其与法律政府(governments *de jure*)和事实政府(governments *de facto*)之间的区别。]

前面，我讨论了政治政府和政治社会的起源或者其产生的缘由。现在，我转向讨论主权者政府的特征，以及其与法律政府和事实政府之间的区别。两个论题之间的关系是十分密切的。所以，我针对后者将要作出的一些简短评论可以适用于前者，而且，放在讲座的结尾部分是适宜的。

就前面提到的区别来说，政府通常可以分为三种类型：其一，既是法律上的又是事实上的政府；其二，被视为法律上的政府，但不是事实上的政府；其三，是事实上的政府，但不被视为法律上的政府。一个既是法律上的又是事实上的政府，是一个被看作合法的、公正的或正义的政府，是现存的又是已确立的政府。这是说，这种政府获得了独立政治社会中大多数成员或所有成员的习惯服从。一个被视为法律上的政府，但不是事实上的政府，是一个被看

作合法的、公正的或正义的政府。然而，尽管如此，这种政府已经 327
被取而代之或者已经不复存在。这是说，这种政府现在没有获得(尽管曾经获得)社会大多数人的习惯服从。一个事实上存在，但不被视为具有法律意义的政府，是一个非法的、邪恶的或非正义的政府。当然，这种政府是现存的，是已经确立起来的。这里的意思是说，这种政府，在目前得到了社会大多数人的习惯服从。一个被取而代之的政府或者已经不复存在的政府，如果还被人们视为不合法的，那么，既不是事实上的政府，也不是法律上的政府。一任何被视为具有法律意义的政府，无论是否已经确立，都是一个法律上的政府。然而，当我们提到一个法律上的政府的时候，我们的意思时

常是指被视为合法性的政府，只是，这一政府已被取而代之或者已经不复存在。任何已经确立起来的政府不论被视为合法的，还是被视为非法的，都是一个事实上的政府。然而，当我们提到一个事实上的政府的时候，我们的意思，时常是指一个被视为不合法的政府，只是，这个政府是现存的或者是已经确立的。—在这里，我们显然可以肯定地认为，每一个我们所说的准确意义上的政府都是事实上的政府。从严格意义上讲，一个所谓的法律意义上的政府，如果实际上并未确立起来或者不是现存的，那么，就不是一个政府。它仅仅是个海市蜃楼的政府，（在说话者来说）是个“应然”的政府。

从实际存在的由人制定的法的角度来看，一个已经确立或现存的主权政治政府，既不是合法的，也不是非法的。就这种实际存在的由人制定的法而言，一个已经确立或现存的主权政治政府，既不存在公正的问题，也不存在邪恶的问题，与是否正义的问题同样是没有关系的。或者（换一种表述方式来说），这样一种政府既不是“法律的”，也不是“非法律的”。

在所有独立的政治社会中，实际存在的由人制定的法都是由实际的主权者制定的。即使是由前任主权者所制定的，这种法律通过现存最高统治政府的权力使用以及认可，依然可以是现存的实际存在的由人制定的法，或者，是不可置疑的实际存在的由人制定的法。毕竟现存的政府已经替代了它的前任政府，而且，即使被替代的前任政府被视为合法的政府，这一政府，依然被剥夺了自己曾经拥有的“强制力”，而这种强制力是强制实施实际存在的由人制定的法的必要条件。因此，如果实际存在的由人制定的法不是由现存的最高统治政府强制实施的，那么，它就缺乏了真正的制裁，而真正的

制裁是实际存在的由人制定的法的基本要素之一。而且，它就不是
命令意义上的法律了。这是说，作为实际存在的由人制定的法，它
就不是法律了。这里的假设，当然是不可能的。—借用霍布斯的语 328
言来说，“立法者之所以具有最高权力，不是因为其具有首先立法
的权威，而是因为，其具有可以使一项法律继续成为法律的权威”。

在这个意义上，我们可以认为，一个已经确立的主权政府针对其自己的独立政治社会的“实际存在的由人制定的法”来说，既不存在“合法”的问题，也不存在“非法”的问题。如果存在这样的问题，那么，这个政府便因为自己制定的法律而成为合法的或者非法的，便因为自己的命令而出现了“是否合法”的问题。这显然是十分荒谬的。—针对另外一个独立的政治社会来说，如果这个政府存在“是否合法”的问题，那么，它就是因为另外一个主权政府的命令而出现这个问题的。这就是说，它实际上不是一个最高统治政府，而是一个从属性的政府。这同样是十分荒谬的。

在这种独立的政治社会中，存在着实际存在的由人制定的法。针对这种法而言，如果一个政府曾经是享有主权权力的，那么，这个政府就可以被视为一种我们所说的具有法律意义而无实际意义的政府。进而言之，这个政府，现在就不是，并且也不可能是一个合法的政府。毕竟，这个独立政治社会中的实际存在的由人制定的法在目前的状态中是依赖事实上的政府的权力，从而具有实际效力的。而且，即使这里所说的法，曾经是依据被取代的政府权威而具有效力的，针对这个法，被取代的政府现在依然存在着“是否合法”的问题。这是因为，针对这个法来说，如果被取代的政府目前不能被说成是非法的，那么，这个政府就没有因为现存政府制定的法律

或者由于现存政府的命令，而出现“是否合法”的问题。这自然是错误的。真实的情形是，针对这个独立政治社会中的实际存在的由人制定的法来说，被取代的政府，尽管可以被视为法律上的政府，但依然是非法的。毕竟，这种法取得实际的法律效力是由于事实上的政府的权力运用的结果，而这一实际存在的由人制定的法又使被取代的政府失去了合法地位，并且，决定了恢复其权威的观念意图在法律上是错误的。—针对另外一个独立政治社会的实际存在的由人制定的法而言，一个所谓的具有法律意义而并非实际存在的政府既不是合法的，也不是非法的。因为，针对这个法律来说，如果这一政府存在着“是否合法”的问题，那么，它就是因为立法者的命令而成为合法的或者非法的。这里的意思是说，它不是一个被取代的最高统治政府，而是一个被取代的从属性政府。

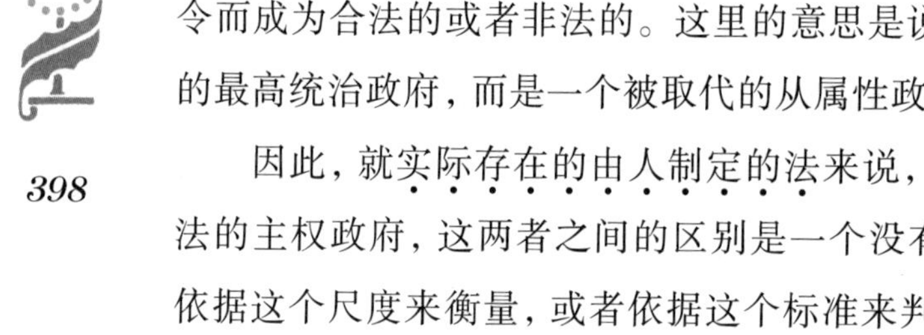

因此，就**实际存在的由人制定的法**来说，合法的主权政府与非法的主权政府，这两者之间的区别是一个没有意义的区别。因为，依据这个尺度来衡量，或者依据这个标准来判断，一个所谓的具有法律意义而无实际意义的政府不可能是合法的。而且，依据同样的尺度来衡量，或者依据同样的标准来判断，一个事实上的政府既不是合法的，也不是非法的，根本不存在“是否合法”的问题。

然而，就**实际存在的社会道德**来说，一个主权政府是否合法的
329 问题，便不是一个没有意义的问题。因为，就实际存在的社会道德而言，一个非事实上的政府，并不必然就是非法的。而且，就实际存在的社会道德来讲，“合法”或“非法”的术语，当适用于事实上的政府的时候，并不必然是没有意义的。

一个事实上的政府可以是合法的，也可以是非法的。就其所

在的独立政治社会的社会道德而言，情形自然是如此的。如果社会中的大多数人的舆论支持事实上的政府，那么，这个政府根据这个具体社会的实际存在的社会道德来看，在道德上就是合法的。如果社会大多数人的舆论反对事实上的政府，那么，这个政府就同样的标准来看，在道德上则是非法的。但是，社会中的大多数人也许冷淡地看待政府。或者，其中一部分人支持政府，另外一部分人反对政府。就这些情形中的任何一种来说，针对这个社会的实际存在的社会道德而言，政府在道德上既不是合法的，也不是非法的。一此外，我在这里针对事实上的政府所说的，同样适用于非事实上的政府。就后者来讲，它曾经统治过现在事实上的政府所统治的独立政治社会。

针对国际社会中的实际存在的社会道德而言，一个事实上的政府或者一个非事实上的政府在道德上可以是合法的，也可以是非法的。尽管实际存在的国际道德主要关注“属地状况”，但是，每一个具有属地的政府，或者每一个事实上的政府，并不当然获得另外已确立的政府的承认。在这个意义上，可以认为，就实际存在的国际道德而言，一个事实上的政府可以是非法的，而一个非事实上的政府却可以是法律上的政府。

此外，一个事实上的政府或者一个非事实上的政府，就上帝法而言，可以是合法的，也可以是非法的。通过一般功利原则，我们可以理解上帝法。从这个角度来看，如果一般幸福或福祉要求一个主权政府继续存在，那么，以上帝法作为衡量标准，一个事实上的主权政府就是合法的主权政府。反之，如果只有废除一个主权政府 330
才能达到一般幸福或福祉，那么，一个事实上的主权政府就是非法的主权政府。另一方面，如果一般幸福或福祉要求恢复一个非事实上的主权政府，那么，以上帝法作为衡量标准，这样一种主权政府，就是一个法律上的主权政府。反之，如果一个非事实上的主权政府与一般幸福或福祉相互矛盾，那么，这样一个主权政府就不是一个法律上的政府。[β]

β　从作者的手稿中，可以看出作者试图在这里插入这样几个注释："事实上的政府和法律上的政府"；"主权政府的权利和依据上帝法而定的合法政府或非法政府"；"人民主权"。作者似乎是试图将这个主题和第二讲中的结论联系起来。——奥斯婷

结　　语

[段落内容提示：一个有关“实际存在的由人制定的法”的定义。或者，有关使其区别于其他法的基本特征的一个一般说明。通过前面的讲座，我们明确地或含蓄地设想了一个“实际存在的由人制定的法”的定义。但是，这个定义，仅仅接近一个天衣无缝、无可指摘的定义。由于这个原因，我在前面讲座中试图作出的有关法理学范围的阐述，仅仅是接近一个天衣无缝、无可指摘的阐述。]

一般来说，一个实际存在的由人制定的法，可以用如下方式加以界定。或者，一个实际存在的由人制定的法，其基本特征（使之区别于其他法的特征）一般来说可以用如下方式加以说明。—每一个实际存在的由人制定的法（或每一个我们径直而且严格地使用“法”一词所指称的对象），都是由一个主权者个人或主权者群体，以直接方式或间接方式向独立政治社会中的一个成员或若干成员加以确立的。而在这个社会中，法的确立者是至高无上的。换句话说，它是由君主或主权者集合体，以直接方式或者间接方式向隶属于自己的一个人或若干人确立的。

通过前面的讲座，我们明确地或含蓄地设想了一个“实际存在的由人制定的法”的定义。但是，这个定义仅仅是接近一个天衣无缝、无可指摘的定义。它需要一些纠正。现在，我简略地讨论一下需要纠正的地方。

法律所指向的主体，或者应该承担法律义务的主体，必然是被强制实施这一法律和这一法律义务的制裁所威吓的。换一种表述方式来讲，每一个我们所说的准确意义上的法，都是由一个优势者向一个劣势者或若干劣势者加以确立的。制定法律的一方具有强制的力量，可以将强制力量实施于另外一方。如果法律制定者的强制力量不能实施于法律所指向的主体，那么，法律制定者只是向另外一方表达了一个意愿或者要求，而没有向另外一方设定一个准确意义上的法律、一个命令意义上的法律。在这里（一般来说），受到法律制裁威吓的一方或者受到法律制定者的强制力威吓的一方，正是独立政治社会中的一名成员，而在这个社会中，法律制定者是至高无上的。我们同样可以这样认为，受到法律制裁威吓的一方是法律制定者的臣民，而这里的法律必然联结着法律制裁。但是，尽管法律制裁的作用在于强制实施一个实际存在的由人制定的法，然而，正如在这个社会中，除了该社会成员之外，没有任何其他人受到法律制裁的威吓一样，这一实际存在的由人制定的法，仅仅是向
331 这一独立政治社会中的一个成员或若干成员加以设定的。尽管这种法律可以对外来的社会成员（或者不属于这一独立政治社会成员的主体）设定义务，但是，除了这一独立政治社会的成员以外，没有任何人实际上受到这一法律的约束，或者真正受到这一法律的约束。一此外，如果一个独立政治社会中的实际存在的由人制定的法，在法律上可以约束另外一个社会的成员，那么，另外一个社会就不是一个独立的社会，而是一个从属性的社会，是前一社会的一个组成部分。如果这样一种法可以约束另外一个独立政治社会的

主权政府，那么，受约束的主权政府就是一个处于隶属状态的主权政府，隶属于这样一种法的制定者。如果这个实际存在的由人制定的法可以约束另外一个独立政治社会的臣民成员，那么，制定这一法律的主权政府就是剥夺了这些臣民的主权政府的权力。或者这些臣民的主权政府被外来的侵入的立法者取而代之了，从而不复存在了。也是因为这个缘故，如果每一个独立社会中的实际存在的由人制定的法，可以在法律上约束其他社会的成员，那么，每一个社会中的臣民，就会隶属于所有的主权者，而且，每一个主权政府就会在所有社会中成为主权者。用另外一种方式来讲，每一个独立社会中的臣民成员就会处于隶属每一个最高统治政府的状态，而每一个最高统治政府就会在成为其他主权政府的臣民的同时，成为其他主权政府的主权者。

在这个意义上，一般来说，我们可以认为一个实际存在的由人制定的法，仅仅是向法律制定者的一个臣民或若干臣民制定的或者是指向这些臣民的。换句话说，一个实际存在的由人制定的法仅仅是向这个社会中的一个成员或若干成员制定的或者是指向这些成员的，而在这个社会中，法律制定者是至高无上的。然而，在许多情况下，一个特定的独立政治社会中的这种法，对外来社会成员设定了法律义务。外来的社会成员，不是这个特定的独立社会的成员，或者仅仅是个某种意义上的该社会成员。在这些情况下，外来社会成员的处境是这样的：尽管准确地来说他是另外一个独立社会的成员，从而，准确地来说，他是另外一个最高统治政府的臣民，但是，他受到了这个独立社会的法律制裁的威吓，而这一法律制裁，可以强制实施相应的法律义务，此外，他受到了这个独立社会的法律强制力的威吓，而这一强制力能使相应的法律义务得以设定。在这些情况下，外来社会成员的处境，我们也可以这样来描述：法律义务的设定，与他自己政府的主权没有相互矛盾的地方，而针对他自己的政府来说，他才是准确意义上的臣民。尽管法律义务可以向外来社会臣民加以设定，但是，这种义务不能向外国政府加以设定。法律制定者
332 也不能运用设定法律义务的方式，在外国政府统治的社会中行使主权权力，对外国社会中的一个臣民行使这种权力。——例如，我们可以假定一个主体不是一个特定独立社会的成员，但是生活在这个社会的领土上，生活在这个社会主权的管辖区域内。当情形是这样的时候，这名主体在某种程度上就受到了这个社会中的实际存在的由人制定的法的约束，或者因为这类法的规定而产生了义务。由于生活在这个领土上，他受到了法律赖以强制实施的法律制裁的威吓。而且，法律对他设定的义务与他自己政府的主权没有相互矛盾的地方，而针对自己的政府，他是准确意义上的一个臣民。我们应该注意，这种义务不是向外国政府设定的，也不是在外国政府统治的独立社会中向其成员设定的。这种义务同样不是向这样一种主体设定的：这种主体属于自己社会的一名臣民，承担了自己社会中的义务，同时，因为某种原因而成为他所居住的社会中的一名成员。再如，一个外来社会成员没有居住在这个特定的社会里，如果他是这个社会土地的所有者或者在这个社会中拥有动产，那么，这名外来社会成员与其他外来社会成员达成的协议，以及在他与其他这个社会中的成员达成的“协议”，就可以依据这个社会中的实际存在的由人制定的法，针对这名外来社会成员而加以强制实施。因为，如果他由于这个协议而被起诉，而且被判败诉，那么，法院就可以依据判决强

制执行他的土地或动产，尽管他的人身可以除外。另一方面，执行这一判决，与这名外来社会成员自己的政府的主权没有相互矛盾的地方。毕竟判决不是针对外国政府的，同时，不能在外国政府统治的社会中加以执行。而且，判决也不是针对这样一个被告，亦即一个外国政府统治的社会成员而加以执行的。相反，仅仅因为他在作出判决的法院的管辖区域中拥有土地或动产，判决才是可以执行的。如果这一判决是在外国政府的辖区内执行的，那么，判决的执行就会损害外国最高统治政府的主权，除非判决是经过外国政府许可的，是经其授权的。并且，即使判决是通过外国政府的许可和授权而加以执行的，强制被告去履行义务，实际上也是由于他自己所在的社会法律而得以具有效力的。他自己所在的社会的法律是由于两个政府之间的一个特殊约定，或者由于各国政府承认和遵守的国际道德规则，从而接纳另外一个社会的法律。—我们可以看到，在我提到的并举例说明的所有这些情形中，一个特定的独立社会，其中的实际存在的由人制定的法可以对外来社会成员设定一个义务。由于前一段落所提到的障碍，这样一种法的约束力是不可能普遍地延伸至其他社会的成员的。当然，在我提到的并举例说明的情形中，那些 333
障碍是没有出现的。因为，外来社会成员受到了法律赖以强制实施的法律制裁的威吓。而且，针对外来社会成员的法律强制，并没有和外国最高统治政府的主权相互矛盾。

在这个意义上，一个通过前面讲座而明确或含蓄设想的定义，亦即一个“实际存在的由人制定的法”的定义，不是一个天衣无缝的定义，不是一个无可指摘的定义。在前一段落中，我提到并举例说明了一些情形，在这些情形中，一个实际存在的由人制定的法，

对一个外来社会成员或若干外来社会成员，在法律上是有约束力的，要么，是针对他们确立的，或者直接指向了他们。这是说，外来社会成员是另外一个社会的臣民，而在另外的社会中，这个实际存在的由人制定的法，其制定者并不是主权者，或者并不是最高统治者。在这里，我们所设想的定义忽略了这些情形，从而，显得略微缺乏涵盖的能力。应该说，它是有缺陷的，或者不是十分准确的。为了使这个定义十分准确，无可指摘，我们只有作出一些另外的补充说明，我们只有解释、澄清这些特殊情形(或者，也许还需要全面列举这些特殊情形)。但是，这不是十分必要的。—当然，实际存在的由人制定的法其所涉及的内容对象是我前面讲座试图说明的内容对象，而说明这一内容对象的目的在于界定法理学的范围。由于这个定义是有缺陷的，或者不是十分准确的，而且又在前面的讲座中贯穿始终，我对法理学范围所作的界定从而不是一个十分完善的界定，不是一个十分精确的界定。

不过，我认为，为了界定法理学的范围，前面作出的贯穿讲座始终的一个“实际存在的由人制定的法”的定义，已经达到了我们的基本目的。—界定法理学的范围就是区别实际存在的由人制定的法(法理学的真正对象)和其他各种各样的社会现象(前面讲座中提到的)。这些社会现象由于某些类似的关系或者由于人们的类比式修辞活动，而与这种法产生了相互联系。当然，这种法与其他各种各样的社会现象的联系方式是十分广泛的，各种各样的社会现象所涉及的重要问题也是十分复杂的，因此，一个法理学范围的准确界定正是对法理学所有内容的细致说明。准确地说明这门科学的范围(准确界定法理学的范围)实际上是全部讲座课程的雄心所在。

在这个意义上，前面有关“实际存在的由人制定的法”的定义，其尝试和努力仅仅是一个序幕。毕竟法理学范围的全面界定不是这一尝试的目的本身。定义尝试的真正目的仅仅在于提示（尽可能完善精确、简单普适）这样一个内容：准确说明法理学科学，或者准确界定法理学的范围。这是全部讲座课程的目的。—由于前面定义尝试 334
的目的是这样的，一个贯穿讲座始终的“实际存在的由人制定的法”的定义，已经完善地、确切地达到了其本身所要求的目的。为了使这个定义臻于完善，更为恰如其分，我有必要作出一些补充说明，以概括、澄清前面提到的有关外来社会成员的一些特殊情形（或者，也许应该全面列举这些特殊情形）。但是，这些特殊情形属于我的讲座中的一个分支论题。这一分支论题，仅仅与这门科学的细节内容有着关联。就前面论述的一般性的“实际存在的由人制定的法”的定义，以及这一定义意在界定法理学范围而言，它们不是相应的研究对象。前面论述这样一个定义的目的在于以尽可能完善精确、简单普适的方式提示这门科学的内容。在这个意义上，贯穿讲座始终的一个“实际存在的由人制定的法”的定义或者这个定义的内涵，不论是明确的，还是含蓄的，完全忽略了前面提到的那些特殊情形。而且，这一忽略和缺憾，我相信，对比前面讲座中推论和立场所包含的真理来说是微不足道的。我也可以这样来说，这一忽略和缺憾从实际内容上看，对比前面讲座中推论和立场所包含的真理而言是不足挂齿的。

此外，尽管这个定义是不完善的，但是，它还是接近完善的。我相信，如果对我们前面提到的一些特殊情形忽略不计，那么，它是一个准确的定义。我不可能以简洁抽象的方式提出一个更为完美的定义。这里的意思是说，除非我从法理学科学的一般性问题转而讨论这门科学的具体性问题这门科学的细节化问题，否则，提出一个更为完美的定义只能是异想天开的事情。

[段落内容提示：前面，对“独立政治社会”作出过一般性的定义。现在，解释一下这个定义中似乎存在的缺陷。]

前面，我用下定义的方法说明了“主权”和“独立政治社会”的含义（或说明他们的特征或独特之处）。同时，我也说过，在一个特定社会中，如果大多数社会成员或全体社会成员习惯地服从一个具体独立的主体，那么，这个社会就是独立的政治社会。使用“一个具体独立的主体”的表述，其意思在于指称一个具体的个人或者一个具体的由若干个人组成的群体，而且，这一个人或群体并不习惯地服从社会中的一个具体优势者的命令，不论这种命令是明确表达的，还是含蓄表达的。—但是，谁是这个特定社会中的成员？依据什么样的特征，或者依据什么样的显著标志，我们可以将这个特定社会中的成员区别于其他主体？此外，一个特定的个人怎样才能确
335 定为一个特定社会中的成员？—就前面对“独立政治社会”作出的一般性定义而言（或就前面对“独立政治社会”的特征或显著标志所作的一般说明而言），我现在提示的这些问题是没有得到解决的，或者是没有涉及的。从这一点来看，前面提到的一般性定义似乎是不完善的或者并非十分准确。不过，基于下面的理由，我相信前面作出的定义，如果作为一个一般性的定义，是完善的，是十分准确的。我也相信，“独立政治社会”的一般性定义（诸如一个可以适用于这类社会的定义）是不可能解决我在前面提示的问题的。

第一，一个特定社会的成员不是通过一种模式，或者由于一个原因从而成为这个特定社会的成员的。换句话说，这些成员不是通过一种模式，或者由于一个原因从而成为一个主权者个人或主权者群体的臣民的。依赖许多方式，基于许多理由，一个个人可以成为一个特定社会的成员。依赖许多方式，基于许多理由，我们可以将一个个人确定为一个特定社会的成员。例如，居住在这个社会的领土之内，或者经过移民归化，或者出生在这个社会的领土之内，或者尽管不是在这个领土之内出生的，但是父母是这个社会的成员，等等，就是我们所说的方式或者理由。[γ]—此外，一个社会的臣民成员同时可以成为另外一个社会的臣民成员。例如，在一个独立社会中已经移民归化的个人完全可以是另外一个独立社会中的成员，或者在某种程度上是另外一个独立社会中的成员，即使他已经打算脱离另外一个社会。另一方面，如果一个社会的成员仅仅居住在另外一个社会中，那么，这样一个成员完全可以在属于前一个社会的成员的同时，在某种意义上，属于后一个社会的成员。不仅如此，在一个特定社会中是主权者的个人，同时，可以是另外一个社会的臣民成员。比如，一个君主在一个特定的独立政治社会中是绝对君主或独裁者，但是，他和另外一个社会的成员订立了婚约。在这种情

γ 下面的简短说明，放在这里是十分恰当的。

一般来说，一个独立的政治社会拥有一个具体特定的领土。因此，当我们设想一个独立政治社会的时候，通常来说，我们是以具体特定的领土作为依据的。此外，许多学者明确地或含蓄地提出过“独立政治社会”的定义。根据这个定义，（一个特定的社会）拥有一个具体特定的领土或者具体特定的地理位置，是这类社会的一个本质要素。但是，这是错误的。历史表明，许多这样的社会，其领土都是在变化之中的。例如，许多蛮族国家就曾侵略过罗马帝国，并在其领土之内居住下来。在它们最后稳定下来之前，许多年间，它们都没有具体特定的地理位置。

况下，他在另外一个社会中就受到了权力限制，而且，是以一个婚姻臣民的身份出现在另外一个社会之中的。—在这里，如果我提出的“独立政治社会”的定义试图解决我在上面提出的问题，那么，我就只能讨论这一段落所涉及的各种内容。我就只能将注意力从
336 法理学的一般问题转向法理学的细节问题。而且，因为这一点，我就只有偏离前面讲座的一般性目的，而这一目的正是界定法理学科学的范围。这一目的才是全部讲座的真正目的或者内容。

第二，依靠“独立政治社会”的一个一般性定义（或诸如一个可以适用于这类社会的定义），我不可能彻底解决上面所提示的问题，尽管我讨论了前一段落所涉及的论题。因为，个人成为特定社会成员的模式（或个人成为社会成员的原因）是因社会的不同而发生变化的。实际存在的由人制定的法或实际存在的社会道德，其不同的具体制度，在不同的社会中决定了这些模式的不同。例如，在某些社会中，外国人在其领土之内所生的子女，根据法律或者无需自己的作为，就可以在其所生的领土之内成为正式成员。但是，同样一个人在另外一些社会中就不能成为正式的成员（或仅仅是个外来居民），除非他满足了某些条件，从而获得了资格（关于这个问题，参见《法国民法典》第 9 条）。因此，只有联系一个具体的社会，上面提示的问题才能得到完满的解答。

［段落内容提示：如下两个观点的限定或解释：其一，一个主权政府不可能在法律上受到限制；其二，它不可能针对自己的臣民拥有法律权利。］

通过前面的讲座，我已经明确地或含蓄地表明了，一个个人的

主权政府或者一个集合性质的主权者群体，**在法律上是不可能受到限制的**。就我所表达的意思来说，这一观点是普遍有效的。但是，它需要一个适度的限定，更为准确地来说，它需要一个适度的解释。这个限定或解释，放在第六讲的结尾部分是有益的。

普遍地来讲，一个主权政府，作为一个社会中的最高统治阶层，的确是不可能受到法律限制的。这是我在前面讲座中提出的观点。但是，作为另外一个主权政府的臣民（要么一般来讲，要么在某种意义上来讲），这个政府是可能受到另外一个主权政府制定的法律（我们所说的直接严格意义上的法）所限制的。在这个假定的情况下，这个受到另外政府制定的法所限制的主权政治政府具有两个角色地位或者身份地位。其一，在自己的独立政治社会中，它具有主权者的角色或身份。其二，在另外一个独立政治社会中，它具有臣民的角色或身份。此外，如果我所假定的情况的确是存在的，那么，其所具有的两种角色，其所具有的两种身份，在现实中就必须是显然易见的，就必须是名副其实的。另外一个主权政府，在对这个主 337
权政府设定法律的时候，实际上可以将后者视为后者社会中的统治者。而且，根据这个假定，这个主权政府（其角色）是制定法律的另外一个主权政府的臣民。因为，前者对另外一个主权政府的服从，等于一个**习惯性**的服从。但是，即使另外一个主权政府在对这个主权政府单独制定法律的时候，将其视为自己社会中的臣民，后一个政府的主权，并不因为自己对前一个政府的服从，从而受到损害，即使这个服从是一个**习惯**服从。——让我们假定，我们自己的国王是准确意义上的汉诺威君主。我们自己的国王在英国是个权力受到限制的君主，并非不承担任何的法律责任。现在，作为汉诺威的统

治者，即使他没有习惯地服从英国议会这一主权者，对他设定法律义务与他在日耳曼王国的主权依然没有相互矛盾的地方。因为，在对他设定义务的时候，他在英国是被视为权力受到限制的君主(他没有被视为波恩的统治者)，是被视为主权者群体中的一个组成部分，从而，依然要受到法律的约束。—在法国大革命以前，波恩郡的主权政府在英国公债中存有资金。如果英国法律允许这一政府拥有土地，那么，这一政府就可以成为英国领土之内的土地所有者以及英国公债的资金所有者。在这里，我们可以假定波恩政府在英国是个土地所有者。在这种情况下，它就应该承担英国法律规定的有关地产的法律义务。但是，它并不会因为应该承担的法律义务，因为习惯服从这些义务据以制定的法律，从而失去了它在波恩郡的主权权力或使这种权力受到损害。毕竟它是在英国因为拥有土地(而不是作为波恩的具有统治权力的主权者)而需承担法律义务的，它是因为在某种意义上属于英国社会的一名成员而需承担法律义务的，而且，由于土地是英国的，从而要受到英国法院的管辖。

在前面一些段落，我已经说过，一个个人的主权政府，一个由若干人组成的集合性质的主权政府，不可能对自己的臣民拥有法律权利(就人们准确接受这个词的含义来说)。就我所表达的意思而言，这个观点是普遍有效的。但是，它需要一个适度的限定，更为准确地来说，它需要一个适度的解释。这个限定或解释，我现在开始说明或提示。

普遍地来说，针对自己的一个臣民，针对自己主权政府属下的一个臣民，一个最高统治政府的确不可能拥有法律权利。这是我的观点，也是我的意思。但是，针对自己的臣民，如果一个主权政治政府是一个另外政府的臣民，那么，不论这个主权政治政府是另外政府的完整意义上的臣民，还是部分意义上的臣民，这个主权政府都是可以拥有法律权利的。例如，让我们假定一个俄罗斯商人来到了英国，并在英国居住下来。他与俄罗斯沙皇达成协议，向后者提供海军给补品。而且，英国法律或者英国法院为协议的强制执行提供了法律制裁的条件。现在，根据这些假定俄罗斯沙皇根据英国的法律，针对一名俄罗斯臣民，便拥有了法律权利。但是，这名沙皇却没有通过自己的法律而拥有这种法律权利，或者，以沙皇的资格或角色，针对一个俄罗斯臣民而拥有这种权利。他是通过另外一个独立政治社会的法律拥有针对一个自己臣民的法律权利的。而且，他的法律关系的对象，一个臣民不是作为他的臣民，而是作为另外一个主权者的臣民出现在这个法律关系之中的。这名俄罗斯商人承担的相应法律义务与沙皇对自己所有臣民的绝对统治权力没有相互矛盾的地方。毕竟这名商人是因为来到了英国，并在英国居住，从而需要承担相应的法律义务的。也是在这个意义上，作为主权者的英国议会，虽然对这名商人设定了义务，但是，却没有干涉俄罗斯这一独立政治社会的主权权力。

对第 251 页的注释的一个说明：

在第 251 页的一个注释中，我提到了一些图表。这些图表，是在康德《永久和平论》一书的封面空白页上草拟的。它们是用铅笔勾画的。显然，这些图表是由奥斯丁先生独自列出的，其目的是为了使自己的研究更为圆满。

希望读者可以看到，在这些图表中体现出来的意见不是奥斯丁先生自己的意见。在表二中，正如我们可以看到的，他质疑了一个重要的假设理论。

这些图表，原来没有数字标示。我主要是根据它们的原有位置来排列它们

338 的先后顺序。——奥斯婷

表一

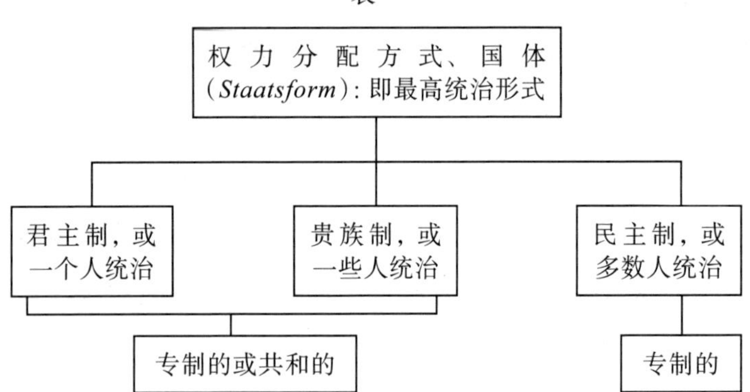

表二

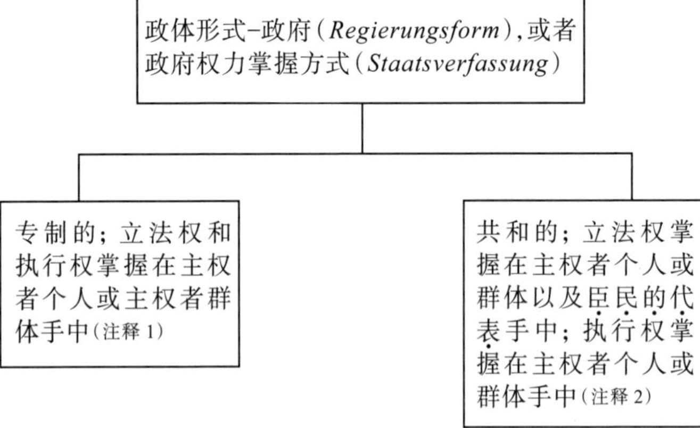

339

（注释1）针对康德著述中的这一分类，奥斯丁先生提出了这样的质疑："制定一项法律与执行一项法律，必然分属不同的程序。但是，不同的人分别执行两个程序，是否是必要的？"

（注释2）任命代表的权力（power），时常被称作政治自由（political liberty）。这种权力是主权权力的一部分。——康德

在康德的书中，涉及表二的段落是这样的：

> 对于一个民族来说，政府（*Regierungsart*）的形式或种类，要比主权的掌握方式更为重要，甚至可以认为，这种形式或种类是任何事务都不能相比拟的，尽管一个民族的许多事务，或多或少依赖主权掌握方式对健全的共和国家的适应能力，而这种主权方式，是经过逐渐变革而获得的。其实，为了使主权掌握方式具有适应的能力，代议制（Representative System）是必要的。没有代议制（不论主权的掌握方式是怎样的），政府是专制的、独裁的。在古代，没有一个所谓的共和国知道这一点。而且，正是因为这个缘故，它们不可避免地在专制之中逐渐衰亡。最为持久的主权掌握方式是个人的主权掌握方式（康德：《永久和平论》，第29页）。

在一个注释中，康德提到了时常为人所引用的蒲柏（Pope）的一行诗句。他将其翻译为："最精彩的，自然无与伦比"（die bestgeführte ist die beste.）。康德认为，如果这行诗的意思包含了"最佳管理是最佳管理"，"那么，蒲柏［用斯威福特（Swift）的表述来说］仅仅是在咏诵一个奇怪的事务，并且，这个奇怪的事务，是波普用来奖励自己的一座空中楼阁"。另一方面，如果这行诗的意思包含了"最佳管理也是一个最佳配置的统治"，那么，这显然是错误的（*grundfalsch*）。例如，针对主权的掌握形式来说，好的统治证明不了任何东西。有谁曾比提图斯（Titus）统治得更好？有谁曾比马可·奥列留（Marcus Aurelius）统治得更好？但是，提图斯留下了一个图密善（Domitian）作为自己的承继者，奥列留留下了一个康茂德（Commodus）作为自己的承继者。——奥斯婷

340

表三

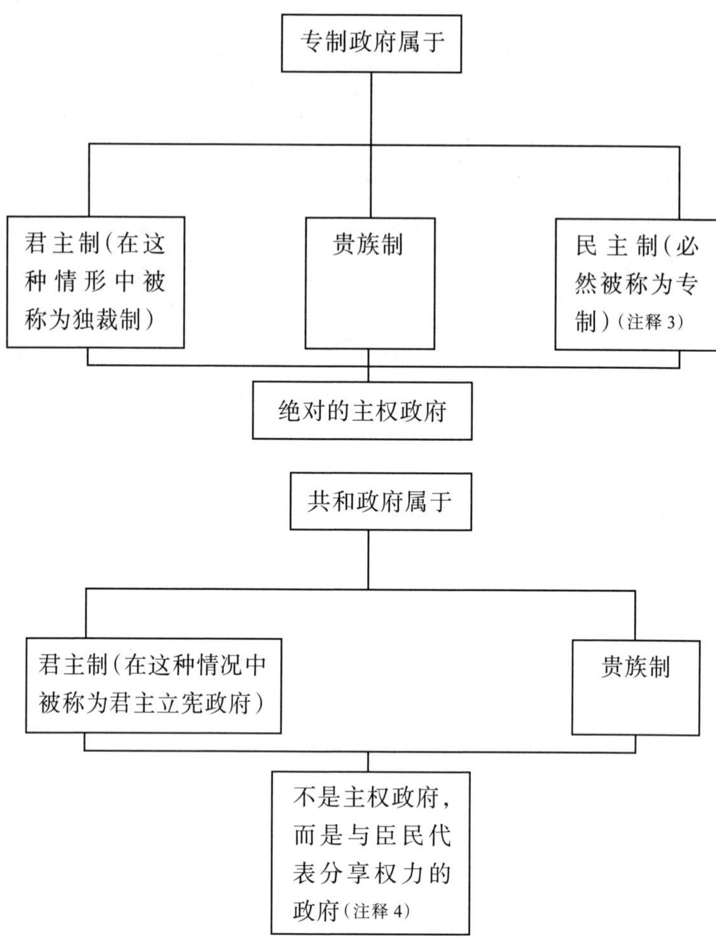
专制政府属于
君主制（在这种情形中被称为独裁制）
贵族制
民主制（必然被称为专制）（注释 3）
绝对的主权政府
共和政府属于
君主制（在这种情况中被称为君主立宪政府）
贵族制
不是主权政府，而是与臣民代表分享权力的政府（注释 4）

表四

君主政府（一个人的政府，这个个人，或者是自然意义上的个人，或者是特别意义上的个人）		多头政府（一些人组成的政府，或一个集合体和假定的个人所组成的政府）
寡头政府（由两个人组成的政府，或由较少的一些人组成的政府）	贵族政府（由适当人数组成的政府，或者，其人数既不算是多的，也不算是少的）	民主政府（由相当人数组成的政府，当然，不是由所有人组成的政府）（注释 5）

（注释 3）民主政府或者多数人政府必然是独裁的或专制的。——康德

（注释 4）立法权 = 主权。就立法权等于主权而言，共和政府（或混合政府）不是府。作为摄政者（从其本身来考虑），这个政府是全部主权的“主管大臣”。——奥斯丁

（注释 5）在这本著作中，康德说道：“结束，然而不是真正的结束”（Alle, die doch nicht alle sind.）。显然，这是针对所有“普遍参政”的例外情形而言的。——奥斯婷

341 表五

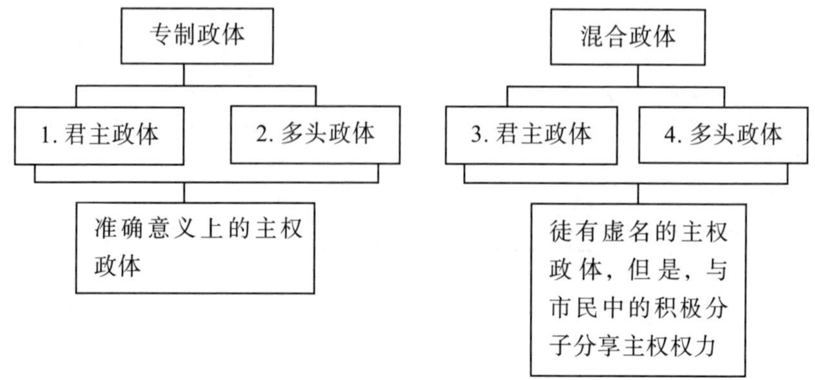
专制政体
1. 君主政体
2. 多头政体
准确意义上的主权政体
混合政体
3. 君主政体
4. 多头政体
徒有虚名的主权政体，但是，与市民中的积极分子分享主权权力

表六

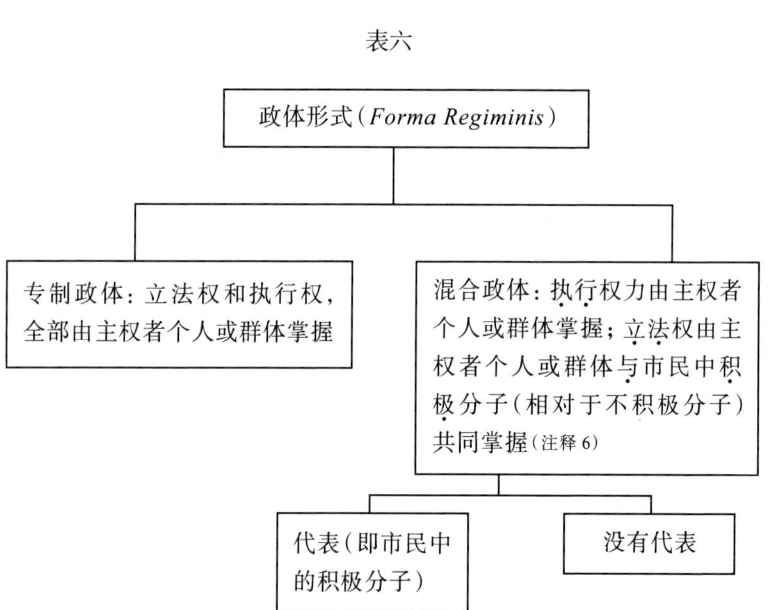
政体形式（*Forma Regiminis*）
专制政体：立法权和执行权，全部由主权者个人或群体掌握
混合政体：执行权力由主权者个人或群体掌握；立法权由主权者个人或群体与市民中积极分子（相对于不积极分子）共同掌握（注释 6）
代表（即市民中的积极分子）
没有代表

表七

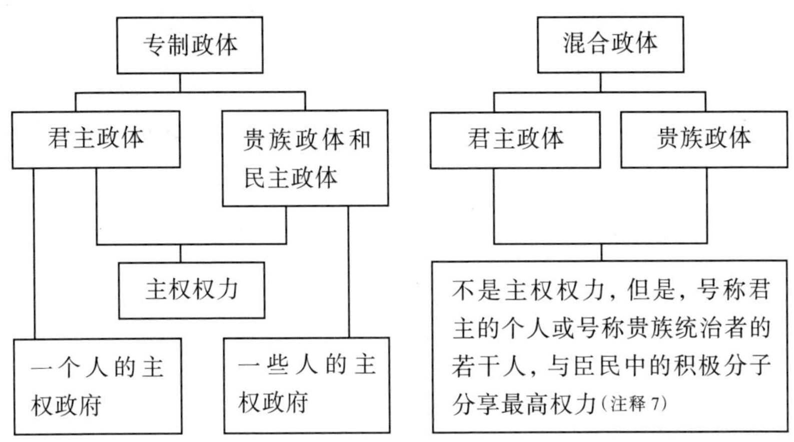

（注释 6）市民中的积极分子分享主权权力，叫作政治自由。——康德

（注释 7）参见克鲁格的著作（参见第 325 页的注释 α。——译者），第 4 卷，第 36 页。另参见鲍利梯兹的著作（参见第 325 页的注释 α。——译者），第 1 卷，第 173 页以下。

图书在版编目(CIP)数据

法理学的范围/(英)约翰·奥斯丁著;刘星译. —北京:商务印书馆,2024
(汉译世界学术名著丛书:120年纪念版:珍藏本:增订本)
ISBN 978-7-100-23734-5

Ⅰ.①法… Ⅱ.①约…②刘… Ⅲ.①法理学—研究 Ⅳ.①D90

中国国家版本馆 CIP 数据核字(2024)第 077537 号

汉译世界学术名著丛书
(120 年纪念版·珍藏本·增订本)
法理学的范围
〔英〕约翰·奥斯丁 著
刘星 译

商 务 印 书 馆 出 版
(北京王府井大街 36 号 邮政编码 100710)
商 务 印 书 馆 发 行
北京市十月印刷有限公司印刷
ISBN 978-7-100-23734-5

2024 年 5 月第 1 版　　开本 710×1000 1/16
2024 年 5 月北京第 1 次印刷　　印张 27¾
定价:152.00 元